旅游理论与实践前沿丛书

# 旅游应急管理
## （第二版）
TOURISM EMERGENCY MANAGEMENT

谢朝武 著

中国旅游出版社

# 序言 PREFACE

## 产业要求与学术自觉
### ——序谢朝武博士《旅游应急管理》

在理论研究和学术建构过程中,新观点的提出往往预示着既有理论的深化或者学术领域的拓展。可能出于知识传播的碰撞与启发,更可能是出于社会实践的现实要求,那些天性敏感的学者会在各种正式和非正式的场合不断提出新的概念、新的假设、新的命题。每当我们发现学术共同体内部有新观点提出的时候,总是会不由自主地欣喜且担忧。之所以欣喜,是因为按照黑格尔"概念的展开即为理论"的说法,理论创新有了可视可听的征兆;之所以担忧,则是因为它们在这个阶段还只是理论的萌芽,而不是理论的本身,还需要更多的学术自觉行为。这些行为包括但不限于,对概念的内涵、外延的界定,对近似或相反的概念群的比较,对概念演化的历史梳理,使之能够纳入共同认可的学术框架;通过访谈、对话、研讨、专题文章和学术论文等形式对观点进行社会阐释和学术解释,以期达到证实或者证伪之目标;通过学术专著等形式对观点与观点之间的内在逻辑进行条分缕析的建构,使之成为某一领域具有逻辑自洽性的理论体系;再经由教材进入教育体系,或者经由应用研究进入社会话语体系进行知识传播,并形成有代表性的学者、机构和媒体。这是一个极其艰难的过程,越往后,越是考验学者的综合素质和专业能力,特别是我们学术理想的坚守。

就科学研究的范畴而言,旅游是一门年轻的学科。年轻,意味着基本概念、基本理念和研究方法还不够稳定，不够成熟。年轻，也意味着我们在研究领域和学术成长上拥有更多的机遇，特别是随着大众旅游时代的到来，每时每刻都有新的现象和新的问题需要我们回答。在回答的过程中，旅游学者逐渐建立了与产业实践的互动关系，并获得了相应的社会影响力和产业话语权。可是令人担忧的是，这样的影响力和话语权会不会对旅游学科自身的演化特别是知识的累积与传承产生不利的影响？我看是有的。产业和社会的话语空间，以及其潜在的名利收益是如此巨大，以至于很多学者已经回不到传统的书斋，进而导致三十多年过去了，旅游教育与研究领域涌现了成百上千的专家和名流，却鲜见学术大家。

春节前后的这段时间，抽空阅研了谢朝武博士《旅游应急管理》的书稿，我的上述担忧减少了很多。与饭店、旅行社、旅游市场等领域相比，旅游安全的学术方向是在郑向敏教授等学者的倡导下最近几年才逐渐稳定。与旅游规划等具有较大市场空间的应用学科相比，旅游安全似乎也不是旅游领域中的"显学"。2009年在做中国旅游研究院外设研究机构的规划时，我就曾与时任华侨大学旅游学院院长的郑向敏教授讨论过旅游安全学术方向建设的若干问题，其中包括学术成果的规范化、体系化以及学术梯队的建设。在自己有限的学术经历中，学术机构也好，学科领域也罢，如果没有学术传统的养成和学术梯队的传承，往往是"其兴也勃焉，其亡也忽焉"。在旅游研究越来越强调所谓的模型、计量、检验等国际范式的今天，在旅游产业实践对理论学术界"临渴掘井"的今天，要想实现包括安全研究在内的旅游学科发展所面临的学术规范与应用导向的双重目标，往往需要学术共同体自觉地"戴着镣铐跳舞"，何其难也。细读此书，可以发现朝武博士较好地回答了这一难题。比如，他从应急管理和旅游产业发展两个视角对旅游应急的概念群进行了系统的梳理，从而让整个研究建立在坚实的科学概念之上；比如，他对旅游突发事件和影响因素之间的关系建立了分析模型并进行验证，从而增加了旅游安全应急管理的预测应用；还有，他从中国旅游安全管理的现实需求出发，对旅游应急机制的任务结构、旅游应急体系的建设管理等进行了全面的探索和研究，使本书的出版具有了较强的现实意义。从中更可以看出他对国际、国内既有学术成果的尊重，以及对学术传承的自觉践行。

  对于这样一部现实意义明显的学术著作，我愿意推荐给旅游产业实践者，更愿意推荐给旅游理论工作者，并衷心祝愿谢朝武博士和华侨大学旅游学院的各位同人在旅游安全学科建设上取得更大的成就。

中国旅游研究院院长、华侨大学博士生导师

2013-2-23 于京城

# 目录 CONTENTS

## 第一篇　导论

### 第一章　我国旅游应急管理的时代背景 …………………………… 3
- 第一节　我国旅游应急管理的战略意义 ………………………… 4
- 第二节　我国旅游应急管理的历史经验 ………………………… 12
- 第三节　我国旅游应急管理的现状体系 ………………………… 31
- 第四节　我国旅游应急管理的时代挑战 ………………………… 51

### 第二章　旅游应急管理研究的源起和进展 ……………………… 59
- 第一节　国外研究的源起与进展 ………………………………… 59
- 第二节　国内研究的源起与进展 ………………………………… 76

### 第三章　旅游应急管理的研究框架与概念体系 ………………… 98
- 第一节　旅游应急管理的研究框架 ……………………………… 98
- 第二节　旅游应急管理的概念体系 ……………………………… 104

## 第二篇　旅游突发事件研究

### 第四章　我国旅游突发事件的类型结构研究 …………………… 117
- 第一节　我国旅游突发事件的分布类型 ………………………… 119

第二节　我国旅游突发事件的伤害类型……………………………126

第五章　我国旅游突发事件的影响因素研究………………………………132
　　第一节　我国旅游突发事件与影响因素的关联关系………………132
　　第二节　我国旅游突发事件影响因素的分布特征…………………141

第六章　我国旅游突发事件的伤亡特征研究………………………………149
　　第一节　我国旅游突发事件伤亡的空间特征………………………149
　　第二节　我国分类旅游突发事件的伤亡特征………………………163
　　第三节　我国中高频旅游突发事件的伤亡特征……………………172

第七章　我国旅游突发事件的总体特征与影响结构研究…………………178
　　第一节　我国旅游突发事件的总体特征……………………………178
　　第二节　我国旅游突发事件的影响结构……………………………181

# 第三篇　旅游应急机制研究

第八章　旅游突发事件的预防与应急准备研究……………………………197
　　第一节　旅游突发事件风险的主要类型……………………………199
　　第二节　旅游突发事件的预防管理…………………………………212
　　第三节　旅游突发事件的应急准备管理……………………………222

第九章　旅游突发事件的监测与预警研究…………………………………229
　　第一节　旅游突发事件的监测管理…………………………………229
　　第二节　旅游突发事件的预警管理…………………………………235

## 第十章　旅游突发事件的应急处置与救援研究·················· 247
### 第一节　旅游突发事件的应急处置·························· 247
### 第二节　旅游突发事件的救援管理·························· 259

## 第十一章　旅游突发事件后的恢复重建研究···················· 273
### 第一节　旅游突发事件后的恢复重建任务···················· 273
### 第二节　重大灾难事件后的旅游恢复重建···················· 281
### 第三节　重大疫情后的旅游恢复重建························ 291

# 第四篇　旅游应急体系建设研究

## 第十二章　旅游业应急体系建设研究·························· 303
### 第一节　旅游业应急体系的基本结构························ 303
### 第二节　旅游业应急体系建设的战略导向、目标与措施········ 310

## 第十三章　旅游企业应急体系建设研究························ 316
### 第一节　饭店企业的应急体系建设·························· 316
### 第二节　景区企业的应急体系建设·························· 327
### 第三节　旅行社的应急体系建设···························· 337

## 第十四章　旅游应急服务体系建设研究························ 347
### 第一节　建设背景与原则·································· 347
### 第二节　旅游公共应急服务体系的建设······················ 350
### 第三节　旅游企业应急服务体系的建设······················ 356

## 第十五章　高风险旅游的安全应急体系建设研究················ 364
### 第一节　高风险旅游的分类与风险成因······················ 364

第二节　高风险旅游的安全应急体系建设 …………………………… 369

# 第十六章　面向应急体系建设的旅游地安全规划研究 ……………… 375
第一节　旅游地安全规划的挑战与导向 ………………………………… 375
第二节　旅游地安全规划的体系与编制 ………………………………… 379

**参考文献** ……………………………………………………………………… 389
**后记1** ………………………………………………………………………… 392
**后记2** ………………………………………………………………………… 395

# 第一篇 导论

# 第一章　我国旅游应急管理的时代背景

我国旅游业正处于快速发展的转型时期，我国的国内旅游、入境旅游和出境旅游都表现出惊人的市场规模。根据《2019年文化和旅游发展统计公报》的数据，我国2019年全年国内旅游人数达到60.06亿人次，中国公民出境人数达到15463万人次，接待入境游客14531万人次，全年实现旅游业总收入6.63万亿元人民币[①]。从国际比较来看，2019年我国拥有居世界第一位的国内旅游人数规模和居世界第四位的入境旅游人数规模，我国国际旅游消费规模也位列全球第一[②]。旅游业在我国的经济发展、文化繁荣与社会进步中发挥着愈益重要的作用，在国际间文化交流与经济协调中也扮演着越发关键的角色。我国旅游业正实现由旅游大国向旅游强国的时代目标迈进。

旅游业是我国"国民经济的战略性支柱产业"，但毋庸讳言，旅游业也是个脆弱的行业。无论基于历史的经验还是现实的考察，我们都能看到重大突发事件对我国旅游业造成的复杂影响。破坏性突发事件的发生，既可能影响我国旅游业的发展与稳定，也可能改变我国旅游业的历史进程，还可能冲击我国旅游业的转型与升级。因此，加强旅游应急管理的理论研究、增强我国旅游业的应急观念、提升我国旅游业应对旅游突发事件的整体水平，对于减少因突发事件导致的旅游业损失、促进我国旅游业的可持续发展具有重要的时代意义。

---

① 文化和旅游部. 2019年中国旅游业统计公报［EB/OL］. 2020年6月.
② UNWTO. International Tourism Highlights（2019 Edition）［R］. World Tourism Organization，2019：August.

## 第一节　我国旅游应急管理的战略意义

我国旅游业正处于持续的结构性调整时期，旅游业面临着愈益复杂化的宏微观环境。其中，产业因素、社会因素、环境因素等因素的突发变化越来越难以预测，自然灾害风险、事故灾难风险、公共卫生风险和社会安全风险也越来越多样化。在这种时代背景下，我国旅游业的突发事件可能步入多发期，这对我国旅游业的安全发展无疑形成了巨大的挑战。因此，在我国旅游业建立科学的应急体系、提升旅游业应对突发事件的能力与水平，是推动新时期我国旅游业健康发展的重大战略任务。

### 一、优化我国旅游业的战略进程

旅游业的发展过程和发展路径受到宏观环境、产业基础、资源条件、收入水平、技术因素、旅游潮流等众多因素的复杂影响，基于政策支持的战略定位与导向对旅游业宏观发展路径的确立也具有重要的影响效应。在众多因素中，重大突发事件是较易被人忽视的、影响旅游业常规发展路径的重要因素。重大突发事件对脆弱的旅游业往往具有严重的破坏性，从宏观环境、产业条件，到基础设施、资源景点，再到旅游地的市场形象和游客规模等，重大突发事件对其可能都具有结构性的改变能量。旅游地和旅游业可能因为突发事件的发生而导致局部或全局的产业困难与危机，其原有的战略路径、发展方向和运作体系因此难逃除旧革新的战略压力。从应急管理角度而言，重大突发事件所导致的行业压力也可能是优化旅游业战略发展进程的重要契机与动力。

以我国入境旅游为例，自改革开放以来，我国虽然保持了非常稳定的国内环境，但受众多突发事件的影响，我国旅游业的发展经历了5次明显的发展拐点和3次重大的平滑调整。如图1-1所示，我国入境旅游人数在1989年、2003年、2008年比上年度出现大幅下降，1994年、1997年和2001年则出现平滑调整，增长率比上年度同比下降。这几次较为重大的行业冲击都与当年或上年度的重大突发事件有密切关联。其中，1994年的调整受到千岛湖事件的影响，1997年的调整受到1997~1998年亚洲金融危机的影响，2001年的调整受到美国"9·11"恐怖袭击事件的影响，2003年的大幅下降受到"非典"事件的影响，2008年及随后几年的冲击则受到汶川大地震、2008~2009年全球金融危机等众多事件的影响，2013年的下降受到雾霾和新疆系列暴恐事件的影响。此外，2019年年底开始的新冠疫情对全球国际旅游市场造成沉重打击，2020年上半年我国入境游客接待1454万人次，同比下降80.1%①，疫情对我国入境旅游造成了持续的冲击和影响。

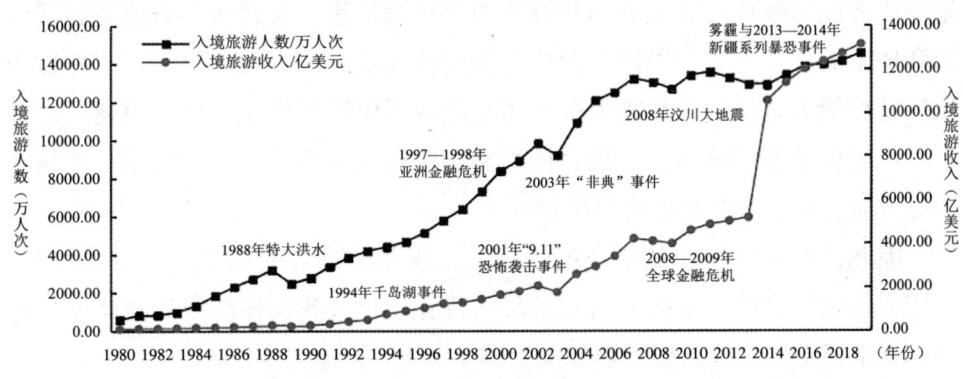

图1-1　1980~2019年我国入境旅游人数和旅游收入走势图

从阶段性进程来看，我国旅游业已经历了1989年前以入境旅游为主导的发展阶段，1990~1997年以入境旅游为主导、积极发展国内旅游的阶段②，1998~2011年以国内旅游为基础、入境旅游和出境旅游协调发展的阶段③，2011

---

① 中国旅游研究院.中国入境旅游发展报告2020［R］.中国旅游研究院，2020-11-10.
② 国务院办公厅.关于积极发展国内旅游业的意见［Z］.1993年11月.
③ 国家旅游局.中国旅游业"十二五"发展规划纲要［Z］.2010年12月：34.

年至今的"全面发展国内旅游、积极发展入境旅游、有序发展出境旅游"[①]的历史新阶段。受新冠疫情影响，2020年起我国事实上进入谨慎推动旅游市场复苏、适度推动周边短途旅游发展的状态，跨省旅游市场多次受到区域性疫情暴发的影响，出入境旅游基本上陷入停滞状态。总体上来看，我国已历史性地从旅游短缺型国家跨越进旅游大国的行列[②]。在此期间，我国旅游业和分支行业的盈利水平也出现了结构性变化变化，这既受到我国宏观发展环境的影响，也与历次重大突发事件所导致的旅游业结构性压力有关。

可见，重大突发事件是改变我国旅游业发展进程的重要影响因素，它既导致了部分时期我国旅游业的结构性压力，也对我国旅游业的阶段性转型与发展起了重要的催化作用。历史经验表明，由于旅游应急体系不完善、旅游业缺乏应急管理的意识和能力，我国改革开放后早期发生的旅游突发事件对旅游业造成的破坏性影响和结构性压力要更为严重。在初步具备应急管理机制和体系的条件下，我国旅游业应对汶川特大地震时表现出更大的成熟性和风险管控能力。汶川大地震后的四川旅游业不仅快速实现了恢复重建，还推动了区域旅游业的跨越式发展，四川旅游业在设施水平、产品结构、市场规模等方面实现了全面的重建与超越[③]。

因此，加强旅游业的应急能力建设，强化全过程的旅游应急管理机制，对于促进突发事件发生时旅游业的战略优化、提升我国旅游业的战略发展进程具有重要意义，这是新时期我国旅游业的重大战略需求。

## 二、提升我国旅游业的管理水平

旅游应急管理是旅游安全管理的重要体系内容，它以类型复杂的旅游突发事件作为管理对象，以旅游突发事件的预防预备、监测预警、处置救援、恢

---

[①] 编写组.中华人民共和国国民经济和社会发展第十二个五年规划纲要[Z].北京：人民出版社，2011.
[②] 国务院."十三五"旅游业发展规划[Z].国务院，2016-12-7.
[③] 邵琪伟.中国旅游业应对重大自然灾害机制研究[M].北京：中国旅游出版社，2012.

复重建等作为管理内容，其过程涉及旅游者、旅游企业、旅游主管部门、相关机构等旅游功能主体，它既要应对业内突发事件，也要处置业外突发事件，既要关注突发事件所导致的人员财物损失，也要处理突发事件所带来的形象市场损失。因此，旅游应急管理是一项复杂而重要的管理工作，它需要高度的科学性、系统性和健全性。正因如此，旅游应急管理水平是旅游地与旅游业安全管理水平的重要体现，也是旅游地与旅游业综合管理水平的重要体现。

重大突发事件具有显著的破坏性影响，对重大突发事件的应急处置水平则是旅游业管理水平的集中体现。及时、恰当、有效的旅游应急管理既能极大限度地降低突发事件损失，也能彰显旅游业的综合应急能力，提升社会各界对旅游业和中国政府的积极评价。2015年尼泊尔发生大地震、2017年印度尼西亚遭遇火山爆发，我国对在事件中受困的中国游客实施了紧急撤离行动。此时，积极有效地保障我国出境旅游者的安全成为我国旅游业的重要任务。为有效地应对这些突发事件，驻外使馆和旅游行政部门发挥了积极的应急角色，国家旅游行政部门和涉事地区的旅游行政部门迅速启动了应急预案，及时准确地掌握了我国在事发国旅游团队和游客的情况，并积极协调驻外使馆、航空公司等相关机构救援和疏散滞留游客，妥善顺利地完成了游客的安全返回工作。这些突发事件的应急处置体现了我国旅游业应急能力和行业管理水平不断提升的现状。

为了提升我国旅游业的应急管理水平，我国旅游业的一系列重大战略文件对旅游应急体系建设工作进行了积极的规范和引导。国务院颁布的《国务院关于加快发展旅游业的意见》（国发〔2009〕41号）这一重要战略文件对旅游安全与应急管理进行了系统性的规划。该文件提出，要"完善旅游安全提示预警制度，重点旅游地区要建立旅游专业气象、地质灾害、生态环境等监测和预报预警系统。防止重大突发疫情通过旅行途径扩散。推动建立旅游紧急救援体系，完善应急处置机制，健全出境游客紧急救助机制，增强应急处置能力"。2016年12月，国务院发布的《旅游业"十三五"发展规划》提出，"强化自驾车营地的安全防护和消防设施建设，加快自驾游呼叫中心和紧急救援基地建设，健全自驾游信息的统计、监测与预警系统"。要求完善研学旅行的"完善安全保障机制",要求"加强与港澳台旅游部门合作,完善旅游安全保障和预警机制,提升突发事件应急处理能力,共同打击以不合理低价组织的团队游和其他违法违规的不正当竞争行为",将"中国公民安全保障措施和游客合法权益保障等纳入中国公民出境旅游目的地管理体系;推动建立与有关国家和地区旅游安全预警机制和突发事件应急处理合作机制。"并提出,要"构筑旅游安全保障网,加强旅游安全制度建设、强化重点领域和环节监管、加快旅游紧急救援体系建设、深化旅游保险合作机制"。2021年6月,文化和旅游部印发《"十四五"文化和旅游发展规划》,提出"将安全发展理念贯穿于文化和旅游发展全过程,统筹疫情防控与文化和旅游发展,建立文化和旅游领域应对突发公共事件的应急机制,加强应急体系建设"。

可见,加强旅游应急体系建设、提升旅游行业的安全管理水平,已经成为我国旅游业的重要战略共识。

## 三、维护我国旅游业的安全形象

安全是旅游业健康发展的重要前提,也是旅游者进行正常旅游活动的基本需求。树立和维护安全的旅游形象,有利于增加旅游地对游客的吸引力,增加游客在旅游过程中的放心度、满意度。因此,保持和维护健康安全的旅游形象对于旅游目的地招徕游客、保持产业稳定、促进产业发展等具有极为重要的意义和作用。旅游应急管理是以旅游突发事件,尤其是以重大旅游突发事件作为调控管理对象的工作体系,旅游应急管理在旅游安全管理和旅游行业管理中具有突出性和标志性,提高旅游业的应急能力和应急水平,有助于降低旅游地的突发事件风险和损失,这对于维护旅游业的安全形象具有关键性的作用。

预防性的旅游应急管理有助于控制旅游突发事件风险、减少旅游突发事件发生,或为不可避免的突发事件提供应急缓冲,这有助于控制旅游突发事件的数量和等级,从而有助于旅游业安全形象的巩固和维护。系统性的旅游应急管理能增加旅游突发事件管控的及时性和针对性,提高旅游突发事件处置应对的有效性，这有助于减少或减缓旅游突发事件的灾难性后果，降低旅游突发事件对旅游者和社会公众的心理冲击，从而有助于减少旅游业的安全形象损失。负责任的旅游应急管理有助于提高突发事件善后处置的速度和成效，提高受损对象的赔付满意度，减少涉事主体的抱怨和不满情绪，从而有助于减少新闻媒介的负面关注度，这对于提高旅游业的安全形象具有积极意义。积极主动的旅游应急管理有助于促进突发事件后的恢复重建，有助于确立积极的面向未来的恢复重建定位与战略，对于促进旅游业的前瞻式发展、跨越式发展具有重要作用，这有助于向旅游者和社会公众传递正面而主流的积极价值观，从而有助于旅游业安全形象的提升和发展。

我国一直重视旅游业安全形象的维护与管理。21世纪初，我国是公认的安全旅游目的地，经过美国"9·11"事件后，我国深刻地认识到旅游安全已成为旅游者关心的隐忧，旅游安全对世界旅游业的发展格局具有重大影响。因此，我国旅游业在21世纪初就旗帜鲜明地提出要树立"中国是最理想的投资沃土和最安全的旅游胜地"的国际形象，希望能以我国所具有的政治稳定、社会安全的良好环境来吸引国际旅游者。2003年的"非典"事件对我国的安全形象造成重大影响。2003年7月，国家旅游局[①]果断提出"重塑我国健康安全旅游目的地形象，是旅游业恢复与振兴的前提和保障"的战略观点[②]。2003年10月，"世界旅游组织第15届全体大会"在中国召开，中国借此机会再次强调"重树'健康安全旅游目的地'的形象"，并获得了世界各国的认同[③]。2008年，汶川特大地震的发生对四川和我国的旅游安全形象均造成了一定影响，在恢复重建中四川努力重塑安全优美的旅游目的地形象，并打出了"震后的四川依然美丽，震后的四川更加安全"等宣传口号，国家旅游局、四川省旅游局等主管部门围绕四川安全旅游形象的树立做了大量的宣传推广工

---

① 本文所指的国家旅游局均指2018年国务院机构改革方案公布之前的国家旅游局，以下不再单独标注。何光晔.强化安全管理每一个环节巩固中国旅游最安全形象[N].人民日报（海外版），2003-04-02：第6版．

② 鄂平玲.中国将重塑健康安全旅游目的地形象[N].人民日报（海外版），2003-07-17：第1版．

③ 中国旅游健康安全形象获世界认同[EB/OL].中国网：http：//www.china.com.cn/chinese/TR-c/426348.htm，2003-10-21．

作。2020年以来，新冠疫情重创旅游行业的发展，在疫情恢复发展阶段，"安全、健康"成为重塑目的地形象的重要关键词。

可见，通过积极的旅游应急管理来塑造我国旅游业的安全形象，一直是我国旅游业的重要战略实践。

## 四、减少我国旅游业的发展成本

旅游业的安全形势既受旅游业的安全与应急管理水平的影响，也受到全社会公共安全形势的影响。目前我国正处于社会风险的高发期，各类突发事件风险因素众多。根据民政部、国家减灾委等部门的核定，2019年我国各类自然灾害造成全国1.3亿人次受灾，909人死亡失踪，528.6万人次紧急转移安置，造成的直接经济损失达3270.9亿元（不含港澳台地区数据）[1]。为了应对各类安全与突发事件，我国每年须付出巨大的公共成本。根据财政部"2019年全国公共财政支出决算表"显示[2]，2019年我国公共安全支出达到13901.93亿元；突发公共卫生事件应急处理的支出为7.09亿元；安全生产监管支出为108.62亿元，其中应急救援支出为10.22亿元；地震应急救援1.07亿元；公路和运输安全支出28.75亿元；铁路安全支出7.32亿元。根据全国旅责险旅游突发事件案例数据，2018年全国各地发生旅游突发事件4497起，共致8696伤亡；其中，一般事件3899起，造成5045人受伤；较大事件456起，造成1152人伤亡；重大事件142起，造成2499人伤亡。

旅游突发事件是旅游业发展过程中最大的成本和浪费。旅游突发事件所造成的直接成本包括人员伤亡、综合救援、医疗救治、伤害赔偿等人员费用成本，包括基础设施损毁、旅游服务设施损坏、资源景点损坏、各种财产损失等财物费用成本，也包括为旅游产业或旅游企业或旅游产品体系正常运作进行恢复重建所需的各种费用成本。旅游突发事件所造成的间接成本包括旅

---

[1] 应急管理部.2019年全国自然灾害基本情况[Z].2020年1月.
[2] 中华人民共和国财政部.2019年全国公共财政支出决算表[R].2020年7月.

游业因形象损失、客源规模缩减导致的收入减少等造成的综合成本。重大突发事件既会导致重大的直接成本损失，也可能因负面因素过多而导致区域旅游产业受到整体影响，甚至造成旅游产业运作的短期停滞，由此导致的间接成本将远大于直接成本。因此，加强旅游应急管理工作、减少我国旅游业的发展成本，应成为我国旅游发展过程中的重要战略行动。

## 五、改进我国旅游业的发展质量

安全发展是旅游业高质量发展的基本内涵，也是促进旅游业发展质量提升的重要基础。我国旅游业正处于转型发展的关键时期，提升旅游业发展质量是我国当前时期的主要战略导向。国务院颁布的《国务院关于加快发展旅游业的意见》（国发〔2009〕41号）提出，我国旅游业应"转变发展方式，提升发展质量，把旅游业培育成国民经济的战略性支柱产业和人民群众更加满意的现代服务业"。2016年发布的《旅游业"十三五"发展规划》提出，要"以转型升级、提质增效为主题，以推动全域旅游发展为主线，加快推进供给侧结构性改革，努力建成全面小康型旅游大国，将旅游业培育成经济转型升级重要推动力、生态文明建设重要引领产业、展示国家综合实力的重要载体、打赢脱贫攻坚战的重要生力军"。2020年11月，文化和旅游部、国家发展改革委等十部门联合印发《关于深化"互联网+旅游"推动旅游业高质量发展的意见》，要求持续深化"互联网+旅游"，推动旅游业高质量发展。要改善我国旅游业当前的发展质量，就应重点实现我国旅游业产业结构优化、旅游市场结构优化和旅游服务质量优化等关键任务，但这首先要求我国具有安全稳定的旅游发展环境。

首先，在现有的旅游产业体系中，餐饮、住宿、交通、景区、购物和娱乐等产业要素均存在大量的安全风险，需要我国实施积极而全面的安全与应急管理。为此，《国务院关于加快发展旅游业的意见》明确提出旅游应该"加强旅游安全保障体系建设，推动建立旅游紧急救援体系、完善应急处置机制、健全出境游客紧急救助机制、增强应急处置能力"，这是促进旅游业加快发展的重要保障措施；其次，我国已经初步建立起以国内旅游为基础、入境旅游和出境旅游协调发展的旅游市场格局。《中国旅游业"十二五"发展规划纲要》提出，要"提升发展质量，积极发展入境旅游"，强调"主动与旅游大国竞争有限增长的国际旅游市场。强化安全保障，促使现实旅游市场影响潜在旅游市场，使得更多的潜在旅游市场向现实旅游市场转变"。《"十三五"旅游业发展规划》提出，要"协调推进 提升旅游业发展质量"。《"十四五"文化和旅游发展规划》提出，要"提升旅游服务质量，做强国内旅游，振兴入境旅游，规范出境旅游。改善国内旅游供给品质，促进境外消费回流。"产业实践也表明，旅游地的安全程度、风险保障能力和应急救援能力等是影响国际旅游者的重要决策因素；最后，我国旅游业正逐步推动进入高质量发展的新阶段，提升旅游服务质量是提升旅游业发展质量的必然要求。显然，安全是旅游服务质量的基本构成要素，旅游业只有坚持"以人为本，安全第一"的原则，才能真正创造令旅游者感到满意的旅游服务质量。

## 第二节 我国旅游应急管理的历史经验

自1978年改革开放伊始，我国旅游业在探索中执着前进，历经40余年的跨越式发展，我国已成为世界旅游大国，在国际上树立起鲜明的旅游目的地形象。应该看到，旅游业是一个与突发风险并存的行业，我国旅游业在发展中历经多次重大突发事件的干扰和影响，旅游业也在风险与机遇并存的突发事件应对中不断走向成熟。我国旅游业的发展进程与旅游突发事件的发展形势经历了一个相互影响的复杂过程，其间所经历的旅游突发事件既受到旅游发展阶段性的影响，旅游突发事件本身也影响甚至改变了我国旅游业的发展进程。根据发生来源的不同，旅游突发事件可分为业外突发事件和业内突发事件，两者对我国旅游业的发展存在不同的影响结构与方向，我国旅游业在应对旅游突发事件中积累起宝贵而丰富的应急管理经验。

## 一、我国旅游业应对业外突发事件的历史经验

业外突发事件是指事件根源来源于旅游行业外部，且主要以间接的方式对旅游业产生综合影响的各类突发事件。业外突发事件常常改变旅游业发展的宏观背景或客源市场，从而影响到旅游业发展的基础条件。1978年以来，我国旅游业屡屡遭遇大型的业外突发事件，比如，1988年的洪水灾害、1997年的亚洲金融危机、2001年的"9·11"恐怖袭击事件、2003年的"非典"疫情、2008年的汶川地震、2008~2009年的全球金融危机、2019年开始发端的新冠疫情等。这些突发性公共事件都来源于旅游业之外，但它们都对我国旅游业产生了重要的结构性影响，甚至改变了我国旅游业的发展进程（见表1-1）。

表1-1 1980年后我国旅游业应对的主要业外突发事件

| 事件名称 | 发生时间 | 事件类型 | 主要影响 | 旅游应急管理的特征 |
| --- | --- | --- | --- | --- |
| 特大洪水 | 1988年 | 自然灾害 | 我国旅游业的超高速增长受其影响，旅游业自1978年以来首次出现下滑趋势 | 被动型旅游应急管理 |
| 亚洲金融危机 | 1997年 | 经济危机事件 | 旅游消费疲软，并导致我国酒店业陷入结构性失衡酒店业的竞争结构发生改变 | |
| 世纪洪水 | 1998年 | 自然灾害 | 与亚洲金融危机合并影响我国旅游业发展，我国旅游增速放缓 | |
| "9·11"恐怖袭击事件 | 2001年 | 社会安全事件 | 从短期来看，旅游客源结构发生改变，入境旅游人数增幅减缓，当年旅游外汇收入增幅较上年同期下降5.4个百分点；从长期来看，国际旅客的旅游版图发生较大改变，亚洲旅游目的地从中受益 | |
| "非典"事件 | 2003年 | 公共卫生事件 | 我国入境旅游和国内旅游出现大幅度下降，旅游业总收入4882亿元人民币，比上年下降12.3% | 主动型旅游应急管理 |

续表

| 事件名称 | 发生时间 | 事件类型 | 主要影响 | 旅游应急管理的特征 |
|---|---|---|---|---|
| 雨雪冰冻灾害和汶川大地震 | 2008年 | 自然灾害 | 全国旅游业因雨雪冰冻灾害直接经济损失约69.7亿元。2008年全年四川省入境游人数同比下降59%；省外游客人数同比下降60%。2008年，全国入境旅游人数下降1.4%；入境过夜旅游人数下降3.1%；旅游外汇收入下降5% | 积极的应急救援、恢复重建与全面的旅游应急管理 |
| 全球金融危机 | 2008~2009年 | 社会安全事件 | 全球旅游业陷入下滑趋势，国际旅游出游人数下降，2009年我国入境旅游人数下降2.7%，入境过夜旅游人数下降4.1% | 积极的市场化与行政调控相结合的出境旅游应急管理 |
| 埃及政局动荡 | 2011年 | 社会安全事件 | 2000多名团队游客滞留境内，部分旅游团队行程取消 | |
| 日本"3·11"大地震 | 2011年 | 自然灾害 | 200多个赴日中国旅游团、5416名团队游客受地震影响 | |
| 新疆暴恐事件 | 2013~2014年 | 社会安全事件 | 2014年上半年，新疆累计接待国内游客2013.52万人次（其中过夜游客1321.4万人次，一日游客692.1万人次），同比下降6.9%。旅游总花费215.7亿元，同比下降5.67% | 积极的市场化与行政调控相结合的旅游应急管理 |
| "8·8"九寨沟地震 | 2017年 | 自然灾害 | 旅游业遭受极大创伤，旅游收入和旅游人数呈断崖式下降，全年旅游人数和旅游收入定格在8月8日。2017年九寨沟县共接待游客481万人次，比上年下降33.2% | |
| 新冠肺炎疫情 | 2019年 | 公共卫生事件 | 2020年上半年国内旅游人数11.68亿人次，同比下降62%，国内旅游收入0.64万亿元，同比下降77% | |

### （一）1988年特大洪水

我国旅游业在整个20世纪80年代都处于高速发展阶段，当时旅游业被称为投资少、见效快、利润高、门槛低的黄金行业。1988年，我国黑龙江、内蒙古、浙江、湖南、湖北、江西和广西等多个省份发生特大洪水，部分旅游城市被淹。受洪水影响，我国旅游业出现了1978年以来的首次下滑趋势。

### （二）1997年亚洲金融危机

20世纪90年代早期，我国旅游业在短暂的调整后迎来发展的春天，内外的市场条件均非常好。但是1997年的亚洲金融危机却在各方面挑起了旅游业的结构性困难：亚洲其他国家的货币贬值使其旅游产品比我国更有成本竞争优势，金融危机导致国内和部分入境市场的消费疲软，同时，我国房地产业在金融危机之前积累的泡沫由此消融，许多地产项目纷纷转为酒店项目，这使我国酒店业开始出现结构性失衡，集中表现为"宏观报喜、微观报忧"的怪象，我国旅游业开始步入"微利"竞争时代[①]，旅游业尤其是酒店业的薪酬水平一直无法提升，行业无法吸引足够数量的优秀人才投身其中。可见，亚洲金融危机带给我国旅游业的影响具有结构性、综合性和全面性等特点。旅游业对各种社会性安全事件应该保持足够的警惕性，对于金融危机类的安全事件更应该有全面的预警和解决方案。

### （三）2001年"9·11"恐怖袭击事件

2001年的"9·11"恐怖袭击事件使全球旅游业受到重创，许多旅游企业、尤其是航空企业面临空前的经营危机，这一事件也影响了我国旅游业的正常发展。在当年未有明显的其他影响因素的情况下，我国大部分主要客源国入境人数增速下降，2001年全年入境人数同比增长6.7%，增速较上年同期下降7.9个百分点，旅游外汇收入同比增长9.7%，增速较上年同期下降5.4个百分点。2001年，全国旅游总收入4995亿元人民币，同比增长10.5%，增幅较上年同期下降2.41个百分点[②]。

应该看到，"9·11"恐怖袭击事件的发生导致国际出游人数下降。但从长期来看，其累积的国际旅游需求却并不会因此完全消除，这一事件使许多国际旅游者开始寻找新的安全的国际旅游目的地，从而导致国际旅游版图发生重大改变。"9·11"恐怖袭击事件后，流往亚洲的国际游客数量趋于增长，中国等亚洲国家和地区的入境旅游因而获益。

---

① 魏小安，沈彦蓉.中国旅游饭店业的竞争与发展[M].广州：广东旅游出版社，1999.
② 国家旅游局.2001年中国旅游业统计公报[R].国家旅游局，2002年6月.

### (四)2003年"非典"疫情

2003年肆虐中国的"非典"事件既是全社会的危机,更是我国旅游业的灾难。疫情严重时,我国旅游业的行业运作几乎陷于停滞。在疫情特别严重的地区,餐饮、饭店、旅行社无人问津。受"非典"影响,2003年我国入境旅游和国内旅游同比出现大幅度下降。全年共接待入境旅游者9166.21万人次,实现国际旅游外汇收入174.06亿美元,分别比上年下降6.4%和14.6%;国内旅游人数8.7亿人次,收入3442.27亿元人民币,分别比上年下降0.9%和11.2%;中国公民出境人数达到2022.19万人次,比上年增长21.8%;旅游业总收入4882亿元人民币,比上年下降12.3%;相当于当年全国国内生产总值的4.18%,比上年降低1.26个百分点[①]。

在"非典"危机中,我国旅游主管部门首次表现出应急管理的姿态,并在税收优惠等方面支持旅游业渡过难关。这次应急管理的实践表明,我国旅游业的应急管理体系有待建立和完善,对行业渡过危机的支持保障政策还不系统、不全面,旅游业需要全面完善的应急管理体系。

### (五)2008年雨雪冰冻灾害与汶川大地震

2008年年初,我国南方的低温雨雪冰冻灾害给我国旅游业造成重大损失,10个省区市旅游接待受到影响,全国旅游业因雨雪冰冻灾害直接经济损失约69.7亿元。受灾严重的贵州、湖南、安徽、江西、广西、湖北、浙江7省区的旅游活动一度全部或部分停止,致使国内外游客短期内大量退团,波及全国旅游行业。据统计,旅行社退团1.58万个,约30万人(其中入境旅游约6万人、国内旅游约24万人)。19个受灾省区市春节黄金周旅游接待人数下降了9.73%,旅游收入下降了11.47%。受灾最严重的湖南、贵州等7省区春节黄金周旅游接待人数下降了28.06%,旅游收入下降了29.75%。其中,贵州省接待人数下降了62.71%,旅游收入下降了63.38%;湖南省接待人数下降了35.29%,旅游收入下降了30.86%[②]。

2008年5月12日,四川汶川特大地震发生。地震发生后,设施损毁、

---

① 国家旅游局.2003年中国旅游业统计公报[R].国家旅游局,2004年9月.
② 邵琪伟.在旅游抗灾和灾后恢复发展工作会议上的讲话[Z].旅游调研,2008(2).

灾区限游和旅游者对安全问题的担忧等因素，使四川旅游业整体受到强烈的冲击和影响，四川旅游人数和旅游收入在地震发生月和次月几乎陷入停滞。2008年5月，四川旅游总收入32.51亿元，同比下降64.9%；6月旅游总收入59.94亿元，同比下降63.7%。2008年全年四川省入境游人数同比下降59%、省外游客人数同比下降60%、主要景区景点收入同比下降60%。2008年，全国入境旅游人数1.30亿人次，下降1.4%；入境过夜旅游人数5300万人次，下降3.1%；旅游外汇收入400亿美元，下降5%[①]。

在这两起事件中，我国旅游主管部门都表现出了积极的应急管理姿态，旅游部门实施了积极主动的应急救援，并在规划的指导下实施了较有成效的恢复重建举措，这标志着我国旅游业初步建立起积极性与全面性相结合的旅游应急管理体系。从应急管理的成效来看，四川旅游业在汶川大地震后迅速地实现了市场复苏，并逐步推动了四川旅游业的跨越式发展，创造了灾后旅游业恢复重建的宝贵经验。

### （六）2008~2009年全球金融危机

2008年，我国连续经受各种突发事件和不利因素的冲击，旅游业经受了前所未有的考验。其中，2008年发生的全球金融危机对国际旅游产生了重大的不良影响，我国的入境旅游在2008年和2009年均遭受了严重影响。

2008年，我国入境旅游人数13002.74万人次，比上年下降1.40%。其中：外国人2432.53万人次，下降6.8%；香港同胞7835.01万人次，增长0.5%；澳门同胞2296.63万人次，下降1.0%；台湾同胞438.56万人次，下降5.2%。当年入境过夜旅游者人数5304.92万人次，比上年下降3.1%。其中：外国人1970.41万人次，下降7.9%；香港同胞2566.86万人次，增长1.1%；澳门同胞387.90万人次，下降0.8%；台湾同胞379.75万人次，下降5.6%。当年国际旅游（外汇）收入408.43亿美元，比上年下降2.6%[②]。2009年，是我国旅游业特别是入境旅游经受严峻考验和挑战的一年。入境旅游人数12647.59万人次，比上年下降2.7%。其中：外国人2193.75万人次，下降9.8%；香港同

---

① 编写组．旅游业危机管理：汶川地震启示录［M］．中国旅游出版社，2010：31．
② 国家旅游局．2008年中国旅游业统计公报［R］．国家旅游局，2009年9月．

胞 7733.60 万人次，下降 1.3%；澳门同胞 2271.84 万人次，下降 1.1%；台湾同胞 448.40 万人次，增长 2.2%。入境过夜旅游者人数 5087.52 万人次，比上年下降 4.1%。其中：外国人 1769.69 万人次，下降 10.2%；香港同胞 2549.79 万人次，下降 0.7%；澳门同胞 384.80 万人次，下降 0.8%；台湾同胞 383.24 万人次，增长 0.9%。国际旅游（外汇）收入达 396.75 亿美元，比上年下降 2.9%[①]。

周期性的金融危机对旅游业的影响具有结构性和全面性的特点。进入 21 世纪后，我国的宏观背景因素日益复杂，自然灾害、金融危机、群体性事件等各种复杂的安全因素往往交错综合在一起，共同对旅游业施加影响。因此，如何建立行政性应急和市场性应急相结合的综合应急管理体制，成为发展中我国旅游业需要面对的重要课题。

### （七）2011 年埃及政局动荡与日本"3·11"大地震

除了发生在国内的突发事件外，境外的重大突发事件比如伊拉克战争、印度洋海啸等都也在不同程度、不同方向上影响了我国的出入境旅游，对我国旅游业产生了间接或直接的影响。应该看到，部分境外的危机事件也可能给我国旅游发展带来机遇，比如，伊拉克战争、埃及恐怖活动等事件影响了西亚和北非旅游业的发展，使部分国际游客分流到了东南亚各国。同时，历经 2008 年汶川大地震后，我国的旅游应急工作得到极大的锻炼和发展，我国旅游主管部门不断建立和完善旅游应急体系，也有效应对了境内和境外的各种涉旅突发事件。在 2011 年的埃及政局动荡事件和日本"3·11"大地震中，旅游主管部门均表现出较为成熟的旅游应急工作方式。

2011 年 1 月底至 2 月期间，埃及政局动荡，造成我国 2000 余名团队游客滞留埃及境内。2011 年 3 月 11 日，日本发生大地震并引发核泄漏，当时尚有 5000 余名我国的团队游客在日本旅游。两起事件发生后，国家旅游局实施了积极的全面应急举措。针对埃及政局动荡，国家旅游局连续发布三次赴埃旅游提示，并以明电形式向各地下发紧急通知，督促出境游组团社承担起对游

---

① 国家旅游局.2009 年中国旅游业统计公报[R].国家旅游局，2010 年 10 月.

客的安全保障义务，引导旅行社妥善处理退团费用等问题。同时，国家旅游局派员参加了外交部牵头成立的联合工作组赴埃，平安接回1848名滞留游客；针对日本"3·11"大地震，国家旅游局立即启动应急机制，在官方网站连续发布多个出行提示，并下发紧急通知，暂停赴日旅游组团，引导旅行社妥善处置退团费用等问题。同时，国家旅游局启动了台账统计系统，与部分省市旅游行政主管部门合作，详细了解在日本的我国游客人数。国家旅游局驻日本办事处也积极协调航空公司应对滞留游客。在事件进程中，共有5416名游客平安回国[①]。

**（八）2013~2014年新疆暴恐事件**

2013年6月26日，新疆吐鲁番市鄯善县鲁克沁镇发生暴力恐怖袭击案件，多名暴徒先后袭击鲁克沁镇派出所、特巡警中队、镇政府和民工工地，放火焚烧警车。造成24人遇害，包括公安民警2人；另有21名民警和群众受伤[②]。2014年4~9月之间，新疆发生多起暴力恐怖袭击事件，造成多名群众伤亡。[③]

暴恐事件对新疆旅游业造成极大打击，使游客对新疆旅游安全形象产生疑虑。2014年上半年，新疆累计接待国内游客2013.52万人次（其中过夜游客1321.4万人次，一日游客692.1万人次），同比下降6.9%，旅游总花费215.7亿元，同比下降5.67%。事件发生后，新疆旅游局积极应对暴恐事件对旅游业的冲击，采取了包括与19个内地援疆省市对接，畅通"旅游援疆"渠道，组织新疆百家旅行社、万名导游向全国旅游同行发出倡议书，开展新疆旅行社、导游与内地旅行社、导游"一对一"的携手活动，划拨专项资金，为每位到新疆的游客提供500元奖励等方式，促进暴恐事件后的新疆旅游市场恢复。

**（九）2017年"8·8"九寨沟地震**

2017年四川九寨沟发生7.0级地震，地震共造成25人死亡，525人受伤，

---

① 国家旅游局综合司.2011年旅游突发事件年报[R].国家旅游局综合司，2012年1月.
② 新疆维稳压倒一切[J].中国新闻周刊，2013（24）：18.
③ 陆钢.细节决定反恐成败[J].社会科学文摘，2014（7）：34-35.

6人失联，共176492人（含游客）受灾，经济损失巨大。由于震中位置临近风景名胜九寨沟核心景区，又时值旅游旺季，涉及近6万名游客安危。地震发生后，九寨沟旅游业遭受极大创伤，旅游收入和旅游人数呈断崖式下降。2017年九寨沟县共接待游客481万人次，比上年下降33.2%，其中：九寨沟景区250万人次；其他旅游者231万人次（指探亲访友、参加会议、一日游等）；实现旅游总收入60.7亿元，比上年下降32.6%①。

地震发生后，国家领导人习近平高度重视，要求迅速组织各级力量救灾，尽可能减少人员伤亡。事发当晚，国家旅游局第一时间启动应急预案，开通国家旅游服务热线12301。四川省旅游发展委员会从加强统一部署、核查受灾情况、督促旅游企业和地方旅游部门安抚疏散游客、协调周边县市提供援助、做好舆论监控等方面做出应急工作安排。

**（十）2019年发端的新冠肺炎疫情**

2019年年底、2020年春节期间暴发的新冠肺炎疫情，对中国乃至世界旅游业造成了前所未有的冲击。2020年第一季度至第二季度旅游业几乎处于停摆状态，据统计，2020年上半年国内旅游人数11.68亿人次，同比下降62%，国内旅游收入0.64万亿元，同比下降77%②。在新冠肺炎疫情危机中，我国旅游主管部门的应急管理表现更为成熟和从容，并推出数字旅游产品、税收优惠、退还部分旅游服务保证金、积极推动旅游业智慧化发展、引导行业互助与企业自救等措施，支持和帮助文旅行业渡过难关。2020年7月14日恢复跨省旅游，10月1~8日国庆节假日，共接待6.37亿人次的国内游客，同比恢复了80%。疫情防控与旅游恢复发展的兼顾体现了我国旅游应急管理体系更加完善。

## 二、我国旅游业应对业内突发事件的历史经验

业内突发事件是指事件根源来源于旅游行业内部，或者直接发生于旅

---

① 九寨沟县人民政府.九寨沟县2017年国民经济和社会发展统计公报［R］.2018年6月.
② 中国旅游研究院.中国国内旅游发展报告2020［R］.2020-09-15.

游行业内部,其发生直接对旅游者、旅游企业等产生破坏性影响的突发事件。它主要表现为由人员因素和设施因素等引发的各类事故灾难和直接以旅游者作为加害对象的社会安全事件等。根据全国旅行社责任险出险数据,2010~2018年我国共发生旅游突发事件46179起(见表1-2)。这些突发性安全事件主要是业内突发事件对我国的旅游者、旅游企业和区域旅游业都产生了严重的负面影响,甚至威胁到旅游业的稳定、顺利和健康发展。

表1-2 2010~2018年我国国内旅游突发事件及其伤亡数据

| 年份 | 合计 | | 特别重大 | | 重大 | | 较大 | | 一般 | |
|---|---|---|---|---|---|---|---|---|---|---|
| | 数量（起） | 伤亡（人） | 数量（起） | 伤亡（人） | 数量（起） | 伤亡（人） | 数量（起） | 伤亡（人） | 数量（起） | 伤亡（人） |
| 2010 | 2911 | 6061 | 1 | 200 | 10 | 428 | 116 | 2135 | 2784 | 3298 |
| 2011 | 5309 | 12239 | 4 | 512 | 8 | 464 | 240 | 4913 | 5057 | 6350 |
| 2012 | 5881 | 13848 | 3 | 493 | 15 | 765 | 301 | 5514 | 5562 | 7076 |
| 2013 | 5328 | 11392 | 3 | 203 | 18 | 864 | 227 | 4345 | 5080 | 5980 |
| 2014 | 5411 | 11681 | 3 | 300 | 19 | 1250 | 214 | 3757 | 5175 | 6374 |
| 2015 | 4813 | 10003 | 5 | 627 | 9 | 668 | 175 | 3241 | 4624 | 5467 |
| 2016 | 5453 | 10484 | 6 | 644 | 17 | 1018 | 162 | 2928 | 5268 | 5894 |
| 2017 | 5952 | 11942 | 7 | 1202 | 14 | 897 | 164 | 3358 | 5767 | 6485 |
| 2018 | 5121 | 9146 | 4 | 319 | 10 | 533 | 143 | 2747 | 4964 | 5547 |
| 总计 | 46179 | 96796 | 36 | 4500 | 120 | 6887 | 1742 | 32938 | 44281 | 52471 |

资料来源:全国旅责险旅游突发事件案例。

近30年来,我国旅游者遭遇的具有标志性意义的业内旅游突发事件主要包括浙江千岛湖事件、贵州马岭河缆车坠毁事故、陕西华阴市踩踏挤压事件、北京密云灯会踩踏事件、重庆万州潭獐峡驴友遭遇泥石流事件、云南大理苍山救援事件、上海旅游团在美遭遇车祸事件、菲警劫持香港游客事件、在台大陆游客遭遇泥石流事件、东方之星旅游客船倾覆事件、上海外滩踩踏事故、普吉岛游船倾覆事件等。这些事件的发生，集中反映了我国旅游业在不同发展阶段的安全风险及其应急管理形势（见表1-3）。

## （一）1994年千岛湖事件

1994年3月31日，浙江省千岛湖上的"海瑞号"游船发生特大抢劫纵火杀人案，船上32人全部遇难，其中有24名台胞游客，2名导游和6名船上工作人员[①]。这一案件是由3名歹徒登船抢劫纵火造成的刑事案件，但此案件在台湾地区引发轩然大波，当年和次年台湾入境旅游者急剧减少，我国对台旅游市场几乎全面崩溃，其他入境旅游市场也受到一定程度的冲击。海峡两岸的民间交流也因为千岛湖事件而一度陷于停滞的僵局。

千岛湖事件是一起因旅游领域的刑事案件影响旅游业发展和地区间关系的典型案例。如何有效地处置造成重大伤亡的旅游突发事件，如何应对和引导媒体的信息披露，如何有效地进行善后赔偿等，都是主管部门和旅游行业在事件环境下必须认真思考的议题（见表1-3）。

表1-3　1980年后我国旅游业应对的主要业内突发事件

| 事件名称 | 发生时间 | 事件类型 | 主要影响 | 旅游应急管理的特征 |
| --- | --- | --- | --- | --- |
| 千岛湖事件 | 1994年 | 社会安全事件 | 32人遇难；当年和次年台湾入境旅游者急剧减少，其他地方的旅游市场也受到强烈的冲击 | 缺乏应急管理观念 |
| 贵州马岭河缆车坠毁事故 | 1999年 | 事故灾难 | 14人死亡，22人受伤；当地旅游业遭受重创；景区特种设施设备的安全管理开始受到重视 | |
| 陕西华阴市踩踏挤压事件 | 2001年 | 事故灾难 | 17人死亡，5人受伤，当地旅游形象遭受重创 | 被动型旅游应急管理 |
| 北京密云灯会踩踏事故 | 2004年 | 事故灾难 | 13人死亡，15人受伤；会展节事活动的安全管理开始受到社会关注 | |

---

① 范丽青等.千岛湖事件[N].人民日报，1996-06-20.

续表

| 事件名称 | 发生时间 | 事件类型 | 主要影响 | 旅游应急管理的特征 |
|---|---|---|---|---|
| 重庆万州潭獐峡驴友遭遇泥石流事件 | 2009年 | 自然灾害 | 导致17人遇难，2人失踪；自助旅游、探险旅游的安全保障受到关注与重视 | 有限条件和有限专业下的应急救援 |
| 云南大理苍山救援事件 | 2010年 | 事故灾难 | 1人遇难；散客旅游的安全保障及旅游安全救援等议题受到社会的强烈关注 | |
| 上海旅游团在美遭遇车祸事件 | 2009年 | 事故灾难 | 6名游客与1名导游死亡；9名游客与1名司机受伤 | 出境条件下的综合应急管理 |
| 菲律宾劫持香港游客事件 | 2010年 | 社会安全事件 | 造成8人死亡，7人受伤；出境旅游安全、旅游者的领事保护等议题受到关注 | |
| 在台大陆游客遭遇泥石流事件 | 2010年 | 自然灾害 | 造成200名大陆游客被困，20余名大陆游客罹难；出境旅游安全风险的监测、预警和控制等议题受到关注 | |
| 上海外滩踩踏事故 | 2014年 | 事故灾难 | 造成36人死亡，49人受伤，高聚集游客群体安全、大型节庆活动安全等议题受到关注 | 复杂风险环境下的旅游应急管理 |
| 东方之星旅游客船倾覆事件 | 2015年 | 自然灾害 | "东方之星"号客轮上共有454人，其中成功获救12人，遇难442人 | |
| 台湾游览车火灾事故 | 2016年 | 事故灾难 | 造成司机1人、导游1人、大陆乘客24人共26人死亡 | |
| 普吉岛游船倾覆事件 | 2018年 | 自然灾害 | 造成47名中国游客遇难，出境旅游安全、网络舆情危机等议题受到关注 | |
| 白银马拉松越野赛公共安全责任事件 | 2021年 | 自然灾害 | 赛事遭遇突发冰雹、冻雨、大风等灾害性天气，21名参赛运动员遇难 | |

### （二）1999年贵州马岭河缆车坠毁事故

1999年10月3日上午11时30分，贵州马岭河景区发生了新中国成立以来最严重的一起缆车坠毁事故。当天上午，100多位游客在参观景区后，向缆车起点处蜂拥而至，争先恐后地企图挤进不足5平方米的车厢。现场秩序十分混乱，现场管理人员虽做了一些劝阻，但并不能控制游客高亢的情绪。结果在只能容纳10人的缆车车厢里竟挤入36人（司机1人，游客35人）。几分钟过后缆车在到达150米的顶点时，突然发出异样的响声，并开始出现回滑。司机此时拼命地踩刹车，但并不能阻止惨案的发生，缆车直接从百米高空坠落。这起严重的缆车坠毁事故造成14人死亡，22人受伤[1]。

1999年是我国实施黄金周制度的首年，席卷全国的假日旅游热潮推动了国内旅游的迅速发展。但当时国内旅游的设施条件、人员条件、管理水平和游客的安全素质等均未达到应有的水平。马岭河缆车坠毁事故正是在这一背景下发生的一起典型的旅游事故案例。根据事故鉴定结果，该案件的主要原因包括：马岭河缆车违规设计、安装和使用；景区放任缆车经营人员封锁上山通道；操作司机、管理人员无证上岗，缺少专业知识和应急措施；吊箱载客超重、登乘缆车拥挤无序；游客缺乏基本的安全意识[2]。马岭河缆车坠毁事故使当地旅游业遭受重创，其重要的客源市场广西南宁市场至2005年后才得以重新启动[3]。这一事件后，我国开始加倍重视景区游览设施、娱乐设施等特种设施设备的安全管理。

### （三）2001年陕西华阴市踩踏挤压事件

2001年4月8日，陕西华阴市玉泉院举行传统的古庙会。由于古庙会恰逢双休日，天气好、当地宣传力度较大，同时有玉泉院免票和华山门票减半的优惠措施，当日古庙会的游客规模大大增加。事发当天上午，在玉泉路和云泉院以及通过铁路涵洞前往华山西山门的路上汇集的游人多达6万余人。10点40分左右，从华山西山门返回的下山人员行至铁路人行涵洞内，因上行和下行人群拥挤踩踏造成17人死亡、5人受伤，其中主要是妇女、儿童和老人。遇难者主要是因为胸部受挤压窒息死亡[4]。

---

[1] 郝革宗.一次灾害性旅游安全事故剖析——以贵州省马岭河风景区"10·3事故"为例[J].灾害学，2001，16（1）：50-54.
[2] 陈志雄.马岭河峡谷风景区缆车坠落致人伤亡案审理实录[N].人民法院报，2001-02-08：006.
[3] 王海洲.华山：17条生命能换来游客安全吗[J].安全与健康，2003（19）：6-7.
[4] 王海洲.华山：17条生命能换来游客安全吗[J].安全与健康，2003（19）：6-7.

国务院调查组认定该起特大伤亡事故是一起重大责任事故,并将其原因认定为:"华阴市政府安全意识不强,群众观念淡薄,措施不实,防范不力,疏于监督管理;对通往华山的涵洞存在的事故隐患,未能及时整改,对专门用于旅游的这条道路长期弃置不用,未能认真协调解决,华阴市政府对这起事故负有直接领导责任。"① 这起事故反映的另一个现象是,在国内旅游的"快速发展"阶段,组织方过于注重游客的招徕,却较为忽视游客到来后的安全防控与管理。

### (四)2004 年北京密云灯会踩踏事故

2004 年 2 月 5 日 19 时 45 分,在北京市密云县密虹公园举办的密云县第二届迎春灯展中,因一游人在公园桥上跌倒,引起身后游人拥挤,造成踩死、挤伤事故,共导致 37 人死亡,15 人受伤。事发前,当地相关部门对密云灯展进行了有力的宣传,前往观看灯展的密云和市区居民络绎不绝。事故发生地是密云县密虹公园内的云虹桥,这是一座两头陡峭、东西走向的拱桥。事发时,许多游人登桥后不愿意下桥,其他游人又不断从桥的两端上桥并穿桥而过,导致彩虹桥逐渐堵死。随后,有警察赶赴现场疏散人群,当桥面的拥挤松弛后,许多被"挤晕"了的游人在松弛后因站不住而从陡峭的桥面上跌倒,踩踏事件由此引发②。

北京密云灯会踩踏事故是一起典型的节事会展事故。在事故的引致因素中,组织方缺乏应急管理预案、缺乏事前的安全预防和事中的安全控制、对大规模人流估计不足、重游客招徕不重管理、对彩虹桥等特殊设施的管控不当等,都是导致事故的重要原因。同时,游客自身安全意识淡薄也是重要原因。

### (五)2009 年重庆万州潭獐峡驴友遭遇泥石流事件与 2010 年的云南大理苍山救援事件

2009 年 7 月 11 日,一群重庆驴友在万州潭獐峡流域穿越峡谷时遭到山洪

---

① 国务院赴陕西"4·8"事故调查组.关于陕西华阴"4·8"特大伤亡事故的调查报告[R].2001-04-18.

② 事件信息由人民网、新华网、中国安全网等网站的相关资料综合整理而成。

袭击，导致 17 人遇难、2 人失踪。2009 年 6 月 30 日，一位名叫超哥（ID 名）的驴友在重庆"驴友空间"论坛发帖，召集驴友于"7 月 10 日至 7 月 12 日万州潭獐峡溯溪"，该倡议帖迅速得到驴友们的响应[①]。7 月 11 日，由超哥组织的 35 人自助游队伍绕过万州潭獐峡景区管理部门，直接进入潭獐峡未开发的西峡谷进行探险。当天下午 3 时突降暴雨，导致探险的驴友群遭遇山洪。事故发生后，万州、云阳两地迅速启动应急抢险预案，组织武警、消防、民兵及当地干部群众近 2000 人搜救遇险人员，成功营救 16 名驴友。最终，这次由旅游者疏忽造成的户外探险事故被称为"中国户外活动史上最大灾难"[②]。

2010 年 7 月 13 日，一名来自上海的户外运动爱好者穿着短衣短裤独自攀登苍山，在从苍山洗马潭返回途中走了 4 小时左右路程后迷路，左小腿摔断，无法行走。该游客随后通过个人电话报警，但无法说清自己的具体位置。由于受伤、低温、暴雨、缺乏食物等，该游客在 7 月 15 日发出最后一条短信后即与外界断绝了联系。大理警方 13 日接警后启动了应急预案，当地政府先后组织了民兵、武警、消防、森警、群众，出动多批近 3000 人次进行搜救。各种民间救援力量、志愿者也参与了救援过程。救援人员在搜救过程中受到了冰雹、暴雨、浓雾、低温等恶劣环境的影响。深圳山地救援队于 7 月 21 日前往增援，其专业性在搜救中发挥了重要作用。最终，搜救队历经 13 天搜救后于 7 月 25 日凌晨寻找到了失踪游客的遗体[③④]。

这是我国自助旅游、探险旅游迅速发展背景下的两起典型案例。由于专业知识不足、装备不精、安全意识淡薄、过度追逐刺激等因素的影响，不少自助旅游者在恶劣的环境中陷入险境，部分游客甚至付出了生命的代价。地方政府和管理部门已经逐渐建立了应急救援的机构、预案和机制，但是救援能力还缺乏专业性，公益救援和商业救援也处于初步发展阶段。

---

① 子荷."驴行"安全应如何保障［J］.中国减灾，2009（8）：10-11.
② 梁昌杰：驴友屡屡遇险责任该谁承担［N］.人民日报，2011-10-24：11.
③ 赵子忠.苍山大搜救［N］.大理日报，2010-07-22：B1.
④ 黎晓斌.失踪者背包驾照已寻获［N］.深圳晚报，2010-07-25：A32.

### （六）2009 年上海旅游团在美遭遇车祸事件与 2010 年菲律宾劫持香港游客事件

2009 年 1 月 30 日下午 4 时左右，由上海东湖旅行社组织的 20 人散拼赴美旅游团在美国大峡谷到拉斯维加斯的途中遭遇重大车祸。事发时车上共 17 人，其中包括 15 名中国游客，1 名当地导游（美籍华人）和 1 名当地司机，有 5 人未参加大峡谷一日游项目。事故中，6 名游客在翻滚途中被甩出旅行车当场死亡，导游也当场死亡，包括司机在内的另外 10 人也有不同程度的受伤①。美国运输安全委员 2 月 12 日公布的调查结果显示：事故原因系逆光驾驶遮住司机视线、司机操作不当所致②，组团社仅为游客购买了 25 元人民币的国家旅游行政主管部门规定的强制责任险③。这一事件凸显了出境游火爆背后隐藏的行业乱象：地接社租用廉价大巴、雇用兼职司机、违规服务操作、保险缺乏、华人旅游公司恶意竞争等。

2010 年 8 月 23 日上午，一辆载有包括 21 名香港游客在内的 25 人旅游大巴在菲律宾马尼拉市黎刹公园遭到菲律宾前警察劫持④。事件发生后，"中国政府高度重视，外交部以及驻菲律宾使馆向菲驻华使馆和菲有关部门提出紧急交涉，要求菲方在保障人质安全前提下积极营救，争取被劫香港游客尽快安全获救"⑤。但由于菲律宾警方专业性不强，在僵持 11 小时期间，数次采取强攻措施，致使劫持者情绪发生波动，向游客开枪，结果造成 8 人死亡、7 人受伤。针对这次重大伤亡事故，香港特区政府对菲律宾警方解救不当行为表示失望，并为此向菲律宾发出级别最高的黑色旅游警示⑥。

这两起事件是我国大力推进出境旅游背景下的两起典型案例。无论旅行社还是游客，在出境背景下都面临信息沟通、行程控制、设施使用、人员因素等诸多障碍，这是导致出境旅游突发事件的重要原因。因此，加强出境背

---

① 沈敏岚.中国一旅游团在美翻车［N］.新民晚报，2009-01-31：A1.
② 钟欣.赴美游客车祸原因公布——司机行驶偏移纠正过度［N］.沈阳晚报，2009-02-16：2.
③ 沈敏岚.上海散客拼团昨在美国发生重大车祸［N］.新民晚报，2009-02-01：A2.
④ 徐静.中国政府强烈谴责劫持香港游客事件［N］.光明日报，2010-08-24：008.
⑤ 中国政府强烈谴责劫持香港游客事件［N］.人民日报，2010-08-24：003
⑥ 颜颖颛.港府对菲律宾发黑色旅游警示［N］.新京报，2010-08-24：A13.

景下的信息管理体系建设、强调成熟旅游线路的开发和发展、推动出境旅游者的素质提升等，都是提升出境旅游安全保障能力的重要前提。

**（七）2010年在台大陆游客遭遇泥石流事件**

2010年10月21日，受超强台风"鲇鱼"和东北季风的影响，台湾地区普降暴雨，导致苏花公路沿线落石塌方不断，包括249名大陆游客在内的30多辆车遭到围困，并造成2名大陆领队和18名大陆游客不幸罹难。这是两岸开放大陆居民赴台旅游以来最严重的一起事件，也是赴台旅游遇难人数最多的一起事件，引起两岸同胞的高度关注[1]。

事发后，国家旅游局立即启动了应急预案，国家旅游局及"海旅会"驻台北办事处全力参与了救助工作。国务院台办积极发挥了"组织、指导、管理、协调"的职能，与国家旅游局密切配合开展工作。此外，广东省和珠海市旅游部门也在22日上午接报后第一时间内启动了突发事件应急预案。台湾方面进行了长达半个月的全力搜救，并出动海陆空1000多人对周围海区进行地毯式大搜救，采用先进技术对事故现场进行探测，台湾方面积极的举措推动了善后工作的迅速开展。

对于这一事件，外界的普遍质疑是，在有台风预警的情况下，为什么大陆旅游团依然坚持出行？这一事件表明，加强对自然灾害等风险因素的分析、监测和预判，是政府主管部门、旅游企业和旅游者都需要积极关注的重要议题。旅游企业应该坚持安全第一的原则，以保护游客安全作为商业决策和行程安排的底线。

**（八）2015年东方之星旅游客船倾覆事件[2]**

2015年6月1日，隶属于重庆东方轮船公司的东方之星轮，在从南京驶往重庆途中突遇罕见强对流天气，在长江中游湖北监利水域沉没。"东方之星"号客轮上共有454人，其中成功获救12人，遇难442人。经国务院调查组调查认定，"东方之星"号客轮翻沉事件是一起由突发罕见的强对流天气（飑线伴有下击暴流）带来的强风暴雨袭击导致的特别重大灾难性事件。

---

① 国台办.2010年处理两岸突发事件的主要情况［R］.2011年1月.
② 国务院调查组."东方之星"号客轮翻沉事件调查报告［R］.2015-12-30.

事故发生后,湖北省启动突发事件一级应急响应,成立水上搜救指挥部。交通运输部立即启动一级应急响应,迅速成立应急处置领导小组,立即开展各项应急工作。国家旅游局立即启动应急预案,成立国家旅游局工作组,并与重庆市、上海市旅游局负责人联系,指导相关企业及时掌握游客信息,配合做好搜救和善后工作。事发后,交通运输部门等调集动员了大批专业搜救人员、解放军、武警和消防官兵以及沿江地区群众,采取空中巡航、水面搜救、水下搜救、进舱搜救和全流域搜救相结合的方式,在事发地及下游水域开展全方位、立体式、拉网式搜寻。

这一事件表明,我国在极端天气风险预警能力、航运安全信息化与动态监管能力、综合应急救援能力等方面仍存在不足,从业人员的安全操作能力和突发事件应对能力仍有待加强。

### (九)2014年上海外滩踩踏事故①

2014年12月31日,上海市黄浦区外滩陈毅广场发生群众拥挤踩踏事件,事件造成36人死亡,49人受伤。这是一起对群众性活动预防准备不足、现场管理不力、应对处置不当而引发的拥挤踩踏并造成重大伤亡和严重后果的公共安全责任事件。在事发过程中,上下人流不断对冲后在阶梯中间形成僵持,僵持人流向下的压力陡增,造成阶梯底部有人失衡跌倒,继而引发多人摔倒、叠压,致使拥挤踩踏事件发生。

事件发生后,上海市委、市政府连夜成立了紧急工作组,全力以赴救治伤员,并成立了市政府联合调查组,上海市旅游局作为成员参与事故调查。国家旅游局网站发布关于做好节日期间旅游安全工作的紧急通知。通知要求,各地要从上海外滩及以往类似事件中吸取教训,各地旅游部门负责人要亲赴第一线检查,确保各项安全措施落到实处,及时发布流量信息,引导游客合理出行。

这一事件表明,我国大型城市在重大节庆活动中的组织调度、应急预案、风险控制化解等方面仍然存在种种不足,对于大型活动中的人流预警和疏散、危机响应、安全教育等方面还存在疏漏。管理部门应当把安全防范作为日常

---

① 上海市人民政府. 12·31外滩拥挤踩踏事件调查报告[R].2015-1-21.

工作，做好应急预案，并充分考虑潜在风险因素，防止人群聚集造成秩序混乱、堵塞和人员伤害。

### （十）2018年泰国普吉岛游船倾覆事故

2018年7月5日下午，因突遇特大暴风雨，两艘载有127名中国游客的船只返回普吉岛途中，分别在珊瑚岛和梅通岛发生倾覆。事故导致47名中国游客罹难[①]。事发后，外交部、交通运输部、文化和旅游部组成联合工作组赶赴泰国普吉参与现场处置。中国驻宋卡总领馆第一时间启动应急机制，派工作组连夜赶赴现场，敦促泰有关部门全力搜救，慰问安抚受伤游客，组织志愿者教师和留学生赶赴医院为游客及家属提供必要协助。

随着我国出境旅游的规模不断增大，中国游客在境外遭遇的安全事件越来越频繁，部分事件造成了中国游客的重大伤亡，甚至引致中国游客对出境目的地的负面抵制情绪，影响双边关系的发展。相比于国内，出境旅游安全事件的应急管理难度更大、成本更高。因此，建立起适应中国出境旅游发展需要的应急管理体系，是中国出境旅游发展必须直面的难题。

### （十一）2021年甘肃白银马拉松越野赛公共安全责任事件[②]

2021年5月22日，甘肃省白银市景泰县黄河石林大景区举行了第四届黄河石林山地马拉松百公里越野赛暨乡村振兴健康跑。开跑3小时后，参赛运动员在强度难度最高赛段遭遇大风、降水、降温的高影响天气，加上救援力量不足，事件最终造成21名参赛选手死亡，8人受伤。这是一起由突发恶劣天气与赛事组织管理不规范、运营执行不专业合并导致重大人员伤亡的公共安全责任事件。

《白银景泰"5·22"黄河石林百公里越野赛公共安全责任事件调查报告》指出，赛事举办机构风险意识不强，组织方既未针对气象预报采取针对性防控措施，也未按照高海拔赛事标准准备保暖装备，赛道补给与医疗救助点设置不合理，赛事的通信联络不畅、应急救援力量严重不足。这起在景区举办

---

① 本刊综合.海外游的安全警钟［J］.中国应急管理，2018（6）：26-27.
② 甘肃省委省政府联合调查组.白银景泰"5·22"黄河石林百公里越野赛公共安全责任事件调查报告［R］.2021-06-25.

的高海拔马拉松赛事事故表明，我国旅游应急管理水平存在巨大的区域差异，在整体上提升我国各地区的旅游应急管理水平是一个艰巨的任务。

## 第三节　我国旅游应急管理的现状体系

自改革开放以来，我国旅游业在40年的发展过程中历经各种旅游突发事件的考验和影响，积累了较为丰富的旅游突发事件应对经验。我国旅游应急管理的理念和方法在这一过程中逐步成熟，旅游应急管理的体制、机制、法制和预案等工作体系也初步开始建立。当然，我国旅游应急管理的上层建筑和基础设施等均还存在有待完善与优化的地方。在当前背景下，我国的旅游应急管理工作应正视旅游应急体系的这一发展现状，不断推动旅游应急体系的成熟与完善，这是推进我国旅游应急管理工作的重要基础。

### 一、我国应急管理体系的发展进程

我国旅游应急管理体系的建设与发展受到以"非典"为首的众多突发事件的促动和影响。2003年，"非典"事件的暴发给我国的经济社会发展造成了严重影响，对我国的应急管理能力提出了严峻的挑战。2003年10月，我国提出了"建立健全各种预警和应急机制，提高政府应对突发事件和风险的能力"的战略决策[1]，由此启动了我国应急管理"一案三制"的体系建设步伐。

2004年9月，我国进一步提出了"建立健全社会预警体系，形成统一指挥、功能齐全、反应灵敏、运转高效的应急机制，提高保障公共安全和处置突发事件的能力"的要求[2]。我国开始全力启动编制全国突发公共事件应急预案的相关工作。

---

[1] 中国共产党第十六届三中全会. 中共中央关于完善社会主义市场经济体制若干问题的决定[Z].2003年10月14日.

[2] 中国共产党第十六届四中全会. 中共中央关于加强党的执政能力建设的决定[N].人民日报，2004-09-27：第1版.

2005年1月26日，《国家突发公共事件总体应急预案》经国务院讨论通过。2005年4月17日，国务院作出"关于实施《国家突发公共事件总体应急预案》的决定"，我国应急预案框架体系初步形成。《国家突发公共事件总体应急预案》对我国应急管理的组织体系进行了系统的规范。预案规定，"国务院是突发公共事件应急管理工作的最高行政领导机构；国务院办公厅设国务院应急管理办公室作为办事机构，履行值守应急、信息汇总和综合协调职责，发挥运转枢纽作用；国务院有关部门是负责相关类别突发事件的工作机构；地方各级人民政府是本行政区域突发公共事件应急管理工作的行政领导机构；国务院和各应急管理机构建立各类专业人才库，可以根据实际需要聘请有关专家组成专家组，参与突发事件处置工作"①。

2006年4月，根据《国务院关于实施国家突发公共事件总体应急预案的决定》（国发〔2005〕11号）和中编办《关于增设国务院办公厅国务院应急管理办公室的批复》（中央编办复字〔2005〕47号），国务院办公厅设置了国务院应急管理办公室（国务院总值班室），承担国务院应急管理的日常工作和国务院总值班工作，履行值守应急、信息汇总和综合协调职能，发挥运转枢纽作用②。

2006年6月，国务院发布了《关于全面加强应急管理工作的意见》，对加强应急管理规划和制度建设、突发事件的防范、应对突发公共事件的能力建设、制定和完善全面加强应急管理的政策措施、加强领导和协调配合等提出了具体的措施和意见③。

2007年，我国颁布了《中华人民共和国突发事件应对法》，规定"国家建立统一领导、综合协调、分类管理、分级负责、属地管理为主的应急管理体制"，对突发事件应急处置的原则、组织实施、应急机制与运作、法律责任等进行了全面的规范④。《中华人民共和国突发事件应对法》（以下简称《突发事件应对法》）的颁布标志着我国应急管理法制建设的巨大进步，我国的应急

---

① 国家突发公共事件总体应急预案［Z］.北京：中国法制出版社，2006年1月.
② 国务院办公厅.国务院办公厅关于设置国务院应急管理办公室（国务院总值班室）的通知［Z］.2006年4月.
③ 国务院.关于全面加强应急管理工作的意见［Z］.2006年6月.
④ 中华人民共和国突发事件应对法［Z］.北京：中国法制出版社，2007年9月.

管理工作由此有了坚实的法律支持。

2008年，我国发生了举世震惊的汶川特大地震。我国的应急管理水平在地震应急处置中得到了充分的发挥，我国的综合应急能力也得到了极大的锻炼和提升。胡锦涛的《在全国抗震救灾总结表彰大会上的讲话》提出，我国应"进一步加强应急管理能力建设，大力提高处置突发公共事件能力。要认真总结抗震救灾的成功经验，形成综合配套的应急管理法律法规和政策措施，建立健全集中领导、统一指挥、反应灵敏、运转高效的工作机制，提高各级党委和政府应对突发事件的能力"。

2018年，我国成立了应急管理部，统筹应急管理工作，包括统筹应急力量建设和物资储备并在救灾时统一调度，组织灾害救助体系建设，指导安全生产类、自然灾害类应急救援，承担国家应对特别重大灾害指挥部工作。同时，负责安全生产综合监督管理和工矿商贸行业安全生产监督管理等。公安消防部队、武警森林部队转制后，与安全生产等应急救援队伍一并作为综合性常备应急骨干力量，由应急管理部管理。应急管理部的成立标志着我国综合性应急管理体制的建立。

2019年，党的十九届四中全会通过了《中共中央关于坚持和完善中国特色社会主义制度，推进国家治理体系和治理能力现代化若干重大问题的决定》，提出要"构建统一指挥、专常兼备、反应灵敏、上下联动的应急管理体制，优化国家应急管理能力体系建设，提高防灾减灾救灾能力。"党的十九届五中全会审议通过的《中共中央关于制定国民经济和社会发展第十四个五年规划和二〇三五年远景目标的建议》提出，"要注重处理好发展和安全的关系，建设更高水平的平安中国"。对此，国家领导人习近平指出，"应急管理是国家治理体系和治理能力的重要组成部分，承担防范化解重大安全风险、及时应对处置各类灾害事故的重要职责，担负保护人民群众生命财产安全和维护社会稳定的重要使命。要发挥我国应急管理体系的特色和优势，借鉴国外应急管理有益做法，积极推进我国应急管理体系和能力现代化"。[①]

---

① 习近平. 第19次集体学习（我国应急管理体系和能力建设）上的讲话[Z].2019-12-12.

可见，我国的应急管理体系建设正逐步朝综合性、系统性、现代性的应急治理范式转变，我国已经初步建立起具有中国特色的"一案三制"体系[①]和现代化的应急治理体系，这对于提升我国的综合应急能力、保障人民的生命财产安全、促进和谐社会构建，将做出持续的积极贡献。

## 二、我国旅游应急管理体系的发展结构

旅游应急管理体系的核心内容主要包括旅游应急管理的体制、机制、法制和预案，它是旅游应急管理工作开展的基础，是反映旅游应急管理工作水平的重要标志。我国的旅游应急体系还处在建设与发展过程中，其成熟与完善需要各级旅游行政主管部门、旅游企业、旅游者等功能主体的共同努力。

### （一）我国旅游应急管理体制

旅游应急机构的设置及其权限与职责的划定是旅游应急体制建设的重要内容。由于旅游应急管理是旅游安全管理的重要构成，旅游应急工作主要是在旅游安全工作的整体框架下开展活动，因此我国的旅游应急体制建设基本上从属于旅游安全体制的建设。但是，旅游应急体制建设也表现出自己的特殊性和独立性（见表1-4、表1-5）。

表1-4 我国地方旅游应急管理体制的基本结构（2018年大部制改革前）

| 应急层级 | 旅游安全与应急管理的机构 | 案例机构 |
| --- | --- | --- |
| 省级旅游主管部门 | 专设的安全应急机构 | 北京旅游发展委员会"旅游安全与应急处" |
| | | 浙江省旅游局安全管理处 |
| | | 吉林省旅游局综合协调处 |
| | 合并设立的安全应急机构 | 山西省旅游局行业管理处（安全监管处） |
| | | 河南省旅游局办公室（综合协调处） |
| | 依托相关处室开展安全应急工作 | 福建省旅游局依托行业管理处 |
| | | 上海市旅游局市场管理处 |

---

① 闪淳昌.构建和谐社会中的中国应急管理[J].行政管理改革，2010（8）：17-21.

续表

| 应急层级 | 旅游安全与应急管理的机构 | 案例机构 |
|---|---|---|
| 副省级城市旅游主管部门 | 合并设立的安全应急机构 | 杭州市旅游委行业管理处（安全管理处） |
| | 依托处室开展安全应急工作 | 宁波市旅游局监督管理处 |
| | | 长沙市旅游局行业管理处 |
| 地市和县级旅游主管部门 | 依托相关科股开展安全应急工作 | 洛阳市旅游局依托行业管理科 |
| | | 绍兴县旅游局行业管理科 |
| | | 铅山县旅游局行业管理股 |

表1-5 我国应急管理体制的基本结构（2018年机构改革后）

| 旅游安全与应急管理的层级 | 旅游安全与应急管理的机构 | | 旅游安全与应急管理的职责 |
|---|---|---|---|
| 国家应急管理部 | 国务院安全生产委员会办公室 | | 研究提出安全生产重大方针政策和重要措施的建议；监督检查、指导协调国务院有关部门和各省、自治区、直辖市人民政府的安全生产工作；组织国务院安全生产大检查和专项督查；参与研究有关部门在产业政策、资金投入、科技发展等工作中涉及安全生产的相关工作；负责组织国务院特别重大事故调查处理和办理结案工作；组织协调特别重大事故应急救援工作；指导协调全国安全生产行政执法工作；承办安委会召开的会议和重要活动，督促、检查安委会会议决定事项的贯彻落实情况 |
| 国家文化和旅游部 | 国家文旅部办公厅、市场管理司、文化市场综合执法监督局 | | 承担旅游安全综合协调和监管工作，指导旅游应急救援和保险工作；监管文化和旅游市场服务质量，指导服务质量提升；拟订文旅市场综合执法工作标准和规范并监督实施；指导、推动整合组建文旅市场综合执法队伍；指导、监督全国文旅市场综合执法工作 |
| 省级旅游行业主管部门 | 专设的安全应急管理机构 | 北京市文化和旅游局安全应急处 | 拟订文化和旅游市场安全政策、规范和标准并监督实施。负责文化和旅游安全工作的综合协调和监督管理。组织实施文化和旅游安全宣传教育工作。协调文化和旅游重大安全突发事件应急处置工作。协调和指导假日文化旅游有关工作，指导全市旅游景区防汛工作 |
| | | 上海市文化和旅游局安全与应急管理处 | 负责行业安全的规划管理和指导工作。拟订行业公共场所安全设施和保障服务的标准，落实文化和旅游安全责任及管理制度。拟订行业突发事件应急预案并组织实施，处理文化和旅游、文物行业公共场所以及上海在外旅游团队等的突发事件 |

续表

| 旅游安全与应急管理的层级 | 旅游安全与应急管理的机构 | | 旅游安全与应急管理的职责 |
|---|---|---|---|
| 省级旅游行业主管部门 | 合并设立的安全应急管理机构 | 吉林省文化和旅游厅市场安全监管处 | 负责全省文化和旅游安全综合协调工作，及时反映和处理重大安全突发事件，协助指导文化和旅游应急救援和保险工作 |
| | | 海南省旅游和文化广电体育厅行业管理和安全监督处 | 统筹旅游、文化、体育市场的安全协调和综合管理工作；协调配合重大行业突发公共事件处理；指导行业开展台风、地震、疾病预防等灾害防范和处置工作 |
| | | 四川省文化和旅游厅市场管理处（安全监管处） | 负责文化和旅游系统及市场安全生产工作的综合协调与监督管理，对文化旅游园区的安全生产和职业健康工作实施行业监督管理。制定职责范围内的安全生产年度监督检查计划并组织实施。协调监督文化和旅游行业生态环境保护工作 |
| | 依托相关处室开展安全应急管理 | 福建省文化和旅游厅由市场管理处 | 负责文化和旅游市场经营的行业监管。监督实施文化和旅游市场经营场所、设施、服务、产品等标准。监管文化和旅游市场服务质量，指导服务质量提升。承担旅游经济运行监测、假日旅游市场、旅游安全综合协调和监督管理 |
| 副省级城市旅游主管部门 | 专设安全与应急管理机构 | 西安市文化和旅游局安全应急处 | 负责安全综合协调和监督管理工作；负责行业社会治安综合治理、维稳、反恐、防范邪教和信访工作；组织、指导、协调突发事件和应急救援工作；组织督导安全检查和教育培训 |
| | | 南京市文化和旅游局安全与应急处 | 牵头局系统重大活动安全保卫、社会综合治理、扫黑除恶、反恐、维稳等工作；拟订行业安全运行标准并组织实施；指导直属单位安全生产；负责行业安全的综合协调和监督管理，督促行业各类经营和服务场所执行、完善安全生产操作制度；拟订行业突发事件应急预案，组织协调指导行业应急处置和应急救援工作；承担与地质灾害、气象灾害防治相关事务；组织行业安全宣传教育，依法发布安全信息；参与协调旅游节庆、重大会展活动的安全管理；对口承接市有关部门的安全工作 |

续表

| 旅游安全与应急管理的层级 | 旅游安全与应急管理的机构 | | 旅游安全与应急管理的职责 |
|---|---|---|---|
| 地市和县级旅游主管部门 | 依托相关科股开展安全应急工作 | 洛阳市文化广电和旅游局市场管理科 | 承担全市旅游经济运行监测、假日旅游市场、旅游安全综合协调和监督管理；拟订全市文化市场综合执法工作标准和规范并监督实施；指导、监督文化市场综合执法工作，承担大案要案督办、跨区域重大案件查处和组织协调工作 |
| | | 泉州市文化广电和旅游局办公室及市场管理科 | 办公室统筹指导旅游系统应急和综合整治工作。市场管理科负责监管文化和旅游市场服务质量，指导服务质量提升。承担旅游经济运行监测、假日旅游市场、文化市场和旅游安全综合协调和监督管理 |
| | | 靖安县文广新旅局规划管理股 | 承担旅游安全协调工作，组织编制旅游行业突发公共事件应急预案并组织实施，指导旅游应急救援工作；承担文化旅游系统社会治安综合治理工作 |

资料来源：各相关机构官方网页。

早在20世纪90年代，我国就已经对旅游安全机构的设置及其安全职责进行了明确的规定。1990年颁布的《旅游安全管理暂行办法》规定，各级旅游行政主管部门必须建立和完善旅游安全管理机构。旅游安全管理机构应承担的安全管理职责包括："①指导、督促、检查本地区旅游企、事业单位贯彻执行本办法及国家制定的涉及旅游安全的各项法规的情况；②组织、实施旅游安全教育和宣传；③会同有关部门对旅游企、事业单位进行开业前的安全设施检查验收工作；④督促、检查旅游企、事业单位落实有关旅游者人身、财物安全的保险制度；⑤受理旅游者有关安全问题的投诉，并会同有关部门妥善处理；⑥建立和健全安全检查工作制度，定期召开安全工作会议；⑦参与涉及旅游者人身、财物安全的事故处理。"

2016年12月开始施行的《旅游安全管理办法》规定，"各级旅游主管部门应当在同级人民政府的领导和上级旅游主管部门及有关部门的指导下，在职责范围内，依法对旅游安全工作进行指导、防范、监管、培训、统计分析和应急处理"。根据该《办法》，旅游主管部门的安全管理职责主要包括：第一，日常旅游安全管理工作。包括督促旅游经营者贯彻实施有关法律法规，指导星级饭店和 A 级景区等旅游经营者加强安全与应急管理工作，指导其开展安全与应急培训，并做好本行政区内的旅游安全事故统计工作；第二，预防性安全管理。包括制定、修订旅游应急预案与演练，核定、引导和控制景区流量，加强事件报告制度和信息通报制度等制度建设；第三，风险监测与预警。国家建立旅游目的地安全风险（以下简称风险）提示制度。国家旅游行政部门负责发布境外旅游目的地国家（地区），以及风险区域范围覆盖全国或者跨省级行政区域的风险提示。发布一级风险提示的，需经国务院批准；发布境外旅游目的地国家（地区）风险提示的，需经外交部门同意。地方各级旅游主管部门应当及时转发上级旅游主管部门发布的风险提示，并负责发布前款规定之外涉及本辖区的风险提示；第四，旅游突发事件应急处置。包括开展旅游突发事件紧急应对与处置，参与旅游突发事件调查与追责处理，根据相关规定开展旅游突发事件的紧急报告、总结报告、月报和年报。①

我国的旅游部门在处理旅游安全与应急管理任务时，普遍发现旅游部门存在安全职责过大、管理边界模糊、管理手段有限等问题。业界对于旅游部门在安全与应急工作的基本角色和定位一直存有争议。2008 年，国务院发布《国务院关于机构设置的通知》（国发〔2008〕11 号），批准了《国家旅游局主要职责、内设机构和人员编制的规定》（国家旅游局"三定方案"），明确国家旅游局"负责旅游安全的综合协调与监督管理，指导应急救援工作"，并明确规定综合协调司应"承担旅游安全综合协调工作，指导旅游应急救援和保险工作"。这表明"旅游安全的综合协调与监督管理"是旅游系统的基本职责，旅游系统在"旅游应急救援和保险工作"中也承担着指导责任。

由此，我国初步建立起自上而下的旅游应急管理体制。其中，国务院和县级以上地方各级人民政府是突发事件应对工作的行政领导机关。国务院是突发公共事件应急管理工作的最高行政领导机构，国务院应急管理办公室承担国务院应急管理的日常工作和国务院总值班等工作。国家旅游局和地方各级旅游主管部门都设置或依托相关的下属机构进行日常旅游应急管理工作。

---

① 国家旅游局. 旅游安全管理办法［Z］.2016 年 12 月 1 日施行.

国家旅游局综合司在国家旅游局领导下开展全国范围内旅游安全的综合协调工作，是指导旅游应急救援和旅游保险工作的机构。

2018年3月，我国大部制改革方案出炉，应急管理部、文化和旅游部等新的国家部委经批准成立。其中，应急管理部是应急管理工作的统筹管理机构。文化和旅游部则是由市场管理司负责旅游安全综合协调和监督管理工作。在当前的体制下，国务院和县级以上地方各级人民政府是突发事件应对工作的行政领导机关。应急管理部是安全生产类、自然灾害类等突发公共事件应急管理工作的最高行政机构，承担国家应对特别重大灾害指挥部工作，协助党中央、国务院指定的负责同志组织特别重大灾害应急处置工作。文化和旅游部及地方各级旅游主管部门都设置或依托相关的下属机构进行日常旅游应急管理工作。文化和旅游部市场管理司在文化和旅游部领导下开展全国范围内旅游安全的综合协调工作，是指导旅游应急救援和旅游保险工作的机构。

2020年12月，《国务院安全生产委员会成员单位安全生产工作任务分工》（安委〔2020〕10号）进一步明确了文化和旅游部的涉旅安全与应急管理职责，主要包括[①]：第一，负责文化和旅游安全监督管理工作，在职责范围内依法对文化市场和旅游行业安全生产工作实施监督管理，拟订文化市场和旅游行业有关安全生产政策，组织制定文化市场和旅游行业突发事件应急预案，加强应急管理；第二，会同国家有关部门对旅游安全实行综合治理，配合有关部门加强旅游客运安全管理。指导地方对旅行社企业安全生产工作进行监督检查，推动协调相关部门加强对自助游、自驾游等新兴业态的安全监管，依法指导景区建立具备开放的安全条件。配合有关部门组织开展景区内游乐园安全隐患排查整治；第三，负责全国旅游安全管理的宣传、教育、培训工作。加强对有关安全生产法律法规和安全生产知识的宣传，配合有关部门共同开展安全生产重大宣传活动；第四，负责文化市场、文化系统和旅游行业安全生产统计分析，依法参加有关事故的调查处理，按照职责分工对事故发生单位落实防范和整改措施的情况进行监督检查。

---

① 国务院安全生产委员会.国务院安全生产委员会成员单位安全生产工作任务分工［Z］.2020年12月28日.

我国地方各级文化和旅游行政主管部门在旅游安全应急体制的安排上具有一定程度的差异性，各省市文化和旅游部门根据自身的业务规模和特点，采取了不同的机构设置与管理方式来负责日常的旅游安全与应急管理业务。在省级文化和旅游行政主管部门，我国存在以下三种旅游安全与应急机构的设置方式：

第一种，专设旅游安全与应急管理机构，专门负责旅游安全与应急管理的相关业务。例如，北京市文化和旅游局专门设置了安全与应急处，专门负责文化和旅游安全工作的综合协调和监督管理，协调文化和旅游重大安全突发事件应急处置工作；上海市文化和旅游局专门设立了安全与应急管理处，负责行业安全的规划管理和指导工作，并负责处理文化和旅游、文物行业公共场所及上海在外旅游团队等的突发事件。

第二种，合并设立融合旅游安全与应急职能的机构，并以联合署名的方式标明组织机构的业务属性，突出对安全与应急工作的重视。例如，吉林省文化和旅游厅设立了市场安全监管处，负责全省文化和旅游安全综合协调工作，及时反映和处理重大安全突发事件，协助指导文化和旅游应急救援和保险工作。

第三种，由相关机构进行旅游安全与应急管理。例如，福建省文化和旅游厅由市场管理处负责旅游安全综合协调和监督管理，山西省文化和旅游厅由市场管理处综合协调、监督管理旅游安全，并指导应急救援工作。

我国大部分副省级城市的旅游行政主管部门是由市场管理处等处室来负责旅游安全与应急管理工作。在地市和县级旅游行政主管部门，我国大部分地区都是由市场管理科（股）等机构来承担旅游安全与应急工作。

（二）我国旅游应急管理机制

旅游应急管理机制是指在应对旅游突发事件的过程中，所采取的各种制度化、程序化的应急管理方法与措施，它是对旅游应急主体之间工作关系、工作流程和工作方法的有序规范。科学的应急机制是有效应对旅游突发事件的前提基础。我国对应急管理机制的建立提出了多方面的要求。2003年10月，中国共产党第十六届三中全会提出"建立健全各种预警和应急机制，提高政府应对突发事件和风险的能力";2004 年 9 月,中国共产党第十六届四中全会提出了"建立健全社会预警体系,形成统一指挥、功能齐全、反应灵敏、运转高效的应急机制,提高保障公共安全和处置突发事件的能力"的要求。2006 年 1 月,《国家突发公共事件总体应急预案》提出,应"构建统一指挥、反应灵敏、协调有序、运转高效的应急管理机制"。2019 年 11 月,习近平在《积极推进我国应急管理体系和能力现代化》的讲话中指出,"要健全风险防范化解机制,坚持从源头上防范化解重大安全风险,真正把问题解决在萌芽之时、成灾之前。……采取多种措施加强国家综合性救援力量建设,采取与地方专业队伍、志愿者队伍相结合和建立共训共练、救援合作机制等方式,发挥好各方面力量作用。……要完善应急救援空域保障机制,……加强队伍指挥机制建设"旅游应急管理机制是对旅游应急管理任务的结构性反映,是对旅游应急管理工作内容的高度凝练。根据我国旅游应急管理工作的实践,我国各级旅游行政主管部门所建立和执行的应急管理机制主要包括旅游预防与应急准备机制、旅游监测与预警机制、旅游应急处置与救援机制、旅游恢复与重建机制、旅游突发事件处置的社会动员机制、旅游应急保障机制、旅游突发事件处置的部门协作机制等机制结构与内容。其中,预防与应急准备机制、监测与预警机制、处置与救援机制和恢复与重建机制等是旅游应急管理中的基本机制,它们是对旅游突发事件事前、事发、事中和事后等不同阶段所执行的基本管理任务与工作,是推动旅游突发事件有序处置的基本过程机制。社会动员机制、应急保障机制、部门协作机制是旅游突发事件处置的重要辅助机制,它们是在旅游突发事件处置的全过程中,推动旅游应急工作进行的重要方法和手段。社会动员机制主要承担旅游应急过程中社会资源的组织与调配任务。应急保障机制主要承担旅游应急资源的组织、储备与配置任务。部门协作机制主要承担与相关部门的协调、联络和联合应急任务,以推动旅游部门应急工作的进行(见表 1-6)。

表 1-6 旅游应急管理机制与我国的典型案例做法

| 机制类型 | 机制内容 | 典型案例与做法 |
| --- | --- | --- |
| 预防与预备机制 | 旅游突发事件的事前预防与治理 | • 山西省：指导全省文旅业创建"零上访、零事故、零案件"的"三零"单位，化解矛盾纠纷、防范行业风险。<br>• 武汉市：以现有政府应急平台和专业应急平台为依托，建立旅游应急信息平台，实现应急平台之间互联互通和信息共享。<br>• 甘肃省：实施"安全旅游目的地"战略，使 A 级景区应急预案备案率达 100%<br>• 新疆维吾尔自治区：旅游行政部门与旅行社签订了安全承诺书<br>• 上海市：抓安全防范、旅游统保、动态监管、旅游电子合同等游客安全服务<br>• 哈尔滨市：落实安全法规、签订责任状、实行安全生产一票否决 |
| 监测与预警机制 | 旅游突发事件的事发监测与预警 | • 国家文旅部：建立文化和旅游部综合监测与应急指挥平台<br>• 陕西省：建立博物馆公共卫生防疫监测预警平台<br>• 江西省：建立江西省智慧旅游大数据中心和智慧监管平台<br>• 西藏自治区：完善预警发布制度，建立全方位立体救援网络 |
| 处置与救援机制 | 旅游突发事件的事中响应与救援 | • 湖北省：建立"旅游投诉首接负责制"<br>• 北京市：建立野外山区应急救援辅助定位系统，建立全方位安全保障体系<br>• 陕西省：建立陕西省全域旅游产业运行监测与应急指挥中心<br>• 象山县：构建全域旅游目的地救援体系 |
| 恢复与重建机制 | 旅游突发事件的事后恢复与重建 | • 四川省：汶川大地震后四川旅游业确立了"旅游业是恢复重建的先导产业、旅游业率先恢复重建的管理机制" |
| 社会动员机制 | 旅游应急过程中社会资源的组织与调配 | • 四川省：四川旅游局在恢复重建中建立了广泛的社会动员机制，通过对口援建和"大爱无疆"旗帜下的全民动员，为四川旅游业的恢复重建提供了重要的社会资源基础 |
| 应急保障机制 | 旅游应急资源的组织、储备与配置 | • 国家文旅部：推广旅行社责任保险统保机制<br>• 武汉市：建立和完善财政支持的旅游突发事件专项保险制度，探索建立由政府购买服务的形式进行旅游安全补充保险的制度；建立应对旅游突发事件的专业人才库，聘请旅游安全、应急救援、外语、保险、心理等专业人才为处理旅游突发事件提供支持。<br>• 云南省：建立旅游安全组合保险机制，实现集中统一的全行业"统保投保"模式，由保险共同体负责旅游安全事故的集中处理<br>• 海南省：各个保险公司联合成立"共保办"，建立"先行垫付"安全救援机制发展"旅游综合保险"产品体系<br>• 贵州省：建立"旅保合作"机制，强化各级旅游部门同保险监管部门的联系<br>• 西安市：加入国际救援体系，规划三级卫生医疗体系 |

续表

| 机制类型 | 机制内容 | 典型案例与做法 |
|---|---|---|
| 部门协作机制 | 与相关部门的协调、联络、联合应急 | ● 各级文旅部门：国家文旅部和地方各级文旅主管部门与保险、公安消防、安监交通、质检、气象等部门建立的协作机制<br>● 武汉市：旅游、应急管理、外事、公安、交通运输、市场监管、卫生健康等相关部门依据各自职责在处理旅游突发事件时进行协同配合。<br>● 广州市：健全联络制度、责任统保制度，开展跨部门事故研讨会<br>● 苏州市：落实旅行社责任险统保制度，建立政府、社会、行业相结合的监管体系 |

资料来源：相关机构官方信息。

如表1-6所示，我国近年来各省区市旅游行政主管部门在旅游应急管理机制的建设上做出了积极的努力，面向应急管理机制建设提出了各种方法、手段和措施。

### （三）我国旅游应急管理法制建设

旅游业是一个庞大的产业体系，涉及食、住、行、游、购、娱等各类要素企业，因此所涉及的旅游安全与应急问题类型复杂、体系庞大。在管理调控上，不仅旅游行政主管部门承担着旅游安全与应急职责，安监、公安、消防、交通、卫生、质监、宗教、文化、建设、农业、林业、水利等相关部门也承担着相关业务领域中的旅游安全监管职责。因此，旅游安全与应急管理的法制建设既包括旅游部门的法制建设，也包括非旅游部门的法制建设。

我国旅游部门的旅游安全与应急法制建设经历了长期的发展过程。1990年2月，国家旅游局颁布了《旅游安全管理暂行办法》，这是我国第一部对旅游安全进行专门规范的综合性部门规章。1993年4月，国家旅游局颁布了规范性文件《重大旅游安全事故报告制度试行办法》和《重大旅游安全事故处理程序试行办法》。1994年1月，国家旅游局又颁布了《旅游安全管理暂行办法实施细则》。这些部门规章和规范性文件的颁布，开启了我国对旅游安全进行综合治理的重要篇章，为我国旅游安全管理工作打下了重要的法制基础。

随着我国旅游业的发展和对旅游安全管理要求的增加，我国旅游业开始尝试对旅游活动进行专项规范，以解决旅游安全管理中的突出问题。1996年

10月，国务院颁布了行政法规《旅行社管理条例》，该条例对旅游者的人身、财物安全保障提出了明确的要求，2016年2月进行了修订。1998年4月，国家旅游局颁布了《漂流旅游安全管理暂行办法》，对漂流旅游活动的安全管理进行了明确规范。2001年5月，国家旅游局发布《旅行社投保旅行社责任保险规定》。2016年12月，国家旅游局对《旅行社条例实施细则》（2009年）进行了修订，2016年2月、2017年3月、2020年12月分别对《旅行社条例》（2009）进行了三次修订。这些文件既强化了我国旅游安全的专项治理，也确立了旅行社投保责任保险的重要制度[①]（见表1-7）。

2002年，《中华人民共和国安全生产法》颁布，为我国不同行业的安全管理提供了基础性的法律保障。2006年，国家旅游局发布了《关于加强探险旅游安全管理工作的通知》。2007年发布了《关于加强旅游大型群众性活动安全管理的通知》，我国旅游安全管理开始走向既重视全面治理，又重视专项整治的纵深发展阶段。

表1-7 我国旅游安全与应急管理的主要法律文件

| 法律层次 | 颁布机构 | 名称及施行日期 |
|---|---|---|
| 法律 | 全国人民代表大会常务委员会 | 《中华人民共和国安全生产法》（2014-12-01） |
| | | 《中华人民共和国突发事件应对法》（2007-11-01） |
| | | 《中华人民共和国旅游法（修订）》（2016-11-07） |
| 行政法规 | 国务院 | 《导游人员管理条例（修订）》（2017-10-07） |
| | | 《中国公民出国旅游管理办法》（修订）（2017-03-01） |
| | | 《旅行社条例（修订）》（2020-12-11） |
| 部门规章 | 国家旅游局、文化和旅游部 | 《旅行社条例实施细则（修订）》（2016-12-11） |
| | | 《旅游安全管理办法》（2016-12-01） |
| | | 《在线旅游经营服务管理暂行规定》（2020-10-01） |
| | 国家旅游局、中国银行保险监督管理委员会 | 《旅行社责任保险管理办法》（2011-02-01） |

---

① 郭志平.旅游安全的法律规制研究.旅游安全蓝皮书［C］.北京：社科文献出版社，2012.

续表

| 法律层次 | 颁布机构 | 名称及施行日期 |
|---|---|---|
| 地方政府规章 | 武汉市人民政府 | 《武汉市旅游突发事件应急管理办法》（2021-03-15） |
| | 湖北省人大常委 | 《湖北省旅游条例》（2015-06-01） |
| | 四川省人民政府 | 《山西省旅游条例》（2017修订）（2018-01-01） |
| | 吉林省人民代表大会常务委员会 | 《吉林省旅游条例》（2015-12-01） |
| | 福建省人民代表大会常务委员会 | 《福建省旅游条例》（2016-09-01） |
| | 厦门市人民代表大会常务委员会 | 《厦门经济特区旅游条例》（2020-01-01） |
| 规范性文件 | 国家文化部 | 《文化市场突发事件应急管理办法（试行）》（2012-08-14） |
| | 国家文化部 | 《文化市场突发事件应急预案（试行）》（2012-08-14） |
| | 国家文化部 | 《娱乐场所管理办法》（2013-03-11） |
| | 深圳市人民政府 | 《深圳市海上休闲船舶运营安全管理办法》（2014-12-01） |
| | 贵安新区管委会 | 《贵安新区旅游安全管理办法（试行）》（2018-11-27） |
| | 浙江省文旅厅 | 《浙江省文化和旅游系统消防安全标准化管理规定（试行）》（2020-12-03） |
| | 宁夏回族自治区人民政府 | 《宁夏回族自治区旅游船舶安全管理办法》（修订）（2017-10-09） |
| | 北京市旅游局 | 《北京市旅行社安全管理规范（试行）》（2008-05-28） |
| | 银川市体育旅游局 | 《旅游景区消防安全管理规定》（2017-12-15） |
| | 银川市体育旅游局 | 《旅行社消防安全管理规定》（2017-12-15） |
| | 湖南省人民政府 | 《湖南省旅游突发事件应急预案》（2018-03-02）》 |
| | 重庆市人民政府 | 《重庆市旅游突发事件应急预案》（2017-07-25） |
| | 山西省人大常委 | 《山西省旅游条例》（2017年修订）（2018-01-01） |
| | 辽宁省人民政府 | 《辽宁省水上旅游运输管理规定》（修订）（2016-04-17） |
| | 商丘市旅游局 | 《商丘市旅游行业安全管理制度》（2017-03-31） |
| | 甘肃省旅游局、公安厅、交通运输厅、安全生产监督管理局 | 《甘肃省旅游包车客运交通安全管理暂行办法》（2012-08-07） |
| | 三亚市人民政府 | 《三亚市水上旅游管理暂行办法》（2012-08-10） |

续表

| 法律层次 | 颁布机构 | 名称及施行日期 |
|---|---|---|
| 规范性文件 | 海南省人民政府 | 《海南省旅游安全管理规定》（2015-01-01） |
| | 上海市旅游局、上海市交通委 | 《上海市邮轮旅游经营规范》（2016-04-10） |
| | 广东省文化和旅游厅 | 《广东省民宿管理暂行办法》（2019-09-01） |
| 其他文件 | 北京市旅游局 | 《北京市旅游行业安全生产工作指导手册》（2008-01-24） |
| 标准 | 国家旅游局 | 《导游服务规范》（GB/T 15971—2010） |
| | | 《宗教活动场所和旅游场所燃香安全规范》（GB 26529—2011）（GB 26529—2011） |
| | | 《非公路旅游观光车安全使用规范》（GB 24727—2009） |
| | | 《旅游景区质量等级的划分与评定》（GB/T 17775—2003） |
| | | 《游乐园（场）服务质量》（GB/T 16767—2010） |
| | | 《旅游景区服务指南》（GB/T 26355—2010） |
| | 行业协会 | 《中国饭店行业突发事件应急规范（试行）》 |
| | 地方旅游行政主管部门 | 黑龙江省《漂流旅游安全和服务规范》（DB23/T 1868—2017） |
| | | 河北省《旅行社安全质量规范》（DB13/T 1332—2010） |
| | | 吉林省《自驾游安全管理规范》（DB22/T 2751—2017） |
| | | 河北省《旅游景区安全服务通则》（DB 13/T 5031—2019） |

在我国旅游安全与应急法制的建设过程中，2007年颁布的《中华人民共和国突发事件应对法》具有重要意义，它对包括旅游业在内的行业应急管理进行了全方面的规范和保障，它是我国旅游业进行应急管理工作的重要法律依据。《中华人民共和国突发事件应对法》的颁布奠立了我国应急管理工作的法律基础。

作为旅游法制建设的重要基础工程，全国人大财政经济委员会于2009年12月牵头成立了《旅游法》起草组。2012年8月底，全国人大常委会法制工作委员会在就《中华人民共和国旅游法（草案）》向社会征集意见。2013年4月25日，《中华人民共和国旅游法》通过全国人大审议并予以公布。《中华人民共和国旅游法》的第六章专门对"旅游安全"进行了规范，强调打造安全的旅游目的地，保障旅游者的人身财产安全。它确立了"政府统一负责、部门依法监管、旅游经营者具体负责、旅游者自我保护"的全程责任制度。其基本的治理思路包括："第一，设立事前预防制度，包括旅游目的地安全风险提示、流量控制，旅游经营者安全评估、警示、培训等。第二，设立事中安全管理制度，包括政府安全监管和救助，旅游经营者报告和救助，旅游者遵守安全规定等。第三，设立事后应急处置制度，包括政府和旅游经营者处置责任，旅游者配合并依法承担费用等义务。"①

《中华人民共和国旅游法》对旅游应急工作提出了明确的要求。这包括"县级以上人民政府应当依法将旅游应急管理纳入政府应急管理体系，制定应急预案，建立旅游突发事件应对机制。突发事件发生后，当地人民政府及其有关部门和机构应当采取措施开展救援，并协助旅游者返回出发地或者旅游者指定的合理地点"。并要求"县级以上人民政府及其有关部门应当将旅游安全作为突发事件监测和评估的重要内容"。同时要求，"突发事件或者旅游安全事故发生后，旅游经营者应当立即采取必要的救助和处置措施，依法履行报告义务，并对旅游者作出妥善安排"。"旅游者在人身、财产安全遇有危险时，有权请求旅游经营者、当地政府和相关机构进行及时救助。"《中华人民共和国旅游法》从政府、旅游经营者和旅游者三个角度对旅游应急工作进行了规范。这些规定意义重大，在传统条件下，旅游部门在管理应急工作时缺乏相应的资源、手段、人手和专业能力。通过《旅游法》的规范和确定，旅游安全与应急工作成为政府安全应急工作的基本范畴，旅游安全与应急工作将获得政府安全应急资源的重要支撑②。

我国一直重视旅游安全领域的法制建设工作。随着旅游产业的不断变迁和发展，《旅游安全管理暂行办法》等法律文件开始不能适应新形势下我国旅游安全的发展态势。国家旅游局于2008年5月启动了《旅游安全管理暂行

---

① 国家旅游局信息中心：http://www.cnta.gov.cn/html/2013-5/2013-5-16-12-12-85833.html，2013-05-16.

② 关于《中华人民共和国旅游法（草案）》的说明［EB/OL］. 全国人大网：http://www.npc.gov.cn/npc/xinwen/lfgz/flca/2012-08/31/content_1735710.htm，2012-08-31.

办法》的修订工作。立足于产业需求和对《旅游法》的响应，修订后的《旅游安全管理办法》于2016年9月7日由国家旅游局颁布，同年12月1日施行，1990年2月20日发布的《旅游安全管理暂行办法》同时废止。《旅游安全管理办法》是在《旅游法》的基础上出台的部门规章，它对旅游经营者的安全生产主体责任、旅游行政部门的安全监管职责、两类主体的应急管理任务体系等进行了系统的规定。《旅游安全管理办法》明确了旅游经营者应具备的安全生产条件，在旅游安全检查、旅游风险监测评估、高风险项目和特殊群体的安全保障、旅游安全生产教育和培训、游客安全管理、突发事件应急处置和报告等任务职责，并对旅行社的源头安全管理责任、出境安全管理等提出了要求。《旅游安全管理办法》对旅游行政部门的日常安全管理工作、应急预案制订、景区承载量管控以及旅游突发事件应急处置、调查、报告中的具体任务和职责进行了规范。

2020年10月，文化和旅游部发布的《在线旅游经营服务管理暂行规定》，填补了在线旅游服务管理领域的立法空白。该规定要求在线旅游平台经营者坚守人身财产安全、信息内容安全、网络安全等底线。并要求在线旅游经营者应结合有关政府部门发布的安全风险提示等信息进行风险监测和安全评估，及时排查安全隐患，做好旅游安全宣传与引导、风险提示与防范、应急救助与处置等工作。

### （四）我国旅游应急管理预案

我国应急管理预案的制订工作在"非典"事件后得到高度重视。2005年1月，国务院常委会讨论通过《旅游突发公共事件应急预案》。同年4月，国务院作出关于实施《国家突发公共事件总体应急预案》的决定。同年5月至6月，国务院印发四大类25件专项应急预案，并相继发布80件部门预案和省级总体应急预案[1]。我国逐步形成了适应我国社会发展需要的综合性和专项应急预案体系（见表1-8）。

---

① 新华资料.突发公共事件应急管理［EB/OL］.新华网：http://news.xinhuanet.com/ziliao/2006-01/17/content_4062615.htm，2012-11-20.

表 1-8  我国旅游应急管理的预案体系（举例）

| 应急预案发文机构 | 名称及施行日期 |
| --- | --- |
| 国务院 | 《国家突发公共事件总体应急预案》（2006-01-08） |
| | 《国家自然灾害救助应急预案》（2006-01-11 施行，2011-10-16 修订） |
| | 《国家安全生产事故灾难应急预案》（2006-01-22） |
| | 《国家突发公共卫生事件应急预案》（2006-02-26） |
| | 《国家涉外突发事件应急预案》（2005-08-08） |
| 国家级旅游行政主管部门 | 《旅游突发公共事件应急预案》（2005-07） |
| | 《中国公民出境旅游突发事件应急预案》（2006-04-26） |
| | 《文化和旅游部涉旅突发事件应急预案》（2019） |
| 省级旅游行政主管部门 | 《河南省旅游突发公共事件应急预案》（2007-11-23） |
| | 《安徽省旅游突发公共事件应急预案》（2009-06-22） |
| | 《北京市旅游突发事件应急预案》（2009-09-07） |
| | 《上海市处置旅游突发事件应急预案》（2007-04-10，2014-08-07 修订） |
| | 《上海市旅游重大活动危机事件应急预案》（2007-04-12） |
| | 安徽省《全省旅游安全应急预案（试行）》（2018-12-21） |
| | 《重庆市旅游突发事件应急预案》（2019-08-12） |
| | 《四川省文化和旅游厅文化和旅游行业突发事件应急预案》（2020-12-08） |
| 地市旅游行政主管部门 | 《青岛市文化和旅游局突发事件应急预案》（2020-12-8） |
| | 《龙岩市文化和旅游行业突发公共事件应急预案》（2019-12-27） |
| | 《红河州文化旅游行业安全突发事件应急处置预案》（2020-12-23） |
| | 《南通市文化和旅游突发事件应急预案》（2021-04-30） |
| | 《广州市文化旅游企业新冠肺炎疫情防控应急预案》（2020-05-26） |
| | 《福州市文化和旅游局防汛防台风应急预案（试行）》（2020-07-13） |

续表

| 应急预案发文机构 | 名称及施行日期 |
|---|---|
| 县级旅游行政主管部门 | 《苍溪县文化体育旅游局涉旅安全事故应急救援预案》（2007-09-06） |
| | 《东阿县旅游突发公共事件应急预案》（2009-12-17） |
| | 《永定县旅游突发事件应急预案》（2011-11-06） |
| | 《印江自治县旅游突发事件应急预案》（2019-08-30） |
| | 《岳阳县旅游安全应急预案》（2019-11-25） |

我国旅游业的应急预案建设工作是在国家应急预案建设工作的基础上开展的。2005年7月，国家旅游局发布了《旅游突发公共事件应急预案》。2006年4月，国家旅游局又发布了《中国公民出境旅游突发事件应急预案》。这两大预案的颁布实施，为我国旅游业的应急工作提供了规范和指南，也为各省市旅游应急预案的制定提供了依据和蓝本。2019年，文化和旅游部向旅游行政部门发布了《文化和旅游部涉旅突发事件应急预案》，指导和规范地方文旅部门的应急处置工作。

在此基础上，我国地方旅游行政主管部门也根据自身地域的实际情况，有针对性地建立起地方的旅游应急预案体系。例如，辽宁省于2020年4月发布了《辽宁省文化和旅游厅涉旅突发事件应急预案》；2020年12月，四川省文旅厅审议通过《四川省文化和旅游厅文化和旅游行业突发事件应急预案》。2020年12月，青岛市文化和旅游局印发了《青岛市文化和旅游局突发事件应急预案》。我国旅游业的相关行业协会在旅游应急预案的制定中也发挥了积极作用。例如，2008年5月11日，中国饭店业协会发布了《中国饭店行业突发事件应急规范（试行）》。

随着我国旅游应急管理机制的逐渐成熟，许多地方所制定的旅游应急预案不断增强针对性、具体性、操作性、兼容性和公众参与度。2018年部门机构改革后，部分地区的旅游应急预案都得到了更新。当然，我国的旅游应急预案体系还需要根据我国旅游业的发展实践不断提升，也需要随着我国旅游应急研究水平的提升而不断优化。

## 第四节 我国旅游应急管理的时代挑战

旅游业是我国国民经济的战略性支柱产业,但它却频遭突发事件的困扰。特别是进入 21 世纪以来,我国旅游突发事件一直呈现高发态势。这既受到全球化背景下国际旅游安全格局的影响,也受到我国公共安全形势与旅游业态格局的综合影响。显然,我国旅游业既面临复杂的安全风险来源,也面临复杂的应急管理形势,从战略层面重视和推动我国旅游业的应急管理工作,是有效处置旅游突发事件的管理基础。在当前时代,我国应急管理工作面临的主要风险与挑战包括:

### 一、全球化安全问题与矛盾日益突出

全球化是人类社会发展的重要过程,也是推动社会进步和经济繁荣的重要基础,更是当今世界发展的基本特征和趋势。全球化在改变传统世界的发展秩序和运行格局的同时,对世界各国的社会安全形势也有着重要的影响。在全球化背景下,经济与金融危机的影响具有明显的全球化特征,一个经济大国的危机或衰退可能导致全球经济和旅游业的危机。由于竞争和资源配置的全球化,不同国家、不同民族和不同宗教之间的矛盾和冲突可能加大,由此导致恐怖主义、暴力滥用等向全球扩散,极大地影响了全球各地的安全形势。借助全球化渠道,新冠疫情等疾病疫情的传播也越发迅速和广泛,旅游业则有可能成为疾病疫情传播的重要通道。同时,生态性灾难的后果也不再局限于事发地承担,全球旅游业都有可能因为一地的生态灾难而遭受巨大影响。

我国的国民经济在受惠于全球化而得到高速增长的同时,也面临着全球化带来的安全问题的影响。我国旅游行业所面临的全球安全影响尤其强烈。例如,美国的"9·11"恐怖袭击事件、美阿战争、美伊战争、2008~2009 年

的全球金融危机、2015~2016年欧洲系列恐怖袭击事件等，对我国旅游业就产生了严重的负面影响。当前，欧美等发达国家普遍面临经济衰退的风险，这将严重影响我国现有的入境旅游市场格局和规模。同时，恐怖主义的全球化趋势也威胁着我国的出境旅游发展。2010年8月23日在菲律宾发生的菲警劫持香港游客事件导致香港游客8人死亡、7人受伤，2016年7月16日在法国尼斯发生的恐怖袭击事件导致2名中国公民受伤。自2019年年底新冠疫情暴发以来，新冠疫情迅速在全球传播、其变异类型不断出现，屡次挑战各国的防控体制和机制，并对全球各国旅游业都造成了沉重的打击。可见，全球化所导致的安全问题与安全矛盾是我国旅游应急管理面临的重要挑战。另外，如何充分利用全球资源来应对旅游业面临的突发事件风险，减轻我国旅游业面临的安全风险和市场压力，也是我国旅游业面临的重要战略课题。

## 二、我国的国际安全关系存在紧张因素

我国正处于经济崛起的转型发展过程中，崛起中的中国既受到国际社会的广泛关注，也受到欧美发达国家的遏制，此起彼伏的中国威胁论就是这种背景下的产物。同时，伴随着我国成为世界第二大经济体，我国在与周边国家的碰撞中必然产生矛盾与摩擦。近年来，中美关系、中日关系、中韩关系、中越关系、中菲关系等就经历了一系列冲突事件。应该看到，受以中美关系为主的国际关系的影响，我国与部分周边国家间的冲突因素将会长期存在。同时，我国境内外存在"东突"等非法组织，这些组织出于意识形态、民族宗教矛盾等动机在中国境内不断制造恐怖事件。由此导致的紧张格局正逐渐影响我国的出入境旅游业。

以中日关系为例，2012年由日本政府导演的钓鱼岛购岛闹剧极大地冲击了中日之间的外交关系和民间关系，我国赴日旅游和日本赴中旅游都受到了强烈的冲击。2012年9月，为了保护我国旅游者的安全，国家旅游局提醒赴日旅游的中国游客高度关注自身安全，并取消了赴日旅游参展计划。在民间，许多游客自行取消赴日旅游计划，中国国际旅行社等多家旅行社停止了

办理赴日旅游的业务。我国赴日旅游在事实上陷入了停滞状态。可见，国家间的亲疏关系是能轻易影响旅游业发展形势的决定性因素，它具有巨大的改变能量。

紧张的国际关系因素对我国旅游业保持和维护"安全的旅游目的地"形象是不利的。如何在有限冲突中保持市场机会、规避冲突影响、保持安全形象，以及如何在其他国家或区域的冲突中寻找我国旅游业的市场机会，均是我国旅游业和应急管理工作必须面对的重要挑战。

## 三、我国转型期社会风险因素众多

在经济上的持续成长推动着我国社会结构的持续转型。2000年时，我国的人均GDP不足1000美元。2011年，我国人均GDP已经超过5400美元。2019年，我国人均GDP已经突破1万美元。这种收入水平正是西方社会普遍经历过的社会转型的转折点时期，其突出的社会特点是：收入差距加大、阶层分化严重、社会矛盾突出。我国正处在社会转型所带来的多发社会风险的总体时代趋势中，这一时期包含着大量可能影响旅游业安全水平的风险因素。

在当前时期，我国不同职业、不同工种、不同区域的民众间存在一定程度的利益矛盾，民众的不平衡心理有蔓延加大之势，社会矛盾很容易被点燃和激化，各种个体性冲突和群体性事件的发生概率在增加；在收入差距加大的背景下，低收入群体容易陷入低收入陷阱的矛盾中，这是引发各类违法犯罪活动的重要推力，它使我国面临着较为严峻的社会治安形势；收入水平不断提高的民众对社会、经济、环境、生活质量等拥有越来越高的要求和责任感，其较高的价值观和现实的差距容易引发较受社会关注的群体性事件；由于人们普遍没有建立质量发展观，我国医疗、餐饮、食品、装备设施乃至旅游业等各个行业都存在不同程度的质量问题，缺陷产品、罔顾安全、价格欺诈、违背承诺等成为部分行业的通病，这加大了旅游业面对消费问题和消费矛盾的概率。同时，我们较难找到令民众普遍满意和信任的行业与产品，民众的低信任度容易引发消费性的矛盾和冲突。这种社会风险水平是影响我国旅游业安全态势的重要因素。

社会转型所带来的安全矛盾是我国当前时代的重要社会问题。如何统筹安全和发展、如何在追求经济效益最大化的同时保证旅游产品的安全性、如何寻找到足够安全的旅游要素产品、如何在高风险社会中维持旅游产业的安全平衡、如何建立应对多元化风险的安全应急体系，是我国旅游应急工作必须面对的重要管理挑战。

## 四、我国高风险旅游活动日益流行

我国拥有居世界首位的国内旅游市场，并拥有庞大的出入境旅游市场。庞大的旅游人流既给旅游产业带来无数的市场机遇，也给旅游业的经营管理带来重大挑战。随着新一代旅游者的成长，迥异于传统观光旅游产品的个性化旅游项目、高风险旅游项目等正越来越受到年轻旅游者的喜爱。由于我国旅游人流的规模足够庞大，这使得我国高风险旅游项目在类型和受众上都表现出惊人的数量规模。参加沙漠体验、丛林穿越、洞穴探险、极限登山、热气球运动、深海潜水等探险旅游活动，正变成日益流行的时尚旅游行为。

高风险旅游活动是最需要进行风险管控和安全保障的旅游活动。但现实是，高风险旅游活动发展速度快、转型速度快，旅游业在安全监管、立法规范、保险保障等方面都难以跟上其发展的步伐。在组织上，它只是以普通的行为活动形式存在，而不是商业化的旅游产品存在，这大大增加了旅游行业对高风险旅游活动的管理难度。例如，我国近年来频频发生"驴友"山难事故，这引起了社会的极大关注，但是"驴友"的旅游安全保障却依旧是一个复杂的难题。

可见，传统的以团队旅游、观光旅游产品作为目标对象的旅游安全与应急管理模式正暴露出明显的缺陷与矛盾。我们需要构建面向对象更为广泛、面向形式更为灵活、管理主体更为多元化的旅游安全与应急体制，以有效应对高风险旅游活动给我国旅游应急管理工作带来的重大挑战。

## 五、我国旅游者个体化趋势明显

我国已经步入大众化旅游的新阶段。这意味着散客等个体化旅游者将是我国旅游市场中的决定性力量。新一代旅游者越来越偏好组织程度较低的旅游方式，偏好以个体形式或小众群体的方式来参与旅游活动，这使散客旅游、自助化旅游、个性化旅游等正在成为旅游潮流。个体化的旅游方式将主宰未来的旅游市场，它在成为主流旅游方式的同时，也将深刻地改变旅游产业的运作格局。

伴随着我国大众化旅游的成熟和大众化时代个体旅游方式的流行，面向散客和个体旅游者的产品配套、环境配套、设施配套、服务配套和安全配套等综合配套要素却没有跟上。这导致我国散客和个体旅游者难以进行舒适而安全的旅游活动。在黄金周时期，旅游供给与需求间的矛盾往往集中爆发，诸如刑事治安问题、价格欺诈、服务缩水、景观受损等各类安全问题也一再影响旅游者的旅游活动。对于追求探险刺激的个体旅游者而言，其面临的安全形势将更为严峻。由于个体探险旅游者的组织程度较低，其活动线路、人员规模、安全配置等均无须向社会机构报备，一旦发生探险事故，其应急救援和处置应对将面临较高的复杂性和技术难度。

目前，我国旅游行业的安全工作仍以保障旅游团队安全作为重点和中心，这显然不能适应大众化时代散客旅游模式的安全管理需要。因此，建立保障团队游客安全和散客旅游安全的均衡管理模式，强化散客旅游活动的安全服务工作，是我国旅游应急工作的重要发展方向。

## 六、我国重大突发事件频繁发生

由于业内和业外旅游突发事件风险的广泛存在，我国旅游面临较为严峻的旅游安全形势。进入 21 世纪以来，我国频繁遭遇重大突发事件的冲击和影响。这主要包括：2001 年的"9·11"恐怖袭击事件；2003 年起始的美伊战争、2003 年的"非典"疫情；2008 年的汶川大地震、金融危机；2010 年相继发生的"6·29"深圳华侨城事故、"7·13"云南大理苍山救援事件、"8·23"菲警劫持香港游客事件、"10·21"在台大陆游客遭遇泥石流事件；2011年1~2月的埃及政局动荡、"3·11"日本大地震、"4·27"台湾嘉义阿里山小火车翻车事件、"8·15"台湾旅游团在吉林的交通事故；2011年相继发生的福岛核泄漏事故、"4·27"台湾阿里山小火车翻覆事故、"7·23"温州动车事故、"8·13"宜兴竹海滑道事故；2012年三亚宰客事件、钓鱼岛争端；2013年发生的"10·2"九寨沟游客滞留事件；2014年"3·1"昆明火车站暴力恐怖事件、"4·30"乌鲁木齐火车站恐怖袭击案、"5·22"乌鲁木齐恐怖袭击案、香港"占中"事件；2015年发生的"11·13"巴黎恐怖袭击事件、青岛大虾事件、"12·31"上海外滩踩踏事故；2016年发生的"7·14"尼斯恐怖袭击事件、"7·19"台湾游览车火灾事故；2017年萨德事件、"8·8"九寨沟地震；2018年"7·5"普吉岛游船倾覆事件；2019年相继发生的香港修例风波、中美贸易摩擦、新冠肺炎疫情等。

  一方面，随着我国旅游业快速发展，我国旅游人数规模进一步加大，旅游突发事件的绝对数量也难以避免地呈增长趋势。特别是由于自然环境因素、经济与金融危机因素、外交冲突等因素的影响，我国重大突发事件表现出频繁发生的态势。另一方面，由于我国旅游业发展形势过快，各地的旅游安全管理体系仍未完成面向大众化旅游时代的转变，各地的旅游安全基础设施有待进一步升级，各级政府和旅游行政主管部门的旅游安全保障服务和安全保障意识仍有待提高。同时，我国旅游企业普遍认为应急管理是政府的责任，与企业关系不大，因此缺乏积极的应急管理意识，这是导致重大突发事件发生时应急处置不力的重要原因。

  因此，面向重大突发事件建立积极的应急管理体系，从基础设施层面和安全服务层面加强旅游业的安全与应急保障，并建立融合市场化机制和企业应急责任的旅游应急机制，对于提升我国旅游业的应急能力、调动旅游企业的应急能动性具有重要的意义。

## 七、我国旅游应急的舆情环境复杂

舆情是影响旅游突发事件善后处置的重要因素。当前的旅游应急工作，不仅要面对传统传播媒介的影响，也要面对新技术媒介的深刻影响。新媒介技术的快速发展已经使我国进入大众麦克风时代。中国互联网络信息中心发布的《第46次中国互联网络发展状况统计报告》显示，截至2020年12月底，我国共拥有网民9.89亿，互联网普及率达70.4%[①]。广大的民众可以通过各种以网络技术为基础的媒介来表达信念、态度、意见和情绪，由此形成的网络舆论具有强大的发酵放大作用，借由网络媒介引起的广泛社会关注，将改变突发事件的处置背景和力量。由于网络的无界特征，当今的舆情环境已经不再限于一城一镇、一区一国，舆情传播已经具有明显的全球化特征。

可见，我国的旅游应急工作面临传媒运作公开化、全球化，舆情传播网络化、匿名化等全新特点。往往以负面形象出现的旅游突发事件很容易引起民众和媒介的强烈关注。在突发事件处置的进程中，不透明、不公开、不及时的信息发布，将导致网络舆情的鱼龙混杂、真假信息的难以分辨、舆情环境的难以掌控。当然，积极、透明、及时的事件信息发布则有利于旅游突发事件的应急处理，推动旅游业应急工作的顺利开展。例如，汶川大地震时四川旅游业积极发布灾难受损信息和旅游救援信息、积极进行舆情动员，为震后四川旅游业的应急救援和恢复重建工作提供了有利的舆论环境。

因此，我国当前的旅游应急工作面临复杂的舆情环境。面临新媒介技术带来舆情压力，如何善待、善用网络舆情，如何增加旅游应急沟通的及时性、透明性和有效性，如何有效处置全球化舆情可能导致的市场影响，是我国旅游应急工作需要积极面对的重大挑战。

---

① 中国互联网络信息中心（CNNIC）.第47次中国互联网络发展状况统计报告 R].2021-02-03.

## 八、我国旅游应急职能面临转型革新

我国一直实行以"部门监管"为特点的旅游安全管理模式，其面向对象主要是团队旅游者，其调控对象主要是旅行社、A 级景区和星级饭店，其调控方法主要是审批管理、安全检查和专项整治等。由于旅游行业涉及食、住、行、游、购、娱六大要素产业，因此传统的旅游安全监管面临监管对象多、工作内容多、监管主体多、专业性较强、协调难度大等工作特点，加之旅游行业属于弱势部门、监管手段有限、缺乏有力的法律支持，因此地方的旅游安全监管工作普遍面临威信太低、抓手太少、力度太弱等问题，在缺乏其他部门配合与支持的情况下，很难取得理想的工作成效。

进入 21 世纪以后，我国提出了构建和谐社会的发展战略，提倡以人为本的社会管理思想，倡议服务型政府职能的构建。政府和民众对包括旅游安全在内的社会安全与稳定提出了更高的要求，旅游安全也不断受到社会的关注和重视。同时，我国国内旅游、入境旅游和出境旅游得到全面发展，旅游人次规模实现跨越式增长，这对我国旅游业的安全管理水平提出了更全面的要求。大众化旅游时代的个体化旅游趋势又强调建立以个体旅游者为基础的安全管理体系。

可见，我国传统的旅游安全管理模式正面临转型革新的巨大压力。要有效应对我国旅游行业安全管理的复杂压力，我国安全与应急管理职能应从传统的监管型模式向"服务、监管和协调"并重型的新模式转变，既要强化安全与应急服务职能的建立、面向旅游者和旅游企业提供全面的安全与应急服务支持，又要革新传统的以检查和专项整治为重点的监管方式，提供包含制约、参与、预防、反馈和保障等在内的全面的监管工作机制，同时提升与相关部门的协同效率、建立顺畅的协调工作机制。推进我国旅游应急职能的全面转型与革新，是提升我国旅游应急工作效率的战略基础。

# 第二章　旅游应急管理研究的源起和进展

应急管理是一个源起于西方的重要研究领域，它早期主要关注风险管理、灾难管理、危机管理等理论与实践问题。在旅游领域，西方学界对旅游风险及旅游突发事件的管理有长期的关注，但学界并没有明确提出旅游应急管理的理论与方法。受"非典"等重大突发事件的推动，我国的旅游应急管理研究在传统的旅游安全研究基础上分离出来，并逐渐成为一个较受关注的重要领域。值得注意的是，我国旅游学界较早地明确提出了旅游应急管理的相关观念，并对旅游应急进行了持续的探索。我国的旅游应急研究正逐步迈向体系化的成熟道路。

## 第一节　国外研究的源起与进展

国外的旅游安全研究于20世纪70年代开始受到关注、20世纪80年代有所发展、20世纪90年代开始引起普遍的重视。这与世界旅游业的发展形势有着密切的关系。20世纪70~80年代是世界旅游业的腾飞时期，但此时的世界旅游业却面临着多重的安全风险。20世纪70年代，美国等西方发达国家普遍出现了逆城市化现象，城市中心区普遍出现了经济衰退、拥挤、犯罪等负面问题（Hall，1996）。而在发展中国家，政治不稳定、战争、恐怖主义等成为威胁旅游业发展的常见因素。对旅游业有着重大负面影响的突发事件及其风险因素因此引起了旅游学界持续的关注和重视。

20世纪80~90年代，旅游安全学界在应急管理的相关领域逐渐形成了三个较具影响力的研究方向：其一，旅游风险管理研究，这主要包括针对微观因素、基于各类旅游事故展开的风险统计研究（Cliftetal，1997[1]；Be1ntley & Page，2001[2]；Bentley 等，2010[3]）；其二，旅游灾难管理研究，它主要是从宏观角度、针对恐怖主义（Ryan，1993[4]；Seabra 等，2020[5]）、政治不稳定（Hall，1994[6]；Sonmez，1998[7]；Francisco Perles-Ribes 等，2018[8]）、战争（Smith，1997[9]；Samarathunga 等，2020[10]）、自然灾害（Hystad & Keller，2008[11]；Jaume 等，2020[12]）等重大旅游灾难风险因素展开的研究，同时包括对旅游灾难应急（Cioccio，2007）[13]、灾难规划（Ritchie，2008[14]；Bhaskara &

---

[1] Clift, S., Grabowski, P. British tourists in the Gambia：heal the precaution and malaria prophylaxis. In Clift S., Grabowski P.（Eds）"Tourism and health：Risks, Research and Responses"[M]. London：Pinter, 1997：97-116.

[2] Bentley, T.A., Page, S.J. Scoping the extent of adventure tourism accidents[J].Annals of Tourism Research, 2001, 8（3）：705-72.

[3] Bentley, T. A., Cater, C., Page, S. J. Adventure and ecotourism safety in Queensland：Operator experiences and practice[J]. Tourism Management, 2010, 31（5）：563-571.

[4] Ryan, C. Crime, Violence, Terrorism and Tourism：An Accidental or Intrinsic Relationship?[J]. Tourism Management, 1993, 14（3）：173-183.

[5] Seabra, C., Reis, P., Abrantes J L. The influence of terrorism in tourism arrivals：A longitudinal approach in a Mediterranean country[J]. Annals of Tourism Research, 2020, 80：1-13.

[6] Hall, C.M. Tourism and Politics：Power, Policy and Place[M]. Chichester, NewYork：Wiley 1994.

[7] Sonmez, S.F. Tourism, Terrorism, and Political Instability[J]. Annals of Tourism Research, 1998, 25（2）：416-456.

[8] Francisco, Perles-Ribes, J., Belen, Ramon-Rodriguez, A., Jesus, Such-Devesa, M., et al. Effects of political instability in consolidated destinations：The case of Catalonia（Spain）[J]. Tourism Management, 2018, 70：134-139.

[9] Smith, V. War and its Tourist Attractions. In Tourism, Crime and International Security Issues（A. Pizam and Y. Mansfield, eds）[C] New York：Wiley, 1996：247-264.

[10] Samarathunga, W. H. M. S., Cheng, L., Weerathunga, P. R. Transitional domestic tourist gaze in a post-war destination：A case study of Jaffna, Sri Lanka[J]. Tourism Management Perspectives, 2020, 35：1-13.

[11] Hystad, P.W., Keller, P.C. Towards a destination tourism disaster management framework：Long-term lessons from a forest fire disaster[J]. Tourism Management, 2008（29）：151-162.

[12] Jaume, R., Becken, S., Santana-Gallego, M. The effects of natural disasters on international tourism：A global analysis[J]. Tourism Management, 2020, 79：1-10.

[13] Cioccio, L., Michael, E.J.Hazard or disaster：Tourism management for the inevitable in Northeast Victoria[J].Tourism Management, 2007, 28（1）：1-11.

[14] Ritchie, Brent. Tourism Disaster Planning and Management：From Response and Recovery to Reduction and Readiness[J]. Current Issues in Tourism, 2008, 11（4）：315-348.

Filimonau，2021①）等问题的关注；其三，旅游危机管理研究。针对旅游灾害的危机管理研究一直蔚为风潮，它们涉及旅游危机应急处理时的影响干预（Alfonso，1998；Cole 等，2021②），旅游危机预警系统的开发、预警方法和应用（Glaesser，2003；Gomez，1981）、危机中消费者应对危机的社会心理与行为（Glaesser，2001；Sano & Sano，2019③），危机中旅游目的地形象管理与战略对策（Glaesser，2002；Avraham，2015④），危机营销（Beirman，2003；Avraham，2016⑤），危机源的预控、预报与战略应对（Ritchie，2004⑥；Liu 等，2016⑦），危机管理体系建设（Henderson，2007）等丰富的主题。

但是，这些针对旅游风险、旅游灾难和旅游危机的具体研究并没有探讨其与旅游应急管理的差异与联系，也没有具体提出旅游应急管理的理论与方法，更没有形成旅游应急研究这一方向。很显然，这些重要的相关研究是旅游应急研究的重要基础，它们是旅游应急理论提出和形成的主要理论根源。

## 一、国外旅游风险管理研究述评

"旅游风险"与"旅游安全"是相互排斥的两种状态。旅游风险是一个或然事件，是旅游者在旅游中发生某些危险情况的可能性及其后果的组合。旅

---

① Bhaskara, G. I., Filimonau, V. The COVID-19 pandemic and organisational learning for disaster planning and management：A perspective of tourism businesses from a destination prone to consecutive disasters［J］. Journal of Hospitality and Tourism Management，2021，46：364-375.

② Cole, S., Wardana, A, . Dharmiasih, W. Making an impact on Bali's water crisis：Research to mobilize NGOs, the tourism industry and policy makers［J］. Annals of Tourism Research，2021，87：1-14.

③ Sano, K., Sano, H. The effect of different crisis communication channels［J］. Annals of Tourism Research，2019，79：1-12.

④ Avraham, E. Destination image repair during crisis：Attracting tourism during the Arab Spring uprisings［J］. Tourism Management，2015，47（4）：224-232.

⑤ Avraham, E. Destination marketing and image repair during tourism crises：The case of Egypt［J］. Journal of Hospitality & Tourism Management，2016，28：41-48.

⑥ Ritchie, B. W. Chaos, crises and disasters：a strategic approach to crisis management in the tourism industry. Tourism Management，2004，25，No6：669-683.

⑦ Liu, B., Pennington-Gray, L., Krieger, J. Tourism crisis management：Can the Extended Parallel Process Model be used to understand crisis responses in the cruise industry?［J］. Tourism Management，2016，55：310-321.

游业对风险的认知水平与其安全管理水平是相对应的。这使旅游风险认知逐渐成为旅游安全领域的重要研究方向。大量研究将旅游者作为风险感知的研究主体。Roehl 和 Fesenmaier（1992）的研究发现，影响旅游者决策的风险包括设备风险、经济风险、身体风险、心理风险、满意风险、社会风险和时间风险。这一研究具有明显的"泛风险"倾向。Dayour 等（2019）探讨了背包客旅游者对智能手机使用的风险感知，并将其划分成财务风险、功能风险、事件风险、心里风险、安全风险、社会风险、目的地基础设施风险和目的地有形风险等，且他们对智能手机的信任、目的地熟悉度和个体创新性能够有效降低对风险的担忧[①]。Yu 等（2021）在新冠疫情引致的高风险情境下从身体风险、心理风险、财务风险和功能风险评价风险感知，并检验了其对旅游者创伤后应激障碍和再访意愿的影响关系[②]。这些基于认知角度所进行的旅游风险类型划分，往往融入了旅游者视角下的主观感知和期望，这种风险与客观意义上的旅游地风险是存在差异的。

海因里希提出的"事故因果连锁理论"是安全管理中的重要理论，他认为安全问题的产生主要受"人—机—环境—管理"等因素的综合影响[③]。Bentley 利用"事故因果连锁理论"对探险旅游安全事故进行细分并建立致因机制框架体系，认为探险旅游安全事故的发生很大程度上不是单一因素致使，而是由人为因素、环境因素、设施因素以及管理因素之间的两种或两种以上因素共同催化产生的。Bentley 对旅游安全突发事件影响因素体系的构建受到许多学者的重视和沿用。例如，Xie 等（2020）基于安全系统理论将旅游者安全感知划分为人员风险感知、设施设备安全感知、自然环境安全感知、社会环境安全感知和管理安全感知五个维度，并据此开发了旅游者安全感知的五

---

① Dayour, F., Park, S., Kimbu, A. N. Backpackers' perceived risks towards smartphone usage and risk reduction strategies: A mixed methods study [J]. Tourism Management, 2018, 72（6）：52-68.

② Yu, J., Lee, K., Hyun, S. S. Understanding the influence of the perceived risk of the coronavirus disease（COVID-19）on the post-traumatic stress disorder and revisit intention of hotel guests [J]. Journal of Hospitality and Tourism Management, 2021, 46（3）：327-335.

③ Bentley, T.A., Page S., Meyer, D., Chalmers, D., Laird, I. How safe is adventure tourism in New Zealand? An exploratory analysis. Applied Ergonomics, 2001（32）：327-338.

因素测量量表①。

在旅游风险的众多研究中，从旅游地及其环境角度所进行的旅游安全风险挖掘是成果最为丰富的领域。研究发现，多变的气候和独特的地理环境是极具价值的旅游资源，但也是给旅游业和旅游者带来安全风险的限制性因素。它容易诱发各种类型的自然灾害，也容易导致对旅游者的伤害（Barbhuiya & Chatterjee，2020②；Jaume，Becken，& Santana-Gallego，2020③；Okuyama，2018④；Tsai & Chen，2010，2011）。Du 和 Tian（2007）以量子免疫克隆算法对解码后的旅游突发事件进行了分析，结果表明天气条件、道路情况、拥挤程度和旅游地地形地貌都与旅游突发事件的发生密切相关。有研究表明，极端天气变化会削弱旅游者安全感知，是引发旅游伤害事故的重要原因之一（Hübner & GoSsling，.2012）⑤。许多旅游者热衷于高原旅游地的优美风光，但旅游者随时可能遭遇高原反应、封路、迷路等风险损失和人身伤害（Eitzinger & Wiedemann，2007⑥）。

一些著名的旅游胜地屡遭灾害侵袭，并影响到旅游地的安全基础。Rittichainuwat（2013）指出泰国海滩是入境旅游者的度假胜地，但却频繁遭到印度洋海啸的侵袭，研究发现入境游客对于海滩的安全感知和安全判断主要取决于是否具有海啸疏散系统和危机管理计划⑦。Calgaro 和 Lloyd（2008）针对泰国南攀牙省蔻立旅游社区的研究发现，沿海地形、不合理的建筑结构

---

① Xie，C.，Zhang，J.，Morrison，A. M. Developing a Scale to Measure Tourist Perceived Safety［J］. Journal of Travel Research，2020（2）：1–20.

② Barbhuiya，M. R.，Chatterjee，D. Vulnerability and resilience of the tourism sector in India：Effects of natural disasters and internal conflict［J］. Tourism Management Perspectives，2020，33：1–13.

③ Jaume，R.，Becken，S.，Santana-Gallego，M. The effects of natural disasters on international tourism：A global analysis［J］. Tourism Management，2020（79）：1–10.

④ Okuyama，T. Analysis of optimal timing of tourism demand recovery policies from natural disaster using the contingent behavior method［J］. Tourism Management，2018（64）：37–54.

⑤ Hübner，A.，GoSsling，S. Tourist perceptions of extreme weather events in Martinique［J］. Journal of Destination Marketing & Management，2012，1（1–2）：47–55.

⑥ Eitzinger，C.，Wiedemann，P. Risk perceptions in the alpine tourist destination Tyrol—An exploratory analysis of residents' views［J］. Tourism Management，2007，28（3）：911–916.

⑦ Rittichainuwat，B. N. Tourists' and tourism suppliers' perceptions toward crisis management on tsunami［J］. Tourism Management，2013（34）：112–121.

和人类对旅游地的过度开发加剧了旅游地环境的脆弱性，而风险增加的旅游地又更易发生灾难事件，这些潜在的安全威胁影响着旅游者的安全。

探险旅游、火山旅游和地热旅游等特种旅游项目因其风险程度高、事故灾难频发而广受社会与学界的关注。Bentley等（2010）基于昆士兰探险和生态旅游运营商的调查发现，滑倒、绊倒和跌倒是常见的探索旅游事故类型，探险旅游风险因素大多与恶劣多变的天气条件、游客安全技能和安全行为紧密相关，且作业人员所采取的安全预防管理措施也相当重要。火山和地热旅游目的地也存在潜在的健康危害，火山气体及火山灰、熔岩流、山体滑坡、泥石流等在火山和地热活动中常发生的灾害因素可能对旅游者的健康与安全产生负面影响（Heggie，2009）。

旅游者在旅游过程中的游程环境往往是多种自然因素的复合体，其潜藏的风险因素也因此具有多样性。许多研究表明，在陌生的道路环境和海洋环境下开展旅游活动是国际旅游者伤亡的重要背景和原因（Warton & Brander，2017[①]；Blackman R A, Haworth, 2013[②]；Wilks, 2010[③]）。旅游目的地受污染的空气环境同样威胁着旅游者的生命安全和旅游决策。Peng和Xiao（2018）指出，旅游地的雾霾天气状况会提高旅游者的风险感知和健康威胁感知，继而引发旅游者的消极旅游体验和目的地回避倾向[④]。

旅游风险是导致旅游突发事件的源头。在某种程度上，旅游风险管理属于旅游应急管理的前期管理任务。对旅游风险进行有效识别和管控，是预防旅游突发事件的重要手段。从上述研究来看，西方对旅游风险所进行的持续探索，推动了对旅游灾难因素的关注和重视。这对于加强旅游灾难的应急管理具有重要意义。

---

① Warton, N. M., Brander, R. W. Improving tourist beach safety awareness: The benefits of watching Bondi Rescue [J]. Tourism Management, 2017, 63: 187–200.

② Blackman, R. A., Haworth, N. L. Tourist use of mopeds in Queensland [J]. Tourism Management, 2013, 36: 580–589.

③ Wilks, J. International Tourists, Motor Vehicles and Road Safety: A Review of the Literature Leading Up to the Sydney 2000 Olympics [J]. Journal of Travel Medicine, 2010, 6（2）: 115–121.

④ Peng, J., Xiao, H. How does smog influence domestic tourism in China? A case study of Beijing [J]. Asia Pacific Journal of Tourism Research, 2018, 23（12）: 1115–112.

## 二、国外旅游灾难管理研究述评

近半个世纪以来，重大灾难事件频频发生。这驱使越来越多的学者投入灾难预防、灾难处置和恢复重建等灾难管理（Disaster Management）等领域的研究。灾难既包括地震、海啸、泥石流等自然灾害，也包含恐怖袭击等人为因素导致的破坏性事件。Tsai 等（2020）提出，灾难是内生危险事件与外生暴露度、脆弱性和能力条件相互作用产生的，会对社区或社会稳定造成重大威胁，并导致人员、物质、经济和环境等一项或多项的损失或影响。Kumar（2000）认为灾难是指总的危机状况（个人或大众的），主要包括地震、火山爆发、瘟疫、饥荒等[①]。Moe（2006）将灾难划分为两类，即外生型（exogenous）灾难和内生型（endogenous）灾难[②]。Faulkner（2001）认为，灾难也可用于指企业所面对的难以控制的非预期性的灾难性改变[③]，Cro & Martins（2017）强调了任何灾难都具有潜在的负面结果[④]。

灾难管理自"冷战"时期开始得到重视，早期主要关注核战争等重大灾难假设下的灾难规划[⑤]。但近半个世纪以来，各种类型的重大灾难不断发生，灾难管理的实践运用愈加频繁，因此其应用范围也不断扩大。Cioccio（2007）认为灾难管理是一个复杂的领域，它包含对管理失误、商业欺诈、员工责任、社团保障、暴力冲突和自然灾害等在内的一系列问题所导致的破坏性事件的管理。相关文献表明，灾难管理的实践和研究已经渗入金融、医疗、旅游、建筑等众多行业。

---

① Kumar, G.S.J. Disaster management and social development [J]. International Journal of Sociology & Social Policy, 2000, 20 (7): 66–81.

② Moe, T.L., Pathranarakul, P. An integrated approach to natural disaster management: Public project management and its critical success factors [J]. Disaster Prevention and Management, 2006, 15 (3): 396–413.

③ Faulkner, B. Towards a framework for tourism disaster management [J]. Tourism Management, 2001 (22): 135–147.

④ Cro, S., Martins, A. M. Structural breaks in international tourism demand: Are they caused by crises or disasters? [J]. Tourism Management, 2017, 63 (12): 3–9.

⑤ Pearce, L. Disaster Management and Community Planning, and Public Participation: How to Achieve Sustainable Hazard Mitigation [J]. Natural Hazards, 2003 (28): 211–228.

处置主体在成功的灾难管理中扮演着关键的角色要素。Avraham（2015）认为灾难管理的主体主要包括政府部门、市场部门和媒体机构等[①]。Moe（2006）则提出，灾难管理涉及政府、志愿组织和私有机构的通力合作，强调以全面协调的方式来应对整体应急需求。当然，社会公众的积极参与也变得越来越重要。有研究发现，参与主体之间的合作是灾难管理成功的关键因素，因而必须明确不同阶段中各主体所承担的责任。

如何进行灾难管理是灾难研究中的重要内容。Moe（2006）将灾难管理划分为五个阶段，即预测、监测、应急救援、恢复和重建。Hystad & Keller（2008）认为灾难管理的具体内容主要包括灾前规划、灾中响应和灾后恢复。可见，从管理的内容来看，学者们对"灾难管理"的任务框架界定与"应急管理"的任务框架界定已经趋于类同，越来越多的学者将灾难管理、灾难应急和应急管理联系在一起，甚至将相关概念混同使用，这正是应急管理理论产生的重要源头。

21世纪初，灾难管理研究逐渐扎根于旅游学科，旅游灾难研究形成了一系列丰富的理论成果。其中，Faulkner（2001）提出的旅游灾难管理体系是较具代表性的理论阐述，他对旅游灾难管理的处置过程、基本要素和具体任务进行了完整的构建。这为旅游灾难管理实践提供了方向，这一文献也为后来的很多研究所引用和借鉴（见表2-1）。此外，许多学者针对不同地区的灾难管理进行了具体的研究。例如，Cioccio（2007）对维多利亚西北部旅游企业的灾害预防现状进行了研究，其研究对象包括制订正式计划的大企业和非正式计划的小企业；Hystad（2008）研究了基洛纳市旅游产业在森林火灾应对方面所采取的灾难准备和响应措施，并构建了旅游目的地灾难管理架构；Bhaskara & Filimonau（2021）认为在全球新冠肺炎等重大灾难情境中旅游企业利益相关者仅在灾害规划和管理方面的协作是不足够的，还需要采取干预措施来建立旅游企业的人力资本和社会资本，并促进知识交流和商业合作。

---

① Avraham, E. Destination image repair during crisis: Attracting tourism during the Arab Spring uprisings [J]. Tourism Management, 2015, 47（4）：224-232.

表 2-1　旅游灾难管理体系

| 灾难处置阶段 | 灾害管理的响应要素 | 灾害管理策略的主要成分 |
| --- | --- | --- |
| 1. 灾害前兆阶段<br>减缓或阻止潜在灾难带来的影响 | 前期工作：<br>● 建立灾害管理团队并任命团队领导<br>● 确定相关的公共/私营部门机构/组织<br>● 建立协调/协商构架和通信系统<br>● 开发、存档和交流灾难管理策略<br>● 教育行业股东、员工、客户和社区<br>● 协商，承诺，激活协议 | 危险评估：<br>● 评估潜在灾害及其发生概率<br>● 恢复受灾地区及潜在灾难的影响<br>● 开发灾难应急预案 |
| 2. 前驱阶段<br>形势明显表明灾难爆发已不可避免 | 行动开展：<br>● 救援和疏散程序<br>● 紧急住宿和食物供应<br>● 医疗/卫生服务<br>● 监控和通信系统 | 灾难应急预案：<br>● 确定可能造成的影响和对风险进行分类<br>● 评估社区应对能力和灾害源头威力以应对灾害造成的影响<br>表达个体目标（灾难特定）应急计划<br>● 确定必要措施来避免或减小各个阶段的影响<br>● 制定各个阶段的战略优先级（行动）<br>概要文件<br>○ 前驱阶段<br>○ 灾害突发阶段<br>○ 过渡阶段<br>○ 长期阶段（恢复阶段）<br>● 根据经验、组织结构及人员的变化环境的变化进行审查和修正 |
| 3. 灾害突发阶段<br>当灾难爆发时，保护生命和财产安全是主要目标 | 动员工作：<br>● 预警系统（包括一般大众媒体）<br>● 建立灾害管理指挥中心<br>● 安全设施 | |
| 4. 过渡阶段<br>满足居民的短期需求，使产业服务和社区恢复正常 | 紧急恢复：<br>● 损害审计/监控系统<br>● 清理和恢复<br>● 媒体沟通策略 | |
| 5. 长期阶段（恢复阶段）<br>上一阶段的延续，但不能只强调恢复的速度，而应包括事后检讨、自我分析、恢复重建等工作 | 重建与重新评估：<br>● 修复受损的基础设施<br>● 重建环境破坏的地区<br>● 慰问受害者<br>● 恢复商业/消费者信心及发展投资计划<br>● 对灾难修正策略做出任务报告 | |
| 6. 解决阶段<br>恢复常态或新的改善状态 | 审查回顾 | |

资料来源：Bill Faulkner. Towards a framework for tourism disaster management［J］. Tourism Management, 2001,（22）: 135-147.

上述研究表明，旅游灾难管理与旅游应急管理是密切相关的两个概念，灾难管理框架与灾难事件的应急管理框架基本上是类同的。旅游应急管理的相关方法和思想正是起始于旅游灾难管理。

## 三、国外旅游危机管理研究述评

危机（crisis）最早来源于古希腊语中的"krisis"[①]，其原意是"判断或选择"。随着时代的变化，人们对"危机"的具体理解也不断发生改变。Steven Fink（1986）认为，危机是一段不稳定的时间和状况，其持续恶化和转机的概率各占一半[②]。Coombs（2019）认为"危机是一种不可预测的事件，会威胁到利益相关者对健康、安全、环境和经济问题的重要期望，会严重影响组织绩效并产生负面评论"[③]。情境危机传播理论指出，根据组织承担危机责任的大小，危机可划分为受害型危机、意外型危机和可预防型危机三类，其中可预防性危机的威胁和影响最强，而受害型危机最弱（Coombs，2007[④]；Utz，Schultz，& Glocka，2013[⑤]）。Faulkner（2001）在对危机与灾难进行界定时，认为"危机"是由于企业有不合理的组织结构和制度以致不能适应巨变的环境而产生的风险。

危机管理（crisis management）一词在20世纪60年代产生于外交领域，原意是指"赢得外交胜利的艺术"，主要用于处理国际关系中的冲突和争端。随后，危机管理被逐渐应用于各行各业，其内涵表达也不断拓展。在本质上，危机管理是解决重大矛盾的一种管理过程。不同学者对危机管理的过程机制

---

① Paraskevas, A. Crisis management or crisis response system: A complexity science approach to organizational crises [J]. Management Decision, 2006, 44（7）: 892-907.

② Fink, S. Crisis management: Planning for the inevitable. NY: American Association of Management, 1986: 15.

③ Coombs, W. T. Ongoing crisis communication (5th ed.). Thousand Oaks, California: Sage Publications, Inc., 2019.

④ Coombs, W. T. Protecting Organization Reputations During a Crisis: The Development and Application of Situational Crisis Communication Theory [J]. Corporate Reputation Review, 2007, 10（3）: 163-176.

⑤ Utz, S., Schultz, F., Glocka, S. Crisis communication online: How medium, crisis type and emotions affected public reactions in the Fukushima Daiichi nuclear disaster [J]. Public Relations Review, 2013, 39（1）: 40-46.

进行了分析和阐述。Nunamaker（1989）认为，危机管理包括危机潜伏、危机解决和危机恢复检讨三个阶段[①]。美国学者 Robert Heath（1998）提出了 4R 危机管理理论，认为危机管理由缩减（Reduction）、预备（Readiness）、反应（Response）、恢复（Recovery）四个阶段组成[②]。Blackley（1994）提出，危机管理应包括评估（Assessment）、预防（Prevention）、准备（Preparation）、回应（Response）与恢复（Recovery）五个阶段[③]。Augustine（2001）提出了六阶段危机管理理论，认为危机管理应包括危机避免、危机准备、危机确认、危机控制、危机解决和危机获利等阶段[④]。在这些理论阐述中，Health 所提出的 4R 危机管理理论是较为学界所接受的理论表达。

总体来看，国外学界对危机管理的研究非常广泛，也涌现出较为丰硕的研究成果。危机管理的研究对象与视角也呈现多元化趋势，这既有区域与产业等视角下的宏观研究，也有针对特定事件和危机管理内容的微观研究。例如，Kao（2020）建构了包含指挥与信息、协调与整合、管理与学习、提供保证等要素在内的企业危机管理能力体系[⑤]；Jiang（2020）等人研究了全球经济危机对国家分布式能源系统和生态系统的影响，并检验了不同生态系统条件下能源低碳转型过程中经济与生态系统的相互作用[⑥]；Alpaslan & Mitroff（2021）基于道德基础理论探讨了危机管理的道德基础[⑦]。

20 世纪 90 年代，危机管理研究开始被引入旅游学科之中，并得到了迅

---

[①] Nunamaker, J. F. JR., Weber, E. S., Chen, M. Organizational crisis management systems: planning for intelligent action. Journal of management information systems, 1989, 5 (4), 7–32.

[②] Heath, R. L. Crisis Management for Managers and Executives [M]. Financial Times Professional Limited, 1998.

[③] Blackley, A. B. Emergency preparedness and crisis management [M]. AEA Technology, United Kingdom: The SRD Association: 1–7.

[④] 诺曼·R. 奥古斯丁（Augustine,N.R.）等. 危机管理 [M]. 北京：中国人民大学出版社，2001：3.

[⑤] Kao G H Y, Wang S W, Farquhar J D. Modeling Airline Crisis Management Capability: Brand attitude, brand credibility and intention [J]. Journal of Air Transport Management, 2020, 89: 1–9.

[⑥] Jiang, C., Wu, X., Zhao, S., et al. Economic crisis impact on low carbon transition in economy-ecosystem [J]. Global Transitions Proceedings, 2020, 1 (6): 7–12.

[⑦] Alpaslan, C. M., Mitroff, I. I. Exploring the moral foundations of crisis management [J]. Technological Forecasting and Social Change, 2021, 167 (6): 1–9.

速的发展。旅游危机管理研究逐渐出现了较为系统的理论阐述与支撑，旅游危机管理的研究对象也不断深化和细化。这既包括恐怖袭击与旅游危机管理（Seabra, Reis, & Abrantes, 2020; Corbet, O'Connell, & Efthymiou, 2019[①]; Liu & Pratt, 2017[②]）等视角下的深入研究，也包括针对旅游危机管理任务机制的细分研究。例如，对旅游危机中的预警管理（Rittichainuwat, 2013）、减缓与准备（Paraskevas, 2007）、危机规划（Wang & Wu, 2018[③]; Stahura & Henthorne, 2012[④]）、危机响应（Liu, Pennington-Gray, & Krieger, 2016[⑤]）等任务机制的具体探索等。其他学科基础理论也相继被引入旅游危机管理研究之中，如信号理论（Paraskevas & Altinay, 2012）[⑥]、复杂与混沌理论（Speakman & Sharpley, 2012）[⑦]、道德基础理论（Alpaslan & Mitroff, 2021）[⑧]等在危机管理研究中的融入。此外，根据受影响的范围和对象，旅游危机对旅游地的影响可总结为三个层次，具体包括宏观影响、中观影响和微观影响。其中，宏观影响是指旅游危机对旅游地自然环境（Handler, 2016）[⑨]、经济环

---

① Corbet, S., O'Connell, J. F., Efthymiou, M., et al. The impact of terrorism on European tourism [J]. Annals of Tourism Research, 2019, 75（3）: 1-17.

② Liu, A., Pratt, S. Tourism's vulnerability and resilience to terrorism [J]. Tourism Management, 2017, 60（6）: 404-417.

③ Wang, J., Wu, X. Top-down or outside-in? Culturally diverse approaches to hotel crisis planning [J]. Journal of Hospitality and Tourism Management, 2018, 36: 76-84.

④ Stahura, K.A., Henthorne, T.L. Emergency planning and recovery for terror situations: an analysis with special reference to tourism [J]. Worldwide Hospitality and Tourism Themes, 2012, 4, （1）: 48-58.

⑤ Liu, B., Pennington-Gray, L., Krieger, J. Tourism crisis management: Can the Extended Parallel Process Model be used to understand crisis responses in the cruise industry? [J]. Tourism management, 2016, 55: 310-321.

⑥ Paraskevas, A., Altinay, L. Signal detection as the first line of defence in tourism crisis management [J]. Tourism Management, 2012: 1-14.

⑦ Speakman M, Sharpley R. A chaos theory perspective on destination crisis management: Evidence from Mexico [J]. Journal of Destination Marketing & Management, 2012, 1（1-2）: 67-77.

⑧ Ritchie, B.W. Chaos, crises and disasters: a strategic approach to crisis management in the tourism industry [J]. Tourism Management, 2004（25）: 669-683.

⑨ Handler, I.（2016）. The impact of the Fukushima disaster on Japan's travel image: An exploratory study on Taiwanese travellers. Journal of Hospitality and Tourism Management, 27, 12-17.

境（Giannakis & Bruggeman，2017）[①]和社会环境（Pappas，2018）[②]等宏观发展环境所造成的综合影响；中观影响是指旅游危机对旅游产业及其运行所产生的综合影响，主要涉及旅游环境（Kiliclar等，2018）[③]、旅游产业（Sayira & Andrews，2016）[④]、旅游形象（Rittichainuwat等，2018）[⑤]和旅游市场（Dahles & Susilowati，2015）[⑥]；微观影响是指旅游危机对旅游者（Eugenio-Martin & Campos-Soria，2014）[⑦]、社区居民（Cradock-Henry等，2018）[⑧]和旅游经营者（Antonova & Zapletalova，2014）[⑨]等微观个体的影响（见图2-1）。

---

[①] Giannakis, E., Bruggeman, A.（2017）. Economic crisis and regional resilience: Evidence from Greece. Papers in Regional Science，96（3）：451.

[②] Pappas, N.（2018）. Hotel decision-making during multiple crises: A chaordic perspective. Tourism Management，68，450–464.

[③] Kiliclar, A., Usakli, A., Tayfun, A. Terrorism prevention in tourism destinations: Security forces vs. civil authority perspectives. Journal of Destination Marketing & Management，2018，8：232–246.

[④] Sayira, T., & Andrews, H. Impacts of crises and communication media on place image: A case study of Chilas, Pakistan. Journal of Destination Marketing & Management，2016，5（4SI），351–360.

[⑤] Rittichainuwat, B., Nelson, R., & Rahmafitria, F. Applying the perceived probability of risk and bias toward optimism: Implications for travel decisions in the face of natural disasters. Tourism Management，2018，66，221–232.

[⑥] Dahles, H., Susilowati, T. P. Business resilience in times of growth and crisis. Annals of Tourism Research，2015，51：34–50.

[⑦] Eugenio-Martin, J. L., Campos-Soria, J. A. Economic crisis and tourism expenditure cutback decision. Annals of Tourism Research，2014，44：53–73.

[⑧] Cradock-Henry, N. A., Fountain, J., & Buelow, F.（2018）. Transformations for Resilient Rural Futures: The Case of Kaikura, Aotearoa–New Zealand. Sustainability，2018，10（6）：3–19.

[⑨] Antonova, B., & Zapletalova, S.（2014）. THE ECONOMIC CRISIS AND COMPANY MANAGEMENT: INFLUENCES AND CONSEQUENCES. E & M Ekonomie a Management，17（1），4–18.

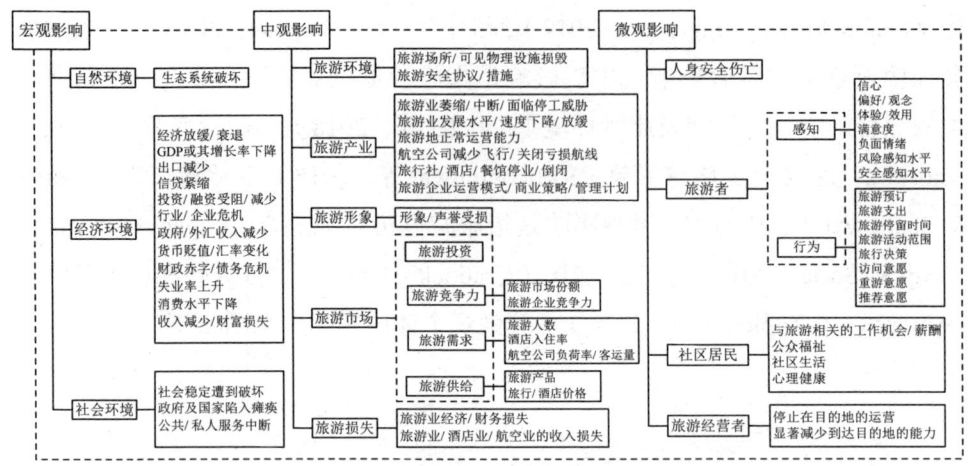

图 2-1 旅游危机对旅游地的影响结构①

## 四、国外旅游应急管理研究述评

应急管理又称灾难风险管理，它主要源自灾难管理研究。早期，许多学者甚至将应急管理和灾难管理等同使用。学界对应急管理的概念界定进行了多样化的表达。Hoetmer（1991）认为应急管理就是一门利用科学、技术、计划和管理的专业学科，以应对造成重大人员伤亡、财产损失以及给社区生活造成破坏的极端突发事件②。Chen（2008）认为应急管理是基于对突发事件的机制、过程和影响进行分析基础上的响应过程，它需要对不同社会资源进行整合，以便减少灾难带来的损失③。Haddow（2008）等认为应急管理是规避灾难（自然或人为）的处理过程，包括灾前预防、灾难响应以及灾后社会

---

① Duan, J., Xie, C., & Morrison, A. M.. Tourism crises and impacts on destinations: a systematic review of the tourism and hospitality literature. Journal of Hospitality & Tourism Research, 2021: 109634802199419.

② Hoetmer, G. J. Introduction. In: Drabek, T.E., Hoetmer, G.J.（Eds.）, Emergency Management: Principles and Practice for Local Government [M]. Washington, DC: International City Management Association, pp. xvii–xxxiv, 1991.

③ Chen, A., Li, M.L., Chen, N. New trends of thought on theory and practice in modern emergency management [J].Bulletin of Chinese Academy of Science, 2008（23）: 531–537.

重建①。Tveiten（2012）则认为应急管理是以协调方式控制突发事件（事前、事中和事后）的一系列活动（包括政府日常事务和非正常活动），具体活动包括分析、计划、培训、处理、预测和监测②（见表2-2）。Wu等（2021）指出应急管理是政府机构运用和协调各方资源应对突发公共事件，来降低或消除突发公共事件潜在负面影响的动态管理活动③。可见，应急管理具有较为复杂的内涵：①应急管理是一种面向突发事件的响应过程；②应急管理的工作主体主要是政府部门；③应急管理包含了减缓（减少或阻止事件带来的损失）、预防、响应、恢复等复杂的工作任务。学界对应急管理内在机制的描述还处在发展过程中。从学科角度讲，应急管理就是一门怎样减少或规避突发事件所带来危害的学科。

相对于危机管理，国外的应急管理研究主要是面向政府这一主体而言的，政府是应急管理的实施主体。例如，Yao等（2011）从接收和处理报警的工作流程、建设内容和功能结构等方面建构了政府应急管理的三重机制④。然而，应急管理的有效实施不是哪一个部门可以单独负责的，而是必须由各级政府部门和不同机构之间来合作和共同承担。在应急减缓、预防、响应和恢复的全程中，政府应该承担救援和管理的责任（Miyazaki & Sato，2017）⑤。如果突发事件的影响程度和影响范围非常大、涉及多个区域，那么政府必须直接参与其中（Avraham，2015；Wu et al.，2021；Wilson & Oyola-Yemaiel，2001）。随着应急管理观念的不断推广，非政府组织、企业组织的应急管理

---

① Haddow，G.D.，Bullock，J.A. Introduction to emergency management［J］. Oxford，UK：Elsevier，2008.

② Tveiten，C.K.，Albrechtsen.E. Building resilience into emergency management［J］. Safety Science，2012（50）：1960-1966.

③ Wu，Q.，Han，J.，Lei，C.，et al. The challenges and countermeasures in emergency management after the establishment of the ministry of emergency management of china：A case study - ScienceDirect［J］. International Journal of Disaster Risk Reduction，2021，55：1-9.

④ Yao，H. W.，Dong，W. L.，Rogner，A.，et al. Construction of Triple-Play System for Government Emergency Management［J］. Procedia Engineering，2011，11：80-85.

⑤ Miyazaki，T.，Sato，M. Empirical studies on strategic interaction among municipality governments over disaster waste after the 2011 Great East Japan earthquake［J］. Journal of the Japanese & International Economies，2017，44：26-38.

意识也不断加强,应急管理的面向对象和工作主体出现了普及和泛化的趋势。

表 2-2  应急管理概念的多样化界定

| 文献作者 | 概 念 界 定 |
|---|---|
| Hoetmer（1991） | 一门利用科学、技术、计划和管理的专业学科,以应对造成重大人员伤亡、财产损失以及给社区生活造成破坏的极端突发事件 |
| Waugh[①]（2000） | 应急管理就是风险管理,目的是使社会能够适应环境或技术危害,应对环境、技术风险引起的灾难 |
| Wilson[②]（2001） | 应急管理是由政府建立的官方组织机构,管理由自然或技术突发事件引起的社会响应 |
| Haddow（2008） | 规避灾难（自然或人为）的处理过程,包括灾前预防,灾难响应以及灾后社会重建 |
| Camilla[③]（2012） | 指一连串活动的总和（包括行政性或非正式性程序）,以协调的方式处理事前、事中或事后突发事件 |
| Tveiten[④]（2012） | 以协调方式控制突发事件（事前、事中和事后）的一系列活动（包括政府日常事务和非正常活动）,具体活动包括分析、计划、培训、处理、预测和监测 |

　　旅游产业是应急管理应用的重要领域,但在旅游学科中,旅游应急管理研究并未形成结构化的理论体系。甚至,在西方很少有专门使用"旅游应急管理"这一名词的理论文献,大部分文献依旧使用旅游灾难管理或旅游危机管理来代表对应急管理内容的阐述。应急规划（emergency planning）作为应急管理的重要组成部分,在旅游危机管理文献中经常被探索和讨论。一个有效且合理的应急规划不仅在组织之间,同时在不同行业（包括旅游业）中都有助于减小危机事件带来的危害。Johnston（2007）在对华盛顿旅游业的监测和灾难响应研究中发现,由于当地大部分旅游企业是私有企业,因此有必要在企业所有者和员工间建立联系,以便传递对员工和顾客进行应急规划的

---

① Waugh, W.L. Living with Hazards, Dealing with Disasters: An Introduction to Emergency Management [J]. M. E. Sharpe, Armonk, NY, 2000.

② Wilson, J., Oyola-Yemaiel A. The evolution of emergency management and the advancement towards a profession in the United States and Florida [J]. Safety Science, 2001, 39: 117–131.

③ Camilla, K.T., Albrechtsen.E, etc. Building resilience into emergency management [J]. Safety Science, 2012, 50: 1960–1966.

④ Tveiten, C.K., Albrechtsen.E. Building resilience into emergency management [J]. Safety Science, 2012 (50): 1960–1966.

重要信息。Stahura（2012）具体分析了旅游业应对恐怖袭击采取的应急规划、应急响应和应急恢复等措施①。Kemp（2009）探讨了节事旅游活动实施应急管理的策略方法②。Beirman（2011）是西方学界明确提出应重视旅游应急管理的学者，他认为应急管理与旅游业进行融合将会是旅游业走向产业变革的重要途径③，但是，实现应急管理与旅游产业的融合必须考虑到以下问题：其一，应急管理服务是否能促进旅游业的发展；其二，旅游业怎样才能提高应急管理能力。Möller，Wang，& Nguyen（2018）从传播学视角探索了不同阶段灾害情境下社交媒体工具在旅游企业应急管理中所扮演的角色地位，并指出当前社交媒体在应急准备和应对阶段中没有得到充分利用，但促进了企业从危机中快速恢复。

由此可见，旅游应急管理是一个处在成长中的重要研究领域，它与旅游风险管理、旅游危机管理和旅游灾难管理间有着密切的理论联系。其中，旅游应急管理主要脱胎于旅游灾难管理和旅游危机管理的相关实践与研究，虽然西方学界在描述爆发阶段的灾难性事件管理中，经常将三个名词混同使用，但三者之间的内涵与外延还是存在较大程度的差异。本文认为，旅游应急管理是一个面向对象更为广泛、面向主体更为多元、使用方法更具综合性的，面向破坏性旅游突发事件的综合管理体系与方法，应急预防与准备、应急监测与预警、应急处置与救援、应急恢复与重建是其主要的机制过程和方法。

---

① Stahura, K.A., Henthorne, T.L. Emergency planning and recovery for terror situations: an analysis with special reference to tourism [J]. Worldwide Hospitality and Tourism Theme s, 2012, 4, (1): 48-58.

② Kemp, C. Event tourism: A strategic methodology for emergency management [J]. Journal of Business Continuity & Emergency Planning, 2009, 3 (3): 227-240.

③ Beirman, D. The integration of emergency management and tourism [J]. The Australian Journal of Emergency Management, 2011, 26 (3): 30-34.

## 第二节　国内研究的源起与进展

国内的旅游应急管理研究经历了与西方较为类似的发展经历。早期的相关研究主要集中在旅游灾难管理、旅游危机管理等领域。在"非典"等事件因素的推动下，我国政府高度重视应急管理的理论和实践工作，这推动了旅游领域的应急管理研究。相比于西方学界，我国学界更早地明确提出了旅游应急管理的概念和理论方向。

### 一、国内旅游应急管理研究的源起

"应急管理"一词最早在核电行业引起重视（王宏伟，2010）[1]。20世纪90年代，学界开始不断介绍西方的应急管理经验（高察，1995；邵东珂等，2015[2]），并逐渐在城市应急管理（金磊，1997；李阳，2019[3]）、环境污染应急（许健，1999；赵佳，2020[4]）、食品安全应急治理（潘潇、樊博，2014）[5]等领域进行探索和研究。2003年，我国暴发了"非典"疫情，我国政府最终成功地进行了疫情的应急处置。在这一事件推动下，我国政府和学界开始广泛使用"应急管理"这一概念（张欢，2010）[6]。由此，"应急管理"逐渐成为公众所熟知的词汇。可见，应急管理走入研究者的视野源于其应对的客

---

[1] 王宏伟.应急管理理论与实践[M].北京：社会科学文献出版社，2010：54.
[2] 邵东珂，吴进进，彭宗超.应急管理领域的大数据研究：西方研究进展与启示[J].国外社会科学，2015（06）：129-136.
[3] 李阳.面向城市应急管理的情报能力建设思考[J].现代情报，2019，39（05）：17-23.
[4] 赵佳.我国突发环境污染事件应急管理研究——评《突发事件应急管理研究与实践》[J].环境工程，2020，38（08）：274.
[5] 潘潇，樊博.应急管理中跨部门协同能力的影响因素研究——以食品药品安全联合监管为实证背景[J].软科学，2014，28（02）：52-55+60.
[6] 张欢.应急管理与危机管理的概念辨析[J].中国应急管理，2010（6）：31-36.

体——突发事件频繁发生在人们身边（陈安，2009）[①]。

国内旅游领域的应急管理研究是在旅游安全研究、旅游灾难研究和旅游危机研究基础上形成的。受1997年亚洲金融危机、2003年"非典"疫情和2008年汶川大地震等重大事件因素的推动，以微观安全风险因素的识别与管理（郑向敏，2001、2004、2007；杨钦钦、谢朝武，2019[②]）为主要方向的旅游安全研究，以管理与战略应对（邓冰、吴必虎，2004；侯国林，2005；邹统钎，2005；谷慧敏，2007；张永领等，2016[③]；谢朝武等，2019[④]；李立等，2020[⑤]）、定量评估与预测（孙根年，2008；朱明芳，2007；徐红罡，2009）为主要方向的旅游危机研究和旅游突发灾害（秦志英，2004；叶欣梁等，2010[⑥]；胡善风等，2013[⑦]）研究等都涌现出大量成果。

在我国，旅游产业频繁发生的微观安全问题很早就引起了学者们的关注。以郑向敏（2001）为首的一批学者从微观入手，对旅游安全问题进行了系统的调查研究，并逐渐对旅游安全问题的发生规律（郑向敏，2001；张进福、郑向敏，2001；李洪波、郑向敏，2004；黄锐、谢朝武，2019[⑧]）、旅游企业的安全管理（杨晓红，2008；王克岭，2011[⑨]）、分类旅游活动的安全问题及管理（郑向敏，2007；陈金华等，2007；谢朝武，2013[⑩]；邹永广

---

[①] 陈安，陈宁，倪慧荟.现代应急管理理论与方法［M］.北京：科学出版社，2009.1.

[②] 杨钦钦，谢朝武.冲突情景下旅游安全感知的作用机制：好客度的前因影响与旅游经验的调节效应［J］.南开管理评论，2019，22（03）：148-158.

[③] 张永领，周晓冰，王伟.我国旅游突发事件应急管理机制构建研究［J］.资源开发与市场，2016，32（01）：116-119.

[④] 谢朝武，黄锐，陈岩英."一带一路"倡议下中国出境游客的安全保障——需求、困境与体系建构研究［J］.旅游学刊，2019，34（03）：41-56.

[⑤] 李立，朱海霞，权东计.后疫情时期的遗址保护和文化旅游产业发展策略研究——以黄河流域陕西段为例［J］.中国软科学，2020（S1）：101-106.

[⑥] 叶欣梁，温家洪，丁培毅.重点旅游地区自然灾害风险管理框架研究［J］.地域研究与开发，2010，29（05）：68-73+78.

[⑦] 胡善风，王金莲，周晨峰，张俊香.黄山风景区崩塌灾害危险性评估及防治对策［J］.地理研究，2013，32（10）：1814-1823.

[⑧] 黄锐，谢朝武.中国出境旅游安全事故时空分布格局及形成机制［J］.人文地理，2019，34（06）：120-128.

[⑨] 王克岭.旅游企业安全风险管理研究［J］.思想战线，2011，37（05）：112-116.

[⑩] 谢朝武.我国高风险旅游项目的安全管理体系研究［J］.人文地理，2011，26（02）：133-138.

等，2014①；章坤、谢朝武，2020②）、旅游安全评价（徐进，2007；朱向彩等，2008；邹永广，2020③）等问题进行了持续的探索。

在宏观领域，旅游危机研究是成果较为丰富的研究方向。由突发事件导致的旅游危机研究一直受到学界的重视。1997年的亚洲金融危机催生了我国最早的旅游危机研究，以段合明（1998）、梁琦（1998）为代表的学者对亚洲金融危机给旅游业造成的影响进行了关注。2003年发生的"非典"疫情对我国旅游业产生了空前的影响，由此也引发旅游危机研究的热潮，主要的研究方向体现在四个层面。第一，对危机事件进行的追踪性探索。研究以宏观的旅游业为背景，主要涉及后危机管理（张骁鸣，2003；申军波等，2020④）、危机管理机制与管理体系（侯国林，2005；徐婧璇等，2012⑤）、危机影响（曾本祥，2005；王少华等，2020⑥）、危机周期和演化（罗冰清，2006；李勇等，2019⑦）等方向。第二，以旅游企业为载体的危机研究，这类研究数量众多，相关的学者一般致力于探讨一般性旅游企业的共性危机问题，主要涉及危机后的企业管理（阮文奇等，2020⑧；丁宗胜，2004）、旅游企业的危机分类与管理（夏保国，2005；陈玲，2006；马海波，2007；姚延波等，2014⑨）、企业的危机营销（苗维亚，2007）等。第三，分类旅游企业的危机

---

① 邹永广，林炜铃，郑向敏."驴友"旅游安全事故成因机理研究——基于扎根理论范式的质性分析［J］.旅游科学，2014，28（03）：76-86.

② 章坤，谢朝武.我国涉水旅游安全事故的时空分布及成因研究［J］.中国安全生产科学技术，2020，16（08）：167-172.

③ 邹永广.旅游安全评价：研究现状与述评［J］.旅游学刊，2020，35（07）：133-146.

④ 申军波，徐彤，陆明明，翟燕霞.疫情冲击下旅游业应对策略与后疫情时期发展趋势［J］.宏观经济管理，2020（08）：55-60.

⑤ 徐婧璇，符国基，刘木莲，王玉君.基于混沌理论的海南旅游业危机预警机制构建［J］.资源开发与市场，2012，28（01）：80-82.

⑥ 王少华，王璐，王梦茵，王伟.新冠肺炎疫情对河南省旅游业的冲击表征及影响机理研究［J］.地域研究与开发，2020，39（02）：1-7.

⑦ 李勇，蒋冠文，毛太田，蒋知义.基于情感挖掘和话题分析的旅游舆情危机演化特征——以"丽江女游客被打"事件为例［J］.旅游学刊，2019，34（09）：101-113.

⑧ 阮文奇，张舒宁，李勇泉.自然灾害事件下景区风险管理：危机信息流扩散与旅游流响应［J］.南开管理评论，2020，23（02）：63-74.

⑨ 姚延波，张丹，何蕾.旅游企业诚信概念及其结构维度——基于扎根理论的探索性研究［J］.南开管理评论，2014（01）：113-122.

研究。许多学者看到了不同企业危机的特殊性,比如高璐(2007)、李宜聪等(2016)[①]、阮文奇等(2018)[②]等对景区危机的探索,张文静、张宏梅(2013)[③]对旅行社诚信危机的研究、陈丽敏(2006)对会展危机的阐述、杨丽娟(2012)[④]对酒店企业危机管理的分析等,都更具有针对意义。第四,旅游危机的定量评估与预测研究。孙根年等学者(2006;2008)以本底趋势法作为工具,对旅游危机的影响预测进行了一系列的验证性探索;朱明芳(2007)运用 TRAMO/SEATS 方法来定量评估危机对旅游业的影响;陈岩英等(2020)[⑤]采用 VAR 模型建构了旅游危机情境下线上媒体声量信号对潜在旅游者安全沟通行为的影响模型。此外,邹统钎(2005)在《旅游危机管理》一书中对中外处理突发事件的策略措施进行了比较分析,范春梅等(2020)[⑥]提出了基于多智能建模的旅游危机管理策略。

在旅游安全研究、旅游危机研究和旅游灾难研究等相关研究的基础上,在国内旅游应急实践需求的推动下,我国的旅游应急研究正逐渐分离成一个重要方向。学界对旅游应急救援(林香民等,2005;任学慧等,2005;谢贤平等,2007)、旅游应急机制构建(刘春玲等,2005;谢朝武、郑向敏,2006)等进行了初步的探索。2008 年,谢朝武在《业外突发事件与旅游业的应急管理研究》一文中明确使用了旅游应急管理的概念,并对旅游业外突发事件的运行特征、影响结构和我国旅游应急工作的任务、系统与措施等进行了详细的阐述。

总体上,我国的旅游应急管理研究主要表现在突发性危机事件及其应急

---

① 李宜聪,张捷,刘泽华,张宏磊,苏醒,陈星.自然灾害型危机事件后国内旅游客源市场恢复研究——以九寨沟景区为例[J].旅游学刊,2016,31(06):104-112.

② 阮文奇,李勇泉.自然灾害型危机事件对客源地旅游需求的影响及空间差异——九寨沟地震后的时空异质性分析[J].经济地理,2018,38(08):214-223.

③ 张文静,张宏梅.旅游市场不诚信行为研究:以安徽省旅行社为例[J].旅游学刊,2013,28(05):99-108.

④ 杨丽娟.酒店企业危机管理的应急处理研究[J].经济问题探索,2012(06):116-119.

⑤ 陈岩英,谢朝武,张凌云,黄倩.旅游危机中线上媒体声量信号对潜在旅游者安全沟通行为的影响机制[J].南开管理评论,2020,23(01):40-52.

⑥ 范春梅,武晓潇,袁韵.基于多智能体建模的旅游危机管理策略研究——以宰客事件后市场恢复为例[J].旅游学刊,2020,35(08):48-60.

的研究上，这些文献主要关注旅游危机影响、危机后的一般性整体管理、旅游企业的危机管理等问题。这些相关研究显然是一种"后突发性事件管理"。学界对于旅游应急管理的内在机制与完整框架、对于分类旅游突发事件的具体研究等都不多见，对于旅游应急管理的理论体系也缺乏应有的思考。因此，我国的旅游应急管理研究在总体上还处于起步阶段。

## 二、国内旅游应急管理研究的进展

自改革开放以来，重大旅游突发事件的频繁发生给我国旅游业界和学界都敲响了警钟。特别是自"非典"事件以来，国内的旅游应急管理研究迅速起步，并积累了一定数量的文献成果。为厘清国内已有文献的研究脉络、归纳其理论结构，推动国内旅游应急管理的后续研究进展，本书对2002~2020年我国旅游应急研究的相关文献进行了系统梳理。本书以"旅游+应急（管理）""旅游（业）+突发事件""旅游+危机管理""旅游+预防/预备""旅游+监测/预警""旅游+救援""旅游+恢复/重建"（核心期刊、CSSCI、CSCD）等作为篇名或关键词的检索词，对CNKI《中国期刊全文数据库》中2002~2020年近二十年的文献进行检索、浏览和遴选，共获得相关文献761余篇。我国旅游应急管理研究文献的年度走势如图2-2所示。

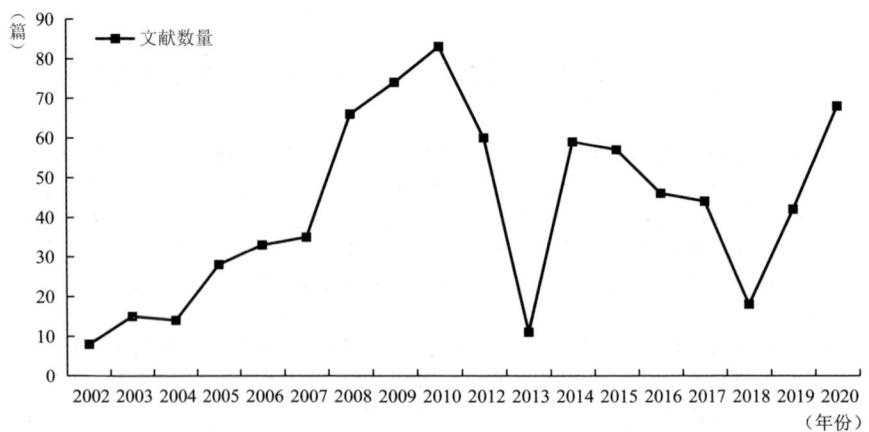

图2-2 国内2002~2020年旅游应急相关文献数量年度分布

如前所述，我国的旅游应急管理研究在总体上还处于起步阶段。但综观2002~2020年近二十年的相关文献发现，我国旅游应急研究呈现出明显的阶段性特征。根据研究成果的数量及研究深度，近二十年的旅游应急管理研究大致可分为三个阶段。

第一阶段：旅游应急管理研究的导入探索期（2002~2007年）。在2003年以前，国内的旅游应急研究主要表现于旅游危机管理、旅游灾难管理等相关研究领域。2003年"非典"事件发生后，国内的旅游应急研究伴随着我国的应急管理实践而起步。学界既在旅游危机管理（邹统钎，2005[①]；谷慧敏，2007）、旅游灾难管理（秦志英，2004）等相关领域进行深入探索，也在旅游应急领域开始了明确的研究。其中，林香民（2005）、刘春玲等（2005）、谢朝武、郑向敏等研究人员对旅游应急救援、旅游应急机制构建等进行了探索分析。此外，2007年颁布的《突发事件应对法》为应急管理实践提供了工作方向，这也为我国的旅游应急研究提供了实践领域和方向，这无疑有助于推动我国旅游应急研究工作的开展。

第二阶段：旅游应急管理研究的快速发展期（2008~2010年）。2008年，我国发生了举世震惊的汶川大地震。我国采用了举国救灾的模式进行应急处置和恢复重建，这一事件既检验了我国自2003年以来建立起的应急管理体系，也推动了我国应急管理研究的开展。2010年，我国发生了玉树地震。旅游领域的众多学者围绕汶川大地震和玉树地震进行了一系列研究，涌现出丰富的理论成果。这既有对地震事件的旅游影响（张广瑞，2008；魏小安，2008）所进行的分析，也有对旅游应急救援（翟相坤，2008；谢朝武，2010）和地震后旅游者旅游动机（甘露等，2010）所进行的深入探讨。相比之下，对地震旅游资源开发（阚兴龙等，2008；刘世民，2009；花海燕等，2010）和地震后旅游恢复重建（李双城等，2009；刘传辉等，2009；朱磊等，2009；蔡军等，2010）所进行的相关研究是最深入和最丰富的。

第三阶段：旅游应急管理研究的综合推进期（2011年至今）。在前一阶

---

[①] 邹统钎.旅游危机管理［M］.北京：北京大学出版社，2005：1-345.

段研究热潮的推动下，我国的旅游应急研究逐步朝综合化、体系化角度迈进。由于学界对旅游应急工作的持续探索，围绕旅游应急预防与准备（罗建国，2011）、旅游应急监测与预警（刘军林，2011）、旅游应急处置与救援（李东和，2011）和旅游应急恢复与重建（郑柳青等，2012）等专题出现了丰富的文献成果。2011年，梁明珠编写了《旅游应急管理》教材，该书对旅游企业的应急预案进行了介绍[1]。除了2011年及以前的文献成果，在2012年，国家旅游局局长邵琪伟出版了《中国旅游业应对重大自然灾害机制研究》一书，该书对汶川大地震中我国旅游业的应急救援工作和恢复重建工作进行了系统的总结和梳理，并提出了基于"汶川模式"的应急救援经验和恢复重建经验（邵琪伟，2012）[2]。此外，2014年上海外滩踩踏事件（朱文忠等，2016）[3]、2016年丽江游客被打事件（李勇等，2019）、2017年九寨沟地震（阮文奇、李勇泉，2018）、2018泰国普吉岛沉船（陈金华、胡亚美，2020）[4]和2020年全球新冠肺炎疫情（覃建雄，2020）[5]等都阶段性地引发了国内旅游应急管理研究的热潮，正在涌现越来越丰富的理论文献成果。旅游应急研究既是我国应急管理研究中不可或缺的行业领域，也是我国旅游安全研究中越发重要的研究方向。

## 三、国内旅游应急管理研究的主要结构方向

国内的旅游应急管理研究明显地受到旅游突发事件的推动，并和我国旅游应急管理的实践工作息息相关。2002~2020年，我国的旅游应急管理文献主要集中在旅游应急管理的客体研究、主体研究、内容机制研究和支撑要素研究四大结构方向。

---

[1] 梁明珠.旅游应急管理[M].广州：暨南大学出版社，2011.1-321.
[2] 邵琪伟.中国旅游业应对重大自然灾害机制研究[M].北京：中国旅游出版社，2012.
[3] 朱文忠，蒋华龙，周述文.基于物联网的旅游人群密集区踩踏风险图像监控方法研究[J].微电子学与计算机，2016，33（02）：120-124.
[4] 陈金华，胡亚美.跨境网络舆情演化下目的地关注度时空特征——以普吉岛沉船事件为例[J].华侨大学学报（哲学社会科学版），2020（03）：68-79.
[5] 覃建雄.新冠疫情对全球旅游格局的影响及其对策研究[J].中国软科学，2020（S1）：72-82.

### (一)旅游应急管理的客体研究

旅游突发事件是旅游应急管理的客体即旅游应急管理的具体对象。对旅游突发事件的分类、特征、形成与演进机理及影响的研究是进行旅游应急管理研究的基础和支撑。

**1. 旅游突发事件的分类**

学界和业界一般沿用《突发事件应对法》等法规预案的分类方式,将旅游突发事件分为自然灾害、事故灾难、公共卫生事件和社会安全事件四大类别(李磊、高毅,2010;叶欣梁等,2010)。部分学者在此基础上又对这四大类别进行了细分或者再细分(何德伟等,2008;刘志霞、赵永国,2010;尹郑刚,2010;李磊等,2011)。此外,有学者认为,旅游突发事件除了以上四类外,还应包括旅游重大活动危机事件(杨月华、杜军平,2008)[①]。

学界因所研究内容的差异、为了表达应急管理的不同层次和方向,也尝试对旅游突发事件选取不同的类型划分标准。根据突发事件的可预测性和可控性两个抽象性质,突发事件可分为突发式可控型、突发式不可控型、渐进式可控型和渐进式不可控型四种类型(王朋义、杜军平,2008)[②];根据突发事件的特点和影响规律的差异性,旅游突发事件可分为一般突发事件和非常规突发事件(姜科等,2009);根据旅游安全突发事件的致死致伤程度和致死致伤规模,可分为致死型事件、致伤型事件和合并致死致伤型事件(谢朝武、周沛,2011);根据酒店突发事件的风险来源,可分为因人员风险因素、设施设备风险因素、内部环境风险因素、外部环境风险因素和管理风险因素引发的酒店突发事件(谢朝武、张江驰,2020)[③]。此外,刘新生、厉锟苏(2011)对旅游突发事件的文本分类系统进行了专门研究,采用带动量调整的BP神经网络构建分类器提取突发事件的属性特征,将旅游突发事件分

---

[①] 杨月华,杜军平.基于神经网络的旅游突发事件预警研究[J].北京工商大学学报(自然科学版),2008,26(2):63-80.

[②] 王朋义,杜军平.基于人工免疫算法的旅游突发事件预警研究[J].北京工商大学学报(自然科学版),2008,26(3):76-80.

[③] 谢朝武,张江驰.酒店工作风险的熵增效应与员工安全行为的负熵作用:幸福感导向的实证研究[J].旅游科学,2020,34(06):32-52.

成交通事件类、野外探险类、户外游玩类、景区游玩类、景区活动类、景区刑事或纠纷类六类。

旅游危机事件是旅游突发事件的发展形态，是严重程度较高的突发事件类型。由于在内涵上具有交叉性，因此，有部分学者将旅游危机事件和旅游突发事件混同使用。学界对旅游危机事件也进行了差异化的分类阐述。按照来源，突发性危机可以分为旅游业业外因素导致的业外危机和旅游业本身因素导致的业内危机（李树民、温秀，2004）[1]。其中，业外突发性危机事件又可按照事件的具体性质分为政治性危机、经济性危机、社会文化危机和安全性危机4个大类和大类下细分的11个亚类（谢朝武，2008）[2]。按照危机事件的动因，可以分为自然危机和人为危机（李九全等，2003[3]；陈文君，2005[4]）。按照影响的空间范围，可以分为国际危机（包括全面性国际危机和局部性国际危机）和国内危机（包括全面性国内危机和局部性国内危机）（李九全等，2003；叶江，2021[5]）。少数学者专门研究了旅游景区（陈文君，2005；马永勇等，2008[6]）、旅游企业（吴昌南，2004）、旅行社（何小怡，2007[7]；马堃，2018[8]）的危机分类。不同的旅游方式亦存在不同的潜在危机，黄蔚艳（2010）从旅游者的角度归纳分析了7类海洋旅游危机事件的表现形态。

**2. 旅游突发事件的特征**

突发事件一般具有突发性、紧迫性、不确定性、严重的公共危害性、扩

---

[1] 李树民，温秀.论我国旅游业突发性危机预警机制建构［J］.西北大学学报（哲学社会科学版），2004，34（5）：45-48.

[2] 谢朝武.业外突发事件与旅游业的应急管理研究［J］.华侨大学学报，2008，26（4）：28-36.

[3] 李九全，李开宇，张艳芳.旅游危机事件与旅游业危机管理［J］.人文地理，2003，18（6）：35-39.

[4] 陈文君.我国旅游景区的主要危机及危机管理初探［J］.旅游学刊，2005，20（6）：65-70.

[5] 叶江.新冠肺炎疫情对现代世界体系的影响——兼谈中国在全球治理体系重塑中的新作用［J］.国际展望，2021，13（01）：48-66+154-155.

[6] 马永勇，方百寿，蔡礼彬.山岳型景区旅游危机及管理分析——以山东泰山景区为例［J］.资源开发与市场，2008，24（008）：738-740，743.

[7] 何小怡.浅析旅行社的危机管理［J］.贵州民族学院学报（哲学社会科学版），2007（05）：39-41.

[8] 马堃.山西省中小旅行社危机管理研究［J］.中国管理信息化，2018，21（10）：86-87.

散性与连带性等特点（王宏伟，2010）①。由于旅游业本身的特点，旅游突发事件除了具有突发事件的一般特征外，也有其自身的独特性。旅游突发事件具有危与机并存的双重性（朱伟霞、韩静雯，2011）。从发生成因、发生类型、发生频率、发生结果四个方面看，旅游安全突发事件的发生特征表现为内生性与外生性结合、集中性与分散性结合、习惯性与偶发性相结合、致死性与致伤性相结合（谢朝武，2011）。从单类型旅游突发事件来看，新的时代背景下，自然灾害表现出许多新的特征，如影响范围更广、灾害的链接性和叠加性突出等（邵冬梅、苗维亚，2006；阮文奇、李勇泉，2018）；作为公共卫生事件的旅游地传染性疾病在涉事人群特征、传播速度、传播距离等方面都有一定的特殊性，如人群流动性大、传播速度快、传播距离远、传播范围广等（温本祥，2006；王晶等，2011；张可云等，2020②）。

### 3. 旅游突发事件的形成及演进机理

明确旅游突发事件的形成和演进机理是预防旅游突发事件爆发和应对旅游突发事件的重要认知基础。致灾因子是突发事件产生的源头，是导致突发事件爆发的必要条件。旅游产业自身存在的特殊风险结构、管理体系缺陷等因素和复杂的外界不确定因素（王兆峰、朱彦锋，2009；苏欣慰，2009；何德伟等，2008；黄倩等，2020③；程云、殷杰，2020④）等共同构成了旅游产业风险的诱因。这些致灾因子若未得到遏制而长期作用于敏感的旅游市场，将引发供求双方的矛盾冲突，并演化成旅游产业风险（王兆峰、朱彦锋，2009）⑤；若风险未得到控制或未被及时地化解，风险存量将形成潜在的突发事件。此时，一旦有不利因素发生则会激活潜在突发事件，当突发事件真正爆发后会迅速扩大与蔓延，其演化速度可能非常之快（朱伟霞、韩静雯，2011）。

---

① 王宏伟.应急管理理论与实践［M］.北京：社会科学文献出版社，2010：27-30.
② 张可云，张颖，王洋志，冯晟.空间经济学视角下新冠肺炎疫情的时空扩散规律研究［J］.经济纵横，2020（11）：84-95.
③ 黄倩，谢朝武，黄锐.我国省域旅游地脆弱性对旅游突发事件严重性的门槛效应［J］.经济管理，2020，42（07）：158-175.
④ 程云，殷杰.中国旅游安全事件分布与引致因素［J］.经济地理，2020，40（11）：215-224.
⑤ 王兆峰，朱彦锋.旅游产业风险防范与化解对策研究［J］.吉首大学学报（自然科学版），2009，30（5）：116-120.

**4. 旅游突发事件的影响**

准确把握与衡量旅游突发事件的综合影响，是提升应急管理决策科学性和有效性的前提。学界主要从旅游突发事件的物理影响和社会影响两个方面进行阐释。物理影响包括旅游突发事件造成的旅游者、旅游地居民、旅游从业人员的伤亡（张金玲、汪洪亮，2009，2010；谢朝武、张俊，2015[①]）和旅游资源、旅游基础设施、旅游地民房、辅助设施等的毁损（杨国才，2011；刘天曌等，2011；黄玉理，2011；叶晨曦、许韶立，2011；刘世明等，2010；蔡淑华、唐静，2010；蔡军等，2010；任文举，2010；何德伟等，2008；叶欣梁等，2014[②]；孙滢悦、陈鹏，2020[③]）。社会影响包括宏观影响、中观影响和微观影响（谢朝武，2008）三个方面。宏观影响主要表现为旅游业基础发展环境的改变，包括对总体经济环境、旅游产品价格的国际比较优势、旅游消费市场规模等的影响（刘春玲等，2005；谢朝武，2008；陈勇，2020[④]；吴巧红、苏晓波，2020[⑤]）；中观影响主要表现为旅游产业发展格局的改变，包括对旅游行业结构、旅游产业经济、旅游地综合环境等的影响（陈杰，2010；谢朝武、郑向敏，2007；谢朝武，2008；朱伟霞、韩静雯，2011；陈岩英、谢朝武，2021；马波、王嘉青，2021[⑥]）；微观影响主要表现为旅游企业、旅游者等个体的改变，包括对旅游企业经营状况、旅游者心理及由心理引起的旅游需求、旅游从业者工作的稳定性等的影响（张广瑞，2003；彭永生，2008；王晶晶等，2010；李琼，2011；黄玉理，2011；李琼，2011；陈岩英等，2020；阮文奇等，2020）。

---

[①] 谢朝武，张俊.我国旅游突发事件伤亡规模空间特征及其影响因素［J］.旅游学刊，2015，30（01）：83-91.

[②] 叶欣梁，温家洪，邓贵平.基于多情景的景区自然灾害风险评价方法研究——以九寨沟树正寨为例［J］.旅游学刊，2014，29（07）：47-57.

[③] 孙滢悦，陈鹏.地震灾害对旅游业影响评价研究——以四川省为例［J］.震灾防御技术，2020，15（02）：402-410.

[④] 陈勇."大事件"、需求波动与旅游业经济周期：新冠疫情的影响及其他［J］.旅游学刊，2020，35（08）：11-13.

[⑤] 吴巧红，苏晓波.中国旅游发展笔谈——新冠肺炎疫情与全球旅游停滞［J］.旅游学刊，2020（8）.

[⑥] 马波，王嘉青.常态化疫情防控下的旅游产业新走向［J］.旅游学刊，2021，36（02）：1-3.

部分学者从旅游突发事件的直接影响和间接影响（刘春玲，2005；谢朝武，2008）、正面影响和负面影响（李景宜，2003）、机遇和挑战（吴小玲，2009；陈岩英、谢朝武，2021①）等对立面展开论述。还有一些学者按照面向主体，将旅游突发事件的影响分为对旅游者的影响、旅游目的地的影响、旅游企业/旅游媒介的影响三部分（朱伟霞、韩静雯，2011；叶晨曦、许韶立，2011）。这些研究虽然从不同的角度切入，但本质上都可概括为物理影响和社会影响两类。

### （二）旅游应急管理的主体研究

旅游应急管理的主体主要是指应对处置旅游突发事件的机构及相关成员（陈安，陈宁等，2009）②，这主要包括政府（旅游行政主管部门）、旅游行业协会、旅游企业、旅游从业人员、社会公众（包括旅游者及其家庭）等相关主体。

在突发事件管理中，地方政府是旅游突发事件的行政领导机构。旅游主管部门主要是应急管理的协调者（谢朝武，2008）；行业协会是政府和会员之间的纽带和桥梁，在反馈旅游企业和从业人员愿望、建议及组织行业自救中起着不可缺少的作用（刘春玲等，2005③；吴真松等，2014④）；酒店、景区和旅行社等旅游企业是旅游生产的主体力量，也是突发事件发生时实施现场应急的重要主体。旅游企业在旅游应急体系中发挥着越来越关键的作用。有学者认为，旅游企业应将应急管理工作放在维系旅游企业生死存亡的战略高度（付钢业，2011）⑤；旅游从业人员可能是旅游突发事件中受影响最大的群体

---

① 陈岩英，谢朝武.常态化疫情防控下的旅游发展：转型机遇与战略优化［J］.旅游学刊，2021，36（02）：5-6.

② 陈安、陈宁、倪慧荟.现代应急管理理论与方法［M］.北京：科学出版社，2009：238.

③ 刘春玲、孙庆军、吴丽云等.突发性危机事件对旅游业发展的影响及旅游业应急机制研究［J］.石家庄学院学报，2005，7（3）：60-64.

④ 吴真松，谢朝武，郭志平.《旅游法》与我国旅游行政治理体系的变革研究［J］.旅游学刊，2014，29（10）：97-107.

⑤ 付钢业.新形势下饭店业突发事件应急管理的难点分析与改善建议［J］.饭店现代化，2011（7）：30-32.

（张博，2010）①，他们也是旅游企业自救和行业振兴（刘春玲，2005；邹永广、朱尧，2018②）的关键力量；旅游者是旅游应急管理的重要参与者甚至指挥者，是个体、群体自救行动的主体，旅游者在旅游应急中具有不可替代的积极作用（梁明珠，2011）。此外，亦有学者从行为学视角出发，探求旅游者赴地震后灾区旅游的动机因素（甘露，2010；王金伟、张赛茵，2016③；王金伟等，2019④）。

从文献来看，学界围绕旅游应急管理的几个相关主体展开了并不丰富的研究。这些研究主要是界定了不同应急主体的权责（张博，2010），并从各主体层面提出了旅游应急管理的原则、对策和任务分工（刘春玲，2005；谢朝武，2008；邹永广、朱尧，2018）。

### （三）旅游应急管理的内容机制研究

旅游应急管理的具体任务和内容机制是应急实践中的核心焦点，也是学界关注的重要方向。相关的研究成果与旅游突发事件形成和演进过程中的应急管理存在紧密的对应性。对于旅游应急机制的具体构成，学界的观点存在较大差异。梁明珠（2011）认为旅游应急机制应包括预防预警机制、处置救援机制和善后恢复机制；孟维娜（2006）从预警系统、信息系统、紧急处置机制和善后协调机制四个方面探讨了旅游突发事件的应对机制。陈天啸（2009）指出，直面导游群体事件需着力构建预警防范机制、缓冲软化机制、应急处置机制、综合整治机制⑤。邹永广、何月美（2019）基于旅游突发事件的生命周期、演化特征和应急部门角色，提出了涵盖应急处置、应急协作、应急求助、应急控制、善后处置和舆情监控在内的旅游突发事件公共治理路

---

① 张博.论城市旅游业突发性危机事件应对机制建设［J］.经济研究导刊，2010（12）：144-145.
② 邹永广，朱尧.突发旅游公共卫生事故合作治理的网络特征研究——以10·8海螺沟食物中毒为例［J］.华侨大学学报（哲学社会科学版），2018（04）：26-38.
③ 王金伟，张赛茵.灾害纪念地的黑色旅游者：动机、类型化及其差异——以北川地震遗址区为例［J］.地理研究，2016，35（08）：1576-1588.
④ 王金伟，杨佳旭，郑春晖，王琛琛.黑色旅游地游客动机对目的地形象的影响研究——以北川地震遗址区为例［J］.旅游学刊，2019，34（09）：114-126.
⑤ 陈天啸.直面导游群体事件需要构建四个机制［J］.湖南商学院学报（双月刊），2009，16（5）：75-79.

径[①]。我国的《突发事件应对法》出台后，学界开始将预防与准备、监测与预警、处置与救援、恢复与重建四个核心机制作为旅游应急管理的主体机制和内容。这既是旅游应急管理实践的核心机制内容，也是旅游应急管理研究的核心理论内容。

作为旅游应急管理实践的基础环节，旅游应急预防与准备的研究却未受到学界的重视，相关研究的文献较少，主要涉及应急教育、应急规划、损失预防、灾害治理与生态保护、预案建设与演练等方面。应急教育又包括对旅游者的教育、对目的地旅游从业人员的教育、对旅游目的地居民的教育（刘霞，2011[②]；宁良文等，2020[③]）；应急规划主要针对景区而言，包括对危险区按风险等级进行分区（尹郑刚，2010）[④]、标识和警示牌等安全设施规划（刘霞，2011）、自然灾害评估和应对规划（窦梓雯，2020）[⑤]和景观生态保护规划（游巍斌等，2014）[⑥]等内容；我国旅游业应对突发事件的损失预防措施包括各级政府和主管部门等主体改善旅游业的软硬件设施、设立风险预防基金等（孟维娜，2006）[⑦]；黄蔚艳（2010）基于海洋旅游者视角探讨了海洋旅游危机事件的预防机制[⑧]；魏冉（2019）指出中国外交部和领事馆可以通过增设领事机构、运用法律手段、建立"线上线下""动静结合"的领事保护预防机制在维护中国公民出境旅游安全[⑨]；灾害治理与生态保护是营造安全旅游环

---

[①] 何月美，邹永广.旅游突发事件公共治理网络结构特征研究[J].旅游学刊，2019，34（04）：51-65.

[②] 刘霞.旅游目的地危机防范体系构建——基于混沌理论[J].阿坝师范高等专科学校学报，2011，28（2）：48-54.

[③] 宁良文，陈志强，牛金玉，刘泽，陈超亿，毕雪晶，郝艳华，吴群红，孙唯，宋铁，易建荣.我国公众参与应急教育情况及影响因素分析[J].中国公共卫生，2020，36（02）：178-182.

[④] 尹郑刚.地质灾害与旅游业可持续发展[J].攀枝花学院学报，2010，27（3）：14-18.

[⑤] 窦梓雯.关于制定旅游景区突发泥石流灾害应急对策的初步探讨[J].灾害学，2020，35（01）：198-202.

[⑥] 游巍斌，何东进，洪伟，巫丽芸，纪志荣，游惠明，谭勇，郑晓燕.基于景观安全格局的武夷山风景名胜区旅游干扰敏感区判识与保护[J].山地学报，2014，32（02）：195-204.

[⑦] 孟维娜.突发事件下旅游业的应对机制探讨[J].华东经济管理，2006，20（2）：47-49.

[⑧] 黄蔚艳.海洋旅游危机事件的预防机制研究——基于海洋旅游者视角[J].山东大学学报（哲学社会科学版），2010（4）：1-9.

[⑨] 魏冉."一带一路"背景下中国公民在东盟十国的安全风险和保护研究[J].东南亚研究，2019（06）：106-129+157.

境的重要工作，这一方面要求对严重威胁到景观、旅游设施和旅游者安全的灾害点尽快开展灾害防治；另一方面也要求治理工作与景观资源、生态环境相协调，认真做好水土保持和生态保护工作（何德伟，2008①；杨良健、曹开军，2020②）。应急预案的完善和预案的协同演练能够有效提高抗御各类恶性旅游灾害事故的能力，其基本内容应包括旅游突发事件应对的组织、职责、任务分配、工作机制和资源调派等各个方面（翟向坤，2008③；杨洋、尚海涛，2020④）。

学界对旅游突发事件的监测预警的研究较多，除专门的研究文献外，亦有部分研究成果散落于旅游安全预警的研究中。相关文献主要集中于研究监测预警系统，以及相关技术与方法在监测预警系统中的应用。一般认为，预警系统的构建包括信息管理子系统、风险评估子系统、预测预警子系统、预警决策子系统（刘明广，2010）⑤。这实质上将监测看作预警的前置部分，将监测子系统与预警子系统统一为预警系统。部分学者从宏观的政府主管部门、行业管理者层面和微观的旅游企业层面探讨了旅游预警系统的构建（李树民、温秀，2004；邹淑珍、汪晓芳，2006；刘明广，2010；叶晨曦、许韶立，2011；王玉玲等，2015⑥；马巨海等，2014⑦）。部分学者专门探讨了滨海城市旅游安全预警系统（任学慧，王月，2005）⑧、节事旅游安全预警系统（董斌彬，2010⑨；唐

---

① 何德伟，马东涛，黄海等.贡嘎山旅游景区泥石流灾害及减灾对策［J］.水土保持通报，2008，28（1）：140-144.

② 杨良健，曹开军.基于DPSIR模型的伊犁河谷旅游生态安全评价及动态预警分析［J］.生态经济，2020，36（11）：111-117.

③ 翟向坤.论中国旅游救援体系的构建［J］.北京工商大学学报（社会科学版），2008，23（5）：84-92.

④ 杨洋，尚海涛.乡村休闲度假旅游中突发山体滑坡灾害应急预案探讨［J］.灾害学，2020，35（03）：167-171.

⑤ 刘明广.旅游业突发性危机预警机制的构建［J］.中国城市经济，2010（9）：29.

⑥ 王玉玲，翁畅平，汪惠萍.智慧旅游视域的区域旅游预警系统研究以"外滩踩踏事件"为背景［J］.资源开发与市场，2015，31（07）：890-892.

⑦ 马巨海，关新平，唐英干，华长春.秦皇岛市旅游可持续发展预警系统研究［J］.中国人口·资源与环境，2014，24（S3）：254-257.

⑧ 任学慧，王月.海城市旅游安全预警与事故应急救援系统设计［J］.地理科学进展，2005，24（4）：123-128.

⑨ 董斌彬.旅游节庆活动的危机预警问题探析［J］.佳木斯教育学院学报，2010（1）：12-13.

善茂，2011[①]；潘瑞成，李斌，2019[②]）、山地旅游安全预警系统（岑乔，魏兰，2010[③]；王金莲等，2014[④]）的构建。毋庸置疑，技术和方法的应用在监测预警系统中极其重要，相关的研究文献也不在少数。其中包括极值学习机（马巨海等，2014）、遥感和WebGIS技术（李飞等，2007[⑤]；王忠等，2010[⑥]；闫云平等，2012[⑦]）、多Agent技术（陈艳华，席元凯，2010[⑧]、智能专家系统（李敏，2006）[⑨]、智能决策支持系统（焦东亮，杜军平，2008）[⑩]、BP神经网络技术（郭庆春等，2011[⑪]；王慧等，2018[⑫]）、关联规则挖掘及Apriori算法（唐亮、杜军平，2008）[⑬]、人工免疫算法（王朋义、杜军平，2008）等技术与方法在预警系统中的应用。

旅游突发事件的应急处置与救援是旅游应急管理的核心任务之一，这在业界和学界都广受关注。相关的研究主要是基于旅游安全救援的视角展开的。

---

[①] 唐善茂，王志云.重大体育赛事旅游安全问题探讨［J］.2011（1）：264-265.
[②] 潘瑞成，李斌.大型体育赛事的治安防控威胁与情报机制研究［J］.情报杂志，2019，38（09）：62-68+89.
[③] 岑乔，魏兰.山地旅游安全预警与应急救援体系的构建——以四川省山地旅游为例［J］.云南地理环境研究，2010，22（6）：80-84.
[④] 王金莲，胡善风，刘安平，张俊香.黄山风景区旅游气象灾害防御系统探析——以雷电监测预警系统为例［J］.地理科学，2014，34（01）：60-66.
[⑤] 李飞，刘松林，赵夫来.基于WebGIS的旅游景区监控预警系统研究［J］.北京测绘，2007（1）：26-28，59.
[⑥] 王忠，赵黎明，刘慧媛.基于GIS的旅游景区灾害管理系统研究［J］.干旱区资源与环境，2010，24（07）：196-200.
[⑦] 闫云平，余卓渊，富佳鑫，王文志.西藏景区旅游承载力评估与生态安全预警系统研究［J］.重庆大学学报，2012，35（S1）：92-98.
[⑧] 陈艳华，席元凯.基于多Agent的旅行社连锁经营的风险预警信息辅助决策系统研究［J］.江西科技师范学院学报，2010（5）：100-103.
[⑨] 李敏.智能专家系统在旅游预警信息系统中的应用研究［J］.计算机时代，2006（2）：19-21.
[⑩] 焦东亮，杜军平.旅游突发事件智能决策支持系统研究［J］.北京工商大学学报（自然科学版），2008，2（62）：55-58.
[⑪] 郭庆春，何振芳，寇立群等.旅游安全的人工神经网络预警系统［J］.价值工程，2011（18）：158.
[⑫] 王慧，陈秋华，修新田，郭进辉，黄颖瑜，李昊明.基于BP神经网络的森林旅游景区环境承载力预警系统构建研究——以太岳山国家森林公园石膏山景区为例［J］.林业经济，2018，40（03）：58-64.
[⑬] 唐亮，杜军平.关联规则挖掘在旅游突发事件预测中的研究［J］.北京工商大学学报（自然科学版），2008，26（1）：59-62.

当然，旅游安全救援与旅游应急救援并不存在本质的差异。学界围绕我国旅游安全救援的意义和必要性（张进福，2006）[①]、发展现状（翟向坤，2008）、发展历程（谢朝武，2011）[②]、存在的缺陷（孟维娜，2006；张捷雷，2017[③]）等一系列问题进行了分析，并重点探讨了旅游安全救援体系的实践架构（张进福，2006；翟向坤，2008；谢朝武，2011；谢朝武等，2019）。亦有不少学者专门研究了旅游景区、旅游目的地的旅游救援（邵冬梅，2006；李飞，2007；李东和，2011；陈恒兴，2013[④]）。个案研究同样是旅游突发事件应急处置与救援研究的重要方向。如基于汶川大地震，反思四川省旅游救援体系，提出灾后旅游救援体系建设的构想（翟向坤，2008；师耀武，2009）；基于香港旅游大巴被劫事件探讨客车应急救援方式（占斐，2010）；基于苏州太湖快艇事件建构苏州市旅游安全救援系统（牛玉、汪德根，2013）[⑤]。技术研究历来为研究的热点，学界从理论角度分析了移动技术、4S技术与TIS无缝集成、WebGIS技术、北斗导航技术、无线电传输（郭零兵，2005；任学慧，2005；杨俭波，2006；李飞，2006；徐知宇等，2017[⑥]；杨威，2019[⑦]）等引入旅游救援中的应用方向及其技术结构或应用路径。

旅游突发事件后的科学恢复与重建是受灾地旅游业可持续发展的前提，是旅游重振与提升的机遇和挑战。"非典"事件后，学界开始思考后危机时代旅游业的恢复重建。有学者提出要弥补"软肋"，实现我国旅游业发展水平的提升、新产品建设和结构升级、旅游企业素质与竞争力的提升、旅游业国际

---

[①] 张进福.建立旅游安全救援系统的构想[J].旅游学刊，2006，21（6）：39-43.
[②] 谢朝武.我国旅游救援体系发展及推进策略研究[J].西南民族大学学报（人文社会科学版），2011（11）：164-168.
[③] 张捷雷.城市旅游安全救援体系的构建研究[J].齐齐哈尔大学学报（哲学社会科学版），2017（10）：63-67.
[④] 陈恒兴.体育旅游救援保障体系建立的探析[J].思想战线，2013，39（S1）：132-133.
[⑤] 牛玉，汪德根.苏州市旅游安全救援系统构建研究——以苏州太湖快艇事件为视角[J].资源开发与市场，2013，29（05）：533-537+541.
[⑥] 徐知宇，和秀娟，陈林，林孝松.基于北斗导航技术的探险旅游救援系统设计[J].绿色科技，2017（14）：259-260+263.
[⑦] 杨威.一种基于无线通信传输的沙漠旅游救援装置及控制方法[J].中国新通信，2019，21（17）：78-79.

化水平的提高，要从短期、中期、长期、外部策略四方面谋划旅游经济重建对策（石培华等，2003）[①]。张广瑞（2003）提出"洁净旅游"的观念，认为应利用遭到重创之后的恢复振兴期，使中国旅游业跃上一个新台阶。汶川大地震和玉树地震后，旅游业恢复重建的研究广受重视。从地域上看，主要集中于研究北川、玉树等重灾区旅游业的恢复重建（唐静，2009；司马志、王大悟，2010；陈杰，2010；张剑勇，2010）；从内容上看，主要涉及灾后旅游资源（旅游文化资源、自然旅游资源、灾害旅游资源）的保护与开发（刘明等，2010；李晓琴，2010；毛丽娅，2011）、旅游市场的恢复重建（张广瑞，2003；李晓阳，2004；李悦，2010）、旅游地的恢复重建规划（吴其付、庞君，2011；蔡军、阮娟、陈其兵，2010）、灾后应急评估（唐勇、覃建雄、肖晓，2010）、恢复重建模式（贾斌韬，2010；郑柳青、邱云志，2011；李柏槐，2011）等相关方向的研究。2019年年底开始发端的新冠疫情对行业带来前所未有的改变，它加大了旅游企业的生存压力，但也为旅游产业的结构性调整带来新的机遇（陈岩英、谢朝武，2021[②]）。因此，旅游产业在新冠疫情防控常态化背景下如何抗逆复原和恢复平衡引起学者的广泛关注。

具体来看，旅游突发事件后恢复与重建的相关研究内容主要集中于政府部门、旅游者、旅游企业等相关利益主体的响应措施。政府部门在旅游恢复重建上的响应表现为增加财政预算、给予政策上的倾斜、优化旅游空间功能、组织恢复重建队伍、舆论导向、主打产品结构和景区门票价格调整等方面。例如，杨振之等（2013）基于四川汶川地震灾后恢复重建为例，探讨了政府部门可通过战略层面的旅游功能区规划和空间管理体系培育灾后旅游地的竞争优势[③]。旅游突发事件发生后，潜在旅游者对目的地自然灾害的风险预期强化、对目的地交通和通信设施的担忧深化、对目的地的物价及食宿状况

---

[①] 石培华，张吉林，彭德成等."SARS"后的旅游经济重建与风险管理[J].旅游学刊，2003，18（4）：8-11.

[②] 陈岩英，谢朝武.常态化疫情防控下的旅游发展：转型机遇与战略优化[J].旅游学刊（2）：5-6.

[③] 杨振之，马琳，胡海霞.论旅游功能区规划——以四川汶川地震灾后恢复重建为例[J].地域研究与开发，2013，32（06）：90-95.

更为敏感、对旅游活动的时间风险意识放大化。因此，应从潜在旅游者的动机和情绪切入，弱化地震再次发生的心理预期、加大灾后重建成果的传播力度、创新灾后旅游地形象营销口号、建立科学的事前应急预案（刘睿、李星明，2009）[①]，例如，李敏等（2012）基于游客旅游动机视角探讨了灾后旅游业的恢复重建，并指出核心吸引物与安全、高知名度旅游地、目的地意象、市场营销、和社会氛围营造是灾后旅游业恢复重建管理策略制定的重要方向[②]。研究发现，绝大多数的旅游企业在灾害发生前没有制订任何灾害应急管理计划。由于各自的经营管理特点，旅游饭店倾向于把开拓新市场（本地市场）作为应对灾难的措施，并对地震灾害包含的机遇更加乐观，而旅行社则较多地采用打折促销和开发新产品措施来应对灾难（刘睿、李星明，2009）。旅游景区在恢复重建时应强化对景点安全设施建设的重视及员工安全服务意识的灌输，应更加关注安全配套设施的完善和工作人员应急能力与方法的培训，应注重宣传景区的安全形象，弱化潜在旅游者的安全顾虑，同时注重恢复和提升旅游者核心诉求所指向的景点观赏价值（李琼，2011[③]；杨植等，2018[④]）。

**（四）旅游应急管理的支撑要素研究**

旅游应急管理的支撑要素主要指旅游应急实践工作所需要的体制基础、法制基础、预案基础和技术方法基础等支撑要素。值得注意的是，在我国的旅游应急实践中，习惯于用旅游应急预案和旅游应急体制、机制、法制（"一案三制"）等来概括旅游应急工作的实践体系。其中，旅游应急体制主要是指开展旅游应急工作的组织形式和责任分工，旅游应急机制主要是指开展旅游应急工作的具体方式，旅游应急法治主要指开展旅游应急工作的法律与制度依据，旅游应急预案则是对旅游应急体制、机制和法制的综合体现与应用。

---

[①] 刘睿，李星明.四川旅游震后响应的实证研究[J].旅游学刊，2009，24（11）：25-29.

[②] 李敏，张捷，罗浩，董雪旺，上官筱燕，蔡永寿.基于旅游动机的旅游业灾后恢复重建研究——以"5·12"汶川地震后的九寨沟为例[J].旅游学刊，2012，27（01）：39-48.

[③] 李琼.灾后游客让渡价值对旅游景点认知度的影响研究——以汶川地震后都江堰景区为例[J].西南民族大学学报（人文社会科学版），2011（8）：141-145.

[④] 杨植，熊峰，余明玖，葛琪.九寨沟地震灾区调研及重建模式的思考[J].土木工程学报，2018，51（S2）：41-47.

因此，旅游应急预案、体制、机制和法制等要素是旅游应急工作的支撑要素。

旅游应急预案能为现场应急方案的最终制定提供科学依据，能有效地降低事故所造成的损失（任学慧、王月，2005）。但由于预案较强的实践性和政治性，因此，一般由政府部门牵头编制。近年来，旅游企业层面的应急预案开始受到重视。但是，学界鲜有涉及旅游应急预案研究的专门文献。林香民等（2005）结合旅游业的特点，从适用范围、组织领导、紧急处置原则和要求、总指挥部下设机构四个方面探讨了应急救援预案的制定[①]。梁明珠（2011）提出了旅游应急预案的总体框架，并阐述了政府、旅游行业协会、旅游企业旅游应急预案的编制。杨洋和尚海涛（2020）从应急准备、应急组织指挥体系与职责、预防与预警以及应急后期处理等多个方面出发制定了乡村休闲度假旅游中突发山体滑坡灾害应急预案。

旅游应急管理体制和机制是建立应急工作开展的组织载体、任务结构及其实施方式得总称，体制是指组织模式和主体相互权力关系的正式制度建构（高小平、刘一弘，2009）[②]，是机制得以实施的依托和载体，两者紧密相关。大部分研究习惯于从应急管理体系构建的角度来分析应急体制和机制的相关内容。谢朝武（2006）提出了由危机监测子系统、决策与执行子系统、多元监督子系统和应急保障子系统等组成的旅游业危机的应急管理体系。针对业外突发事件，旅游业应建立由应急处置系统、应急管理监督系统、应急保障系统和多元联动应急干预系统等组成的综合管理系统（谢朝武，2008）。有研究认为，"从结构上看，旅游应急体制应包括政府应急与社会应急机构、应急准备与监测预警系统、应急响应与处置救援系统、恢复重建与评估总结系统、资源支持与技术保障系统五大部分"（梁明珠，2011）。在互联网时代背景下，叶鹏等（2017）建构了涵盖大数据处理与突发事件应急全流程的大数据驱动的旅游应急管理体系，主要包含大数据处理分系统（信息采集子系统、信息分析子系统、结果发布子系统）、旅游突发事件分系统（预警子系统、控

---

[①] 林香民，李剑峰，胡金花.旅游安全事故应急救援预案研究[J].安全与环境工程，2005，12（2）：65-68.

[②] 高小平，刘一弘.我国应急管理研究述评（上）[J].中国行政管理，2009（8）：29-33.

制子系统、恢复子系统）、运行模式（信息推送、应对调整、恢复调整）等功能结构①。在已有的研究中，鲜有专门探索旅游应急管理体制机制的理论文献，大部分相关研究一般都单独探讨体制中的组织机构或子系统的构建，这其中又以研究应急救援的为多。如学者构建了由社会各部门、多路径主体共同参与的旅游救援系统（张进福，2006；翟向坤，2008；谢朝武，2010；邹永广、朱尧，2018；邹永广、何月美，2019）；有研究提出要创新灾后四川旅游应急救援的体制，整合社会上已有的救援、医疗、保险、军警等各类资源，形成一体化的救助服务体系（师耀武、柳伯力，2009）。谢朝武等（2019）提出应当面向出境游客建立涵盖政府组织、企业组织、民间组织和个体等多元主体，包含公共、商业和公益等资源类别的旅游安全保障和救援体系。

旅游应急法制是应急管理规范化、制度化、法制化运行的依据。应急管理法制的研究早于应急管理的预案、体制、机制建设（高小平，2009）。郭志平（2011）提出，安全权是公民旅游权利中的基本构成。谢朝武（2010；2011；2014）对旅游应急法制的相关内容进行了系列研究，并系统分析了《旅游法》实施后我国旅游行政治理体系的转型和变革。研究发现，我国已有的法律体系可以为体育类、特种设备类、交通类的高风险旅游项目提供法制规范依据。同时，《突发事件应对法》等一系列法律法规则为我国旅游预警等应急工作提供了法律基础。当然，通过《旅游法》等立法工作来对高风险旅游项目的安全监管进行明确规定，有助于推进旅游安全与应急的相关工作。此外，相关研究也探讨了民法典、消费者权益保护法、合同法、食品安全法和海商法等法律文件对旅游经营者和旅游者的规制和应急保障（黄丽红，2019②；韩勇，2020③；王延荣，2020④；陈琦，2020⑤）。总体来看，旅游应急领

---

① 叶鹏，丁鼎，张雪英.大数据驱动的旅游突发事件应急管理体系研究［J］.电子政务，2017（08）：84-91.
② 黄丽红.旅游消费者权益保护的法律问题研究［J］.社会科学家，2019（08）：113-118.
③ 韩勇.《民法典》中的体育自甘风险［J］.体育与科学，2020，41（04）：13-26.
④ 王延荣.旅游餐饮业食品安全法律研究——评《旅游政策与法规》［J］.食品工业，2020，41（07）：349.
⑤ 陈琦.邮轮旅游经营者法律定位分歧的破解——以《旅游法》《海商法》的制度冲突为视角［J］.法学，2020（06）：141-156.

域的法制研究是薄弱的。

## 四、国内旅游应急管理研究的总结与展望

在国内，旅游应急管理研究尚属于一个相对较新的处于起步阶段的研究领域。学界近年来对旅游应急领域的关注既拓展了旅游安全研究的传统范畴，也拓宽了应急管理工作的实践维度，丰富了应急管理的理论体系。从2002~2020年近二十年的文献来看，国内的旅游应急管理研究已经呈现多元化趋势，文献中既有定性研究，也有定量研究，同时不乏多学科的交叉融合研究。

但很显然，国内面向旅游应急管理的相关研究更多是从旅游应急实践的角度展开的管理探索。学界在旅游应急管理的理论探索方面仍然存在重大缺失，这包括：缺乏从理论角度构建旅游应急管理理论基础的研究，缺乏对旅游应急基础概念的遴选与辨识，缺乏对旅游突发事件形成机理与规律的系统研究，缺乏从多学科视角探索旅游应急理论与方法的专门研究。正因如此，国内的旅游应急研究并未有形成系统化的理论成果。

因此，未来的旅游应急管理研究应扎根于旅游应急的理论体系构建，既要注重探索旅游突发事件的形成及演进机理，注重分类探索旅游应急管理的预案、体制、机制与法制，更要注重全面探索旅游应急管理的技术与方法体系，从理论与实践两个层面为旅游应急提供解决方案。同时，旅游应急管理涉及管理学、行为学、心理学、灾害学、法律学、工程技术等多个学科领域，积极应用多学科的研究方法和视角，将有助于拓展旅游应急研究的基础理论体系，并促进旅游应急领域的知识融合与技术融合，从而推动旅游应急管理的理论创新和实践应用发展。

# 第三章　旅游应急管理的研究框架与概念体系

旅游应急管理是一个成长中的研究领域。自2003年"非典"事件后，我国的应急管理研究和旅游应急管理研究都得到了迅速的成长，由此逐步形成了旅游应急管理的丰富的实践应用方向。早期的旅游应急管理研究主要借鉴应急管理的理论和方法，缺少对自身独有问题的理论探索和发现。事实上，旅游领域的突发事件是以旅游者和旅游企业等作为具体分析对象的事件结构，旅游者的流动性、异地性等行为特点和空间特点等，使旅游突发事件的发生机理与一般性突发事件的发生机理存在较大程度的差异性。因此，旅游突发事件的应急机制、应急方法及其依赖的理论工具等，都需进行针对性的选择和发展。建立旅游应急管理的应用与理论体系，对于明确旅游应急工作的实践方向，建立旅游应急研究的理论基础等，都具有重要的意义和价值。

## 第一节　旅游应急管理的研究框架

旅游应急管理是一个具有时代性和应用性的研究领域，旅游应急工作的开展既需要鲜明的实践导向，也需要坚实的理论支持，需要在系统的方法论和应用方法的指导下进行开拓和创新。旅游应急管理具有自己特殊的应用方向和理论框架，它是一个需要逐步完善和充实的研究体系。

### 一、旅游应急管理的实践体系

旅游应急管理是一个以旅游业作为实践领域、以旅游突发事件作为治理对象的行业性应急管理工作。由于旅游业是一个规模大、影响大、运作机制复杂的综合性产业，因此其应急管理的实践工作不仅意义重大，而且内容复杂。受旅游业发展性的影响，旅游应急管理的实践工作也具有发展性。旅游应急管理的实践体系主要包括以下结构内容：

### （一）旅游应急管理的时代需求

旅游应急管理工作具有鲜明的时代性。旅游突发事件既具有内在的规律与特点，也会受到不同时期综合因素的影响，并因而具有不同的表现特征。同时，不同的时代具有不同水平的安全与应急需求，并面临着不同来源和水平的压力与挑战。因此，不同时期的旅游应急管理工作具有不同的现状结构、问题水平和需求水平，其现状结构和时代需求需要进行系统的梳理和分析。

### （二）旅游应急管理的任务机制

旅游应急管理的工作内容是指旅游应急工作的关键任务及其实施体系。一般而言，旅游应急工作主要包括预防与应急准备、应急监测与预警、应急处置与救援、事后恢复与重建等关键任务。不同旅游载体、不同旅游地域、不同旅游主体在实施应急管理的关键任务过程中，其具体的内容、方法、过程和机制等都具有差异性，因此需要有针对性地识别和研究。

### （三）旅游应急主体的工作内容

旅游应急管理工作是一个综合性的任务体系，它依赖于旅游主管部门、相关政府部门、旅游行业协会、旅游企业和旅游者等各种旅游主体的投入与参与。由于管理层级、资源条件和综合环境等因素的影响，不同旅游应急主体具有不同的应急责任、应急目标、应急方向和应急方法等，其工作内容体系是需要进行具体探索和构建的实践内容。

### （四）旅游应急管理的支撑要素

旅游应急管理工作的开展需要应急体制、应急法制、应急预案等上层建筑的支撑，也需要应急设备、应急人才、应急物资等基础应急资源的支撑。如何建设、储备、调配和使用旅游应急管理的支撑要素与资源，如何面向不同阶段、不同事件类型、不同旅游主体等构建旅游应急的支撑要素等，是开展旅游应急实践工作的重要基础，也是旅游应急实践研究的重要内容。

### （五）旅游分支行业的应急管理

旅游行业包括旅游饮食、旅游住宿、旅游交通、景区游览、旅游购物、旅游娱乐等分支行业。旅游分支行业的突发事件表现、消费主体类型、安全应急需求等都具有差异性，因此其应急管理的实践任务、工作体系等需要进行具体性的设计和安排，这是提升旅游应急管理成效的重要基础，也是旅游应急实践的重要分支方向。

### （六）旅游应急实践的技术方法

旅游应急实践的应用技术方法主要指旅游应急实践工作所依赖的具体技术平台与具体方法等，例如旅游应急信息管理系统、旅游应急监测平台等。近年来，旅游应急管理技术方法得到了较大程度的拓展，比如将4S与TIS的无缝集成技术、多Agent技术、WebGIS技术、智能决策支持系统、智能专家系统、BP神经网络技术等技术与方法应用于旅游应急监测与预警系统；使用数据仓库、数据挖掘、云计算等方法进行应急数据处理，构建应急决策支持系统；以GIS、人工智能、多智能体、可视化计算等不同技术为核心构建旅游应急管理信息系统等。

## 二、旅游应急管理的应用基础理论

旅游应急管理的应用基础理论是指为解决旅游应急管理的实践问题，探索旅游突发事件、旅游应急主体和旅游应急过程之间的表现特征、现实关系、内容机制和发展规律的理论体系，如图3-1所示。

旅游应急管理的应用基础理论研究主要包括对以下问题的探索。

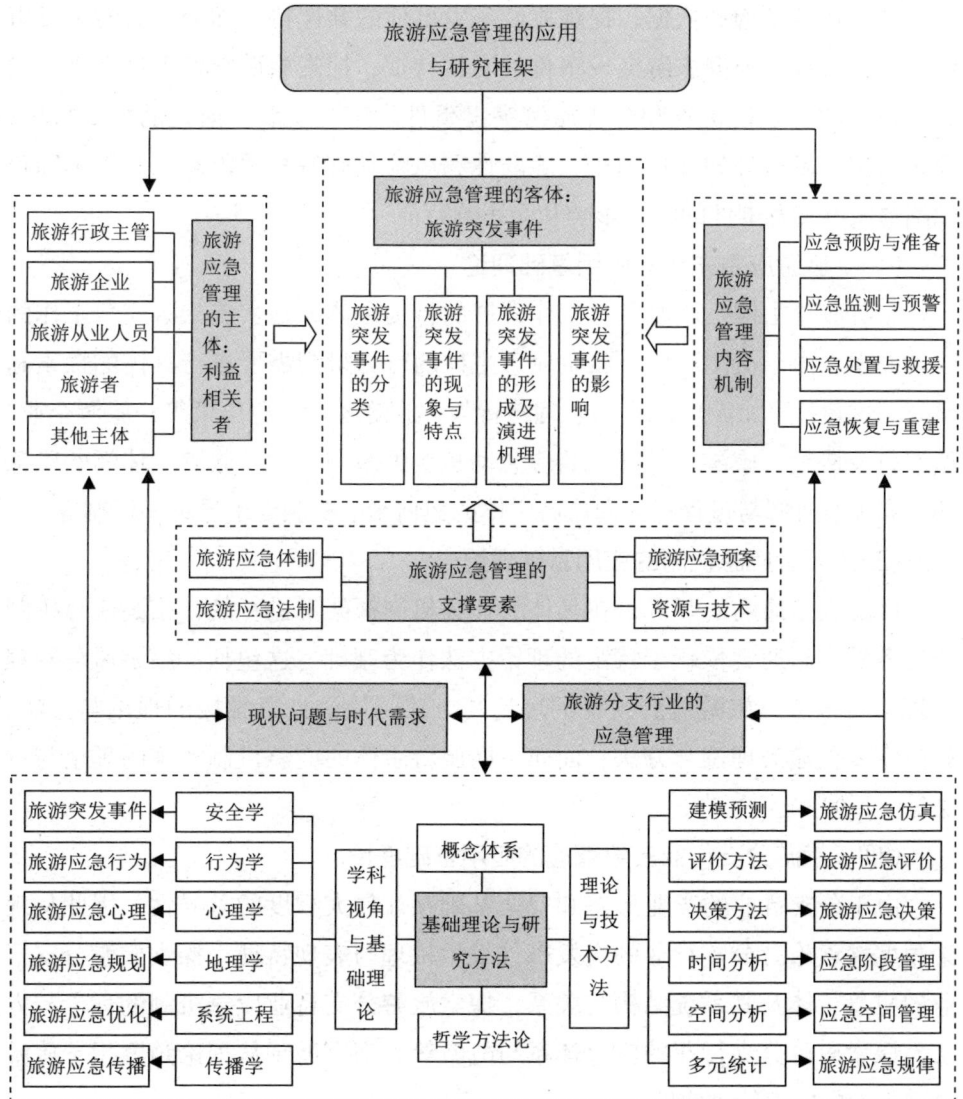

图 3-1　旅游应急管理的应用与理论框架

## （一）旅游突发事件的应用基础理论

旅游应急管理的面向对象是旅游突发事件，研究和探索旅游突发事件的应用机理，是科学认知旅游突发事件、对旅游突发事件进行科学治理的重要理论基础。相关的研究主要包括对旅游突发事件进行分类研究，探索旅游突发事件的亚类结构和依据；提炼旅游突发事件的共性特点和分类旅游突发事件的个性特征，挖掘旅游突发事件的时代特征；探索旅游突发事件发生、发展、演化的一般性机理和分类旅游突发事件发生、发展、演化的主要机理，探索旅游突发事件的致灾因子、脆弱性和风险基础等相关因素；基于不同角度阐释旅游突发事件的综合影响和受影响特征。

（二）旅游应急主体的应用基础理论

旅游应急主体是旅游应急工作开展的行为主体，是实施旅游应急工作的能动要素。由于类型不同，旅游应急主体的行为机制需要进行具体的探索和研究。这包括：旅游者的应急心理与行为、旅游者的应急决策等；旅游企业、旅游行业协会、旅游主管部门的应急动机、关系和行为；旅游主体间的应急博弈和决策机制与过程；面向旅游主体的舆情影响机制与引导管理机制等。

（三）旅游应急机制的应用基础理论

旅游应急活动的开展是在具体的任务机制框架下进行的，旅游应急机制与任务的实施通常依赖于特定的理论方法作为基础。这包括：旅游风险管理的理论与方法、旅游监测预警的理论与方法、旅游处置救援的理论与方法、旅游恢复重建的理论与方法、面向不同旅游主体的应急机制实施的理论与方法等。

（四）旅游分支行业应急管理的应用基础理论

由于分支行业的产业形态和安全基础存在较大程度的差异性，因此从理论角度探索旅游分支行业的突发事件发生机理与表现特征，探索旅游分支行业的应急主体及其系统结构与关系，探索旅游分支行业应急机制的理论与方法，探索旅游分支行业的应急体系与战略等，都有助于从理论角度指导旅游分支行业的应急管理实践。

（五）旅游应急管理的理论方法与技术基础

旅游应急管理的理论方法与基础技术主要指开展应用研究作为基础的理论方法或进行应用实践作为基础的技术方法等，这是对理论方法和技术方法本身的探索和发展。这包括开展旅游应急管理研究的各种理论方法，比如进行旅游应急仿真、旅游应急评价、旅游应急决策等所需要的建模预测方法、评价方法、决策分析方法等；也包括进行旅游应急工作平台开发所需要的技术方法与技术基础，如信息系统技术等。当然，部分理论技术与方法也可直接应用于应急实践工作，比如旅游风险与应急评价方法既可作为应急理论的评价工具，也可作为应急实践的评价工具。

### 三、旅游应急管理的学科基础理论

旅游应急管理的学科基础理论是指构建和形成旅游应急管理学科的基础概念、基础理论和基础方法体系。这主要包括旅游应急管理的基础概念体系、旅游应急管理的学科群及其基本理论、旅游应急管理学科的方法论体系等的总称，它是开展旅游应急管理研究的理论前提和认知基础。具体研究内容包括：

#### （一）旅游应急管理的基础概念体系

概念是研究的基础，是描述学科理论的基本工具和方式。作为一个专有领域，旅游应急管理具有自身特有的概念前提、概念体系和概念内涵。相关的内容包括：厘清旅游安全、旅游突发事件等旅游应急管理的基础概念，辨识旅游应急管理与旅游安全管理、旅游危机管理、旅游灾难事件等相关概念的异同，界定旅游应急管理的内涵与外延，以为旅游应急管理研究的开展提供概念基础。

#### （二）旅游应急管理的学科群

旅游应急管理是一个综合性的交叉学科，它既依赖于一般性应急管理理论为其提供基础依据，也需要从安全学、行为学、心理学、地理学、系统工程和传播学等学科寻找理论依据，并据此可构建特有的分支理论体系。这包括：基于安全学探索旅游突发事件的发生机理、基于行为学构建旅游者应急行为理论、基于心理学构建旅游者应急心理理论、基于地理学构建旅游地应急规划理论、基于系统工程学构建旅游应急优化与决策理论、基于传播学构建旅游应急传播理论等。由此所形成的旅游应急管理的分支理论，将共同构成旅游应急管理的理论体系。在此基础上，通过对旅游应急管理特有机制与理论的挖掘，将有助于逐步探索出旅游应急管理理论中具有稳定性、根本性和普遍性特点的理论原理。

（三）旅游应急管理的学科方法

旅游应急管理的学科方法既包括哲学意义上的方法论体系，也包括从事旅游应急管理分支学科研究的方法论体系。前者主要指在旅游应急管理领域对特定研究客体、研究对象和研究价值观的哲学性认识。后者则指开展旅游应急管理分支学科研究时，所需的特定的基础理论与方法，这些理论方法是认知和探索分支学科的基础。两者共同构成了旅游应急管理的学科方法体系。

## 第二节　旅游应急管理的概念体系

旅游应急管理是一个源自旅游安全研究、旅游灾难研究和应急管理研究的交叉研究领域。旅游应急管理概念的提出与旅游风险、旅游安全、旅游灾难、旅游危机等相关领域的研究有着密切的联系。正确地认识旅游应急管理的基础概念，明确地区分旅游应急管理与旅游风险管理、旅游安全管理、旅游灾难管理和旅游危机管理等相关概念的异同，是开展旅游应急管理研究的重要基础。

### 一、旅游应急管理的基础概念

（一）旅游安全

安全，一般指没有危险、不受威胁、不出事故[1]。国家标准《职业健康安全管理体系》（GB/T 28001—2001）将安全定义为"免除了不可接受的损害风险的状态"。因此，一般认为安全是指可以容忍的风险的状态。本文认为，旅游安全是指旅游活动可以容忍的风险程度，是对旅游活动和旅游产业处于平衡、稳定、正常状态的一种统称，主要表现为旅游者、旅游从业人员、旅

---

[1] 辞海［M］.上海：上海辞书出版社，2010：26.

游企业和旅游资源等主体不受威胁和外界因素干扰而免于承受身心压力、伤害或财物损失的自然状态[①]。

旅游安全是旅游产业活动运作的基础，其具体内涵与所关联的活动主体、产业要素和伤害方向等有密切关系。根据旅游活动的发生主体，可区分为旅游者安全、旅游企业安全、旅游资源安全和旅游产业安全。根据旅游产业活动的运行环节，可区分为旅游饮食安全、旅游住宿安全、旅游交通安全、观光游览安全、旅游购物安全、旅游娱乐安全等。根据旅游风险的伤害结果，可区分为人身安全、财产安全、名誉安全、隐私安全、形象安全等。

旅游安全易受到众多风险因素的影响。政治不稳定、经济危机、战争、恐怖袭击、自然灾害、疾病等是重要的风险因素，容易引起旅游活动的终止，也容易引发大量的旅游者伤亡、造成严重的伤害后果。旅游企业的违规操作、设施故障、制度欠缺等也是旅游活动的风险因素之一，容易导致事故灾难的出现。旅游者个人的不良习惯、体质不佳、心理疏忽、准备不足等是旅游活动中常见的风险因素，容易引起旅游者个人活动的终止，引发旅游者个人伤害事故。

当旅游活动受到内外因素的影响而导致安全平衡状态被打破时，将引起旅游安全事故或旅游安全事件的发生，需要利益相关者进行积极的安全管理与调控。如果旅游安全平衡状态被打破可能或已经引起了较为严重的社会影响，就需要利益相关者进行积极的应急管理与调控，以消除负面影响，维持或重建旅游安全的平衡状态。

（二）旅游突发事件

我国的《突发事件应对法》指出，突发事件是指"突然发生，造成或者可能造成严重社会危害，需要采取应急处置措施予以应对的自然灾害、事故灾难、公共卫生事件和社会安全事件"。突发事件一般包括自然灾害、事故灾难、公共卫生事件和社会安全事件四类。其中，"按照社会危害程度、影响范围等因素，自然灾害、事故灾难、公共卫生事件分为特别重大、重大、较

---

① 谢朝武，郑向敏．"旅游安全"词条．邵琪伟．中国旅游大辞典［Z］．北京：上海辞书出版社，2012：257-258．

大和一般四级。法律、行政法规或者国务院另有规定的，从其规定"[①]。

国家旅游局颁布的《旅游突发公共事件应急预案（简本）》对旅游突发公共事件的范围进行了界定，这包括"自然灾害、事故灾难导致的重大游客伤亡事件，包括：水旱等气象灾害；山体滑坡和泥石流等地质灾害；民航、铁路、公路、水运等重大交通运输事故；其他各类重大安全事故等；突发公共卫生事件造成的重大游客伤亡事件，包括：突发性重大传染性疾病疫情、群体性不明原因疾病、重大食物中毒，以及其他严重影响公众健康的事件等；突发社会安全事件特指发生重大涉外旅游突发事件和大型旅游节庆活动事故。包括：发生港澳台和外国游客死亡事件，在大型旅游节庆活动中由于人群过度拥挤、火灾、建筑物倒塌等造成人员伤亡的突发事件"。

在概念上，《旅游突发公共事件应急预案（简本）》将"旅游突发公共事件"界定为"国家及各地方处置旅游者因自然灾害、事故灾难、突发公共卫生事件和突发社会安全事件而发生的重大游客伤亡事件"。这一概念将旅游突发公共事件限定为"重大游客伤亡事件"，并将事件的处置主体限定为"国家及各地方（政府主管部门）"的相关界定，显然，这是一个狭义的定义。广义的旅游突发事件具有更广泛的内涵。其中，广义的旅游突发事件的涉事主体既包括游客，也包括旅游从业人员等旅游主体和旅游企业、旅游资源等旅游载体；广义的旅游突发事件的处置主体既包括政府主管部门，也包括旅游者、旅游企业等利益相关者。

因此，本研究认为，旅游突发事件是指在旅游活动过程中突然发生，导致或可能导致旅游者、旅游从业人员等旅游主体或旅游企业、旅游资源、旅游目的地等旅游载体伤亡或损失，并产生严重的社会影响，需要采取应急措施予以应对的各类事件。旅游突发事件包括涉及旅游安全的自然灾害、事故灾难、突发公共卫生事件和社会安全事件四种基本事件类型。

---

[①] 全国人民代表大会常务委员会.中华人民共和国突发事件应对法［Z］.2007年11月1日起施行.

## 二、旅游应急管理的相关概念

### （一）旅游安全管理

旅游安全是旅游者的基本需求之一，也是旅游者出游选择的重要影响因素（张进福、郑向敏，2001）[①]。对旅游行业而言，旅游安全是旅游业发展的基础（郑向敏，2003）[②]，也是旅游业可持续进步的关键因素（Prashyanusorna，2010）[③]。现有的研究对旅游安全有狭义和广义两种理解。狭义角度的旅游安全更侧重于旅游者的个体安全。例如，Peattie 等人（2005）从两个方面解读旅游安全：一是由于人为蓄意行为而造成旅游者伤害，如抢劫、攻击、谋杀等；二是从意外事故的角度，由于自然灾害和旅游行为产生的事故而造成的旅游者伤害[④]。显然，该观点主要描述的是旅游者的人身"不"安全。当然，旅游者个体安全还包括旅游者的财产安全和心理安全（郑向敏等，2005[⑤]；方旭红、戚丹丹，2011[⑥]）。因此，完整意义上的旅游者个体安全应该指旅游者在旅游过程中的人身、财产和心理等各种个体因素不受到威胁、伤害和损失的完整状态。广义的旅游安全则不仅包括旅游者的安全，还应包括旅游从业人员、旅游企业、旅游资源的安全，并包括旅游产业的整体安全。

因此，要保持旅游活动和旅游业的安全状态，就必须对可能影响旅游活动和旅游业的各种风险因素进行干预和治理。由于旅游安全的内涵较为广泛，旅游安全所对应的旅游风险类型也非常广泛。这既包括可能导致安全生产事故的安全风险，也包括可能危及旅游行业的各种突发性事件风险因素。旅游安全管理即是对影响旅游者安全、旅游企业安全、旅游资源安全和旅游产业

---

[①] 张进福，郑向敏. 旅游安全研究［J］. 华侨大学学报（人文社科版），2001（1）：15-22.

[②] 郑向敏. 旅游安全学［M］. 北京：中国旅游出版社，2003.

[③] Prashyanusorna, V., Kaviya, S., Yupapinb, P.P. Surveillance system for sustainable tourism with safety and privacy protection［J］. Procedia Social and Behavioral Sciences，2010（2）：74-78.

[④] Peattie, S., Clarke, P., Peattie, K. Risk and responsibility in tourism: promoting sun-safety［J］. Tourism Management，2005（26）：399-408.

[⑤] 郑向敏，宋伟. 国内旅游安全研究综述［J］. 旅游科学，2005（5）：1-7.

[⑥] 方旭红，戚丹丹. 大陆游客在台旅游安全问题引发因素研究［J］. 华侨大学学报（哲学社会科学版），2011（3）：35-42.

安全的各种因素进行预防、控制和保障的各种行为活动的总称。

旅游安全管理的目标对象既包括狭义的旅游安全生产隐患与事故，也包括广义的影响旅游活动及旅游业安全运行中的宏观风险因素和事件因素。旅游安全管理的行为主体包括旅游者、旅游企业、政府主管部门、旅游行业协会等利益相关者。旅游安全管理的狭义目标是预防或减少旅游安全事故，降低旅游安全成本，提高旅游安全收益。旅游安全管理的广义目标是预防或减少各类旅游风险因素，预防、减少或减缓旅游安全事故、事件与危机的发生及其负面影响。旅游安全管理既包括旅游安全的监督、控制、教育、文化建设、信息披露、行为引导、标准制定等常态工作行为，也包括旅游应急管理、旅游危机管理等非常态工作行为。

### （二）旅游危机管理

旅游危机并非常态事件，也不是影响范围相对有限的一般突发事件。通常，对旅游行业可能或者已经造成巨大破坏性影响的事件才能称为危机事件。世界旅游组织于2003年发布的《旅游业危机管理指南》(Crisis Guidelines for the Tourism Industry)提出，旅游危机是指"影响旅行者对一个目的地的信心并扰乱继续正常经营的非预期性事件"[①]。

世界旅游组织显然是基于旅游者和旅游目的地的双向立场来阐述旅游危机的基本性质：其一，旅游危机的主要判断方向是影响旅游者旅游信心的严重程度，旅游者旅游信心受影响越大，表明危机严重程度越大，反之亦然；其二，旅游危机受影响的主要载体是旅游目的地，即旅游目的地受危机事件的影响而导致其对旅游者的吸引力降低，并继而造成旅游目的地的正常经营受到影响；其三，旅游危机事件是一个非预期性事件，其发生具有突然性；其四，世界旅游组织对旅游危机的定义并没有指明危机事件的具体来源和类型。因此，旅游危机事件主要是从其影响和后果角度来进行定义和判断的，任何对旅游目的地可能造成吸引力显著下降的突发性事件都可以称之为旅游危机事件。需要指出的是，发生于单个旅游企业，并只影响单个旅游企业的

---

① WTO. Crisis Guidelines for the Tourism Industry [Z]. Madrid, Spanish: World Tourism Organization, 1998: 1-15.

危机事件，由于其没有对整个旅游行业产生整体性的不良影响，其可以称为旅游企业危机，但并不能称为旅游行业危机。

旅游危机管理是对旅游危机事件施行的预防、规避和应对活动与措施的总称。旅游危机管理目标的对象是各种类型和各种来源的旅游危机事件。旅游危机管理的行为主体主要包括政府主管部门、旅游行业协会等宏观管理者，旅游企业是旅游危机管理中的重要参与对象和利益相关者。旅游危机管理的主要目标是减少旅游危机事件，减缓或降低旅游危机事件对旅游目的地的综合影响，恢复或提升旅游目的地的产品形象和客源市场。对于常规的危机事件，一般认为应该通过危机缩减（Reduction）、危机预备（Readiness）、危机反应（Response）和危机恢复（Recovery）四个阶段任务来进行管理应对[1]。世界旅游组织则认为，应对旅游业危机的主要途径有四个：沟通、宣传、安全保障和市场研究。其中，基于诚实和透明之上的良好沟通是成功的旅游危机管理的关键。

（三）旅游灾难管理

灾难一般指"天灾人祸造成的严重损害和苦难"（辞海，2010）。Danko（2000）等人的研究认为，灾难是具有存在、发生的可能性，能够被预知但无法避免的威胁和灾变[2]。旅游领域的灾难事件与常规的灾难事件并没有本质的差别，其差异主要是影响对象的差异。旅游灾难事件是给旅游者和旅游活动所依赖的环境造成破坏性影响，并严重危及旅游者人身财产安全的事物的总称。根据发生的成因，可以将其分为由自然灾害因素所引起的自然旅游灾难，由人类不合理活动导致旅游环境破坏所引起的人文旅游灾难，以及由自然因素和人文因素综合作用所引起的综合性旅游灾难。根据人类活动的主观能动性，可以将其分为人类活动可以施加影响的可控制性旅游灾难和人类活动难

---

[1] Heath, Robert L. Crisis Management for Managers and Executives [M]. Financial Times Professional Limited, 1998.

[2] Danko, L.V., Kuzmin, S.B., Snytko, V.A. Risk Assessment and Disaster Management for Natural and Anthropogenically Induced Geologic Hazards: Application to the Preolkhon Region, Western Lake Baikal, Siberia, Russia [J]. Natural Resources Research, 2000, 9 (4): 315-319

以施加影响的不可控制性旅游灾难[①]。

旅游灾难一般不会独立发生，通常是依附于常规灾害事件，并受其影响而导致对旅游环境的破坏和旅游者的伤害，形成灾难性后果，容易导致大规模的人员伤亡、对旅游环境和旅游资源形成剧烈的破坏、导致旅游活动的中止或永远终止。由于旅游活动发生空间的广泛性，各种常规灾害事件如风灾、水灾、火灾、地震、火山爆发、泥石流、旱灾、雹灾、雪灾、疫病等都可能对旅游环境和旅游者造成灾难性影响。

旅游灾难管理是对旅游灾难事件进行预防、处置和应对的各种行为活动与措施的总称。旅游灾难管理的对象是各种可能或已经对旅游环境造成破坏性影响，并对旅游者造成严重伤亡的灾害事件；旅游灾难管理的行为主体主要包括政府主管部门和旅游行业协会等宏观管理者。由于旅游灾难事件类型多样而复杂，因此灾难管理所涉及的管理部门众多；旅游灾难管理的主要目标是减少旅游灾难事件的发生，减缓或降低旅游灾难事件对旅游环境的破坏性影响，降低灾难事件对旅游者所造成的伤亡规模；旅游灾难管理的工作内容较为复杂。Faulkner（2001）对旅游灾难管理体系进行了系统的阐述[②]，他认为旅游灾难会经历灾难前兆、灾难前驱阶段、灾难突发阶段、灾难过渡阶段、灾难长期阶段（恢复阶段）和灾难解决阶段。在旅游灾难管理过程中，应该通过"前期工作、行动开展、动员工作、紧急恢复、重建与重新评估、审查回顾"等工作进行分阶段的管理应对。

（四）旅游应急管理

我国《突发事件应对法》指出，突发事件是指突然发生，造成或者可能造成严重社会危害，需要采取应急处置措施予以应对的自然灾害、事故灾难、公共卫生事件和社会安全事件。旅游突发事件则指突然发生，造成或可能造成旅游者、旅游从业人员等旅游主体或旅游企业、旅游资源、旅游目的地等

---

[①] 谢朝武，郑向敏．"旅游灾害"词条．邵琪伟．中国旅游大辞典［Z］．北京：上海辞书出版社，2012：443.

[②] Faulkner, B. Towards a framework for tourism disaster management [J]. Tourism Management, 2001（22）：135-147.

旅游载体等产生危害结果的各种事件，它具有突发性、非预期性、破坏性等特点。旅游业是个脆弱的产业，旅游业既容易受到来自旅游行业内部的事故灾难的影响，也容易受到自然灾害、公共卫生事件和社会安全事件等行业外部的突发事件的综合影响。对旅游行业而言，无论受到何种来源和何种类型事件因素的影响，旅游业都必须通过积极的应急管理来消除影响、恢复产业运作。提升旅游行业的应急管理能力，是减少旅游业运作成本、促进旅游业可持续发展的重要基础。

　　旅游应急管理是指在旅游突发事件的事前预防、事发应对、事中处置和事后恢复等事件响应过程中所采取的各种行为活动和措施的总称。旅游应急管理的行为主体主要是政府管理部门。从广义角度而言，旅游企业、旅游者等利益相关者在旅游突发事件的处置中扮演着重要角色，他们承担着相应的旅游应急任务，因此也是旅游应急管理的重要主体；旅游应急管理的目标任务是预防和减少旅游突发事件的发生，减少和降低旅游突发事件的负面影响，促进旅游突发事件后旅游业的恢复与正常运营；旅游应急管理是一个系统化的管理过程。根据我国《突发事件应对法》，应急管理应该包括预防预备、监测预警、处置救援和恢复重建等关键的响应过程。我国国家旅游局在《旅游突发公共事件应急预案（简本）》中提出了"以人为本，救援第一""属地救护、就近处置""及时报告、信息畅通"等旅游应急管理的基本处置原则。

　　由上述分析可知，旅游安全管理、旅游危机管理、旅游灾难管理和旅游应急管理是有密切联系但又存在差异的不同概念（见表3-1）。旅游安全管理的对象是旅游安全隐患导致的安全事故，以及各类中、宏观风险因素所导致各种事件因素。旅游危机管理的对象是旅游危机事件，旅游危机事件既可指灾难性事件，也可指不带来人员伤亡的社会安全类风险所导致的事件因素。旅游灾难管理的对象则更偏重于指能对旅游环境造成巨大破坏或使旅游业产生较大人员伤亡的灾害性事件。旅游灾难事件可发展为影响巨大的旅游危机事件，但并非所有旅游危机事件都是灾难事件。旅游应急管理的对象是旅游突发事件，它涵盖自然灾害、事故灾难、公共卫生事件和社会安全事件，这既指还处在发展阶段、负面影响有限的突发事件，也指已经造成破坏性影响或危机程度影响的突发事件。

表 3-1　旅游应急管理的相关概念辨析

| 相关概念 | 面向对象 | 事件严重程度 | 管理主体 | 处置机制与方法 |
| --- | --- | --- | --- | --- |
| 旅游安全管理 | 旅游领域中微观、中观、宏观层次的各类安全风险因素及事故和事件因素 | 各种等级的威胁、损坏、损失或伤亡 | 政府、企业、旅游者等各类组织与个体 | 综合性的机制与方法 |
| 旅游危机管理 | 旅游危机事件，包括灾难性事件和各种能对组织或社会产生巨大影响的风险事件包括非伤亡性事件 | 重大人员伤亡，或对旅游业造成结构性、破坏性影响 | 政府、行业组织或企、业等各类组织 | 危机减缓、危机准备、危机响应和危机恢复 |
| 旅游灾难管理 | 旅游灾难事件，主要指能导致重大人员伤亡的自然或人为的灾害性事件 | 重大人员伤亡，可合并造成对旅游业其他要素的破坏性影响 | 政府或行业组织 | 灾难评估、灾难规划、灾难处置、恢复重建、再评估与检查 |
| 旅游应急管理 | 旅游突发事件，包括自然灾害、事故灾难、公共卫生事件和社会安全事件 | 较大伤亡、较大影响，或重大伤亡、重大影响等严重程度 | 政府、行业组织、企业、旅游者等各类组织与个体 | 预防与准备、监测与预警、处置与救援恢复与重建 |

如图 3-2 所示，旅游安全管理的目标对象是旅游安全事件和事故，其合并内涵包括微观、中观和宏观等各种层次的安全风险所导致的旅游安全问题，它在内涵上包括旅游突发事件。旅游应急管理的目标对象是旅游突发事件，这既包括危机层次的突发事件，也包括未达到危机层次的突发事件，旅游突发事件在内涵上包括旅游危机事件。旅游危机管理的目标对象是旅游危机事件，这既包括导致人员伤亡的旅游灾难事件，也包括不导致人员、仅导致经

济损失或社会损失的非灾难性突发事件，旅游危机事件在内涵上包括旅游灾难事件。因此，根据管理对象的从属关系，在管理的内涵上，旅游灾难管理从属于旅游危机管理，旅游危机管理从属于旅游应急管理，旅游应急管理从属于旅游安全管理。

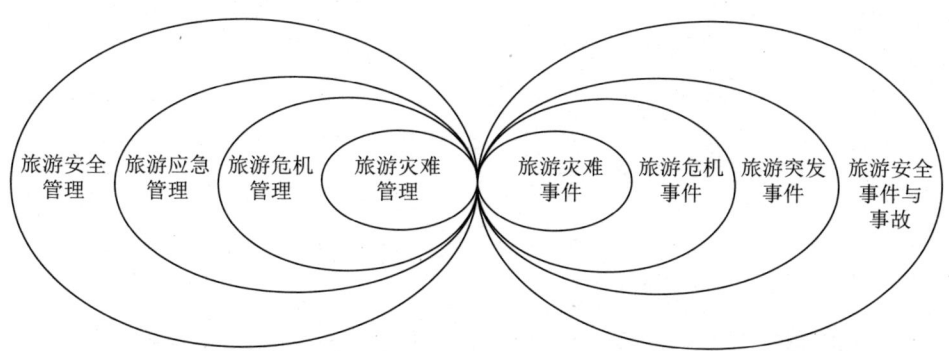

图 3-2　旅游应急管理与旅游安全管理、旅游危机管理、旅游灾难管理的关系结构

# 第二篇

## 旅游突发事件研究

# 第四章 我国旅游突发事件的类型结构研究

进入新世纪以后,我国逐渐形成了以国内旅游为基础、入境旅游和出境旅游协调发展的蓬勃态势。我国旅游业实现了跨越式的发展与进步。其中,我国国内旅游人数从 2010 年的 21.03 亿人次增长到 2019 年的 60.06 亿人次;我国入境旅游人数从 2010 年的 13376.22 万人次增长到 2019 年的 14530.78 万人次;我国出境旅游人数从 2010 年的 5738.65 万人次增长到 2019 年的 16921.00 万人次(见表 4-1)。在此期间,我国稳定的政治、社会与经济形势为我国旅游业的发展提供了相对安全的宏观环境,我国旅游突发事件的发生比率因此一直处于较低水平。可以说,我国是值得信赖的安全的旅游目的地。

表 4-1 2010~2019 年我国旅游人数与收入的汇总统计

| 年度 | 国内旅游人数（亿人次） | 国内旅游收入（亿元） | 入境旅游人数（万人次） | 出境旅游人数（万人次） | 国际旅游外汇收入（亿美元） |
| --- | --- | --- | --- | --- | --- |
| 2010 | 21.03 | 12579.80 | 13376.22 | 5738.65 | 458.14 |
| 2011 | 26.41 | 19305.40 | 13542.35 | 7025.00 | 484.64 |
| 2012 | 29.57 | 22706.20 | 13240.53 | 8318.17 | 500.28 |
| 2013 | 32.62 | 26276.12 | 12907.78 | 9818.52 | 516.64 |
| 2014 | 36.11 | 30311.90 | 12849.83 | 11659.32 | 1053.80 |
| 2015 | 39.90 | 34195.05 | 13382.04 | 12786.00 | 1136.50 |
| 2016 | 44.35 | 39390.00 | 13844.38 | 13513.00 | 1200.00 |
| 2017 | 50.01 | 45660.70 | 13948.00 | 14272.74 | 1234.17 |
| 2018 | 55.39 | 51278.29 | 14119.83 | 16199.34 | 1271.03 |
| 2019 | 60.06 | 57250.92 | 14530.78 | 16921.00 | 1312.54 |

资料来源:国家统计局官方网页。

但是，我国旅游业依然面临复杂的旅游安全与风险形势。特别是，我国旅游者安全素质的提升速度还没有跟上旅游规模的发展速度，加之我国国内旅游和出入境旅游的总规模已高达60多亿人次，因此，我国各类旅游突发事件的绝对数量一直保持一定的规模。系统地分析和研究我国旅游突发事件的发展规律，有利于为我国旅游突发事件的应急治理提供系统的解决方案。但数据采集一直是旅游安全研究的难点，由于难以收集足够数量的旅游突发事件的亲历者，因此问卷调查等传统研究方法很难对真实发生的旅游突发事件进行全面的信息模拟和反馈[1]。基于案例统计的方法是一种可行的选择（胡晓娟，2009）[2]。由于缺乏足够的案例数据，传统研究还很少有基于规模性案例数据对旅游突发事件进行系统研究的先例。因此，长期以来我国旅游安全与旅游突发事件的相关研究一直缺乏定量证据的支持。

基于此，本研究以全国旅行社责任保险统保平台的出险数据作为研究的数据基础。研究根据文化和旅游部发布的《文化和旅游部涉旅突发事件应急预案》中的旅游突发事件分类标准，本研究共提取2010~2018年间我国发生的具有较完整信息的46179起旅游突发事件案例[3]，这些旅游突发事件主要是指发生在我国（含港澳台地区，下同）范围内的旅游突发事件。这些案例基本上代表了我国旅游突发事件的分布水平。本研究对列入统计范畴的旅游突发事件案例进行了信息分解、编码和统计分析[4]。本篇章研究中的统计数据均是以上述案例为基础所获得。

---

[1] 谢朝武. 我国酒店业盗窃案件的发生特征及其管理体系研究[J]. 华侨大学学报, 2010（3）: 74-82.

[2] 胡晓娟. 人的安全心理特性研究方法的综述研究[J]. 中国安全科学学报, 2009（7）: 5-13.

[3] 注：国家旅游局收录的旅游突发事件一般以旅行社组织的旅游团队作为发生载体，未涉及散客旅游者的相关数据。

[4] 注：在编码和统计分析过程中，研究对发生时间、事件类型、成因、表现形态、触发原因等近20个变量进行了信息分解和编码，由于事件本身和事件调查的诸多原因，个别案例的个别信息模块存在信息缺失的情形。如无说明，本研究的相关统计只统计有效信息的分布情形。

## 第一节　我国旅游突发事件的分布类型

### 一、旅游突发事件的分类与分级

#### （一）旅游突发事件的分类

旅游突发事件是指在旅游活动过程中突然发生，导致或可能导致旅游者、旅游从业人员等旅游主体或旅游企业、旅游资源、旅游目的地等旅游载体等造成伤亡或损失，并产生严重的社会影响，需要采取应急措施予以应对的各类事件。根据我国《突发事件应对法》和《文化和旅游部涉旅突发事件应急预案》的界定，旅游突发事件一般包括自然灾害、事故灾难、突发公共卫生事件和社会安全事件四种基本类型。

自然灾害主要包括水旱灾害、气象灾害、地质灾害、地震灾害、海洋灾害等事件类型；事故灾难主要包括交通事故、设施设备事故、坠落事故、涉水事故等事件类型；公共卫生事件主要分为传染病疫情、群体性不明原因疾病、突发疾病、食品安全问题以及动物疫情等事件类型；社会安全事件主要包括凶杀、抢劫、自杀、恐怖袭击等事件类型。

根据导致旅游突发事件的具体因素和来源，旅游突发事件可区分为业内突发事件和业外突发事件。业内突发事件是指事件根源来源于旅游行业内部，或者直接发生于旅游行业内部，其发生直接对旅游者、旅游企业等产生破坏性影响的突发事件。业外突发事件是指事件根源来源于旅游行业外部，且主要以间接的方式对旅游业产生综合影响的各类突发事件。业外突发事件常常改变旅游业发展的宏观背景或客源市场，从而影响到旅游业发展的基础条件。

#### （二）旅游突发事件的分级

根据旅游突发事件的性质、危害程度、可控性和影响范围进行级别分类，是阐明旅游突发事件严重性的重要依据。根据《文化和旅游部涉旅突发事件应急预案》，旅游发事件分为特别重大（Ⅰ级）、重大（Ⅱ级）、较大（Ⅲ级）和一般（Ⅳ级）等四级。包括：

（1）特别重大（Ⅰ级）涉旅突发事件。包含的情形为：造成或者可能造成人员死亡（含失踪）30人以上或者重伤100人以上；旅游者500人以上滞留超过24小时，并对当地生产生活秩序造成严重影响；其他在境内外产生特别重大影响，并对旅游者人身、财产安全造成特别重大威胁的事件。

（2）重大（Ⅱ级）涉旅突发事件。包含的情形为：造成或者可能造成人员死亡（含失踪）10人以上、30人以下或者重伤50人以上、100人以下；旅游者200人以上、500人以下滞留超过24小时，对当地生产生活秩序造成较严重影响；其他在境内外产生重大影响，并对旅游者人身、财产安全造成重大威胁的事件。

（3）较大（Ⅲ级）涉旅突发事件。包含的情形为：造成或者可能造成人员死亡（含失踪）3人以上、10人以下或者重伤10人以上、50人以下；旅游者50人以上、200人以下滞留超过24小时，并对当地生产生活秩序造成较大影响；其他在境内外产生较大影响，并对旅游者人身、财产安全造成较大威胁的事件。

（4）一般（Ⅳ级）涉旅突发事件。包含的情形为：造成或者可能造成人员死亡（含失踪）3人以下或者重伤10人以下；旅游者50人以下滞留超过24小时，并对当地生产生活秩序造成一定影响；其他在境内外产生一定影响，并对旅游者人身、财产安全造成一定威胁的事件。

## 二、我国旅游突发事件的类型分布

在本研究统计的旅游突发事件中，自然灾害事件发生1182次，占比2.15%；事故灾难发生34189次，占比62.06%；公共卫生事件发生10540次，占比19.13%；社会安全事件发生268次，占比0.49%（见图4-1）。可见，事故灾难在各类旅游突发事件中占据绝对分布地位，公共卫生事件居次。

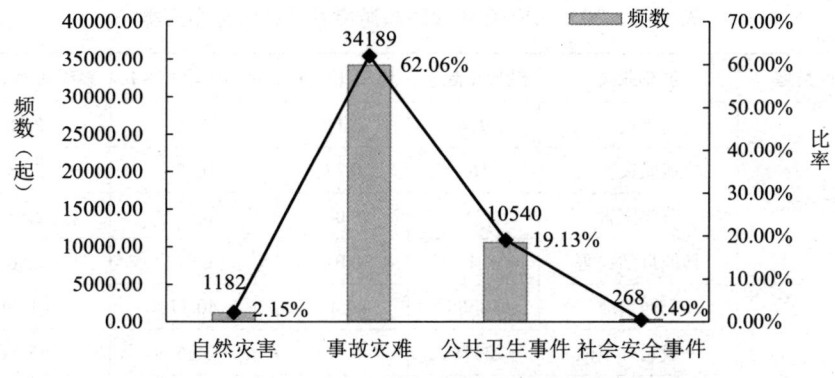

图 4-1　2010~2018 年我国旅游突发事件的分布类型

我国旅游突发事件的分布亚类具有高度的复杂性和多样性。在自然灾害中，气象灾害、地质灾害和海洋灾害是主要的分布类型，其中气象灾害达到 974 起，占比 2.11%，分布比例最高，地质灾害和海洋灾害在旅游者涉及的自然灾害中发生频率相对较低。

事故灾难中主要包括交通安全事故、一般意外事故、涉水安全事故、设施设备安全事故、高风险旅游项目、动物袭击、火灾爆炸、拥挤踩踏和其他安全事故等不同类型。其中，一般意外事故达到 18688 件，占比 40.47%，比例最高；交通安全事故达到 8665 起，占比 18.768%，比例次高；设施设备安全事故和高风险项目的发生数量也较多，占比分别为 5.15% 和 5.31%。

公共卫生事件主要包括食物中毒、旅游者原有疾病发作、突发疾病、猝死、病毒疫情和高原反应、中暑等事件类型。其中，食物中毒达到 3037 起，占比 6.58%，比例最高；旅游者突发疾病达到 3018 起，占比 6.54%，比例次高；而原有疾病发作 2208 起，比例达到 4.78%，可见其发生频率较高。

在社会安全事件中，抢劫、盗窃、凶杀、自杀、打架斗殴是常见的类型。其中打架斗殴达到 178 起，占比 0.39%，比例最高；抢劫共 22 起，占比 0.05%，比例次之；盗窃、自杀占比较低（见表 4-2）。

表 4-2  2010~2018 年我国旅游突发事件的分布亚类

| 事件类型 | 事故亚类 | 频次（起） | 比率（%） | 有效比率（%） | 累积比率（%） |
|---|---|---|---|---|---|
| 自然灾害 | 气象灾害 | 974 | 2.11 | 2.11 | 2.11 |
| | 地质灾害 | 169 | 0.37 | 0.37 | 2.48 |
| | 海洋灾害 | 35 | 0.08 | 0.08 | 2.55 |
| | 其他自然灾害 | 4 | 0.01 | 0.01 | 2.56 |
| 事故灾难 | 交通事故 | 18688 | 40.47 | 40.47 | 61.79 |
| | 一般意外事故 | 2378 | 5.15 | 5.15 | 66.94 |
| | 设施设备事故 | 959 | 2.08 | 2.08 | 69.02 |
| | 动物袭击 | 767 | 1.66 | 1.66 | 70.68 |
| | 涉水事故 | 83 | 0.18 | 0.18 | 70.86 |
| | 火灾爆炸 | 2454 | 5.31 | 5.31 | 76.17 |
| | 高风险项目 | 180 | 0.39 | 0.39 | 76.56 |
| | 拥挤踩踏 | 15 | 0.03 | 0.03 | 76.60 |
| | 其他事故灾难 | 18688 | 40.47 | 40.47 | 61.79 |
| 公共卫生事件 | 食物中毒 | 3037 | 6.58 | 6.58 | 83.17 |
| | 原有疾病发作 | 2208 | 4.78 | 4.78 | 87.95 |
| | 突发疾病 | 3018 | 6.54 | 6.54 | 94.49 |
| | 高原反应 | 754 | 1.63 | 1.63 | 96.12 |
| | 中暑 | 86 | 0.19 | 0.19 | 96.31 |
| | 猝死 | 1371 | 2.97 | 2.97 | 99.28 |
| | 病毒疫情 | 40 | 0.09 | 0.09 | 99.36 |
| | 其他公共卫生事件 | 26 | 0.06 | 0.06 | 99.42 |
| 社会安全事件 | 盗抢 | 4 | 0.01 | 0.01 | 99.43 |
| | 抢劫 | 22 | 0.05 | 0.05 | 99.48 |
| | 盗窃 | 16 | 0.03 | 0.03 | 99.51 |
| | 凶杀 | 3 | 0.01 | 0.01 | 99.52 |
| | 自杀 | 15 | 0.03 | 0.03 | 99.55 |
| | 群体性事件 | 28 | 0.06 | 0.06 | 99.61 |

续表

| 事件类型 | 事故亚类 | 频次（起） | 比率（%） | 有效比率（%） | 累积比率（%） |
|---|---|---|---|---|---|
| 社会安全事件 | 打架斗殴 | 178 | 0.39 | 0.39 | 100.00 |
| | 黄赌毒 | 2 | 0.00 | 0.00 | 100.00 |
| | 其他社会安全事件 | 4 | 0.01 | 0.01 | 99.43 |
| 总计 | | 46179 | 1 | 1 | |

本研究尝试对各类突发事件的分布情况进行聚类分析，聚类分析过程调用了 SPSS 的快速聚类法（K-Means）模块，采用静态聚类法，初始探索将聚类设为高频、中频和低频 3 个类别。经过 2 次迭代、聚类分析的 ANOVA 检验结果表明，聚类的 F 值为 176.694，Sig. 为 0.000，小于 0.05 的置信值，具有统计意义。聚类结果发现，一般意外事故（40.47%）是高频旅游突发事件，旅游交通安全事故（18.76%）是中频旅游突发事件，其余各类突发事件属于低频事件，低频事件的比率一般在 10% 以内，设施设备事故（5.15%）、高风险项目（5.31%）、食物中毒（6.58%）、突发疾病（6.54%）和原有疾病发作（4.78%）等事件在低频事件中的发生比率稍高（见表 4-3）。

表 4-3　2010~2018 年我国旅游突发事件的分布亚类的 ANOVA 分析

| | 聚类 | | 误差 | | F | Sig. |
|---|---|---|---|---|---|---|
| | 均方 | df | 均方 | df | | |
| 事件分类 | 181957843.821 | 2 | 1029792.584 | 26 | 176.694 | 0.000 |

## 三、我国旅游突发事件的级别分布

在本研究统计的旅游突发事件中，特别重大、重大事件、较大事件和一般事件分别为 36 起、120 起、1742 起、44281 起，比例分别为 0.07%、0.26%、3.63%、96.04%（见表 4-4）。因此，一般事件的发生频率最高，较大和重大突发事件的发生频率次之，特别重大突发事件发生频率最低。按照风险累积的一般规律，突发事件的严重程度通常是呈金字塔形分布，严重程度越高，事件发生比率越低；严重程度越低，事件发生比率越高。本研究所统计数据符合这一规律。

表 4-4  2010~2018 年我国旅游突发事件的级别分布

| 事件级别 | 频数 | 百分比（%） | 有效百分比（%） | 累积百分比（%） |
| --- | --- | --- | --- | --- |
| 特别重大（Ⅰ级） | 36 | 0.08 | 0.08 | 0.08 |
| 重大（Ⅱ级） | 120 | 0.26 | 0.26 | 0.34 |
| 较大（Ⅲ级） | 1742 | 3.77 | 3.77 | 4.11 |
| 一般（Ⅳ级） | 44281 | 95.89 | 95.89 | 100.00 |
| 合计 | 46179 | 100.00 | 100.00 | |

从事件类型发生频数来看，在特别重大突发事件中，公共卫生类突发事件共发生 25 起，占同级别事件中的 69.44%；事故灾难类突发事件共发生 5 起，占同级别事件的 13.89%；自然灾害类突发事件共发生 6 起，占同级别事件的 16.67%。在重大级别事件中，公共卫生类突发事件共发生 61 起，占同级别事件中的 50.83%，事故灾难类共发生 52 起，占同级别事件中的 43.33%，高于其他类型旅游突发事件。在较大级别突发事件中，公共卫生类共发生 917 起，所占比率为 52.64%，事故灾难类突发事件共发生 736 起，所占比率为 42.25%，这两种突发事件远高于其他类型。在一般级别突发事件中，以事故灾难类为主，共发生 33396 起，所占比率为 75.42%；公共卫生类事件共发生 9537 起，所占比率为 21.54%，自然灾害类和社会安全事件分别发生 1083 起和 265 起，见表 4-5。

表 4-5  分类旅游突发事件的分级与分布频数

| 事件类型 | 特别重大（Ⅰ级） | | 重大（Ⅱ级） | | 较大（Ⅲ级） | | 一般（Ⅳ级） | |
| --- | --- | --- | --- | --- | --- | --- | --- | --- |
| | 频数（起） | 百分比（%） | 频数（起） | 百分比（%） | 频数（起） | 百分比（%） | 频数（起） | 百分比（%） |
| 自然灾害 | 6 | 16.67 | 7 | 5.83 | 86 | 4.94 | 1083 | 2.45 |
| 事故灾难 | 5 | 13.89 | 52 | 43.33 | 736 | 42.25 | 33396 | 75.42 |

续表

| 事件类型 | 特别重大（Ⅰ级） | | 重大（Ⅱ级） | | 较大（Ⅲ级） | | 一般（Ⅳ级） | |
|---|---|---|---|---|---|---|---|---|
| | 频数（起） | 百分比（%） | 频数（起） | 百分比（%） | 频数（起） | 百分比（%） | 频数（起） | 百分比（%） |
| 公共卫生事件 | 25 | 69.44 | 61 | 50.83 | 917 | 52.64 | 9537 | 21.54 |
| 社会安全事件 | 0 | 0.00 | 0 | 0.00 | 3 | 0.17 | 265 | 0.60 |
| 总数 | 36 | 100.00 | 120 | 100.00 | 1742 | 100.00 | 44281 | 100.00 |

从事件级别引致的伤亡规模来看，如表4-6所示，总体上，我国旅游突发事件在不同级别上分布较为不均衡；其中特别重大级别突发事件共造成伤亡4500人，占总伤亡规模的4.65%；重大级别突发事件共伤亡6887人，占总伤亡规模的7.11%；较大级别突发事件共导致32938人伤亡，比率为34.03%；一般级别突发事件导致受伤人数相对较多，为52471人，占总伤亡人数的54.21%。

表4-6　分类旅游突发事件的分级与伤亡规模

| 事件类型 | 特别重大（Ⅰ级） | | 重大（Ⅱ级） | | 较大（Ⅲ级） | | 一般（Ⅳ级） | |
|---|---|---|---|---|---|---|---|---|
| | 伤亡规模 | 百分比（%） | 伤亡规模 | 百分比（%） | 伤亡规模 | 百分比（%） | 伤亡规模 | 百分比（%） |
| 自然灾害 | 303 | 6.73 | 68 | 0.99 | 406 | 1.23 | 615 | 1.17 |
| 事故灾难 | 552 | 12.27 | 2770 | 40.22 | 14661 | 44.51 | 38620 | 73.60 |
| 公共卫生事件 | 3645 | 81.00 | 4049 | 58.79 | 17838 | 54.16 | 12894 | 24.57 |
| 社会安全事件 | 0 | 0.00 | 0 | 0.00 | 33 | 0.10 | 342 | 0.65 |
| 总数 | 4500 | 100.00 | 6887 | 100.00 | 32938 | 100.00 | 52471 | 100.00 |

从事件类型引致的伤亡规模来看，如表4-6所示，各类型旅游突发事件导致的伤亡规模存在较大差异。在特别重大级别旅游突发事件中，由公共卫生事件导致的伤亡规模达到3645人，占同级别伤亡总人数的81.00%；其次是事故灾难，伤亡规模为552人，所占比率为12.27%；由自然灾害导致的伤亡人数位居第三，为303人，所占比率为6.73%。在重大级别旅游突发事件中，由公共卫生事件导致的伤亡规模达到4049人，占同级别伤亡总人数的

58.79%；其次为事故灾难，伤亡规模为2770人，所占比率为40.22%；由自然灾害引致的游客伤亡人数位居第三，达68人，所占比率为0.99%。在较大级别旅游突发事件中，由公共卫生事件引致的游客伤亡达到17838，所占比率为54.16%；事故灾难类突发事件导致的人员伤亡达到14661人，所占比率为44.51%；而由自然灾害和社会安全事件导致的伤亡规模比较小，分别为406人和33人，占同级别总伤亡人数的1.23%和0.10%；在一般级别旅游突发事件中，事故灾难类突发事件导致38620人受伤，比率为73.60%，公共卫生事件引致的游客伤亡达12894人，所占比率为24.57%，自然灾害和社会安全事件类型引致的受伤人数相对较少，共占比率分别为1.17%和0.65%。因而，可以发现，目前我国引致游客伤亡的旅游突发事件类型主要以事故灾难类和公共卫生类突发事件为主。

## 第二节 我国旅游突发事件的伤害类型

根据突发事件最终导致的伤亡后果，旅游突发事件可区分为致死型旅游突发事件、致伤型旅游突发事件与合并致死致伤型旅游突发事件。旅游突发事件的伤害后果与旅游突发事件本身的内在性质存在较强的关联性，识别这种关联特征，有利于减少旅游突发事件的伤亡规模。

### 一、致死型旅游突发事件的类型分布

致死型旅游突发事件是指有造成旅游者或从业人员死亡的突发事件。在46179起旅游突发事件中，共有3029起致死型旅游突发事件，共造成3418人死亡。在各类导致旅游者和从业人员死亡的旅游突发事件中，猝死、旅游交通安全事故、原有疾病发作、涉水安全事故、突发疾病、一般意外事故等分别达到1371起、525起、515起、142起、78起和160起，占比则达到了45.26%、17.33%、17.00%、4.69%、2.58%和5.28%。可见，这些类型的旅游

突发事件表现出较高的占比（见表4-7）。

表4-7 2010~2018年我国致死型旅游突发事件的频次及百分比

| 事件类型 | 事故亚类 | 频次（起） | 比率（%） | 有效比率（%） | 累积比率（%） |
|---|---|---|---|---|---|
| 自然灾害 | 气象灾害 | 10 | 0.33 | 0.33 | 0.33 |
| | 地质灾害 | 17 | 0.56 | 0.56 | 0.89 |
| 事故灾难 | 交通安全事故 | 525 | 17.33 | 17.33 | 18.22 |
| | 一般意外事故 | 160 | 5.28 | 5.28 | 23.51 |
| | 动物袭击 | 3 | 0.10 | 0.10 | 23.61 |
| | 火灾爆炸 | 10 | 0.33 | 0.33 | 23.94 |
| | 高风险项目 | 65 | 2.15 | 2.15 | 26.08 |
| | 涉水事故 | 142 | 4.69 | 4.69 | 30.77 |
| | 设施设备 | 29 | 0.96 | 0.96 | 31.73 |
| | 其他事故灾难 | 4 | 0.13 | 0.10 | 31.83 |
| 公共卫生事件 | 突发疾病 | 78 | 2.58 | 2.58 | 34.40 |
| | 原有疾病发作 | 515 | 17.00 | 17.00 | 51.40 |
| | 高原反应 | 60 | 1.98 | 1.98 | 53.38 |
| | 中暑 | 1 | 0.03 | 0.03 | 53.42 |
| | 猝死 | 1371 | 45.26 | 45.30 | 98.71 |
| | 食物中毒 | 16 | 0.53 | 0.53 | 99.24 |
| | 病毒疫情 | 1 | 0.03 | 0.03 | 99.27 |
| | 其他公共卫生事件 | 3 | 0.10 | 0.10 | 99.37 |
| 社会安全事件 | 盗抢 | 1 | 0.03 | 0.03 | 99.41 |
| | 抢劫 | 1 | 0.03 | 0.03 | 99.44 |
| | 盗窃 | 1 | 0.03 | 0.03 | 99.47 |
| | 凶杀 | 3 | 0.10 | 0.10 | 99.57 |
| | 自杀 | 12 | 0.40 | 0.40 | 99.97 |
| | 打架斗殴 | 1 | 0.03 | 0.03 | 100.00 |
| 总计 | | 3029 | 100 | 100 | |

本研究尝试对各类致死型突发事件的分布情况进行聚类分析，聚类分析过程调用了 SPSS 的快速聚类法（K-Means）模块，采用静态聚类法，初始探索将聚类设为高频、中频和低频 3 个类别。经过 2 次迭代、聚类分析的 ANOVA 检验结果表明，聚类的 F 值为 498.477，Sig. 为 0.000，小于 0.05 的置信值，具有统计意义（见表 4-8）。

表 4-8　2010~2018 年我国致死型旅游突发事件分布亚类的 ANOVA 分析表

| | 聚类 | | 误差 | | F | Sig. |
|---|---|---|---|---|---|---|
| | 均方 | df | 均方 | df | | |
| 事件分类 | 1028171.408 | 2 | 2062.626 | 21 | 498.477 | 0.000 |

聚类结果发现，在致死型旅游突发事件中，猝死（45.26%）是高频旅游突发事件，交通安全事故（17.33%）和原有疾病发作（17.00%）则是中频旅游突发事件，其余各类突发事件属于低频事件。

## 二、致伤型旅游突发事件的类型分布

致伤型旅游突发事件是指有造成旅游者或从业人员受伤的突发事件。在统计范畴内，共有 42617 起致伤型旅游突发事件，共造成 93379 人受伤。其中，事故灾难类旅游突发事件最多，达到 33403 起，一般意外事故、旅游交通安全事故和高风险项目分别达到 18527 起、8299 起和 2390 起，占比则达到了 43.47%、19.47%、5.61%；其次是公共卫生事件，达 8488 起，食物中毒、突发疾病发作和原有疾病分别达 3019 起、2934 起和 1693 起，占比则分别为 7.08%、6.88%、3.97%；致伤型自然灾害和社会安全事件较少，分别为 481 起和 245 起。可见，事故灾难和公共卫生事件的致伤率最高。具体而言，一般意外事故、交通安全事故、高风险项目、食物中毒、个人疾病（原有疾病和突发疾病）的致伤率较高（见表 4-9）。

表 4-9　2010~2018 年我国致伤型旅游突发事件的分布亚类

| 事件类型 | 事故亚类 | 频次（起） | 比率（%） | 有效比率（%） | 累积比率（%） |
| --- | --- | --- | --- | --- | --- |
| 自然灾害 | 气象灾害 | 394 | 0.92 | 0.92 | 0.92 |
| | 地质灾害 | 51 | 0.12 | 0.12 | 1.04 |
| | 海洋灾害 | 32 | 0.08 | 0.08 | 1.12 |
| | 其他自然灾害 | 4 | 0.01 | 0.01 | 1.13 |
| 事故灾难 | 交通安全事故 | 8299 | 19.47 | 19.47 | 20.60 |
| | 生物袭击 | 956 | 2.24 | 2.24 | 22.85 |
| | 火灾爆炸 | 75 | 0.18 | 0.18 | 23.02 |
| | 高风险项目 | 2390 | 5.61 | 5.61 | 28.63 |
| | 涉水事故 | 632 | 1.48 | 1.48 | 30.11 |
| | 设施设备 | 2330 | 5.47 | 5.47 | 35.58 |
| | 踩踏事故 | 180 | 0.42 | 0.42 | 36.00 |
| | 一般意外事故 | 18527 | 43.47 | 43.47 | 79.48 |
| | 其他事故灾难 | 14 | 0.03 | 0.03 | 79.51 |
| 公共卫生事件 | 突发疾病 | 2934 | 6.88 | 6.88 | 86.39 |
| | 原有疾病发作 | 1693 | 3.97 | 3.97 | 90.37 |
| | 高原反应 | 695 | 1.63 | 1.63 | 92.00 |
| | 中暑 | 85 | 0.20 | 0.20 | 92.20 |
| | 食物中毒 | 3019 | 7.08 | 7.08 | 99.28 |
| | 病毒疫情 | 39 | 0.09 | 0.09 | 99.37 |
| | 其他公共卫生事件 | 23 | 0.05 | 0.05 | 99.43 |
| 社会安全事件 | 盗抢 | 3 | 0.01 | 0.01 | 99.43 |
| | 抢劫 | 21 | 0.05 | 0.05 | 99.48 |
| | 盗窃 | 15 | 0.04 | 0.04 | 99.52 |
| | 自杀 | 2 | 0.00 | 0.00 | 99.52 |
| | 黄赌毒 | 1 | 0.00 | 0.00 | 99.52 |
| | 群体性事件 | 26 | 0.06 | 0.06 | 99.58 |
| | 打架斗殴 | 177 | 0.42 | 0.42 | 100.00 |
| 总计 | | 42617 | 100 | 100 | |

本研究尝试对各类致伤型突发事件的分布情况进行聚类分析，聚类分析过程调用了 SPSS 的快速聚类法（K-Means）模块，采用静态聚类法，初始探索将聚类设为高频、中频和低频 3 个类别。经过 2 次迭代、聚类分析的 ANOVA 检验结果表明，聚类的 F 值为 179.972，Sig. 为 0.000，小于 0.05 的置信值，具有统计意义，见表 4-10。

表 4-10  2010~2018 年我国致伤型旅游突发事件分布亚类的 ANOVA 分析表

|  | 聚类 | | 误差 | | F | Sig. |
| --- | --- | --- | --- | --- | --- | --- |
|  | 均方 | df | 均方 | df |  |  |
| 事件分类 | 177415184.379 | 2 | 991299.240 | 24 | 178.972 | 0.000 |

聚类结果发现，在致伤型旅游突发事件中，一般意外事故（43.47%）是高频旅游突发事件，旅游交通安全事故（19.47%）是中频旅游突发事件，其余各类突发事件属于低频事件。

## 三、合并致死致伤型旅游突发事件的类型分布

合并致死致伤型旅游突发事件是指同时造成旅游者或从业人员死亡和受伤两种伤害结果的突发事件。在统计范畴内，共有 291 起旅游突发事件合并造成旅游者和从业人员死伤。如表 4-11 所示，在合并致死致伤型旅游突发事件中，旅游交通安全事故达到了 243 起，占比则达到了 83.51%；涉水事故 13 起，占比为 4.47%；地质灾害 8 起，占比为 2.75%；高风险项目 7 起，占比为 2.41%。其他类型事件的分布较为分散，分布比率一般在 0.34%~1.72%。因此，旅游交通安全事故在合并致死致伤型旅游突发事件中占绝对分布地位。

表 4-11  2010~2018 年我国合并致死致伤型旅游突发事件的分布亚类

| 事件类型 | 事故亚类 | 频次（起） | 比率（%） | 有效比率（%） | 累积比率（%） |
| --- | --- | --- | --- | --- | --- |
| 自然灾害 | 气象灾害 | 4 | 1.37 | 1.37 | 1.37 |
|  | 地质灾害 | 8 | 2.75 | 2.75 | 4.12 |

续表

| 事件类型 | 事故亚类 | 频次（起） | 比率（%） | 有效比率（%） | 累积比率（%） |
|---|---|---|---|---|---|
| 事故灾难 | 交通安全事故 | 243 | 83.51 | 83.51 | 87.63 |
| | 设施设备 | 4 | 1.37 | 1.37 | 89.00 |
| | 涉水事故 | 13 | 4.47 | 4.47 | 93.47 |
| | 火灾爆炸 | 3 | 1.03 | 1.03 | 94.50 |
| 事故灾难 | 高风险项目 | 7 | 2.41 | 2.41 | 96.91 |
| | 一般意外事故 | 5 | 1.72 | 1.72 | 98.63 |
| | 其他事故灾难 | 3 | 1.03 | 1.03 | 99.66 |
| 社会安全事件 | 抢劫 | 1 | 0.34 | 0.34 | 100.00 |
| 总计 | | 291 | 100 | 100 | |

本研究尝试对各类合并致死致伤型突发事件的分布情况进行聚类分析，聚类分析过程调用了 SPSS 的快速聚类法（K-Means）模块，采用静态聚类法。由于各类事件的频数呈现两极差异，因此初始探索将聚类设为高频和低频 2 个类别。经过 2 次迭代、聚类分析的 ANOVA 检验结果表明，聚类的 F 值为 50836.900，Sig. 为 0.000，小于 0.05 的置信值，具有统计意义，见表 4-10。

表 4-12  2010~2018 年我国合并致死致伤型旅游突发事件分布亚类的 ANOVA 分析表

| | 聚类 | | 误差 | | F | Sig. |
|---|---|---|---|---|---|---|
| | 均方 | df | 均方 | df | | |
| 事件分类 | 50836.900 | 1 | 12.750 | 8 | 3987.208 | 0.000 |

聚类结果发现，在合并致死致伤型旅游突发事件中，旅游交通安全事故是高频旅游突发事件，其发生比率达到 83.51%，在所有的合并致死致伤型突发事件中占有绝对分布地位。其余各类突发事件属于低频事件。在低频的合并致死致伤型旅游突发事件中，地质灾害、高风险项目引致的事故、涉水事故的发生比率较高，分别为 2.75%、2.41% 和 4.47%。其余各类型突发事件的发生比率一般在 2.41% 及以下。

# 第五章　我国旅游突发事件的影响因素研究

旅游活动具有流动性、异地性、广泛性和复杂性，旅游活动的运作过程涉及广泛的时间、空间、环境和个体因素，这使旅游突发事件具有多样化的成因结构和影响因素。在旅游突发事件的发生过程中，其具体的触发因子通常是多项因素综合作用的结果。了解旅游突发事件的影响因素及其关联规律，有利于推动旅游突发事件的预防与管理。

## 第一节　我国旅游突发事件与影响因素的关联关系

本研究是以案例信息为基础所进行的探索研究，案例信息分解和编码后所形成的变量主要是定性分类变量。本研究采用美国的 Stephen Borgatti 等开发的社会网络分析软件 Ucinet 及其内置的 NetDraw 绘图工具[①]，以揭示旅游突发事件和触发因素之间的关联关系。旅游突发事件类型与触发因素具有不同程度的联系强度，事件的发生也是多种因素之间相互作用、共同影响的结果。该方法可通过建立关系模型探究系统要素间的相互关系，同时借助网络可视化分析技术将旅游突发事件中复杂多样的要素联系以直观清晰的形式进行呈现。因此，可对旅游突发事件类型与影响因素之间的相互联系建立相应的网络模型，通过社会网络分析中的 2 模网络结构揭示旅游突发事件和触发因素之间的关联关系。在网络结构图中，每个突发事件要素节点代表一个的研究对象，边代表要素间的关系，边的粗细与触发因素关联程度成正比。本章研究所涉及的主要相关变量及其结构如表 5-1 所示。

---

① Borgattis P., Everett M. G., Freeman L. C.. Ucinet for win-dows: Software for social network analysis [M]. Harvard, MA: Ana-lytic Technologies, 2002.

表 5-1 触发因素分类变量的分类结构表

| 序号 | 事件类别 | | | 时间因素 | | | 空间因素 | | | 环境要素 | 个体因素 |
|---|---|---|---|---|---|---|---|---|---|---|---|
| | | | | 季度 | 月度 | 时段 | 要素空间 | 微观空间 | 地理区域 | | |
| 1 | 气象灾害 | 食物中毒 | 打架斗殴 | 第一季度 | 1月 | 凌晨 | 餐饮场所 | 景区 | 华东 | 大气环境 | 游客身体因素 |
| 2 | 地质灾害 | 原有疾病发作 | 黄赌毒 | 第二季度 | 2月 | 上午 | 住宿场所 | 酒店 | 华南 | 地质环境 | 游客安全技能 |
| 3 | 海洋灾害 | 突发疾病 | | 第三季度 | 3月 | 下午 | 交通场所 | 楼梯 | 华北 | 海洋环境 | 游客安全认知 |
| 4 | 其他自然灾害 | 高原反应 | | 第四季度 | 4月 | 晚上 | 游览场所 | 卫生间 | 西北 | 道路环境 | 从业人员身体因素 |
| 5 | 交通安全事故 | 中暑 | | | 5月 | | 购物场所 | 车上 | 东北 | 出行环境 | 从业人员安全技能 |
| 6 | 一般意外事故 | 猝死 | | | 6月 | | 娱乐场所 | 船上 | 西南 | 游览环境 | 从业人员安全认知 |
| 7 | 设施设备事故 | 病毒疫情 | | | 7月 | | | 火车 | 华中 | 社会治安环境 | |
| 8 | 生物袭击 | 其他公共卫生事件 | | | 8月 | | | 停车场 | 港澳台 | 公共卫生环境 | |
| 9 | 涉水事故 | 盗抢 | | | 9月 | | | 海边 | | | |
| 10 | 火灾爆炸 | 抢劫 | | | 10月 | | | 路上 | | | |

续表

| 序号 | 事件类别 | | 时间因素 | | | 空间因素 | | | 环境要素 | 个体因素 |
|---|---|---|---|---|---|---|---|---|---|---|
| | | | 季度 | 月度 | 时段 | 要素空间 | 微观空间 | 地理区域 | | |
| 11 | 高风险项目 | 盗窃 | | 11月 | | | 机场 | | | |
| 12 | 拥挤踩踏 | 凶杀 | | 12月 | | | 餐厅 | | | |
| 13 | 其他事故灾难 | 群体性事件 | | | | | 飞机 | | | |

## 一、旅游突发事件发生类型与时间因素的关联关系

　　季度、月度和时段等时间因素是综合环境因素和旅游者行为阶段的结合因素。它既反映了环境因素的变化节点，也反映了旅游活动或旅游者行为在特定阶段的变化特征，这两者结合所形成的综合特征将影响旅游者面临的风险结构。因此，时间因素是影响旅游突发事件的重要因素。季度包含：第一季度（1~3月）、第二季度（4~6月）、第三季度（7~9月）、第四季度（10~12月）；时段包含：凌晨（0：00~6：00）、上午（6：00~12：00）、下午（12：00~18：00）、晚上（18：00~24：00）。本研究将我国2010~2018年间发生的旅游突发事件及季度、月度和时段等触发因素进行社会网络分析。

　　旅游突发事件亚类与季度的网络结构如图5-1所示。从季度节点大小来看，第三季度是各类旅游突发事件的高发期。从旅游突发事件亚类与季度的连线来看，大部分旅游突发亚类是分布范围较为广泛的事件亚类，与四个季度节点均有联系。从节点的联系强度来看，食物中毒主要发生在第三季度；设施设备事故主要发生在第二、第三季度；突发疾病主要发生在第二、第三、

第四季度；高风险项目主要发生在第三季度。

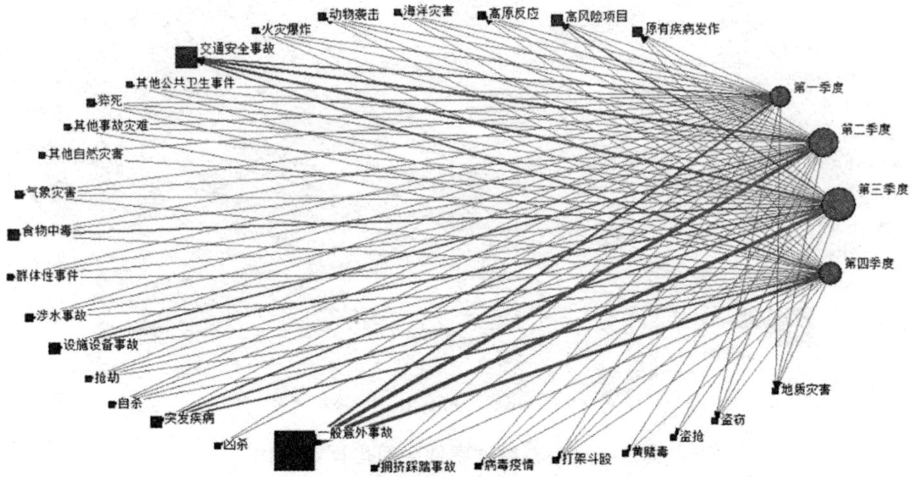

图 5-1　旅游突发事件 – 季度网络结构

旅游突发事件亚类与月度的网络结构如图 5-2 所示。从月度节点强度来看，7~9 月发生的旅游突发事件数量最多，是各类突发事件的高发期。从旅游突发事件亚类与月度的连线来看，交通安全事故、一般意外事故是发生频次最高的事件亚类，与全年 12 个月度节点均有联系。从节点的联系强度来看，食物中毒主要发生在 4 月、7~8 月；设施设备事故主要发生在 4 月；突发疾病主要发生在 4~5 月、7~8 月和 10 月；高风险项目主要发生在 7~8 月。

旅游突发事件亚类与时段的网络结构如图 5-3 所示。从时段节点强度来看，下午是各类旅游突发事件的高发期，而发生在凌晨的旅游突发事件数量相对较少。从旅游突发事件亚类与时段的连线数量来看，大部分旅游突发事件亚类的时段分布都比较广，而盗抢主要发生在下午，凶杀主要发生在凌晨和上午。从节点的联系强度来看，交通安全事故和一般意外事故主要在上午、下午、晚上三个时段均有发生，但较少在凌晨发生；设施设备事故、食物中毒主要发生在晚上；高风险项目引发的事故主要发生在下午。

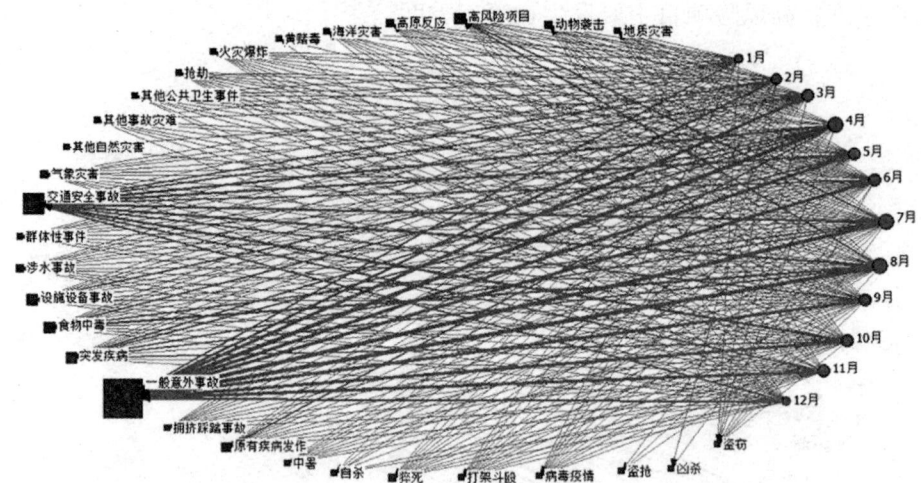

图 5-2　旅游突发事件 – 月度网络结构

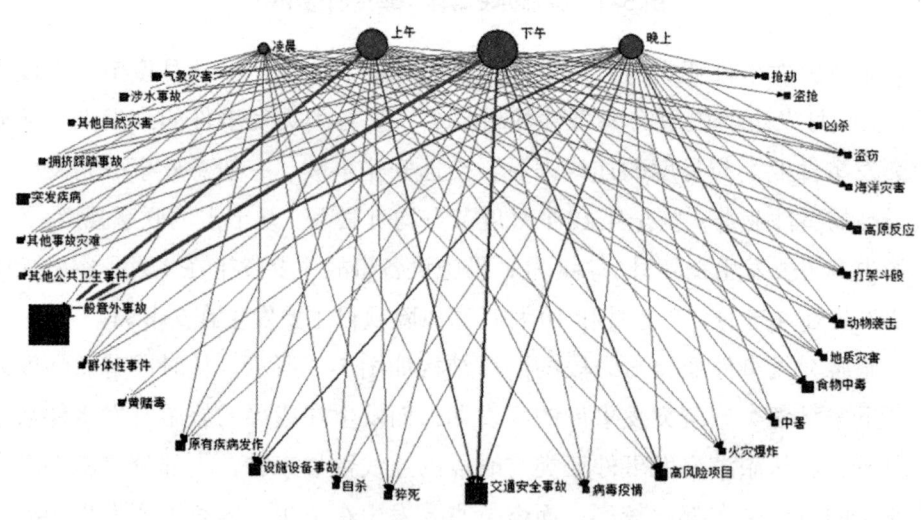

图 5-3　旅游突发事件—时段网络结构

## 二、旅游突发事件与空间因素的关联关系

旅游要素空间是指旅游饮食、住宿、交通、游览、购物和娱乐等要素企

业所承载的服务空间。宏观地域空间是指不同地域所承载的综合游览空间。这两种空间因素是旅游者进行旅游活动的承载体。不同的空间载体代表着不同的地质地貌、气候气象和设施结构，因此不同的空间环境内存在不同的风险结构和风险因素，这对旅游突发事件的发生将产生重要的影响。本研究将我国 2010~2018 年间发生的旅游突发事件与要素空间、宏观地域空间等触发因素进行社会网络分析。

旅游突发事件亚类与要素空间的网络结构如图 5-4 所示。从要素空间节点强度来看，发生在出行空间的旅游突发事件最多，发生在购物空间的旅游突发事件最少。从旅游突发事件亚类与要素空间的连线数量来看，盗抢通常发生在游览和娱乐空间；食物中毒在餐饮、住宿、出行、游览空间均有发生；高原反应较多发生在餐饮、出行、游览和娱乐空间。从节点的联系强度来看，交通安全事故主要发生在出行空间；食物中毒主要发生在餐饮空间；一般意外事故主要发生在住宿、出行和游览空间；设施设备事故主要发生在住宿空间；高风险项目引发的事故主要发生在娱乐空间。

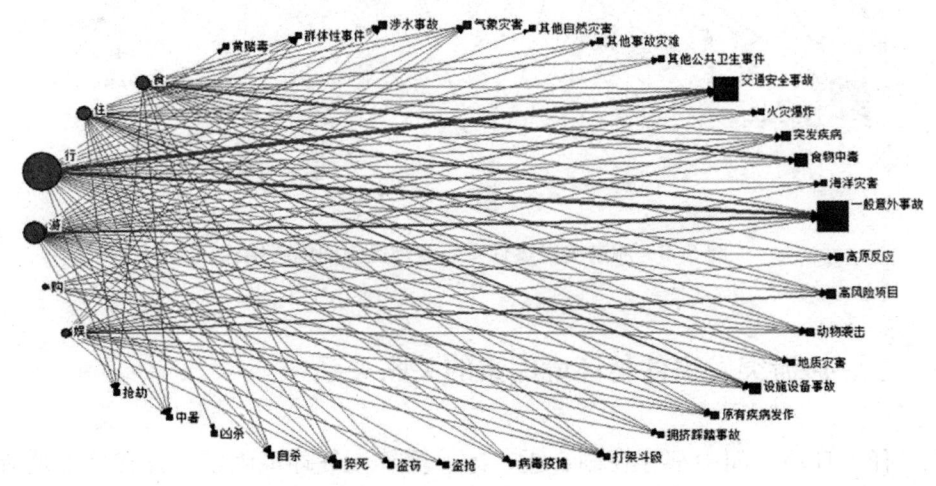

图 5-4　旅游突发事件–旅游要素空间网络结构

旅游突发事件亚类与宏观区域空间的网络结构如图 5-5 所示。从宏观区域空间节点强度来看，发生在西南地区和华东地区的游突发事件较多，发生在东北、西北和港澳台地区的旅游突发事件较少。从旅游突发事件亚类与宏观区域空间的连线数量来看，大部分旅游突发事件亚类的宏观区域空间分布都比较广。从节点的联系强度来看，交通安全事故与西南地区联系强度最为突出，表明发生在西南地区的交通安全事故最多，与华东、华中、华南和华北地区的联系强度也较为明显，表明发生在这些地区的交通安全事故也比较多；一般意外事故发生在西南地区最多，其次是华东、华中和华南地区；食物中毒主要发生在华东和西南地区；原因疾病发作、突发疾病和高原反应、设施设备事故主要发生在西南地区。

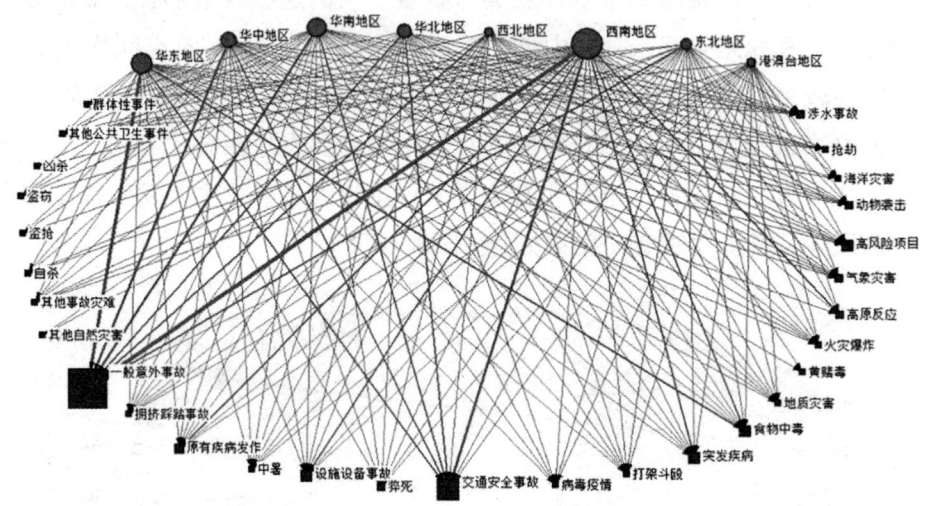

图 5-5　旅游突发事件－宏观地区空间网络结构

## 三、旅游突发事件与环境因素的关联关系

任一环境空间中都存在雨、雪、冰、雾等大气环境因素，存在地形地貌和岩石圈等所构成的地质环境因素①，以及综合了地形条件因素和人工因素的

---

① 此处所指的地质环境是狭义角度的定义，它主要指由岩石及其风化产物——浮土两个部分组成的环境系统。

道路环境因素等各种风险因素。在不同的环境条件下，旅游者和从业人员的游览条件、行为方式、反应速度等会存在较大程度的差异，这将影响旅游突发事件的形成条件。

研究将我国 2010~2018 年间发生的旅游突发事件与环境因素进行社会网络分析，网络结构如图 5-6 所示。从环境因素节点强度来看，因出行环境、游览环境和公共卫生环境触发的旅游突发事件数量较多。从旅游突发事件亚类与环境因素的连线数量来看，打架斗殴、抢劫、盗窃、凶杀等是由社会治安环境引发；自杀、盗抢多由社会治安环境、游览环境等因素叠加影响而形成；中暑由大气环境引发；高原反应主要由游览环境、大气环境和出行环境等因素叠加影响形成。从节点的联系强度来看，交通安全事故与出行环境联系强度最为明显，表明出行环境是引发交通安全事故的主要原因；气象灾害仅与大气环境有关联，且联系强度较大；食物中毒主要有公共卫生环境因素引发；动物袭击、高风险项目与游览环境的联系较强，说明游览环境是引发动物袭击、高风险项目事故的主要原因。

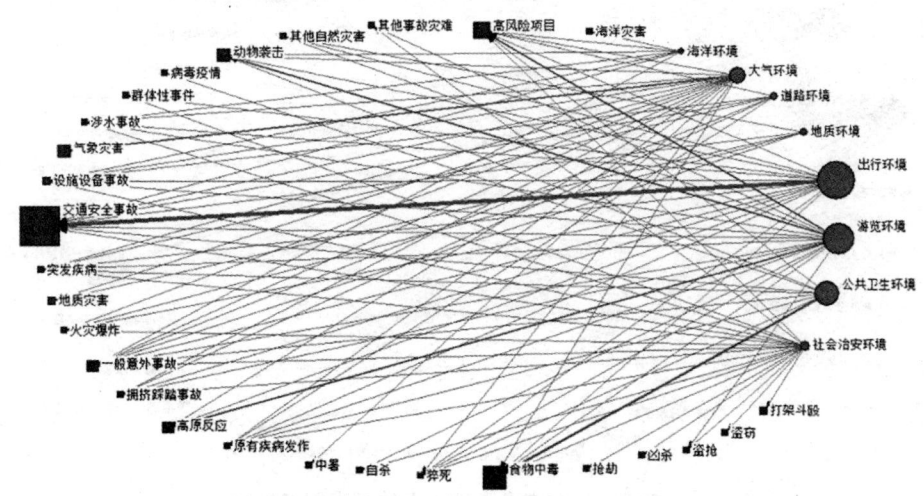

图 5-6 旅游突发事件 – 环境因素网络结构

## 四、旅游突发事件与个体因素的关联关系

旅游者是旅游活动中的能动主体，旅游者对安全风险的态度、应对技能等安全素质，是影响旅游者风险应对能力和风险处置结果的重要因素。研究将我国 2010~2018 年间发生的旅游突发事件与旅游者个体因素进行社会网络分析。

旅游突发事件亚类与个体因素的网络结构如图 5-7 所示。从个体因素节点强度来看，因游客身体因素和游客安全认知引发的旅游突发事件数量最多。从旅游突发事件亚类与个体因素的连线数量来看，抢劫、盗窃、盗抢、火灾爆炸、群体性事件、打架斗殴等社会安全类突发事件与游客安全认知有关；猝死与游客身体因素有关，中暑与游客身体因素和游客安全认知有关。从节点的联系强度来看，原有疾病发作、突发疾病与游客身体因素联系最紧密；一般意外事故与游客安全认知联系最紧密。

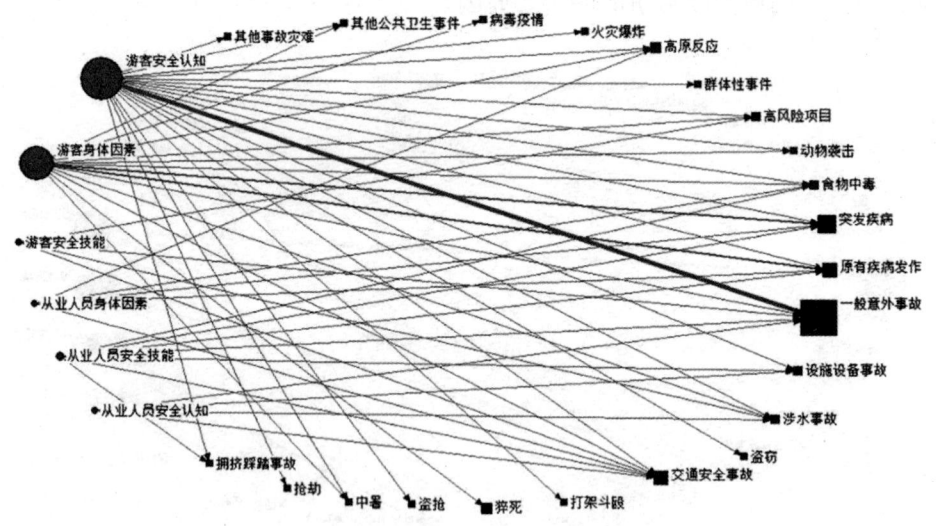

图 5-7 旅游突发事件－个体因素网络结构

## 第二节　我国旅游突发事件影响因素的分布特征

旅游活动是旅游者依赖于特定的时间、空间和环境来完成的一种具综合性的行为活动。通过上述研究可知，时间因素、空间因素、环境因素和个体因素等，都是影响旅游活动的常见因素，也是触发旅游突发事件的重要根源。旅游突发事件在发生发展过程中，在时间、空间、环境和个体因素上有其内在的规律和外在的表现特征。

### 一、旅游突发事件的时间分布特征

#### （一）旅游突发事件的宏观时间分布

在旅游活动中，宏观的季度和月度时间与大气因素和景观表现因素存在直接的关联性，这使旅游活动表现出明显的淡旺季差异，由此引起的旅游者规模数量上的压力是导致旅游突发事件发生的重要原因。从宏观时间来看，我国旅游突发事件主要发生在夏季和秋季等我国传统的旅游旺季，其占比分别为28.03%、33.54%，夏秋两个季度的总体占比高达61.57%（见图5-8）。

从月度分布来看，7月和8月的暑假是旅游突发事件的高发时期，其分布比率分别为12.83%和13.00%。4~10月的旅游突发事件发生率占据了全年突发事件水平的70.53%，其分布占有绝对统治地位。原因在于这些月份含有较长的公共假期，游客扎堆出游造成旅游交通运输紧张、旅游景区爆满等旅游拥堵现象，加大了旅游地的管理难度。同时，游客流量的短期剧增会导致旅游环境承载负荷过大，容易引起当地居民的不满。此外，旺季持续的客流规模会导致旅游地的设施疲劳和人员疲劳，这无疑会增加旅游地的安全隐患。由此产生的综合压力是导致旅游突发事件发生的重要原因（见图5-9）。

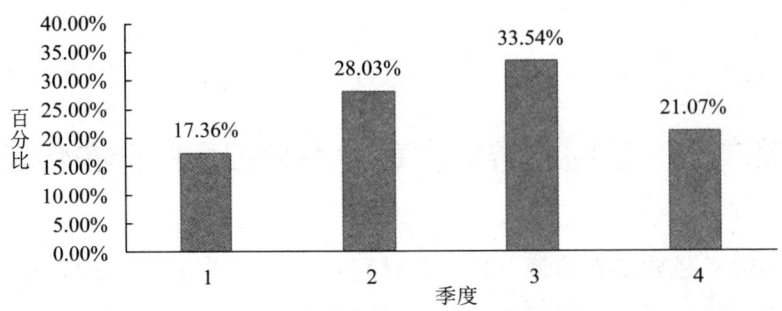

图 5-8 旅游突发事件的季度分布

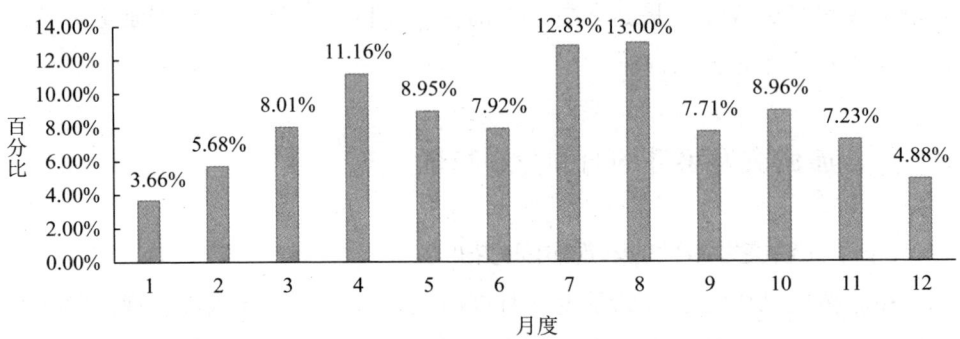

图 5-9 旅游突发事件的月度分布

## （二）旅游突发事件的微观时段分布

从微观的时段分布来看，30.45% 的旅游突发事件发生于上午（6:00~12:00），41.08% 的旅游突发事件发生于下午（12:00~18:00）。旅游突发事件在凌晨（0:00~6:00）和晚上（18:00~24:00）的发生比率较低，分别为 6.04% 和 22.43%。因此，在旅游活动的主要承载时间的下午和上午，旅游突发事件发生比率高。而凌晨和晚上等旅游活动的沉寂期则突发事件发生比率较低（见图 5-10）。

研究以事件发生时间的整点时间作为统计时刻，分析其在 1 天 24 小时内的分布趋势。如图 5-11 所示，旅游突发事件在旅游时间进程中基本上呈抛物线变化，总体趋势是先递增后递减。其中，10:00 和 15:00 是旅游突发事件的高发时间点。

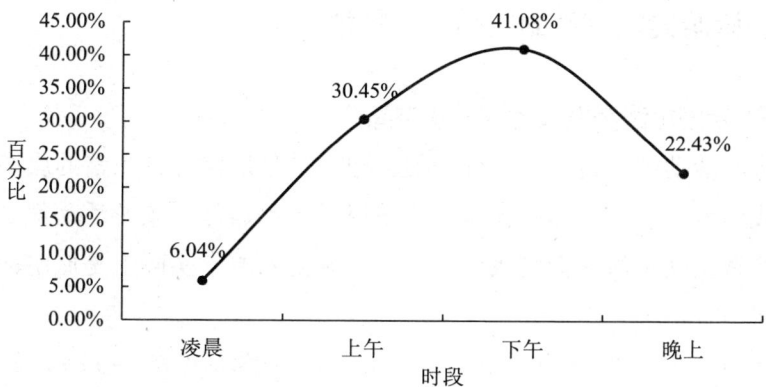

图 5-10 旅游突发事件的时段分布

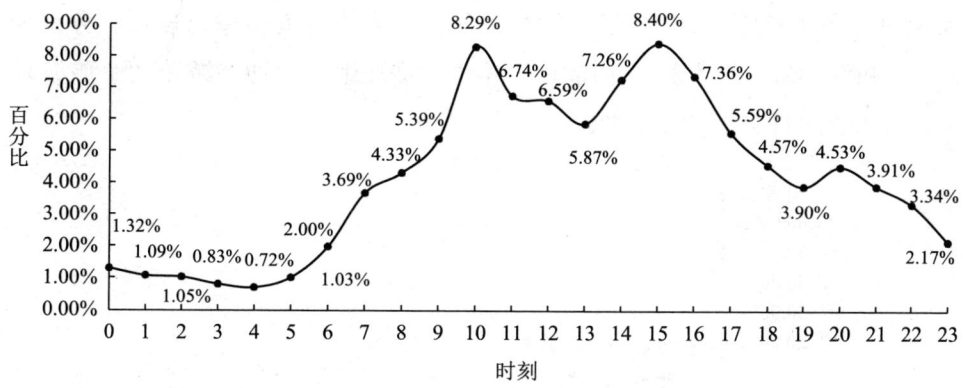

图 5-11 旅游突发事件的具体时间分布

旅游突发事件在微观时段的分布特点有其内在的原因。旅游者的旅游活动需要具体的时间予以承载，随着旅游活动的进行和旅游时间的消耗，旅游者和旅游从业人员的个人的体能、判断力等风险应对能力会出现衰减，其安全能力甚至会下降到无法应对风险的程度，并最终导致旅游突发事件的发生。此外，15：00~16：00左右是旅游车辆的回程时间，司驾人员在此时较为疲惫，又容易产生尽快回去的焦急心理，因此常导致旅游交通安全事故的发生。这一时段是旅游交通事故的高发期。

## 二、旅游突发事件的空间分布特征

### （一）我国旅游突发事件的要素空间分布

在旅游活动中，食、住、行、游、购、娱等是旅游者完整的旅游行程的基本构成内容，它由具体的要素企业予以承担和运作，旅游活动就是在这些不同的要素空间中流转而完成的。因此，旅游六要素实际上是旅游活动中的六种空间场所。

从旅游突发事件在要素空间的分布比率来看（见图5-12），旅游交通场所的突发事件发生率最高，达到60.31%。游览场所的事件发生率也比较高，达到了18.24%。餐饮场所和住宿场所的突发事件发生率也不低，分别为8.62%和9.22%。娱乐场所和购物场所的突发事件发生率比较低，分别为3.22%和0.40%。总体上，旅游突发事件主要发生在交通、游览两个旅游环节，二者占事件总数的78.54%。

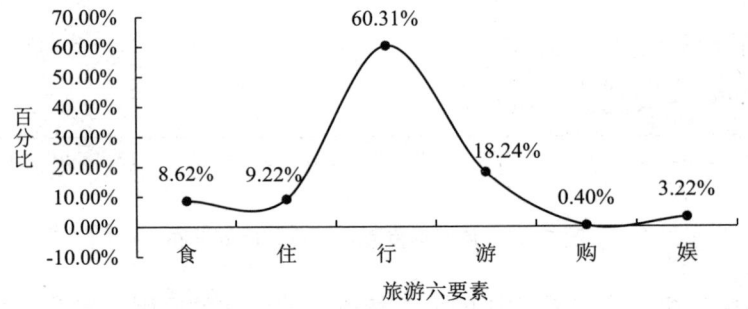

图5-12 旅游突发事件的旅游六要素分布

### （二）我国旅游突发事件的空间分布

本文对旅游突发事件发生的高频空间进行统计。如图5-13所示，发生在各类景区的旅游突发事件占比最高，达到了31.91%；其次是发生车上的旅游突发事件，占比为22.89%；在路上的旅游突发事件发生率也比较高，达到了13.91%；酒店、卫生间、楼梯空间中旅游突发事件的发生率也比较高，分别达到了8.45%、9.22%和6.10%。相比之下，船上、火车上、停车场、海边、机场、飞机和餐厅等空间类型的事件发生率较低。其原因可能在于，旅游者在火车、停车场和机场等空间的停留时间相对较短，进行的旅游活动相对单一，旅游风险相对较少，因此发生的旅游突发事件频数较低。

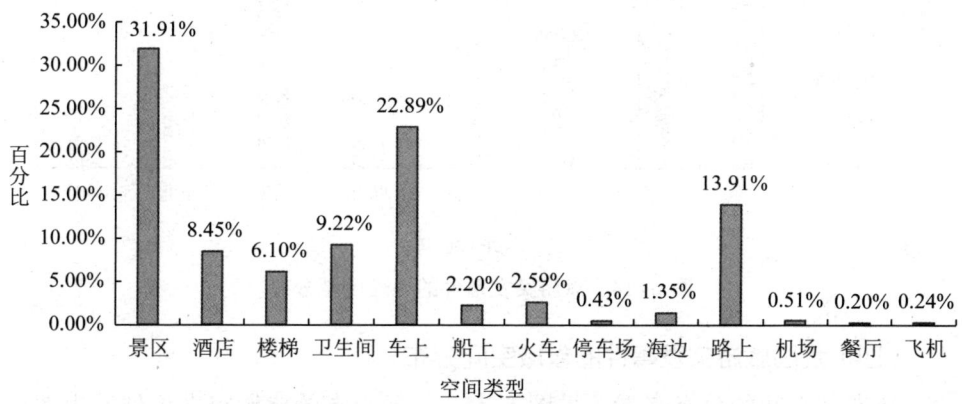

图 5-13　旅游突发事件的空间类型分布

（三）我国旅游突发事件的地理区域空间分布

在我国，不同的地理区域具有不同的经济发展水平、基础设施水平和综合管理水平，因此其总体的风险水平也具有差异性。从地理区域的空间分布来看（见图 5-14），西南地区是旅游突发事件发生率最高的区域，达到了 30.26%，主要原因在于西南地区多山地，交通条件较为薄弱，因此旅游交通事故较为频发。同时，西南地区的热点旅游地一般为高原区域，旅游者突发疾病猝死、高原反应等事件的发生率较高。

华东地区、华南地区、华中地区和华北地区的旅游突发事件发生率居于第二集团地位，其发生率分别为 18.06%、15.80%、12.05% 和 9.95%。东北、西北和港澳台地区的事件发生率相对较低，分别为 5.72%、4.79% 和 3.37%。

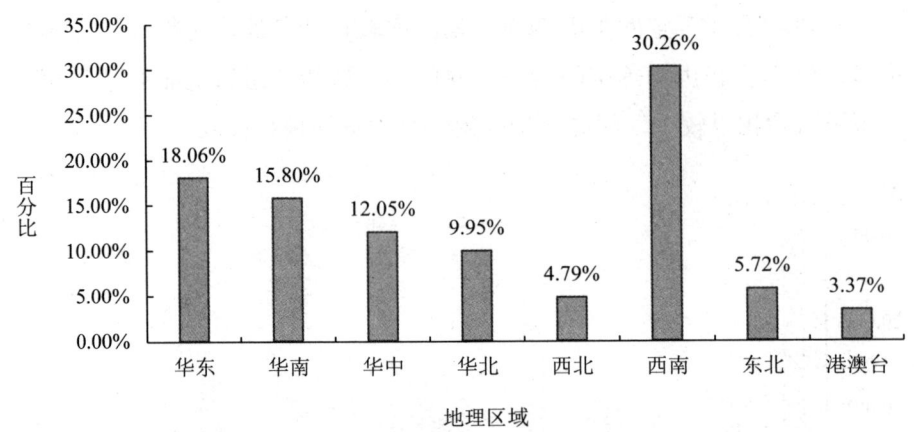

图 5-14 旅游突发事件的地理区域分布

## （四）我国旅游突发事件的省域空间分布

从省域空间的分布来看（见图 5-15），云南省的旅游突发事件发生率最高，为 21.94%；其次是海南，为 8.92%；湖南的旅游突发事件的发生频率也比较高，为 5.77%。总体上，云南和海南处于旅游突发事件发生规模的第一集团，湖南、山东、浙江、四川、广东等省份居于第二集团。北京、福建、辽宁、广西、内蒙古、台湾、江苏、江西、河南、安徽、重庆等居于第三集团。比较而言，其余省份的事件发生概率低。

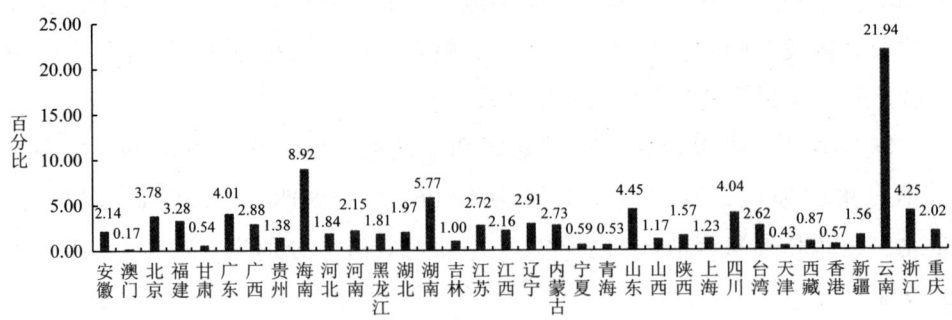

图 5-15 旅游突发事件的省域发生概率

### 三、旅游突发事件环境影响因素的分布特征

根据本书的统计数据，42.00%的旅游突发事件由环境因素引发或其发生过程存在环境风险因素的诱因。本书根据既有的统计数据，将统计结果所反映的环境风险因素分为自然环境类风险和社会环境类风险。其中，自然环境类风险包括大气环境风险、地质环境风险、海洋环境风险和道路环境风险；社会环境类风险包括出行环境风险、游览环境风险、社会治安环境风险、公共卫生环境风险。当然，这种分类并不代表所有潜在可能的环境风险类型，本研究所提出的分类只是基于现有统计数据的归纳性分类结果。如图 5-16 所示，自然环境类的风险因素所占比重为 10.08%，社会环境类的风险因素所占比重为 89.92%。社会环境类风险因素占比较大。

在自然环境风险中，大气环境风险占比最大，达到 6.54%。相比之下，地质环境风险、海洋环境风险和道路环境风险引发的旅游突发事件发生率较低，占比分别为 0.87%、0.18% 和 2.49%。

在社会环境风险中，因出行环境风险而导致突发事件的占比最高，达到 44.66%。因游览环境风险导致的突发事件占比也较高，达到 26.72%。此外，因公共卫生风险导致突发事件的占比达到了 17.46%，因社会治安环境风险导致突发事件的占比为 1.08%。

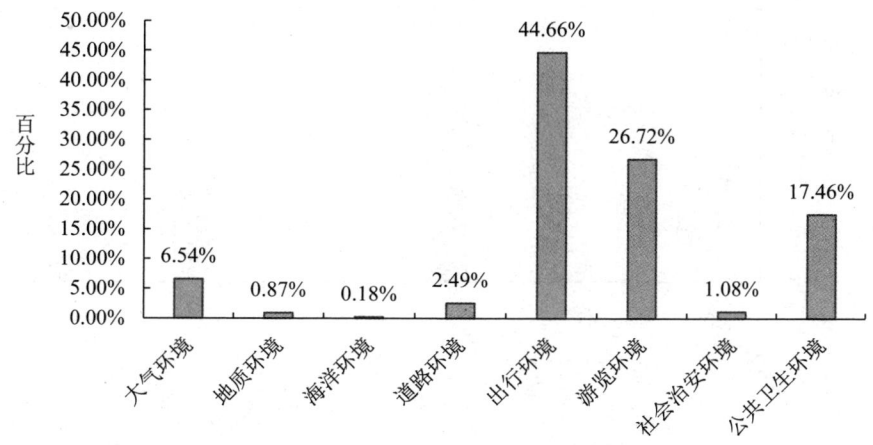

图 5-16 旅游突发事件的环境风险分布

## 四、旅游突发事件个体影响因素的分布特征

旅游者和旅游从业人员是具有主观能动性和素质差异的行为个体，其个体因素对旅游活动的安全性也会产生重要影响。在安全风险的应对中，缺乏安全常识、缺乏专业技能、个人体质问题等，都是影响风险应对结果的重要因素。在总计46179起旅游突发事件中，34501起事件都能从旅游者或旅游从业人员身上找到个体因素。在这些事件中，部分事件是由旅游者或旅游从业人员的个体原因直接导致；部分事件则是因为旅游者或旅游从业人员缺乏安全意识，而使事件无法避免或导致事件的后果更为严重。

如图5-17所示，71.56%的旅游突发事件由旅游者个体因素导致。但是，旅游者的个体因素也表现出多样化的原因属性。其中，旅游者安全认知的缺乏是引致旅游突发事件的常见原因，其发生率达到了54.47%；旅游者身体因素引发的旅游突发事件达到了15.15%；旅游者缺乏安全技能也具有一定的发生率，其事件触发率为1.94%。28.43%的旅游突发事件由从业人员个体因素导致。其中，从业人员缺乏安全认知引发的旅游突发事件达到14.91%；从业人员缺乏安全技能引发的旅游突发事件达到了13.49%；从业人员身体因素引发的旅游突发事件达到了0.03%。以上表明，旅游者个体风险因素是触发旅游突发事件的重要影响因素。

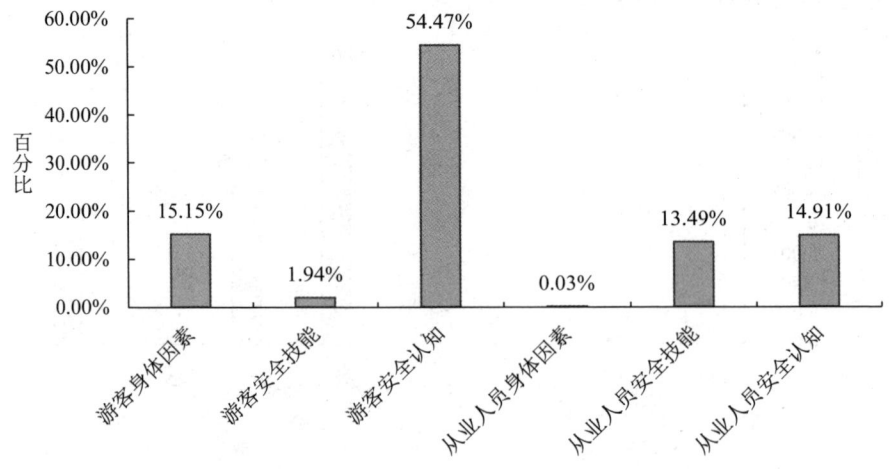

图5-17 旅游突发事件的个人原因类型分布

# 第六章 我国旅游突发事件的伤亡特征研究

旅游突发事件的伤害后果包括人身伤亡、财物损失、心理伤害和资源破坏、设施损毁等类型。其中，旅游者和从业人员的人身伤亡是后果最严重、最易引起高额赔偿和法律纠纷的事件后果。旅游突发事件中的人员伤亡也容易引发综合性的负面影响，影响旅游地的市场形象。因此，了解我国旅游突发事件的伤亡特征和规律，识别事件伤亡规模的引致风险等，是促进旅游突发事件治理、减少旅游突发事件伤亡的重要认知依据。

## 第一节 我国旅游突发事件伤亡的空间特征

由于地理环境条件、经济发展水平和社会环境等因素的影响，我国旅游突发事件及其伤亡规模的区域分布，及其在不同地理空间下的表现特征存在不均衡现象。探索我国旅游突发事件伤亡规模的不均衡分布特征，并探索分类旅游突发事件的伤亡特征，有利于提升我国旅游业的安全管理水平，推动我国旅游业的可持续发展。

### 一、旅游突发事件伤亡规模的全局趋势分布特征

在本研究中，伤亡规模是以突发事件所导致的旅游人员（含旅游者和旅游从业人员）受伤和死亡的合并数作为计量方式。影响因素是按照环境因素、人员因素和设施因素三个变量结构进行分类。在同一起旅游突发事件中，其引致原因可能是单一原因，也可能是复合原因。对于复合原因的旅游突发事件，其引致的伤亡规模作为整体分别计入不同的影响因素。为便于描

述，本研究采用自然断点法将旅游伤亡人数按高值、中高值、中低值和低值进行划分。如图6-1左显示，2010~2018年我国旅游伤亡人数规模的总体分布呈嵌入式格局，其空间结构上的差异性较为明显；具体表现为：西南地区中的云南省为高值区，这是由于云南旅游资源较为丰富，来此旅游的人数较多，但同时云南自然环境风险相对较高，会对旅游突发事件的发生造成一定影响。辽宁、山东、湖南、海南等省份为中高值区，东部沿海以及广西、四川、内蒙古、河北等省份为中低值区域，青藏高原以及大部分内陆省份为低值区。

为揭示我国旅游伤亡人数规模的整体分布趋势，本研究采用了统计分析中的趋势分析工具对旅游伤亡人数规模进行全局趋势分析（见图6-1右）。全局趋势分析是指趋势分析图中的点被投影到东西向和南北向的平面上，用一个多项式拟合，形成一个最佳拟合线，并用它模拟出特定方向上总体存在的趋势[①]。结果显示，我国旅游安全伤亡人数的空间分异格局特征较为明显，总体上呈现在东西方向两端低、中间高，形成倒"U"形分异趋势；南北方向两端高、中间低，形成"U"形分异趋势，并且东西向差异幅度略小于南北向差异。全局趋势分析图能够较好地描绘出我国旅游伤亡规模的空间分异特征；结合图6-1（左），我国旅游突发事件伤亡规模表现为东部高于西部，南部高于北部，这与我国旅游流分布规律较为接近，东部和南部地区旅游资源丰富、旅游活动多样，旅游风险更加复杂，因此旅游突发事件造成的伤亡损失更大。

## 二、旅游突发事件伤亡规模的各省份 Moran 散点图

全局趋势分析一般适用于对整个区域总体分布特征进行分析，但并不能对整体内部各区域的结构特征进行更明确的透析。Moran散点图可以在总体区域内分析一个局部区域与相邻区域的空间关系，具体可将空间区域其分为

---

① 汤国安，杨昕. 地理信息系统空间分析实验教程[M]. 北京：科学出版社，2006：384-385.

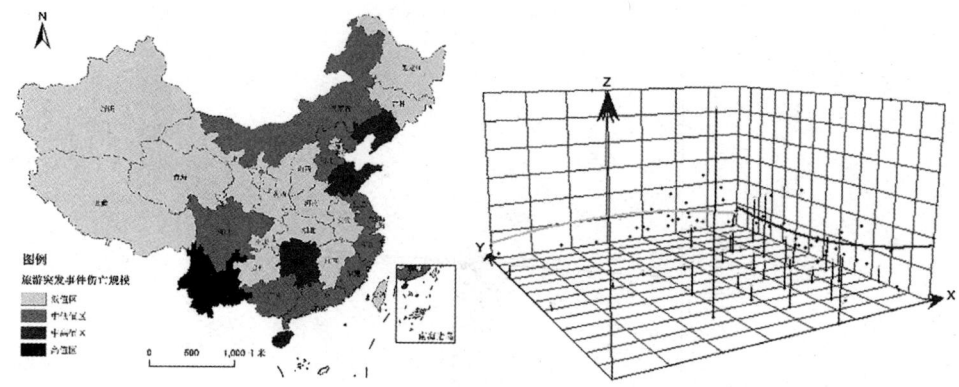

图 6-1  2010~2018 年我国旅游突发事件伤亡规模的空间布局

四个象限：第一象限（高—高）表示该高值区与同类高值区相邻，第三象限（低—低）表示该低值区与同类低值区相邻，它们呈正相关即同质性分布；第二象限（低—高）表示该低值区与高值区相邻，第四象限（高—低）表示该高值区与低值区相邻，它们在空间关系上呈负相关，因而具有异质性特征。本书以 2010~2018 年我国旅游突发事件伤亡规模作为研究指标，利用 Moran 散点图描述关于旅游突发事件在各省份间的空间关系，计算结果如表 6-1 和图 6-2 所示。

表 6-1  旅游突发事件伤亡的各省份 Moran 散点分布

| 象限 | 省份 |
| --- | --- |
| 第一象限（高—高） | 四川、云南、广西、海南 |
| 第二象限（低—高） | 黑龙江、内蒙古、吉林、贵州、重庆、澳门、上海、香港 |
| 第三象限（低—低） | 新疆、北京、山西、河北、河南、甘肃、宁夏、青海、陕西、江苏、安徽、西藏、湖北、江西、天津、台湾 |
| 第四象限（高—低） | 浙江、湖南、福建、广东、辽宁、山东 |

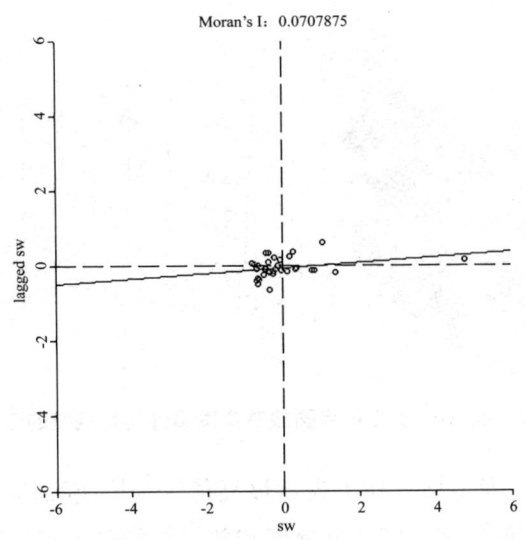

图 6-2　旅游突发事件伤亡规模的各省份 Moran 散点图

据图 6-2 所示,旅游突发事件的全局莫兰指数为 0.07,说明我国旅游伤亡人数分布呈弱集聚分布态势。表 6-1 显示,大部分省份位于同质象限,约占总数的 58.82%,其中有 4 个省份落入第一象限,16 个省份落入第三象限;其余 41.18% 省份落入异质象限,其中 7 个省份落入第二象限,5 个省份落入第四象限。

从表 6-1 中看出,旅游突发事件伤亡规模呈高—高集聚的省份主要分布在西南、华南地区。这些地区形成高—高集聚的原因可能是:一方面,旅游人数较多,基数较大,如海南、云南省;另一方面,由于地理环境复杂,安全风险较大,如西南地区。呈低—高集聚的省份主要位于东北、港澳以及贵州和重庆。形成低—高集聚的原因可能是相对邻近高值省份,这些地区旅游人数较少或旅游安全环境较好。呈低—低集聚的省份主要位于华中和华北地区。这些地区相对邻近同水平的省份,游览环境较为安全。呈高—低集聚的省份华东部分省份以及辽宁和广东,都来自东部沿海省份。这些省区与伤亡人数低值区相邻,主要是由于部分省份游览人数较多,致使突发事件频率较高,如福建和浙江。

## 三、旅游突发事件伤亡规模的区域分布特征

发生区域是根据地理因素并结合我国旅游业的区域产品结构,将各省份和地区归为华东(山东、江苏、安徽、浙江、福建、上海)、华南(广东、广西、海南)、华中(湖北、湖南、河南、江西)、华北(北京、天津、河北、山西、内蒙古)、西北(宁夏、新疆、青海、陕西、甘肃)、西南(四川、云南、贵州、西藏、重庆)、东北(辽宁、吉林、黑龙江)和港澳台8个区域。

本书按照旅游突发事件的发生频数、伤亡规模和平均伤亡规模予以划分,并从区域的视角进行统计。其中,旅游突发事件平均伤亡规模为事件伤亡规模对事件频数的商值,计算结果见表6-2。表中数据显示,我国旅游突发事件伤亡规模在各区域的差异较为明显。

在事件频数上(见表6-2),西南地区的旅游突发事件数量居于首位,占比30.26%;华东地区居于第二位,占比18.06%;其次是华南地区(占比15.80%)、华中地区(占比12.05%);华北地区(占比9.95%)、东北地区(占比5.72%)和西北地区(占比4.79%)较少;港澳台地区(占比3.37%)居于末位。

在伤亡规模上(见表6-2),西南地区的伤亡规模位于第一位,占总伤亡人数的27.63%;华东地区位于第二位,总伤亡人数的19.91%;华南地区(占比14.84%)、华中地区(占比11.49%)、华北地区(占比9.69%)和东北地区(占比9.56%)的伤亡规模较低;西北地区(占比4.76%)和港澳台地区(占比2.11%)地区居于末位。

在平均伤亡规模上(见表6-2),东北地区位居首位,为3.5人/起;华东地区紧随其后,达到2.3人/起;西北地区位居第三位,为2.1人/起;华南地区、华中地区和华北地区位居第四位,为2.0人/起;西南地区位居第五位,达到1.9人/起;港澳台地区位居末位(1.3人/起)。可以看出,总体旅游伤亡规模的大小并不总是由旅游突发事件频数决定的,突发事件的严重程度也会对总体旅游伤亡规模造成重要影响。

表 6-2 旅游突发事件伤亡规模的分区分布

| 区域 | 伤亡规模（人） | 事件数（起） | 平均伤亡规模（人/起） | 区域 | 伤亡规模（人） | 事件数（起） | 平均伤亡规模（人/起） |
|---|---|---|---|---|---|---|---|
| 华东 | 19269 | 8341 | 2.3 | 西北 | 4611 | 2214 | 2.1 |
| 华南 | 14368 | 7296 | 2.0 | 西南 | 26749 | 13973 | 1.9 |
| 华中 | 11119 | 5565 | 2.0 | 东北 | 9253 | 2641 | 3.5 |
| 华北 | 9382 | 4595 | 2.0 | 港澳台 | 2046 | 1554 | 1.3 |

## 四、旅游突发事件伤亡级别的区域分布特征

根据《文化和旅游部涉旅突发事件应急预案》，旅游发事件分为特别重大（Ⅰ级）、重大（Ⅱ级）、较大（Ⅲ级）和一般（Ⅳ级）四级。据此，本研究从旅游突发事件发生频数和伤亡规模的视角对我国 8 个区域的旅游突发事件等级进行阐述（见表 6-3）[①]。

表 6-3 旅游突发事件发生频数的分级分布

| 区域 | 特别重大（Ⅰ级） | | 重大（Ⅱ级） | | 较大（Ⅲ级） | | 一般（Ⅳ） | |
|---|---|---|---|---|---|---|---|---|
| | 频次（起） | 百分比（%） | 频次（起） | 百分比（%） | 频次（起） | 百分比（%） | 频次（起） | 百分比（%） |
| 华东 | 8 | 22.22 | 30 | 25.00 | 379 | 21.76 | 7924 | 17.89 |
| 华南 | 5 | 13.89 | 15 | 12.50 | 240 | 13.78 | 7036 | 15.89 |
| 华中 | 6 | 16.67 | 13 | 10.83 | 172 | 9.87 | 5374 | 12.14 |
| 华北 | 3 | 8.33 | 12 | 10.00 | 158 | 9.07 | 4422 | 9.99 |
| 西北 | 1 | 2.78 | 6 | 5.00 | 82 | 4.71 | 2125 | 4.80 |
| 西南 | 6 | 16.67 | 28 | 23.33 | 452 | 25.95 | 13487 | 30.46 |
| 东北 | 6 | 16.67 | 14 | 11.67 | 232 | 13.32 | 2389 | 5.40 |
| 港澳台 | 1 | 2.78 | 2 | 1.67 | 27 | 1.55 | 1524 | 3.44 |
| 合计 | 36 | 100.00 | 120 | 100.00 | 1742 | 100.00 | 44281 | 100.00 |

---

① 本书根据《文化和旅游部涉旅突发事件应急预案》中的等级划分规定，首先按每起案例中重伤和死亡人数作为划分级别的标准，然后将每起事件中死亡、重伤和轻伤人数合并统计其伤亡规模。案例中可能会出现伤亡规模较大，但为一般级别突发事件的现象，这是因为案例事件中存在一定数量的轻伤游客，但轻伤游客不计入级别的划定依据。

## （一）基于发生频数的旅游突发事件级别区域分布

2010~2018年列入本研究统计范畴的旅游突发事件共46179起，其中特别重大级别事件36起，重大级别事件120起，较大级别事件1742起，一般级别事件44281起。可见，目前一般级别的旅游突发事件是我国旅游突发事件发生的主要形式。如表6-3所示，各区域间的旅游突发事件发生频数存在着较为明显的差异。其中，在特别重大旅游突发事件上，华东地区发生的频次最高，为8起，占22.22%；其次是华中、西南和东北地区，均为6起，占16.67%；华南（5起）地区位于第三；华北（3起）位于第4位；西北和港澳台发生频次最少。不难发现，华东地区是特别重大旅游突发事件的频发地，应重点加强该地区的安全防控。

在重大旅游突发事件上，华东地区发生数量最高，为30起，占25.00%；其次是西南地区，发生的数量为28起，占全国重大旅游突发事件的23.33%；华南（15起）位居第三，占12.50%；东北（14起）地区、华中（13起）位居第四和第五；西北和港澳台地区较少。

在1742起较大级别旅游突发事件上，西南地区共发生452起，占该类突发事件总数的25.95%，高于其他地区；处于第二的区域为华东地区，共发生379起该类旅游突发事件，占21.76%；紧随其后的分别为东北（232起）、华南（240起）、华中（172起）和华北（158起），所占比例分别为13.32%、13.78%、9.87%、9.07%。西北和港澳台地区发生较大级别旅游突发事件的次数相对其他区域比较少，分别为82起、27起，所占比例分别为4.71%和1.55%。可以看出，各区域在较大级别旅游突发事件数量上所表现出的差距较为明显，其中西南地区远远高于其他区域，华东地区也较为频发。

在一般级别旅游突发事件上，西南地区共发生13487起，占该类旅游突发事件总数的30.46%。其次为华东地区，共发生7924起，所占比例为17.89%；华南（7036）、华中（5374）、华北（4422）分别占比15.89%、12.14%、9.99%。其他地区发生一般级别旅游突发事件数量较少。因而，各区域在一般级别旅游突发事件数量上所表现出的差距较为明显，其中西南地区远远高于其他区域，华东地区也较为频发。

## （二）基于伤亡规模的旅游突发事件级别区域分布

表6-4显示，2010~2018年我国发生的旅游突发事件共导致96795人伤亡，其中，特别重大级别事件造成4500人伤亡，重大级别事件造成6887人伤亡，较大级别事件造成32938人伤亡，一般级别事件造成52471人受伤。可以看出，我国旅游突发事件形势比较严峻，所发生事件造成的伤亡规模较大，即多数旅游突发事件的发生会带来较大规模的人员伤亡，其中特别重大和重大级别事件导致的人员伤亡占总伤亡人数的11.76%，较大级别事件导致的人员伤亡占34.03%，一般级别事件造成人员受伤占总伤亡人数的54.21%。

表6-4 旅游突发事件伤亡规模的分级分布

| 区域 | 特别重大（Ⅰ级） | | 重大（Ⅱ级） | | 较大（Ⅲ级） | | 一般（Ⅳ） | |
| --- | --- | --- | --- | --- | --- | --- | --- | --- |
| | 伤亡规模（人） | 百分比（%） | 伤亡规模（人） | 百分比（%） | 伤亡规模（人） | 百分比（%） | 伤亡规模（人） | 百分比（%） |
| 华东 | 882 | 19.60 | 1813 | 26.32 | 7212 | 21.90 | 9362 | 17.84 |
| 华南 | 954 | 21.20 | 855 | 12.41 | 4395 | 13.34 | 8164 | 15.56 |
| 华中 | 733 | 16.29 | 760 | 11.04 | 3373 | 10.24 | 6253 | 11.92 |
| 华北 | 203 | 4.51 | 625 | 9.08 | 3307 | 10.04 | 5247 | 10.00 |
| 西北 | 300 | 6.67 | 249 | 3.62 | 1463 | 4.44 | 2599 | 4.95 |
| 西南 | 683 | 15.18 | 1676 | 24.34 | 8335 | 25.31 | 16054 | 30.60 |
| 东北 | 643 | 14.29 | 885 | 12.85 | 4450 | 13.51 | 3275 | 6.24 |
| 港澳台 | 102 | 2.27 | 24 | 0.35 | 403 | 1.22 | 1517 | 2.89 |
| 合计 | 4500 | 100.00 | 6887 | 100.00 | 32938 | 100.00 | 52471 | 100.00 |

区域层面上（见表6-4），我国旅游突发事件伤亡规模在各区域间的差异较大。在特别重大旅游突发事件中，华南地区造成伤亡规模最大，为954人，占同级别旅游突发事件总伤亡人数的21.20%；华东地区（882）处于第二位，占19.60%；华中（733）、西南（683）、东北（643）处于第三集团，分别占比16.29%、15.18%、14.29%；华北、西北和港澳台地区占比较少。

在重大旅游突发事件中（见表6-4），华东地区和西南地区处于第一集团，分别造成伤亡人数为 1813 人和 1676 人，占比分别为 26.32% 和 24.34%，领先于其他地区。处于第二集团的区域为东北地区和华南地区，其伤亡规模达到 885 人和 855 人，占比分别为 12.85% 和 12.41%。紧随其后的为华中、华北，伤亡人数分别为 760 人、625 人，所占比率分别为 11.04%、9.08%。西北和港澳台地区的旅游伤亡人数相对较少。

在较大旅游突发事件中（见表 6-4），西南地区造成的伤亡规模最大，为 8335 人，占 25.31%；其次是华东地区，造成伤亡规模为 7212，占 21.90%；位于第三集团的区域分别为东北、华南、华中和华北地区，导致的旅游者伤亡人数分别为 4450 人、4395 人、3373 人、3307 人，所占比率分别为 13.51%、13.34%、10.24%、10.04%。西北和港澳台地区的较大级别旅游突发事件所导致的伤亡规模相对较少。此外，从表中可以看出，同一集团内区域间的旅游伤亡规模相差较小，不同集团间区域间的旅游伤亡规模相差较大。

一般旅游突发事件的频次较高、所导致的受伤人员在总体规模上也比较大（见表 6-4）。其中，西南地区共伤亡 16054 人，占同级别旅游突发事件总伤亡人数的 30.60%，领先于其他地区。这一方面说明了西南地区游客规模较大，但另一方面也反映了该地区旅游环境风险程度较高，旅游突发事件频发，安全形势令人担忧。处于第二集团的区域为华东地区，其伤亡规模达到 9362 人，比率为 17.84%。紧随其后的为华南、华中、华北地区，伤亡人数分别为 8164 人、6253 人、5247 人，所占比率分别为 15.56%、11.92%、10.00%。西北、东北和港澳台地区的旅游伤亡人数相对较少。

可以发现，由于各区域的风险特征及其程度不同，所导致的旅游突发事件规模也呈现较大的差异性。西南地区以丰富的自然旅游资源吸引大量游客慕名前来，但该地区也表现出崇山峻岭较多、地形复杂险要等特征，因而自然灾害类事件和旅游交通事故发生较多，带来的伤亡规模也较大；此外，该地区社会治安管理相对薄弱，容易发生食物中毒、抢劫等突发事件。华东、华南和华中地区具有较好的区位优势，离主要客源市场较近，因此旅游规模较大，但是丘陵山区较多、涉水旅游项目较多，在节假日期间容易发生重大交通事故以及涉水、坠落等事故。而东北地区远离主要客源市场，且旅游资源相对较为贫乏，游客人数相对较少，因此旅游突发事件也较少发生。

## 五、分类旅游突发事件伤亡规模与级别的分布特征

旅游突发事件包括自然灾害、事故灾难、公共卫生事件和社会安全事件等不同性质的分类。由于产生机制不同，分类旅游突发事件在区域分布特征上也呈现出较大差异。

### （一）分类旅游突发事件伤亡规模的区域分布特征

#### 1. 基于发生频数的区域分布特征

从发生频数来看，我国旅游突发事件的分类分布在不同区域具有明显的极化效应。不同类型旅游突发事件的发生频次在不同区域上存在显著的分布差异。如表6-5所示，在自然灾害类旅游突发事件中，西南地区发生最多，占同类突发事件总数的27.41%；处于第二集团的有华东（19.88%）、华南（13.20%）和港澳台（13.62%）；华中、华北、西北和东北地区相对较少。

表6-5 分类旅游突发事件频数的区域分布

| 区域 | 自然灾害 | | 事故灾难 | | 公共卫生事件 | | 社会安全事件 | |
|---|---|---|---|---|---|---|---|---|
| | 频数 | 百分比（%） | 频数 | 百分比（%） | 频数 | 百分比（%） | 频数 | 百分比（%） |
| 华东 | 235 | 19.88% | 6222 | 18.20% | 1850 | 17.55% | 34 | 12.69% |
| 华南 | 156 | 13.20% | 5614 | 16.42% | 1462 | 13.87% | 63 | 23.51% |
| 华中 | 111 | 9.39% | 4540 | 13.28% | 881 | 8.36% | 34 | 12.69% |
| 华北 | 97 | 8.21% | 3624 | 10.60% | 846 | 8.03% | 28 | 10.45% |
| 西北 | 47 | 3.98% | 1717 | 5.02% | 444 | 4.21% | 6 | 2.24% |
| 西南 | 324 | 27.41% | 9732 | 28.47% | 3828 | 36.32% | 89 | 33.21% |
| 东北 | 51 | 4.31% | 1841 | 5.38% | 738 | 7.00% | 11 | 4.10% |
| 港澳台 | 161 | 13.62% | 899 | 2.63% | 491 | 4.66% | 3 | 1.12% |
| 合计 | 1182 | 100.00% | 34189 | 100.00% | 10540 | 100.00% | 268 | 100.00% |

如表6-5所示，在事故灾难类旅游突发事件中，区域的集聚现象较

为明显，西南地区占比28.47%，华东（18.20%）、华南（16.42%）、华中（13.28%）和华北（10.60%）处于第二集团。紧随其后的为东北（5.38%）和西北（5.02%）；港澳台地区居于末位。

公共卫生事件在不同区域间分布不均衡，西南地区占比36.32%，明显多于其他地区；华东（17.55%）和华南（13.87%）地区处于第二集团；华中（8.36%）和华北（8.03%）处于第三集团，发生事件数量较为接近；西北（4.21%）、东北（7.00%）和港澳台（4.66%）地区相对较少。

在社会安全事件中，西南地区发生数量最大，处于首位，共发生89起（33.21%）；华南（23.51%）地区位于第二位；华东（12.69%）、华中（12.69%）、华北（10.45%）发生的社会安全事件数量比较接近；西北（2.24%）、东北（4.10%）和港澳台（1.1%）地区最少。

**2. 基于伤亡规模的区域分布特征**

如表6-6所示，从伤亡规模来看，我国旅游突发事件的类型分布和区域分布都呈现出差异性。整体上，由事故灾难导致的伤亡人数最多，占总伤亡人数的58.48%。由公共卫生事件致使的伤亡规模位居其次，所占比率为39.70%。自然灾害和社会安全事件的发生次数较少，带来的伤亡规模也较小，分别占比1.44%和0.39%。可见，我国旅游突发事件主要以事故灾难为主要发生类型，发生频次较高、导致的人员伤亡规模也较大。

表6-6 分类旅游突发事件伤亡规模的区域分布

| 区域 | 自然灾害 | | 事故灾难 | | 公共卫生事件 | | 社会安全事件 | |
|---|---|---|---|---|---|---|---|---|
| | 伤亡规模（人） | 百分比（%） | 伤亡规模（人） | 百分比（%） | 伤亡规模（人） | 百分比（%） | 伤亡规模（人） | 百分比（%） |
| 华东 | 201 | 14.44 | 9936 | 17.55 | 9092 | 23.66 | 40 | 10.67 |
| 华南 | 284 | 20.40 | 8616 | 15.22 | 5384 | 14.01 | 84 | 22.40 |
| 华中 | 135 | 9.70 | 7572 | 13.38 | 3343 | 8.70 | 69 | 18.40 |
| 华北 | 125 | 8.98 | 6562 | 11.59 | 2651 | 6.90 | 44 | 11.73 |
| 西北 | 47 | 3.38 | 3576 | 6.32 | 979 | 2.55 | 9 | 2.40 |
| 西南 | 536 | 38.51 | 15743 | 27.81 | 10353 | 26.94 | 116 | 30.93 |

续表

| 区域 | 自然灾害 | | 事故灾难 | | 公共卫生事件 | | 社会安全事件 | |
|---|---|---|---|---|---|---|---|---|
| | 伤亡规模（人） | 百分比（%） | 伤亡规模（人） | 百分比（%） | 伤亡规模（人） | 百分比（%） | 伤亡规模（人） | 百分比（%） |
| 东北 | 52 | 3.74 | 3360 | 5.94 | 5830 | 15.17 | 11 | 2.93 |
| 港澳台 | 12 | 0.86 | 1238 | 2.19 | 794 | 2.07 | 2 | 0.53 |
| 总数 | 1392 | 100.00 | 56603 | 100.00 | 38426 | 100.00 | 375 | 100.00 |

在区域层面上，由自然灾害事件引起的伤亡规模在南部地区最多，其中西南地区（38.51%）和华南地区（20.40%）承载的伤亡规模较大；华东（14.44%）、华中（9.70%）和华北（8.98%）地区次之，其余地区相对较少；

在事故灾难中，各地区的伤亡规模都较为密集，西南地区伤亡规模最大，占该类总伤亡规模的27.81%；处于第二集团的地区为华东（17.55%）、华南（15.22%）、华中（13.38%）、华北（11.59%）地区；西北、东北和港澳台地区较少。

在公共卫生事件中，西南地区共承载的游客伤亡占同类总伤亡人数的26.94%；华东地区位居第二，占比为23.66%；华南（14.01）和东北（15.17）地区处于第三集团，其他区域伤亡人数相对较少。

在社会安全事件中，西南地区承载的伤亡人数占同类总伤亡人数的30.93%；华南和华中地区处于第二集团，伤亡比率为22.40%、18.40%；华东和华北地区处于第三集团，占比分别为10.67%、11.73%；其他区域伤亡人数相对较少。

由此可见，西南地区无论是事件发生频次还是伤亡规模均高于我国其他地区，说明西南地区旅游环境存在诸多安全隐患，自然灾害和交通事故频繁发生，道路设施和卫生环境相对较差，对游客的生命和财产造成威胁，严重制约着西南地区旅游业的发展。华东、华北和华中地区以发生交通事故为主，从侧面反映了这些区域的旅游道路设施条件较为薄弱。

**（二）基于分类与分级的旅游突发事件区域分布特征**

为具体了解各种等级旅游突发事件的区域分布差异，本研究基于事件发生频数和伤亡规模，对旅游突发事件类型、级别和区域分布进行交叉分析。如表6-7所示，我国分类旅游突发事件的严重程度具有明显的区域差异。

表6-7 分类旅游突发事件伤亡级别的区域分布

| 事件类型 | 区域 | 特别重大（Ⅰ级） | | 重大（Ⅱ级） | | 较大（Ⅲ级） | | 一般（Ⅳ级） | |
|---|---|---|---|---|---|---|---|---|---|
| | | 频数（起） | 伤亡规模（人） | 频数（起） | 伤亡规模（人） | 频数（起） | 伤亡规模（人） | 频数（起） | 伤亡规模（人） |
| 自然灾害 | 华东 | 0 | 0 | 2 | 0 | 24 | 94 | 209 | 107 |
| | 华南 | 1 | 173 | 1 | 0 | 14 | 37 | 140 | 74 |
| | 华中 | 1 | 0 | 0 | 0 | 3 | 34 | 107 | 101 |
| | 华北 | 1 | 0 | 1 | 68 | 7 | 14 | 88 | 43 |
| | 西北 | 0 | 0 | 1 | 0 | 3 | 20 | 43 | 27 |
| | 西南 | 3 | 130 | 1 | 0 | 22 | 177 | 298 | 229 |
| | 东北 | 0 | 0 | 0 | 0 | 6 | 30 | 45 | 22 |
| | 港澳台 | 0 | 0 | 1 | 0 | 7 | 0 | 153 | 12 |
| 事故灾难 | 华东 | 1 | 0 | 12 | 737 | 111 | 2315 | 6098 | 6884 |
| | 华南 | 0 | 0 | 5 | 292 | 116 | 2169 | 5493 | 6155 |
| | 华中 | 2 | 249 | 7 | 378 | 97 | 1821 | 4434 | 5124 |
| | 华北 | 0 | 0 | 10 | 507 | 85 | 1874 | 3529 | 4181 |
| | 西北 | 0 | 0 | 5 | 249 | 64 | 1214 | 1648 | 2113 |
| | 西南 | 1 | 200 | 9 | 419 | 196 | 4020 | 9526 | 11104 |
| | 东北 | 1 | 103 | 3 | 164 | 55 | 1010 | 1782 | 2083 |
| | 港澳台 | 0 | 0 | 1 | 24 | 12 | 238 | 886 | 976 |
| 公共卫生事件 | 华东 | 7 | 882 | 16 | 1076 | 244 | 4803 | 1583 | 2331 |
| | 华南 | 4 | 781 | 9 | 563 | 109 | 2178 | 1340 | 1862 |
| | 华中 | 3 | 484 | 6 | 382 | 70 | 1496 | 802 | 983 |
| | 华北 | 2 | 203 | 1 | 50 | 66 | 1419 | 777 | 979 |
| | 西北 | 1 | 300 | 0 | 0 | 15 | 229 | 428 | 450 |
| | 西南 | 2 | 353 | 18 | 1257 | 234 | 4138 | 3574 | 4603 |
| | 东北 | 5 | 540 | 11 | 721 | 171 | 3410 | 551 | 1159 |
| | 港澳台 | 1 | 102 | 0 | 0 | 8 | 165 | 482 | 527 |

续表

| 事件类型 | 区域 | 特别重大（Ⅰ级） | | 重大（Ⅱ级） | | 较大（Ⅲ级） | | 一般（Ⅳ） | |
|---|---|---|---|---|---|---|---|---|---|
| | | 频数（起） | 伤亡规模（人） | 频数（起） | 伤亡规模（人） | 频数（起） | 伤亡规模（人） | 频数（起） | 伤亡规模（人） |
| 社会安全事件 | 华东 | 0 | 0 | 0 | 0 | 0 | 0 | 34 | 40 |
| | 华南 | 0 | 0 | 0 | 0 | 1 | 11 | 62 | 73 |
| | 华中 | 0 | 0 | 0 | 0 | 2 | 22 | 32 | 47 |
| | 华北 | 0 | 0 | 0 | 0 | 0 | 0 | 28 | 44 |
| | 西北 | 0 | 0 | 0 | 0 | 0 | 0 | 6 | 9 |
| | 西南 | 0 | 0 | 0 | 0 | 0 | 0 | 89 | 116 |
| | 东北 | 0 | 0 | 0 | 0 | 0 | 0 | 11 | 11 |
| | 港澳台 | 0 | 0 | 0 | 0 | 0 | 0 | 3 | 2 |
| 总数 | | 36 | 4500 | 120 | 6887 | 1742 | 32938 | 44281 | 52471 |

在统计范畴内，西南地区发生3起自然灾害类特别重大突发事件，华南、华中和华北各发生1起自然灾害类特别重大突发事件；华东发生2起自然灾害类重大突发事件，华南、西北和西南各发生1起自然灾害类重大突发事件；自然灾害类较大突发事件主要发生在西南和华东地区，其余地区相对较少；西南地区发生自然灾害类一般突发事件最多，其次是华东、港澳台、华南和华中地区，西北相对较少。

事故灾难类特别重大突发事件在华中发生2起，华东、西南和东北各发生1起。事故灾难类重大突发事件在华东、华北和西南居前。事故灾难类较大突发事件和一般突发事件都是西南发生次数最多，华东和华南居第二、第三位。

公共卫生类特别重大突发事件在各统计区域均有发生，其中华东和东北居前。公共卫生类重大突发事件主要发生在西南和华东，西北没有。公共卫生类较大突发事件主要分布在华东和西南。公共卫生类一般突发事件主要发生在西南、华东、华南等地区。

各区域均没有发生特别重大和重大社会安全事件，华中和华南有发生较大级别的社会安全事件。一般级别的社会安全事件主要发生在西南和华南，所造成的伤亡也是西南居多，西北地区分布较少。

总体来看,在四类旅游突发事件中,事故灾难最为频发,造成的人员伤亡数量也最多,且在不同的区域分布较为均衡。社会安全事件则以西南地区发生居多,其他类型旅游突发事件在不同区域间的差异性相对较大,一般以西南地区发生较多、伤亡规模较大。

## 第二节　我国分类旅游突发事件的伤亡特征

不同类型的旅游突发事件具有差异化的发生规律与后果强度,由此导致的旅游者和从业人员的伤亡规模也具有较大程度的差异性。同时,时间和空间因素是地理、气候、人流、容量等各种综合风险因素的集中体现,因此旅游突发事件导致的伤亡规模也具有时空上的分布规律。探索分类旅游突发事件的伤亡规模及其时空特征是提出旅游应急治理措施的重要依据。

### 一、自然灾害类旅游突发事件的伤亡特征与规律

#### (一)自然灾害类旅游突发事件的伤亡规模

自然灾害类旅游突发事件是旅游突发事件中的常见类型。自然灾害的发生常导致自然环境的极端改变,并使旅游人员(包括旅游者和从业人员,下同)在急速改变的自然环境中遭受物理上的冲击或在恶劣的自然环境中失去行为活动所需要的必要条件,由此导致伤亡后果的发生。一般来说,自然灾害是相对人为灾害而言,主要包括洪涝干旱等气象灾害、滑坡泥石流等地质灾害、冰雹雨雪等冰雪灾害以及地震灾害等。根据我国 2010~2018 年 9 年时间尺度中的事件案例显示(见图 6-3),在各类自然灾害事件中,旅游者和从业人员主要遭受了气象灾害、地质灾害、海洋灾害以及其他自然灾害的影响。其中,气象灾害发生最为频繁,地质灾害次之。气象灾害和地质灾害导致的游客伤亡规模最大,其数量规模在自然灾害类突然事件伤亡中分别占比69.76%、27.08%,这表明,气象灾害带来的破坏性是最为强烈的。

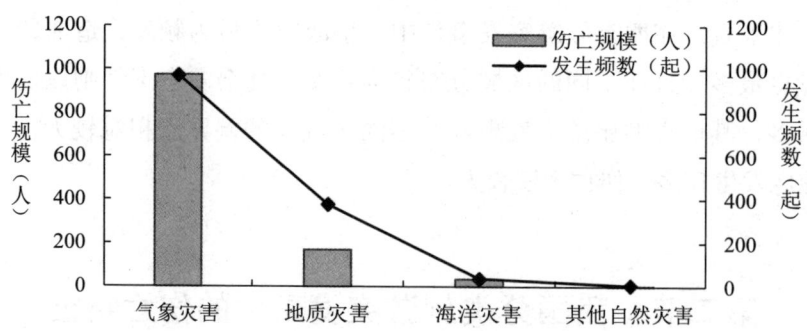

图6-3 2010~2018年自然灾害类旅游突发事件的伤亡规模与发生频数

### （二）自然灾害伤亡规模的时间分布特征

由月度时间分布来看（见图6-4），自然灾害类旅游突发事件主要集中在3月、7月、8月。同时，4月、6月、7月、8月、9月游客伤亡规模较大，其中7月游客伤亡人数最多，这与我国地理气候特征以及寒暑假和春节的出游热潮有很大的关联。从假期安排来看，暑假出游规模较大，自然灾害可能导致的伤亡规模也较大。从地理气候特征看，我国地域广阔，南北地区气候特征极其分明。7月、8月是主要的汛期，我国部分地区会出现连续降雨天气或暴雨天气。沿海地区多发台风灾害，台风引起的狂风、暴雨、风暴潮等灾害，极易诱发城市内涝、房屋倒塌、山洪、泥石流等次生灾害。此外，我国西部高山地区在春季与冬季容易出现冰雪天气。综合上述因素，由自然灾害引致的旅游突发事件在时间分布上极不均衡。

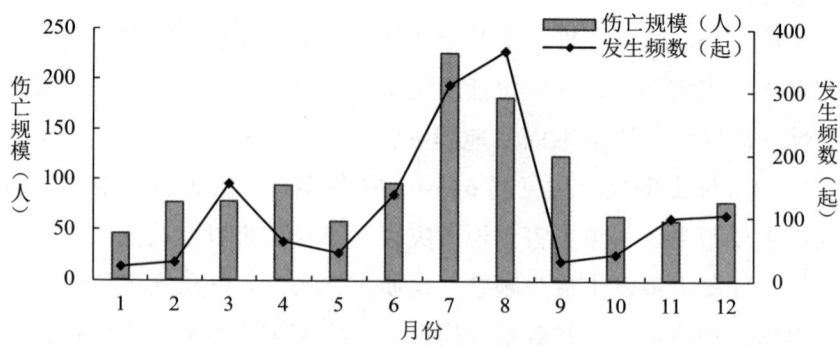

图6-4 2010~2018年自然灾害类旅游突发事件伤亡规模与发生频数的月度分布

### （三）自然灾害伤亡规模的空间分布特征

从旅游突发事件的区域分布来看（见图6-5），自然灾害类旅游突发事件在不同地区的空间格局上差异性较为明显，其中西南地区发生频次和伤亡人数最多。这与我国地理形势存在密切的关联性。从现有的数据案例可以分析，自然灾害类旅游突发事件主要发生在西南地区以及华南地区，主要是因为西南地区多山区、地形连绵起伏，迂回曲折，在雨水的冲刷下，容易引发山洪、滑坡和泥石流，对旅游者的生命安全造成严重的威胁。此外，西南部分区域地处亚欧板块和印度洋板块之间，地震灾害发生相对较为频繁，也会造成游客伤亡。华南地区多沿海城市，台风等灾害频发，由此引发的暴雨、洪水等次生灾害也会造成游客伤亡。

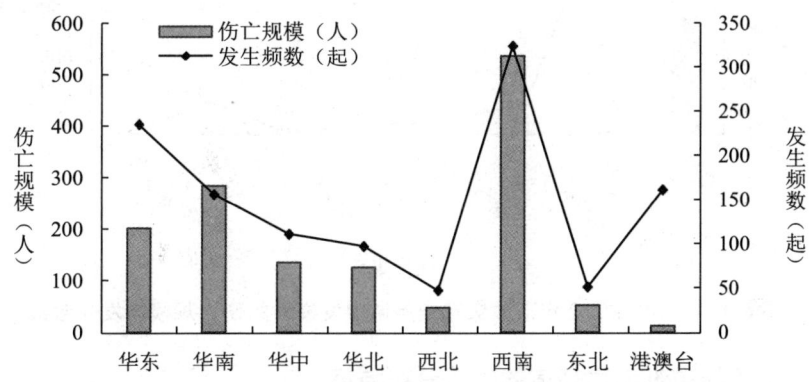

图6-5　2010~2018年自然灾害类旅游突发事件伤亡规模与发生频数的区域分布

## 二、事故灾难类旅游突发事件的特征与规律

### （一）事故灾难类旅游突发事件的伤亡规模

事故灾难是旅游突发事件最为主要的类型之一，涉及的范围较为广泛，主要包括交通安全事故、设备事故、动物袭击、火灾爆炸、涉水事故、高风险项目、拥挤踩踏事故以及其他一般意外事故。从旅游突发事件发生频数来看（见图6-6），除去一般意外事故外，交通安全事故占大部分，占事故灾难

类旅游突发事件发生频数的 25.34%。设备事故和高风险项目次之。从人员伤亡规模来看，由交通安全事故导致的人员伤亡占绝大多数，占事故灾难类旅游突发事件导致伤亡规模总数的 50.73%，由设备事故和高风险事故导致的游客伤亡分别占比 5.96%、4.96%。火灾爆炸和拥挤踩踏事故由于发生频数相对较少，因此引致的旅游人员伤亡较少。可以看出，交通安全事故在我国旅游突发事件中占比较高。这反映了我国旅游交通安全的形势较为严峻，旅游交通安全管理需要系统性地强化和优化。

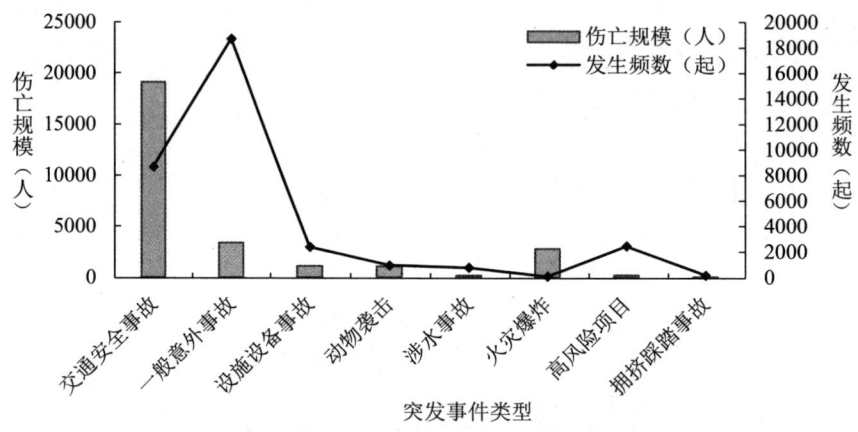

图 6-6　2006~2010 年事故灾难类旅游突发事件的伤亡规模与发生频数

### （二）事故灾难伤亡规模的时间分布特征

由月度时间分布来看，事故灾难的发生频数波动性较大（见图 6-7），4 月、5 月、7 月、8 月、10 月等月份的旅游突发事件发生较为频繁。从旅游伤亡规模看，事故灾难在月度分布上基本符合正态分布，即伤亡人数由 7 月向两边递减（除 4 月、5 月、6 月伤亡人数反向递减）。其中，7 月、8 月旅游者伤亡人数位于前列，4 月、5 月、9 月和 10 月游客伤亡人数位于第二列，3 月、6 月和 11 月游客伤亡数量位于第三列。这种分布态势与我国旅游出游规模的月度分布态势基本上保持一致。

从已有的气象信息可以了解，7 月、8 月两个月气温较高，容易发生人员疲劳等人员风险，也容易发生爆胎、刹车失灵等导致的交通事故。高温天气使游客喜欢亲近水体，因此这一时期的涉水事故也处于高发期。交通事故时导致较多伤亡的事故类型，触发因素包括气象因素、地形因素、设施因素和人员疲劳因素等，如降雨、山地道路等是高发的事故触发因素。此外，5月和10月的黄金周、7月和8月的暑假是外出旅游的高峰期，它们也是事故灾难的多发期。11月、12月、1月和2月等低温时节的事故灾难频数较少，冰雪天气、路面湿滑等容易导致交通事故发生。

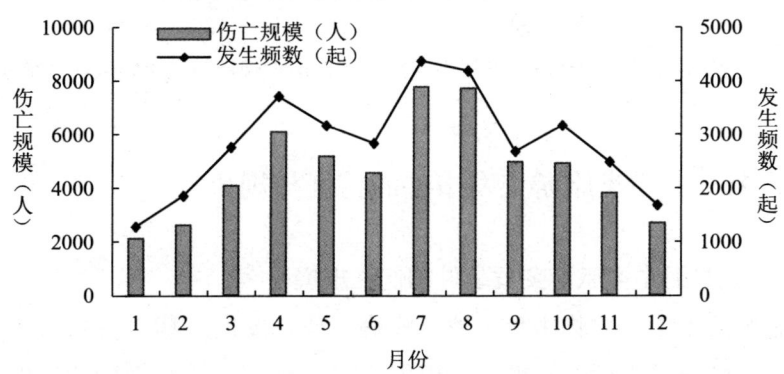

图 6-7　2010~2018 年事故灾难类旅游突发事件伤亡规模与发生频数的月度分布

### （三）事故灾难伤亡规模的空间分布特征

由基于区域的空间分布规律来看，事故灾难呈波动式格局分布。较为频发的事故灾难主要集中在西南、华北和华东地区。伤亡规模较大的省份分别为西南（伤亡占比 27.81%）、华东（伤亡占比 17.55%）和华南（伤亡占比 15.22%）地区，其次为华中和华北地区（见图 6-8）。从案例分析可知，西南地区地形复杂、山地起伏连绵、交通设施较差、不利于交通工具通行，再加上降雨较多等气象因素，极容易导致事故的发生。华中与华北地区发生的伤亡人数也比较多，主要原因在于该地区出游人数较多、景区过于拥挤以及地形较为复杂等，这些综合因素较易导致伤亡事故的发生。此外，气候条件也是影响不同区域伤亡规模差异的重要原因。

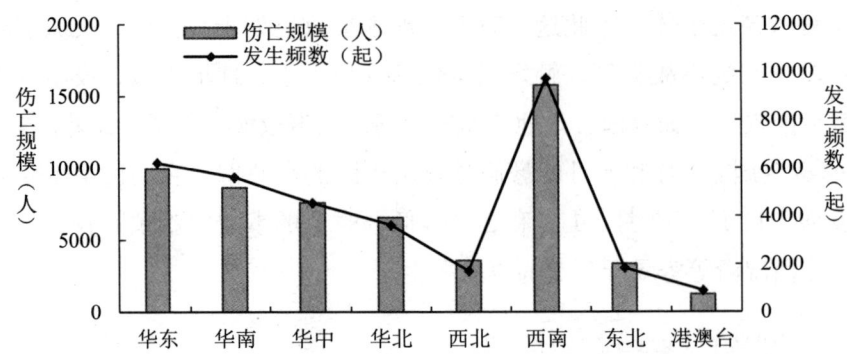

图 6-8　2010~2018 年事故灾难类旅游突发事件伤亡规模与发生频数的区域分布

## 三、公共卫生类旅游突发事件的特征与规律

### （一）公共卫生类旅游突发事件的伤亡规模

在旅游活动中，食物中毒、原有疾病发作、突发疾病以及高原反应等公共卫生类旅游突发事件时有发生。根据图 6-9 所示，食物中毒的发生频数和伤亡人数均最高，其次是突发疾病，原有疾病发作，高原反应、中暑和猝死相对较少。食物中毒一般是群体性突发事件，带来的伤亡规模非常大，伤亡占公共卫生类突发事件造成伤亡总数的 77.30%，影响后果也较为严重。而原有疾病发作、突发疾病、高原反应和猝死可视为个体性突发事件，发生次数与伤亡规模大体一致。其中，原有疾病发作的频数为 2208 起，导致伤亡规模为 2216 人；突发疾病的发生频数为 3018 起，导致伤亡规模为 3833 人；猝死的发生频数为 1371 起，导致的伤亡规模为 1371 人。

### （二）公共卫生事件伤亡规模的时间分布特征

从时间分布特征来看（见图 6-10），公共卫生事件造成的伤亡人数在各月份呈现较大的差异。其中 4 月、7 月、8 月的旅游者伤亡规模较多，分别占比 13.65%、15.78% 和 27.52%；1 月、12 月的旅游者伤亡规模最小，分别占比 3.00% 和 2.44%。公共卫生事件的发生频数和伤亡规模在月度分布上基本一致，以 4 月、7 月、8 月居多，分别占比 12.57%、12.21% 和 15.05%。一方面可能是因为暑期假期较长，游客人数较多，公共卫生事件发生的数量相对较高。另一方面是由于气候不适宜引发相关风险，4月天气潮湿，7月、8月气温炎热，容易因食物变质引发中毒。

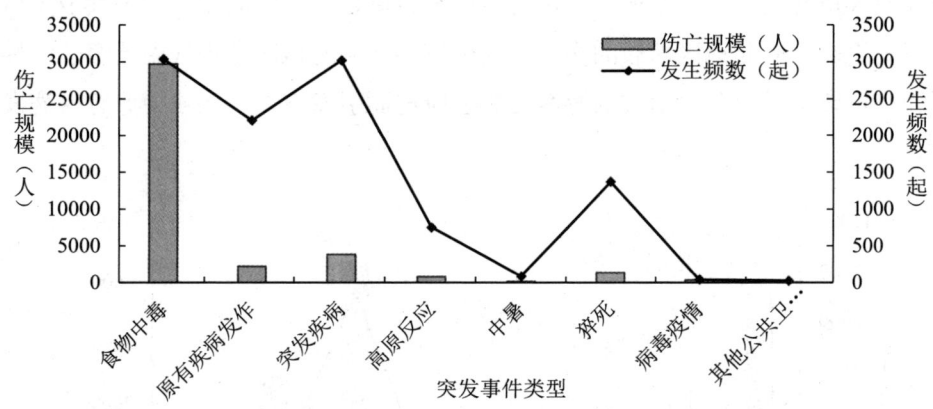

图6-9　2010~2018年公共卫生类旅游突发事件的伤亡规模与发生频数

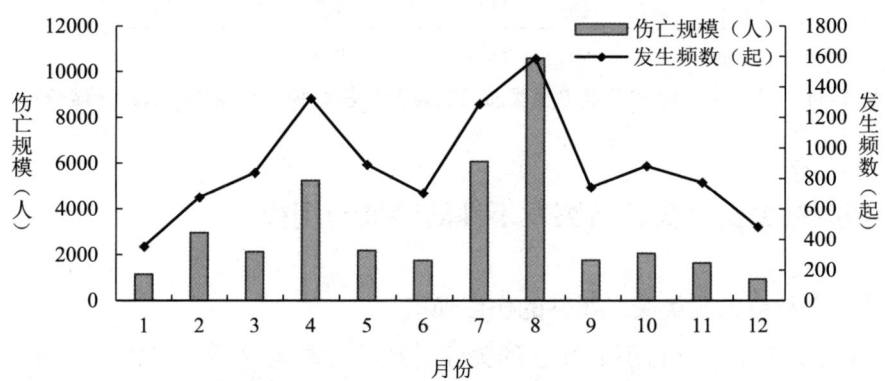

图6-10　2010~2018年公共卫生类旅游突发事件伤亡规模与发生频数的月度分布

（三）公共卫生事件伤亡规模的空间分布特征

从区域分布特征来看（见图6-11），公共卫生事件的伤亡人数和发生频数的分布特征较为一致，且在各区域差距较为明显，西南地区最高、华东地区其次，华南、华中和东北地区位于第三梯队。西南地区发生的发生频数和伤亡人数最多。这是由于西南地区是高原地区，旅游者容易出现气候不适、"水土不服"的症状。尤其在青藏地区，空气稀薄等因素极易引发高原反应与突发疾病。此外，西南地区饮食多以辛辣为主，旅游者在尝鲜的同时也可能引发水土不服、肠胃不适等突发事件。出现此类突发事件后不能及时有效地治疗，也容易导致人员伤亡。在华东地区，接待旅游者数量较多，因而发生的公共卫生事件概率更高。东北地区承载的伤亡人数也较多，东北地区冬季气温严寒、气候干燥，可能会导致久居南方的游客无法适应进而引发突发疾病或使原有疾病发作。

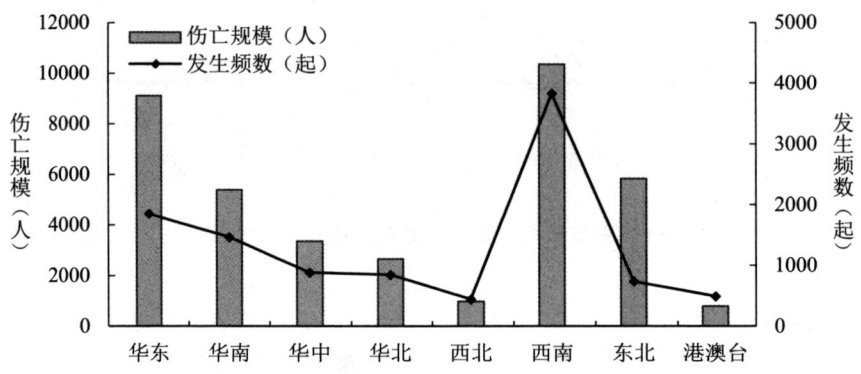

图 6-11　2010~2018 年公共卫生类旅游突发事件伤亡规模与发生频数的区域分布

## 四、社会安全类旅游突发事件的特征与规律

### （一）社会安全类突发事件的伤亡规模

社会安全事件日益引起社会的关注。从统计数据来看，组团旅游遭遇的社会安全事件相对较少（占旅游突发事件总比重 0.49%），主要包括抢劫、凶杀、自杀、打架斗殴和群体性事件等类型。从发生频数来看，打架斗殴事件发生的次数最高，在社会安全事件中占比 66.42%，群体性事件、盗窃、抢劫发生的次数次之，其余各类突发事件发生均较少。从伤亡规模来看，打架斗殴导致的伤亡最多，群体性事件次之，抢劫、盗窃、凶杀和自杀造成的伤亡规模较小。当然，社会安全事件的发生比率低并不表示社会安全问题的发生

率低，大部分社会安全问题所导致的死伤后果较轻，达不到列入旅游突发事件的级别标准（见图6-12）。

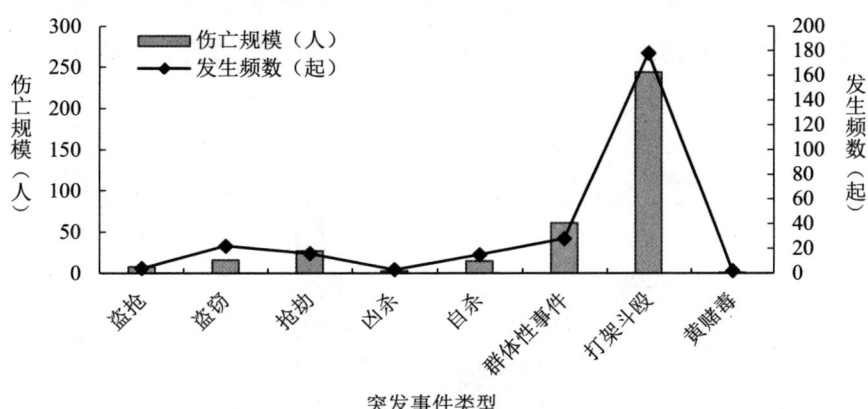

图6-12　2010~2018年社会安全类旅游突发事件伤亡规模与发生频数

### （二）社会安全事件伤亡规模的时间分布特征

从时间分布特征来看（见图6-13），7月、8月发生的社会安全事件数量最多，尤其是2月、3月、4月、10月、11月等月份，1月、9月、12月的数量相对较少。从伤亡规模来看，7月和8月发生的社会安全事件导致的伤亡人数相对居前。

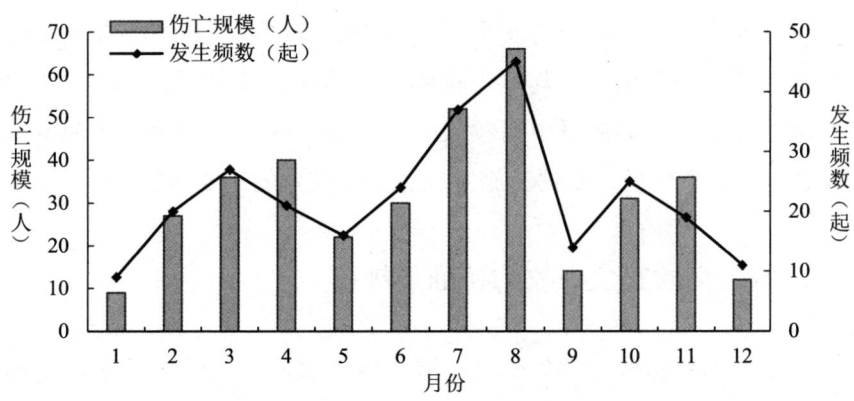

图6-13　2010~2018年社会安全类旅游突发事件伤亡规模与发生频数的月度分布

## （三）社会安全事件伤亡规模的空间分布特征

从区域分布特征来看（见图6-14），社会安全事件主要发生在华南地区和西南地区。可能的原因是，一方面在于这两个区域的旅游人流规模较大，另一方面在于华南和西南地区的旅游市场秩序还有待提升，盗窃、抢劫、欺诈事件时有发生。

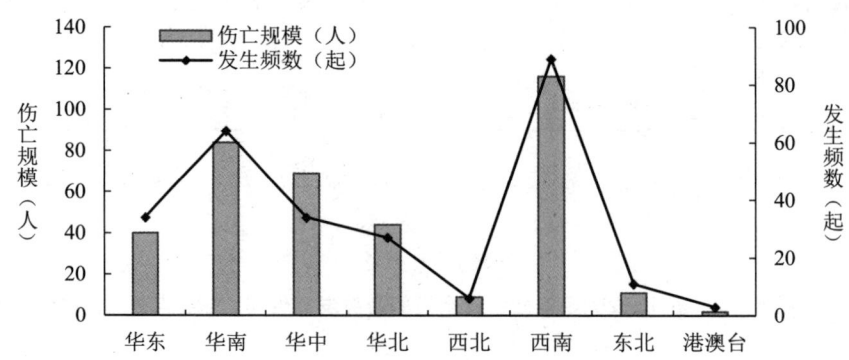

图6-14　2010~2018年社会安全类旅游突发事件伤亡规模与发生频数的区域分布

# 第三节　我国中高频旅游突发事件的伤亡特征

在我国现阶段，旅游交通安全事故、旅游涉水事故和旅游者突发疾病等是中高频的旅游突发事件，其发生频率相对较高，对旅游业造成的负面影响也相对较重。因此，加强对中高频旅游突发事件的专项治理，减少中高频旅游突发事件的伤亡规模，是提升旅游应急治理成效的重要途径。

## 一、旅游交通安全事故的特征与规律

交通安全事故是旅游突发事件中发生频次最高，同时也是伤亡规模最大的类型之一。从时间分布上看，我国旅游交通事故的发生频数和造成的伤亡主要集中在4~10月，其中7月、8月的伤亡人数和发生频数居前，整体的时间趋势图呈以 7 月、8 月为中心，并向两边逐渐递减的分布态势（4~6 月呈现下降趋势），见图 6-15。4~10 月事故平均水平相对较高的原因是综合性的：其一，我国 4~10 月的雨水天气普遍较多；其二，该阶段有较长的假期，如"五一""十一"黄金周以及暑假旅游高峰，容易造成交通拥堵和司机驾人员疲劳并因此导致交通事故。7 月和 8 月是旅游交通安全事故的较高峰和最高峰，原因在于 7 月和 8 月是持续性的旅游旺季，旅游交通也保持持续性的高流量，再加上高温、雨水等气候因素的影响，旅游交通事故因而频频发生。

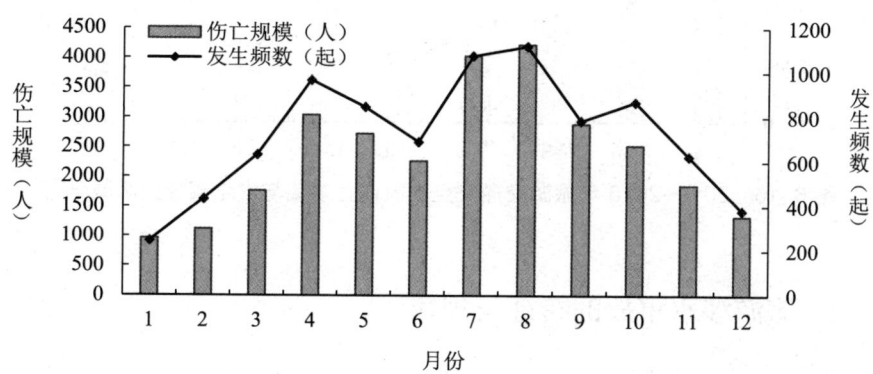

**图 6-15　2010~2018 年旅游交通安全事故伤亡规模与发生频数的月度分布**

如图 6-15 所示，从区域分布特征来看，交通安全事故在各区域发生频数和造成的伤亡规模都比较多。其中，西南地区的旅游交通事故发生率居于榜首，华东、华南地区居次，华中、华北、西北、东北地区也较多。在旅游交通事故高发区域，普遍存在地形条件复杂、盘山公路较多等区域因素，如西南、华东、华南和华中地区。我国西南地区的地形条件尤其复杂，同时西南又具有高原劣势，因此西南成为旅游交通事故最高发的区域。华东地区包含江苏、上海、福建等客流规模较大的旅游地，这些地区山地景区较多、地理和气象条件较为复杂，因此发生交通安全事故的风险较高。华北地区包含北京等客流规模较大的旅游地，同时华北是冰、雪、雾等环境风险较为集中的区域，而且发生此类风险的时间跨度也较长，这使我国华北区域的旅游交通面临较为集中的环境风险威胁，由此导致的旅游交通安全事故较为常见。在冰、雾等环境风险因素的影响下，西北和东北地区的旅游交通安全事故也具有较高的分布水平。华南地区也是地形条件较为复杂和客流较为集中的区域，因此旅游交通安全事故的分布水平也不低。

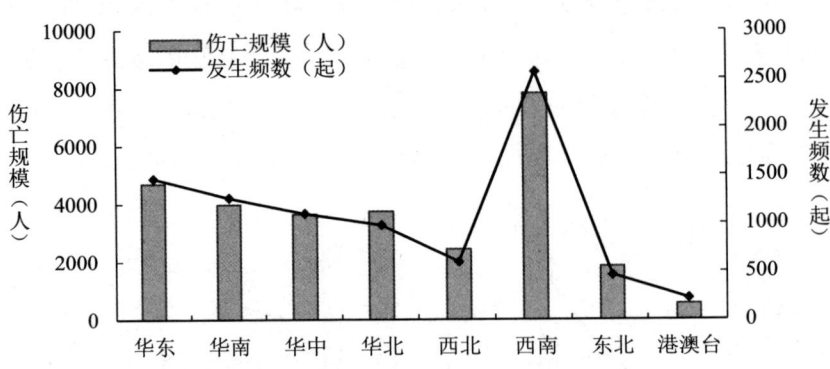

图 6-16  2010~2018 年旅游交通安全事故伤亡规模与发生频数的区域分布

## 二、旅游涉水事故的特征与规律

涉水事故是事故灾难类旅游突发事件的重要类型之一，所占的伤亡比率比较大。从时间分布特征来看（见图 6-17），我国涉水旅游突发事件主要发生在 5 月、7 月与 8 月。其中，8 月造成的伤亡规模也最多。8 月一般是我国暑期旅游高峰，其间天气炎热，各类涉水游项目都进入了运作高峰期，例如许多游客喜欢在海边或湖泊中游泳，容易发生溺水事故。此外，我国 5~8 月降水比较频繁，容易发生洪水灾害，这对游客的生命安全也造成严重威胁。

如图 6-18 所示，从区域空间分布特征来看，华南地区发生的涉水事故数量最多，造成的伤亡人数也最多。这是因为华南地区旅游者的人数规模较大，同时华南地区包含的海南、广东的海岸线较为漫长，其邻近内陆的湖泊星罗棋布。这既给相应区域造就了旅游美景，同时带来较多的涉水风险。同时，我国华南地区热带季风气候比较明显，容易发生台风、热带风暴等灾害。

第二篇 旅游突发事件研究

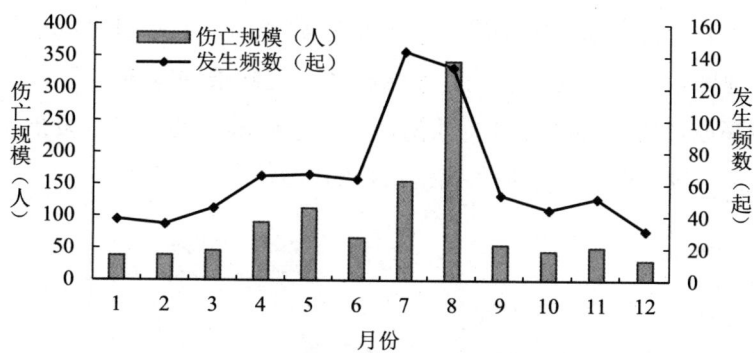

图 6-17 2010~2018 年旅游涉水事故伤亡规模与发生频数的月度分布

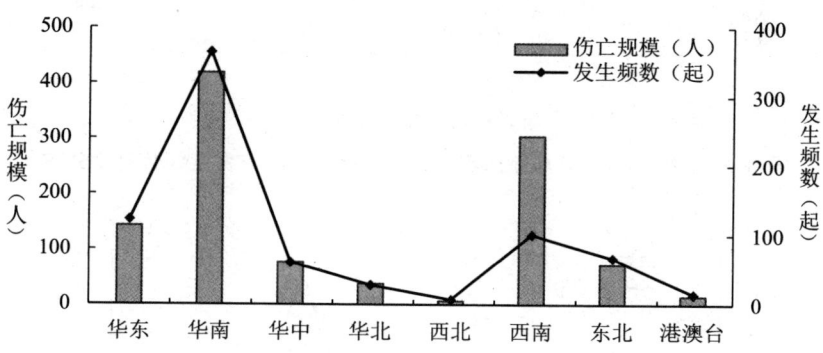

图 6-18 2010~2018 年旅游涉水事故伤亡规模与发生频数的区域分布

## 三、旅游者突发疾病的特征与规律

突发疾病主要是旅游者在外部境的刺激下造成疾病突然发作,这是旅游活动中时常遇到的突发事件类型。根据现有的案例数据如图 6-19 显示,4 月突发疾病的发生频次最高。从相对水平来看,4~5 月、7~8 月和 10~11 月是突发疾病相对较高的月度。总体上,突发疾病的高发时间段基本上是我国旅游者的出游高峰期,旅游者规模数量较大。或者说,旅游突发疾病的分布水平与游客出游规模的分布水平较为一致。

从地理区域分布上看,旅游者遭遇突发疾病具有区域上的差异性(见图

— 175 —

6-20)。其中,西南地区是突发疾病发生频数和伤亡人数最高的区域。这是因为西南地区多山地、海拔较高、空气稀薄、气候条件复杂,容易引发疾病,尤以青藏高原最为突出。此外,西南地区一些旅游目的地经济发展水平还较低、卫生设施较为落后,增加了疾病治疗的压力。

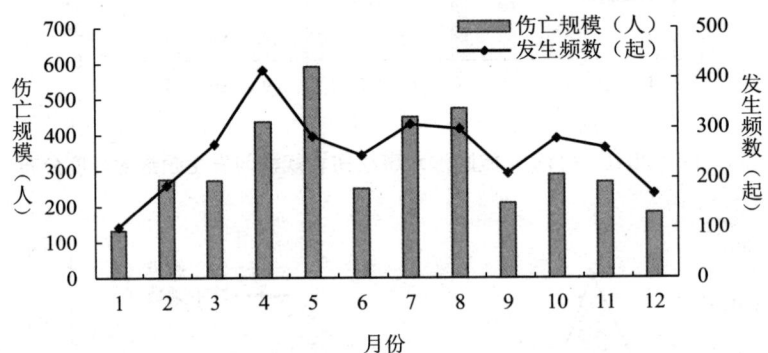

图 6-19 2010~2018 年旅游者突发疾病伤亡规模与发生频数月度分布

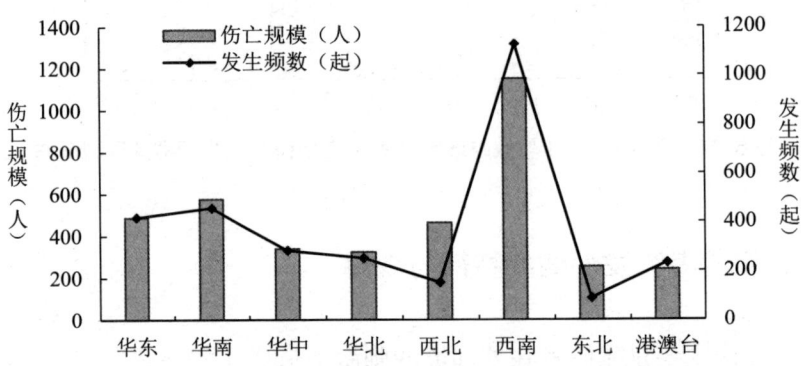

图 6-20 2010~2018 年旅游者突发疾病伤亡规模与发生频数区域分布

## 四、旅游者食物中毒的特征与规律

根据现有的案例数据显示,7月、8月突发疾病的发生频次和伤亡人数较高。从相对水平来看,2月、4月的食物中毒分布水平也相对较高。总体上,食物中毒的高发时间段基本上集中在春季和夏季。我国大部分地区，春季多雨潮湿，食物容易发生霉变，因此容易发生食物中毒事件。夏季天气闷热，旅游者喜欢食用生冷食物，加上夏季气温高，微生物容易大量生长繁殖，大大提高了食物中毒的风险（见图6-21）。

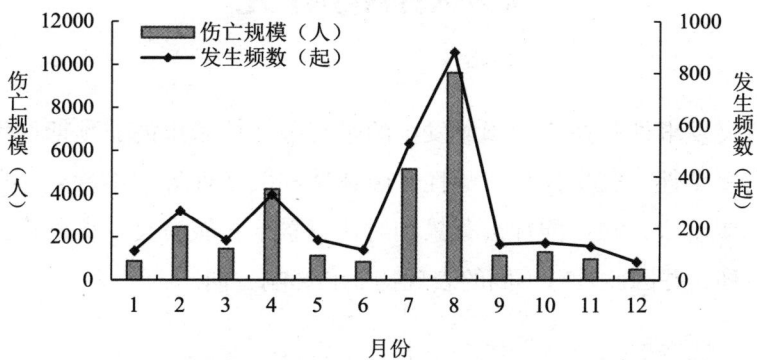

图6-21　食物中毒旅游突发事件伤亡规模与发生频数月度特征

如图6-22所示，从地域分布来看，西南地区和华东地区是食物中毒发生频数和伤亡人数较高的区域。西南地区食物中毒高发一般源于游客不适应当地的饮食条件和饮食习惯。华东地区多数省份位于沿海，气温较高的夏季容易导致海鲜等食品的腐败变质。东北地区和华南地区的发生频率和伤亡规模也较大。总体上来看，食物中毒与区域自然环境条件和饮食方式密切相关。

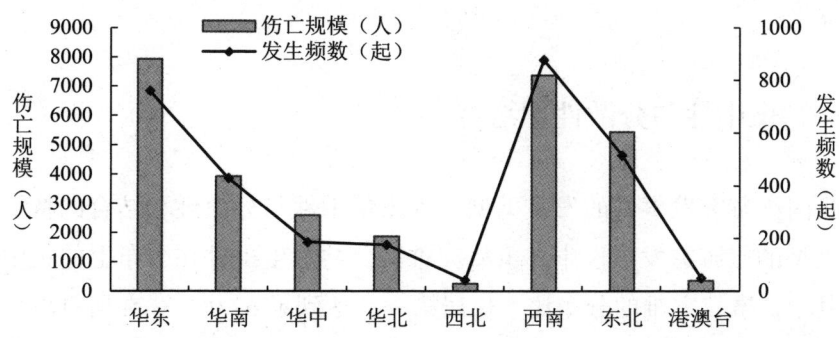

图6-22　不同区域下食物中毒旅游突发事件伤亡规模与发生频数分布特征

# 第七章　我国旅游突发事件的总体特征与影响结构研究

旅游突发事件是在旅游领域发生的带有破坏性后果的非预期性事件，它一般具有复杂性、突发性、广泛性、破坏性和关联性等基本特点。在旅游业的不同发展阶段，在不同社会背景和时代背景下，旅游突发事件将具有不同的风险结构，并因此具有不同的表现特征和影响方向。

## 第一节　我国旅游突发事件的总体特征

我国旅游业正处于快速增长的转型发展阶段，社会结构的转型对我国的自然环境、社会环境和经济环境都产生了直接或间接的影响，这种影响会最终传导到旅游业的运营活动中，从而对我国旅游突发事件的发生发展产生综合性影响。在这种背景结构下，我国旅游突发事件的发生过程表现出如下基本特征[①]：

### 一、集中性与分散性相结合

我国旅游突发事件的发生类型表现出集中性与分散性相结合的特征。在主体类型的旅游突发事件中，事故灾难和公共卫生事件在分布上的集中性较高。其中，事故灾难的分布比率位居第一，达到了62.06%，在所有事件类型

---

[①] 谢朝武.业外突发事件与旅游业的应急管理研究[J].华侨大学学报（哲学社会科学版），2008，26（4）：28-36.

中占有绝对分布地位。公共卫生事件的分布比率位居第二，分别为19.13%。这两类事件的总体规模达到了81.19%，因此这两类事件的分布表现出较高的集中性。相比而言，自然灾害事件和社会安全事件的分布比率相对较低，其分布比率分别为2.15%和0.49%。社会安全事件发生率较低的原因在于，大部分社会安全问题所导致的死伤后果较轻，达不到列入旅游突发事件的级别标准。

在旅游突发事件的分布亚类中，一般意外事故（40.47%）、旅游交通安全事故（18.76%）、食物中毒（6.58%）、突发疾病（6.54%）、设施设备事故（5.15%）、和原有疾病发作（4.78%）等事件类型的分布水平较高。这表明我国旅游突发事件的亚类分布表现出较高的集中度。因此，在旅游突发事件的风险管理中，应该集中旅游安全与应急资源，加强对旅游交通事故、食物中毒、设施设备事故等事件类型的预防与管理，以提升旅游安全与应急管理的工作成效。

## 二、习惯性与偶发性相结合

我国旅游突发事件的发生时间表现出习惯性与偶发性相结合的特征。在时间尺度上，我国旅游突发事件具有较强的时间惯性。从季度来看，每年的第二季度和第三季度我国旅游突发事件的频发季度，其占比分别为28.03%、33.54%，两个季度占比高达61.57%；从月度来看，7月和8月的暑假是旅游突发事件的高发时期，其分布比率分别为12.83%和13.00%。4~10月的旅游突发事件发生率占据了全年突发事件水平的70.53%；从微观时段来看，我国旅游突发事件的发生时间主要分布在下午，并且以10：00和15：00前后为事件发生的时间高峰，30.45%的旅游突发事件发生于上午、41.08%的旅游突发事件发生于下午。

从不同类型事件的发生时间来看，自然灾害事件主要发生于7~8月；事故灾难主要发生于4~8月；公共卫生事件主要发生于4月、7月和8月；社会安全事件主要发生于7月和8月；从中高频事件的发生时间来看，旅游交通安全事故、旅游涉水事故和旅游者突发疾病等事件类型一般在5~10月等旅游旺季表现出较高的分布水平，在旅游淡季表现出较低的分布水平。

可见，我国旅游突发事件尤其是中高频旅游突发事件的发生具有较强的时间惯性。针对这一特征，建立基于时间管理的旅游安全控制体系，加强关键季度、月份和时间段的安全管控，做好旅游安全风险的提前预警等工作，是预防和减少旅游突发事件、减缓事件伤害后果的重要方式。

## 三、致死性与致伤性相结合

我国旅游突发事件表现出致死性与致伤性相结合的后果特征。根据统计数据，致死型旅游突发事件的发生比率为6.56%，致伤型旅游突发事件的发生比率为92.29%，合并致死致伤型旅游突发事件的发生比率为0.63%。总体上，旅游突发事件大都产生了较为严重的伤害结果，其中对旅游者和从业人员的人身伤害较为严重。

从单类事件的伤害后果来看，旅游交通安全事故发生率占总体事件的18.76%，其导致的伤亡规模总量占总体伤亡的29.67%；高风险项目引发事故的发生率占总体事件的5.31%，其导致的伤亡规模总量占总体伤亡的2.90%；食物中毒的发生率占总体事件的6.58%，其导致的伤亡规模总量占总体伤亡的30.69%。可见，旅游交通安全事故不仅发生比率较高，也容易导致群死群伤，是伤害后果较为严重的事件类型。食物中毒的发生率位居第二，其导致伤亡总量最高。交通事故和食物中毒不仅发生比率高，同时单起事件所导致的伤亡率也比较高，其伤亡比率与事件发生率的比重达到了3.31倍和9.78倍。这表明，我国群体性交通事故和群体性食物中毒是伤亡率较高的事件类型。

减少旅游突发事件的伤亡率是旅游应急管理的重要任务。在我国当前阶段，加强对旅游交通安全事故、高风险事故和食物中毒等事件类型的安全防控，实施单类事件的专项安全整治，有利于减少旅游者和从业人员的伤亡比率，也有利于减少旅游突发事件的负面影响。

## 四、内生性与外生性相结合

我国旅游突发事件的发生来源表现为内生性与外生性相结合的特征。通常，由旅游者、旅游从业人员、旅游设施设备等旅游产业的内部因素导致的突发事件称为业内突发事件。由自然环境、社会环境、经济环境等外部环境因素或旅游产业外部事件所导致的突发事件称为业外突发事件。从我国各类事件的发生水平来看，属于业外突发事件的主要包括各类自然灾害（2.15%）、动物袭击（2.08%）、高原反应（1.63%）、抢劫（0.05%）、盗窃（0.01%）、凶杀（0.01%）等事件类型。以业内因素为主，并伴有业外因素的突发事件包括旅游交通事故（18.76%）、突发疾病（6.54%）、高风险事故（5.31%）等事件类型。因此，纯粹的外生型旅游突发事件的比重为6.45%，内生原因和外生原因相结合的旅游突发事件占比为70.85%，纯粹由业内因素导致的旅游突发事件占比为22.69%。

我国的旅游突发事件具有复杂的原因结构和风险结构。旅游突发事件的防控既要重视业内风险因素的识别和控制，也要重视业外因素的识别和控制。同时，对业内因素和业外因素交错性的旅游突发事件，应该注重综合管理、强调立体式的风险管理方式。因此，建立立足于风险结构的旅游突发事件管理体系，有助于减少旅游突发事件的发生。

## 第二节 我国旅游突发事件的影响结构

旅游业是个异常脆弱的行业，它极易受到突发事件的冲击和影响。重大突发事件的发生则有可能改变旅游业的运作条件和发展背景，进而影响旅游业发展的稳定性。由于发生的根源和表现不同，业外突发事件和业内突发事件对旅游业具有不同的影响结构和方向。总体来看，发生于旅游行业外部的业外突发事件主要影响旅游业的宏观发展背景和外部客源市场，同时具有影响旅游业基础发展条件的可能性。发生于旅游行业内部的业内突发事件则常直接影响旅游业的运作架构，并带来市场形象的消极改变。当然，不同类型、不同阶段、不同规模的旅游目的地和旅游市场具有差异化的风险应对能力，其可能遭受的具体影响也就存在差异性（见图7-1）。

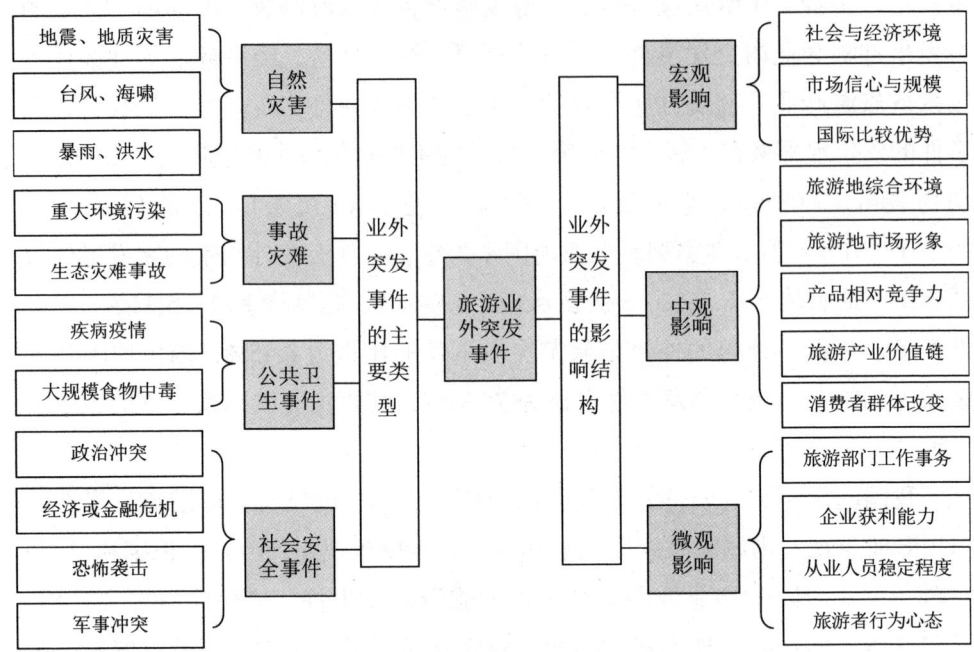

图7-1　业外突发事件类型与旅游业的影响结构

## 一、业外旅游突发事件的影响结构

业外突发事件对旅游业可能造成的影响和改变既具有层次上的差异性，也具有类型上的差异性。旅游业需根据不同的事件类型及不同的影响结构层次来采取应急措施，以缓解事件所导致的破坏和不利影响。

### （一）业外旅游突发事件的分层影响

**1. 业外突发事件的宏观影响**

业外突发事件的宏观影响主要是指突发事件给旅游业发展的宏观背景环境所带来的综合影响与改变。战争、地震、台风、海啸等重大突发事件的宏观影响往往比较显著。其影响主要包括：

第一，区域、国家或国际的总体社会环境、经济环境的消极改变。重大突发事件能摧毁市场信心，从而导致社会经济环境的消极变化，使经济增速减缓或出现下降。例如，"9·11"事件使"美国的民众和投资者产生了安全危机，美国经济软着陆的希望也随之破灭"[1]，这使原本疲软的美国经济出现加速下滑的趋势，世界经济形势也受该事件的影响而持续走低[2]。这对美国和世界旅游业都产生了巨大的冲击，事件后美国旅游业的复苏之旅是艰难而漫长的[3]。

第二，旅游业市场信心与规模的消极改变。重大突发事件会对旅游投资者和旅游消费者的信心造成双重打击。突发事件不仅影响旅游行业的景气规模，也会使旅游者产生心理上的不安全感，降低旅游者的外出旅游动机，打击旅游者的出游意愿，从而影响旅游消费市场的整体规模。重大突发事件甚至能影响国际旅游市场的整体规模。例如，2003年美伊战争爆发后，各国旅游者的出游信心急速下滑，世界航空业和旅游业都因此遭受了巨大的冲击。我国赴埃及、土耳其的旅游团立即掀起了退团高峰，同时欧美赴中国的入境游客人数也立即呈现下降趋势[4]。

第三，旅游业国际比较优势的迁移与改变。重大突发事件的发生将改变事发地的旅游形象，影响其国际比较优势，甚至导致国际旅游路线图和国际旅游板块格局的改变。其中，战争、恐怖袭击等恶性事件的发生很容易导致国际旅游格局的改变，导致事发地旅游市场规模的急速萎缩。当然，重大突发事件对国际旅游市场产生的影响具有复杂性和迁移性的特点。例如，"9·11"恐怖袭击事件使国际旅游业受到了沉重打击，但事件过后南非却从旅游者心目中的"不安全旅游地"变成了"安全的旅游地"。"非典"疫情和

---

[1] 郑河龙. 美国经济复苏分析［J］. 世界经济研究，2004（6）：31-34.

[2] 王洛林，余永定. 2001—2002年：世界经济形势分析与预测［M］. 北京：社会科学文献出版社，2002：1-2.

[3] Bonham, C., Edmonds, C. The Impact of 9/11 and Other Terrible Global Events on Tourism in the United States and Hawaii, 2006, Vol.45（1）：99-110.

[4] 伊战连累中国旅游业［EB/OL］. 文汇报，2003-03-28.

伊拉克战争在给中国香港和内地、新加坡等亚洲国家和地区带来负面影响的同时，印度旅游业却因其远离疫情和战争而收获了正面影响。

**2. 业外突发事件的中观影响**

业外突发事件的中观影响主要指突发事件给事发地旅游产业所带来的直接影响与具体改变。这主要包括：

第一，旅游地综合环境的影响与改变。事发地是突发事件破坏性影响的主要承载地。突发事件发生后，旅游地的社会环境、经济环境、消费环境、自然环境等都可能产生不同程度的改变，包括旅游活动在内的各种社会活动均会受其影响。

第二，旅游地市场形象的影响与改变。重大突发事件的发生一般具有强烈的新闻效应，它在吸引社会广泛关注的同时，也会影响民众对旅游地的安全性判断，使旅游地打上不安全的形象烙印，这将对外部旅游者的旅游决策造成影响和改变。

第三，旅游地旅游产品的影响与改变。突发事件对涉事旅游产品的短期运作、旅游产品的区域竞争力、旅游产品的质量面貌等会产生不可避免的影响。地震等重大自然灾害甚至可能摧毁旅游产业赖以作为基础的资源景点，导致旅游产品本身的永久改变。

第四，旅游地旅游产业链条的影响与改变。重大突发事件能摧毁食、住、行、游、购、娱等旅游产业中的部分要素，导致旅游产业价值链条的断裂，影响旅游产业体系的正常运转，最终使旅游者无法完成正常的旅游活动。

第五，旅游地旅游消费群体的影响与改变。突发事件将改变前往旅游地的消费者类型，谨慎型旅游消费者、老年旅游消费群体等一般会避免前往事件发生地。事发地民众的消费能力和消费欲望将出现降低，本地旅游的规模将急速下滑。同时，旅游者在旅游地的消费意愿会下降，非必要旅游消费品的需求将会减弱，旅游产品消费结构也将面临一定程度的调整。

以2008年5月四川发生的汶川特大地震为例，地震对四川旅游业的综合环境、市场形势、产业运作、旅游消费等产生了灾难性的破坏与影响。地震灾害造成的旅游业直接损失总值为465.92亿元，相当于2007年四川全省旅游增加值（1217.31 亿元）的 38.27%。2008 年全年，四川省入境游人数同比下降 59%，省外游客人数同比下降 60%，主要景区景点收入同比下降 60%[①]。再以新冠疫情为例，根据国内旅游抽样调查结果，受新型冠状病毒肺炎疫情影响，2020 年度中国国内旅游人数 28.79 亿人次，比上年同期减少 30.22 亿人次，下降 52.1%。国内旅游收入 2.23 万亿元，比上年同期减少 3.50 万亿元，下降 61.1%。[②]

**3. 业外突发事件的微观影响**

业外突发事件的微观影响主要指事发地旅游主管部门、旅游企业、旅游从业人员和旅游者等旅游利益相关者所遭受的影响与改变。由于业外突发事件对旅游业的影响主要是间接影响，因此旅游功能主体所承受的微观影响较小，影响过程也较为缓慢。这些影响主要包括：第一，旅游主管部门的工作事务遭受影响。对于业外突发事件，旅游主管部门承担着风险监测、风险预警、面向旅游者与企业提供应急服务等前期管理任务。突发事件发生后则承担着与其他部门联合处置、基于旅游业的立场进行积极干预、形象宣传与恢复等重要任务。

第二，旅游企业的日常运作与获利能力遭受影响。由于突发事件导致旅游地形象受损和客源减少，旅游企业的日常经营管理会面临市场压力、员工疏导、业务调整、产品结构调整等应急挑战，其战略导向和获利能力也将受到一定影响。

第三，旅游从业人员的就业率和工作条件遭受影响。由突发事件导致的行业形势劣化或短期衰退将影响旅游从业人员的就业率，降低旅游从业人员的工资水平，降低其在旅游行业就业的意愿和稳定性。由突发事件导致的基础设施和综合环境受损则将影响从业人员的工作环境，降低其工作保障水平，这将增加从业人员遭受二次伤害的可能性。

第四，旅游者的行为心态和安全保障遭受影响。大部分旅游者对业外突发事件具有较强的敏感性，虽然没有直接感受突发事件带来的伤害，但旅游

---

① 编写组.旅游业危机管理：汶川地震启示录［M］.中国旅游出版社，2010：31.
② 国家统计局.中华人民共和国 2020 年国民经济和社会发展统计公报［R］.2021-02-28.

者在想象中产生的恐惧感可能比现实的事件后果所带来的恐惧感还要强烈。因此,及时、透明、清晰的事件信息有助于消除旅游者的安全疑虑。当然,部分重大突发事件的发生可能将破坏旅游地的基础条件,旅游者的行为活动及其安全保障也将遭受影响。

### (二)业外旅游突发事件的分类影响

按照事件的具体性质,突发事件一般可分为自然灾害、事故灾难、公共卫生事件和社会安全事件四个类型。由于性质不同,不同类型的业外突发事件所产生的破坏能量、影响深度、影响结构和方向等也存在差异性,具体如表7-1所示。

表7-1 分类业外突发事件对旅游业的主要影响方向

| 业外突发事件的主要类型 | 业外突发事件的主要亚类 | 业外突发事件的主要影响方向 |
| --- | --- | --- |
| 自然灾害 | 地震、泥石流 | 人员伤亡与财产损失、摧毁基础设施和资源景点、破坏社会秩序、中断产业运作、高度影响旅游形象与市场规模、区域或国际旅游板块的改变 |
| | 台风、海啸 | |
| | 暴雨、洪水 | |
| 事故灾难 | 重大环境污染 | 人员伤亡与财产损失、破坏旅游环境、影响旅游形象与市场规模 |
| | 生态灾难事故 | |
| 公共卫生事件 | 疾病疫情 | 人员伤亡、旅游者产生恐慌心理、破坏产业运作、高度影响旅游形象与市场规模、区域或国际旅游板块的改变 |
| | 核泄漏 | |
| | 大规模食物中毒 | |
| 社会安全事件 | 政治冲突 | 人员伤亡、危及旅游者生命、影响旅游地社会稳定、降低旅游者的消费能力、影响国际市场规模、导致者心理屏蔽、区域或国际旅游板块的改变 |
| | 经济或金融危机 | |
| | 军事冲突 | |
| | 恐怖袭击 | |
| | 社会文化冲突 | |

#### 1. 自然灾害对旅游业的主要影响

地震、泥石流、台风、海啸、暴雨、洪水等自然灾害具有强烈的破坏性影响,它既能导致旅游者、从业人员等人员伤亡,也容易导致人员的财产损失。

重大自然灾害容易造成基础设施损毁、旅游资源景点破坏、社会秩序紊乱、旅游产业运作中断等不良后果。这些综合影响又进一步会导致旅游地的旅游形象和客源市场受损，并有可能导致区域间或国际间的旅游板块格局的改变。

### 2. 事故灾难对旅游业的主要影响

业外事故灾难对旅游业的宏观影响相对有限。由于发生在旅游行业以外，它对旅游业的微观影响也相对较小，但是，事故灾难所引起人们对事发地的安全担忧，则容易对事发旅游地造成较为集中的中观影响。其中，严重的环境污染事件和生态灾难事故则可能破坏旅游业赖以作为基础的生态环境，降低旅游地的环境吸引力，影响其旅游形象与市场受众。这种影响显然更多是导向事发旅游地，而不是具体的旅游企业。当然，规模性的火灾爆炸等事故灾难会导致重大的人员伤亡和财产损失。

### 3. 公共卫生事件对旅游业的主要影响

疾病疫情、核泄漏、大规模食物中毒等公共卫生事件既容易引起人员伤亡，也最容易导致恐慌情绪的产生和蔓延。在信心比黄金还贵的商业时代，因公共卫生事件而产生的恐慌心理将极大地打击旅游者的出游意愿，影响旅游地的市场形势和客源招徕。它既能造成事发旅游地产业运作的中断，也能高度影响旅游地的市场形象，改变区域或国际间的旅游市场板块。世界旅游组织的研究表明，"非典"疫情比伊拉克战争和巴厘岛爆炸案带来的灾难更为严重，它不仅重创世界旅游业，还使世界入境游客增长率出现了自1983年以来的首次负增长。又如，2011年日本"3·11"大地震导致核电厂出现核泄漏，对当地居民和旅游者的身体健康造成了极大影响。不仅入境旅游者望而止步，日本国内旅游人数也创下历史新低。再如，持续多年的新冠疫情对全球旅游业的冲击则更为严重，全球国际旅游几乎陷于停滞状态。

### 4. 社会安全事件对旅游业的主要影响

社会安全事件包含的种类较多，其影响结构相对更为复杂。地区间的政治冲突时常引起客源地之间旅游政策的屏蔽与反制，因此容易导致客源市场的急速萎缩和旅游地形象的恶化。其中，消极化的客源地—目的地关系质量会通过直接效应和旅游形象的中介作用负向影响旅游者对目的地的旅游意愿[①]。军事冲突、恐怖袭击等容易造成旅游者人身安全问题的社会安全事件，比较容易导致旅游地的社会不稳定、造成旅游产业运作的中断、导致旅游者的心理屏蔽，也容易造成国际旅游路线图和旅游板块格局的改变。经济危机事件与金融危机事件等发生时既容易导致旅游者消费能力的下降，也容易因为汇率改变、物价动荡而使旅游产品在价格上的国际比较发生改变，因此引起产品竞争力的变化。社会文化冲突一般会影响旅游者的心理安全和信赖程度，使旅游者对旅游地产生心理屏蔽和负面的形象评价等。

## 二、业内旅游突发事件的影响结构

业内突发事件与业外突发事件的主要区别在于其引致原因是在业内还是业外，影响的方向是直接影响还是间接影响。业外突发事件的引致原因一般在行业以外，并主要通过间接的方式来影响旅游行业。业内突发事件的引致原因一般在行业内部，或者其引致原因虽然在行业以外，但其发生对旅游者、旅游企业等产生了直接的伤害与不良影响。因此，自然属性相同的事件类型在具有不同的影响性质时，可分别归入业外事件或业内事件。例如，没有对旅游者或旅游企业等产生直接伤害的地震灾害属于业外事件，但对旅游者或旅游企业等产生了直接伤害的地震灾害则可归为业内事件。

业内突发事件和业外突发事件对旅游业的分层影响和分类影响具有较强的相似性。业外突发事件具有更强的宏观影响和中观影响，业内突发事件则具有更强的微观影响。由业内突发事件所导致的事件影响、事件后果及相应的应急管理工作，是涉事旅游企业、旅游者和涉事地区的旅游部门等微观功能主体所无法回避的。这些影响主要包括：

### （一）旅游主管部门承担的影响

突发事件可能给旅游地带来资源、形象和客源上的损失与影响。因此，处置旅游地发生的旅游突发事件是旅游主管部门不可回避的重任。旅游地的

---

① 黄倩,谢朝武,陈岩英.客源地—目的地关系质量对游客多分类旅游意愿的影响机制研究——以大陆赴台湾潜在客源市场为例[J].人文地理,2020,35（3）：140-150.

主管部门将面对突发事件应急处置、应急救援、新闻发布、善后处置等应急管理任务。若突发事件产生了持续性的不良后果，旅游地将面对基础设施恢复、产品与资源恢复、旅游形象塑造、旅游市场重振等一系列的恢复重建任务，以使旅游地能恢复或超越突发事件前的产业状态。

（二）旅游企业承担的影响

突发事件可能给旅游企业带来人员、财物和形象上的损失与影响。涉事旅游企业在突发事件后必须应对紧急救援、善后赔偿、新闻沟通、危机公关和市场形象恢复等重要任务。造成重大伤亡的突发事件所涉及的善后赔偿问题往往旷日持久，对旅游企业经营管理的影响非常大。此外，突发事件如果打击了区域旅游业的市场信心、减弱了旅游地的游客规模，其他旅游企业的正常运作和获利能力也必然遭受影响，旅游地的各类旅游企业将共同面对短期衰退、危机公关、形象重振、市场恢复等关系到旅游地可持续发展的重任。

（三）旅游从业人员承担的影响

突发事件可能会给旅游从业人员带来身体、财物和心理上的损失与影响。旅游从业人员是应对旅游突发事件的主要力量。事件发生后，旅游从业人员的应急意识、应急能力和应急表现，将决定突发事件的具体后果。事件发生时，旅游从业人员承担着事件紧急汇报、现场应急协调、现场救援与处置、游客安全维护、现场证据保存等重要任务。导致重大伤亡的突发事件可能给从业人员带来心理上的压力和困扰，需要企业给予积极的心理干预和疏导。

（四）旅游者承担的影响

突发事件可能会给旅游者带来身体、财物和心理上的损失与影响。对旅游者而言，在事件后进行伤害索赔、恢复身心等是一个艰难的过程。同时，突发事件对涉事的旅游者将带来直接的行为影响，伤害事件经历有可能导致旅游者出现程度不同的心理伤害。如果事件涉及人员死亡，看着同伴在事件中遭受伤害是令人恐惧的，因此这些旅游者需要进行积极的心理干预。突发事件的新闻报道则有可能给外部旅游者造成心理上的担忧和困扰。

### 三、旅游突发事件的积极影响

旅游突发事件是对旅游业具有破坏性影响的非预期性事件，它对旅游功能主体产生的影响主要是负面影响。但是，对旅游突发事件进行恰当的疏导和管理，则有可能实现转危为机，为旅游业带来正面的影响与效应。旅游突发事件所具有的积极影响主要包括以下几点。

#### （一）为旅游业的安全管理与改革提供契机

旅游突发事件在产生负面后果的同时，也将引起社会的强烈关注，探查旅游突发事件引致原因、对旅游突发事件进行有效管理等议题必然提上议事日程。旅游突发事件后果越严重，对它进行有效管控的共识将越强烈。因此，旅游突发事件将为旅游业的安全管理和改革提供契机。旅游主管部门可有效利用民意的力量推进对同类安全问题的重视，既可以采取强化性的管理措施，也可以通过进行机制改革来提升管理成效，更可以通过立法手段来保障管理成果。以四川为例，汶川大地震发生后，国务院和四川省人民政府针对旅游业的振兴发展和恢复重建发布了一系列政策文件和发展规划，并对旅游地的旅游安全与应急设施配置等提出了基础性的规划意见，这对于在基础层面推进四川旅游业的安全管理具有重要的导向意义。

#### （二）为旅游地的产品与形象革新提供机遇

旅游突发事件可能破坏旅游地原有的产品结构，同时相应地打破旅游地原有的市场形象。面对旧有产品和形象体系被打破的局面，旅游地可以因势利导开发新产品、新形象。例如，旅游地可以根据事件后的设施与资源基础，改变原有旅游产品体系的地理布局，重新配置旅游地的产品架构，实施新产品导入策略，重新进行市场定位和形象定位等。例如，美国国家公园曾经受到大量小型火灾的影响，游客因为害怕火灾而不愿意到公园来旅游。美国国家公园将公园火灾及火灾后的特有景观开发成森林火灾科普教育产品，这一创新既打造起了新的市场形象，也成功地收复了游客市场[1]。许多灾难旅游地

---

① 德克·格莱泽.旅游业危机管理[M].北京：中国旅游出版社，2004.

将灾难旅游等作为受灾后旅游市场恢复的重要新产品来予以开发,这已成为旅游地进行产品与形象革新的重要途径。

### (三)为旅游地的跨越式发展提供战略平台

地震、战争、台风等重大突发事件容易导致旅游基础设施损坏、资源景点破坏等灾难性后果。旅游业的恢复重建既可定位为原有设施与功能的简单恢复,也可站在新的起点与平台上,以跨越式发展的战略姿态来重新定位,重新开展旅游产业体系的规划和运作。例如,汶川大地震后的四川旅游业面临旅游基础设施严重损毁、旅游产业功能几乎瘫痪、旅游客源市场陷于停滞等不利局面;灾后四川旅游业的恢复重建工作又面临资金短缺、物资匮乏、百废待兴等巨大的挑战。面临重重困难和千头万绪的恢复重建工作,四川将旅游业作为灾区恢复重建的先导产业,实施了以旅游业率先恢复重建带动灾区经济发展的战略方针,并积极化危机为机遇,实施跨越式提档发展战略。这既有效提升了四川旅游业的战略地位,也有力推动了灾区经济产业的结构优化与升级。

### (四)为新市场开拓与竞争力提升提供机遇

旅游突发事件对旅游业产生的综合影响具有地域上的差别性,事发地旅游业将承受最直接的影响与破坏,非事发地旅游业则具有开发的机遇与可能性。当旅游突发事件打击旅游者的出游信心时,旅游者的出游需求一般只会被短期抑制。只要出游条件成熟,旅游者会寻找新的时间、新的地点来完成旅游行为。因此,旅游突发事件对不同旅游地具有此消彼长的竞争性影响力,非事发地旅游业可以积极利用这一作用机制来争取新的市场、提升自身的产品竞争力。例如,在亚洲金融危机发生时,印度尼西亚的本国货币贬值,入境旅游者的实际购买力因此增强,该国旅游业成功地利用这一因素达到提升竞争力和增加入境旅游人流的目的[1]。美伊战争、埃及恐怖活动等事件影响了西亚和北非旅游业的发展,使部分国际游客分流到了东南亚各国,这种国际旅游路线图的改变对东南亚地区是有利的。

---

[1] Prideauxa, B., Lawsb, E., Faulknerc, B. Events in Indonesia: exploring the limits to formal tourism trends forecasting methods in complex crisis situations [J] Tourism Management, 2003, Vol.24(4): 475–487.

## 四、旅游突发事件的影响过程

当然，大部分旅游突发事件并不会在结构上对整个社会体系产生宏观影响。只有重大突发事件发生或者大量旅游突发事件集中出现时才会导致旅游产业的整体改变。一般情况下，旅游突发事件消极影响的发生过程一般会经历事件发生、利益主体影响、旅游业发展形象影响和旅游业发展条件改变等影响扩散过程。旅游突发事件的影响发生是非线性过程，其发展阶段可能出现跳跃、回复和变迁影响等多种影响模式，其过程如图7-2所示。

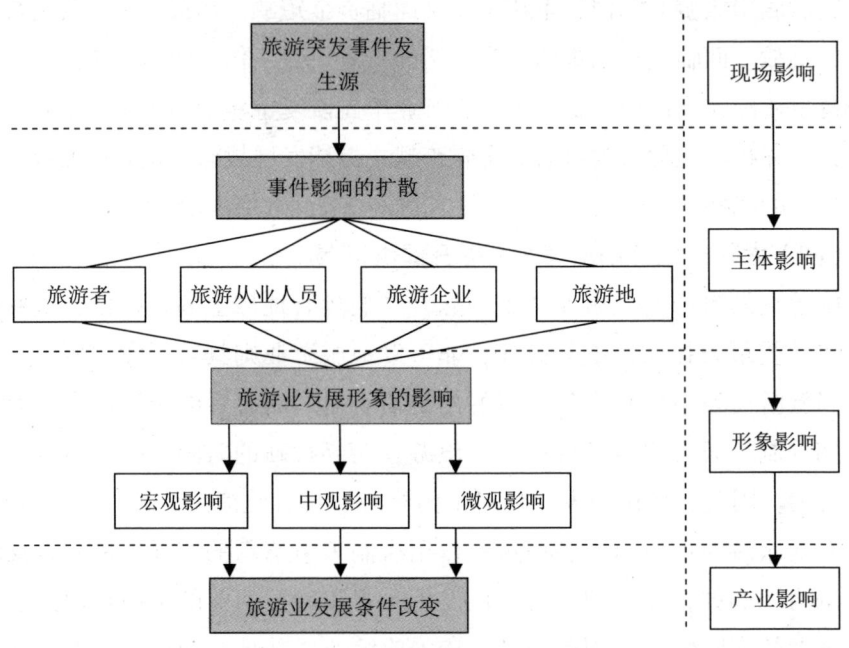

图7-2 旅游突发事件的影响过程

资料来源：谢朝武. 业外突发事件与旅游业的应急管理研究［J］. 华侨大学学报，2008（4）：28-36。

### （一）现场影响

旅游突发事件造成的现场影响主要是指事件发生后，事件发生地和事件现场因事件发生而产生的综合影响与改变，这主要包括旅游者和从业人员的伤亡、旅游者和从业人员的财物损失、旅游设备（如交通工具）的损毁、旅游基础设施的损毁、旅游资源景点的破坏等。旅游突发事件所造成的影响主要是直接的影响和改变，旅游突发事件的发生还可能造成事发现场旅游活动秩序和经营秩序的改变，重大旅游突发事件可能导致事发现场和旅游地正常秩序的中断。如 2011 年埃及发生政局动荡，我国 2000 多名团队游客滞留埃及境内、部分旅游团队行程取消。2011 年日本地震发生后，我国 200 多个赴日中国旅游团、5416 名团队游客受地震影响。

（二）主体影响

旅游系统中的利益相关者主要包括旅游者、旅游从业人员、旅游企业和旅游地等相关主体。旅游利益相关者在遭受现场的第一波冲击和影响后，会继发造成后续的综合影响与改变。旅游者和旅游从业人员可能遭遇的影响结构是基本一致的，他们在事发现场可能遭遇身体伤害和财物损失，在后续阶段则需要承担医疗治疗、赔偿纠纷、权利维护、法律诉讼等综合影响，个别人员可能还存在心理阴影和心理矫正的问题；旅游企业需要承担对旅游者和员工的医疗照顾、保险赔偿、代位求偿、与上下游企业间的维权与诉讼等综合影响；旅游地是一个综合性的利益主体，一般是旅游地的旅游主管部门予以体现，旅游地需要承担现场清理、应急救援和处置、善后与恢复等工作及综合影响。

（三）形象影响

旅游形象是旅游地在资源景点等核心吸引要素的基础上所形成的有关旅游地的综合意念表达。旅游形象的好坏是影响旅游者旅游决策的重要影响。旅游突发事件对旅游地形象的影响程度取决于突发事件的破坏程度和社会公众对事件的关注度。破坏程度越大，对旅游地形成的负面影响也就越大。社会公众的关注程度越高，负面影响越可能被放大和过度解读。由此产生的综合负面影响是破坏旅游地原有形象的主要因素。当然，旅游地形象地被影响和破坏过程可能逐步地迁移进行，也可能因为媒体的关注而发生急速改变。因此，积极、适度而有效的信息沟通、立体式地进行形象恢复与重建，是事件后旅游地和旅游企业都必须重视的管理任务。

## （四）产业影响

旅游突发事件对旅游利益主体所形成的综合影响及形象改变，会逐渐对旅游产业形成微观、中观和宏观等各个产业层次的继发影响，并有可能造成旅游业运营条件或发展条件的消解，使旅游地失去短暂运营或持续运营的基础。例如，2008年的汶川大地震不仅造成一定数量旅游者的死伤，也造成灾区旅游活动和运营秩序的停止，大量旅游者因而滞留灾区。汶川大地震损毁了灾区的大量旅游景点和基础设施，使四川旅游业的运营活动整体陷入停滞，灾区的社会经济秩序也因此陷入短暂停滞状态。

旅游突发事件从发生到影响扩散再到产业影响的形成，中间一般会经历影响累积和影响演变的迁移过程。累积的突发事件越多或者累积的负面信息量越多，累积的影响量也就越大。影响扩散中的每一个路径、通道和节点都是潜藏的影响控制点。因此，相关主体可以对影响扩散过程中的关键节点施加积极的应急干预和控制，这有助于减缓事件影响的发生过程，也有助于减少事件影响的烈度和深度。

# 第三篇

## 旅游应急机制研究

# 第八章 旅游突发事件的预防与应急准备研究

近年来，我国旅游业一直处于快速发展轨道。但我国旅游业的突发事件也呈高发态势。从 2008 年汶川特大地震给四川旅游业带来巨大冲击，到 2015 年"东方之星"客船长江沉没造成重大人员伤亡，再到 2019 年年底始发的新冠疫情给全球和中国旅游业造成持续重创，重大突发事件给旅游业界和理论界不断敲响安全警钟。它们深刻地表明，传统的事发应急管理已经无法满足"风险社会"下我国旅游业可持续发展的需求。突发事件一旦爆发，旅游业的敏感性便凸显出来。面对各类突如其来的旅游突发事件，缺乏完备应急管理体系的旅游地极可能脆弱有余而韧性不足，并因此遭受难以估量的损失。因此，我国旅游业必须改变传统的事发应急管理模式，改变偏重事中和事后应急处置的任务管理方式，强调应建立起以旅游突发事件风险识别和风险消除为主要导向的主动防御型应急管理体系。总体上，旅游业应构建包括旅游突发事件预防与应急准备机制、监测与预警机制、应急处置与救援机制、事后恢复与重建机制在内的综合性旅游应急管理机制体系。

如图 8-1 所示，旅游应急管理的机制体系包含旅游突发事件预防与应急准备机制、监测与预警机制、应急处置与救援机制、事后恢复与重建机制等核心的机制结构。旅游应急管理核心机制的任务是预防、减缓、处置旅游突发事件，并消除旅游突发事件带来的影响，这是旅游应急管理的核心过程。为完成旅游应急管理的核心机制任务，旅游应急主体需要通过应急保障、应急沟通、应急指挥与协调、应急动员等手段和方式来支撑旅游应急过程，以提升旅游应急管理的成效。因此，应急保障、应急沟通、应急指挥与协调、应急动员等机制任务是旅游应急管理的重要辅助机制。

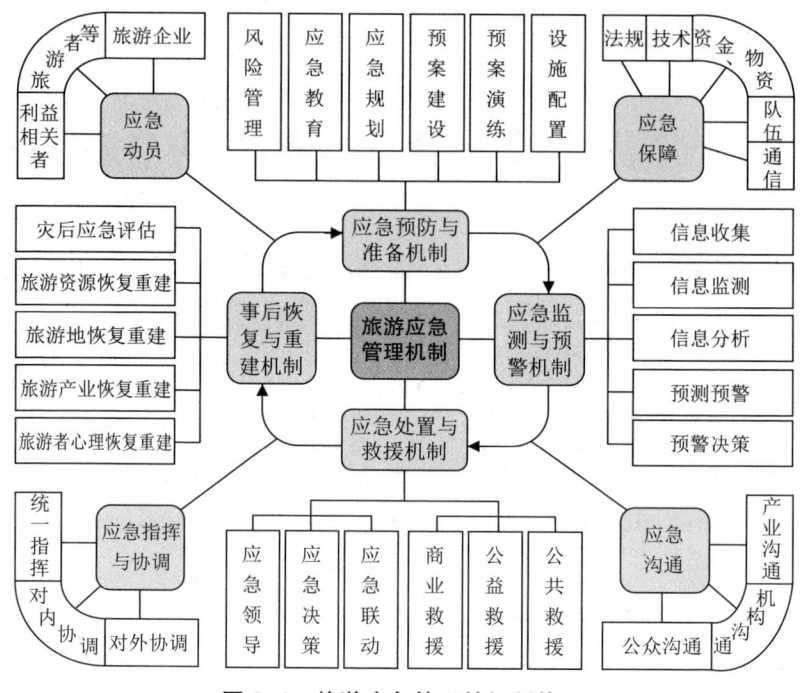

图 8-1　旅游应急管理的机制体系

我国旅游业的发展受业内外多重因素的影响，复合型突发事件的应对已成为旅游业发展必须解决的难题，单纯的事发紧急应对已经无法满足现代旅游应急管理的需求。因此，我国旅游应急管理应重视预防与应急准备体系的构建，强调重心前移、预防为主、预备在先[1]。旅游应急工作应将旅游突发事件风险预防管理与应急准备管理进行有效结合，夯实旅游应急管理的支撑要素体系，储备旅游应急所需的资源基础，为旅游突发事件的有效应对做好完善的准备，这是预防和减缓旅游突发事件、降低旅游应急成本、提高旅游应急成效的重要基础。旅游风险预防与应急准备机制的任务结构如图 8-2 所示。

---

[1] 闪淳昌.应急管理：中国特色的运行模式与实践[M].北京：北京师范大学出版社，2011：86.

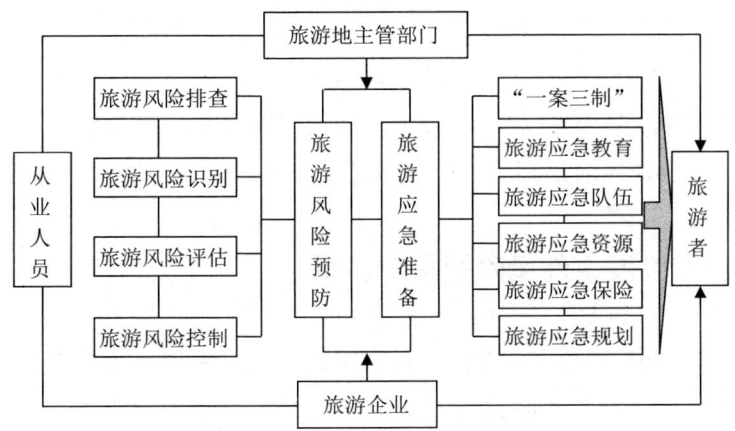

图 8-2　旅游预防与应急准备机制的任务结构

## 第一节　旅游突发事件风险的主要类型

旅游突发事件具有较为复杂的风险成因。排查和识别可能导致旅游突发事件的风险因素，对其进行预先调控和管理，有利于消解旅游者面临的安全隐患、减少旅游突发事件的发生。"旅游风险"是旅游者在旅游中发生某些危险情况的可能性及其后果的组合，它与"旅游安全"是相互排斥的两种不同状态。旅游风险的类型可区分为来源类型和表现类型，它们分别表示旅游风险的来源结构和表现结构。Roehl 和 Fesenmaier（1992）将影响旅游者决策的风险因素分为设备风险、经济风险、身体风险、心理风险、满意风险、社会风险和时间风险等风险类型[1]，这是基于风险表现结构的阐述。Lepp & Gibson（2003）则认为旅游风险主要包括健康因素、政治动荡、恐怖主义、食物因素、文化障碍、宗教信仰因素以及犯罪等来源类型[2]，这是基于风险来源结构

---

[1] Roehl, W. S., & Fesenmaier, D. R. Risk perceptions and pleasure travel: An exploratory analysis[J]. Journal of Travel Research, 1992, 30(2), 17–26.

[2] Lepp, A., Gibson, H. Tourist roles, perceived risk and international tourism[J]. Annals of Tourism Research, 2003, 30(3): 606–624.

的阐述。随着旅游活动和旅游产业运作体系的全球化,旅游者和旅游业可能面临的风险因素也越来广泛和复杂。普遍认为,政治因素、经济因素、文化因素、灾害因素、疾病因素和社会生活环境因素等是导致旅游风险的主要来源。旅游突发事件风险是指可能引致旅游突发事件的各类风险因素。

## 一、旅游突发事件风险的来源类型

Bentley(2001)采用了"事故因果连锁理论"来构建探险旅游安全事故的致因机制框架,并认为探险旅游安全事件的发生在很大程度上不是单一因素致使,而是由人为因素、环境因素、设施因素以及管理因素之间的两种或两种以上因素共同催化而产生的[①]。这一观点广受认同和引用。因此,从风险来源结构来看,旅游突发事件的风险来源主要包括人员风险因素、环境风险因素、设施风险因素和管理风险因素等主要风险来源。

### (一)旅游突发事件的人员风险

旅游突发事件的人员风险主要是指来自旅游者、旅游从业人员、旅游地民众等人员结构的安全隐患。旅游者层面的风险因素包括旅游者缺乏安全常识、缺少安全技能、缺乏安全态度与意识、个人体质较差、存在自身疾病等风险因素。旅游者缺乏安全知识、安全技能和安全态度时,容易产生冒险的旅游行为,缺乏应对突发风险的必要技能。这既容易引致个体类旅游突发事件,也容易使旅游突发事件产生较为严重的影响与后果。旅游者个体如果缺乏必要的体质和体能,或者自身患有某种疾病,则有可能无法适应旅游活动的行程节奏,导致身体疾病的突发发作。

旅游从业人员层面的风险因素包括从业人员缺乏良好的职业道德、缺乏安全操作的技术与方法、缺乏风险应对的知识与能力、旅游中的危险行为与举动、体质体能不适应旅游活动等风险因素。从业人员若缺乏良好的职业道德,可能采取短斤少两、克扣行程、以次充优、欺诈旅游者等恶意工作行为,

---

① Bentley, T., Page, S., Meyer, D., Chalmers, D., Laird, I. How safe is adventure tourism in New Zealand? An exploratory analysis [J]. Applied Ergonomics, 2001 (32): 327–338.

从而导致主客纠纷和行为冲突的发生；从业人员若缺乏安全操作的技术与方法，可能导致旅游服务、旅游行程或旅游设施设备的运作缺乏安全质量，从而导致操作事故的发生；从业人员若缺乏必要的风险应对知识与能力，将无法应对高风险的旅游环境，无法有效处理和控制旅游活动中的突发风险；从业人员的危险行为和举动将使提高旅游活动的风险程度；从业人员应具有较好的体质体能和个体性格，否则容易产生个体事故或人员冲突。

旅游地民众层面的风险因素主要是指旅游地居民的不友善行为及其导致的突发风险，这可能包括恶意态度、攻击性行为、主客冲突、民俗冲突、宗教冲突、文化冲突等风险表现。旅游活动既可能给旅游地带来经济发展等正面因素，也可能推高旅游地的物价水平和拥挤程度，影响旅游地的舒适性。同时，旅游者所偏好的文化、民俗和宗教可能与旅游地的现实存在具有差异。这些因素容易导致旅游者与旅游地民众间的各类行为冲突，甚至导致攻击行为的发生，这具有导致旅游突发事件发生的可能。

### （二）旅游突发事件的环境风险

旅游突发事件的环境风险主要是指来自社会环境和自然环境等结构层面的风险因素。社会环境中的风险因素包括政治风险因素、经济风险因素、文化风险因素和社会生活风险因素等各类风险因子。政治风险因素主要包括政局动态导致区域或国际关系紧张、战争行为等风险类型，这是具有较强破坏能量的风险因子。经济风险因素包括金融危机、经济危机、消费危机等风险因子，这是影响旅游者消费能力、决定旅游者决策方向的重要因素。文化风险因素包括文化观念变化、时尚潮流改变、文化冲突等风险因子，这是影响旅游者消费偏好的重要因素。社会生活风险因素包括旅游地治安环境、社会态度、生活习俗等风险因子，由这些因素引起的旅游冲突是导致旅游突发事件的重要表现类型。

旅游地自然环境中的风险因素主要是指自然灾害等所带来的安全隐患。自然灾害是人类所依赖的自然界中所发生的各种异常现象，它所引起的旅游活动安全问题，是旅游安全风险的常见表现形态之一。自然灾害对旅游活动具有巨大的破坏性，对旅游企业、旅游资源、旅游者和旅游从业人员的生命财产都具有极大的危害性。由于幅员辽阔、地理环境复杂，我国是世界上自然灾害种类较多、灾情较为严重的少数国家之一。较为严重的自然灾害可能对旅游地的自然环境、资源景观、旅游基础设施、旅游产能设施等造成严重的破坏，并进而对旅游地的社会秩序、市场形象等造成严重打击。

### （三）旅游突发事件的设施风险

旅游突发事件的设施风险主要指旅游设施设备故障或旅游者、旅游从业人员等主体不当使用旅游设施设备而产生的风险因素。旅游设施设备的故障风险一般是因为设施本身设计不当、存在质量问题或者日常使用设施维护不力，而使设施设备存在运行风险。旅游设施设备的不当使用包括旅游设施设备超负荷使用、越期使用、违规使用、使用不慎等风险来源。旅游设施设备的运作存在较大的机械能量或电能，因此，设施设备事故发生时常对旅游者或从业人员造成较为严重的身体伤害（见表8-1）。

表8-1 我国旅游设施设备事故的典型案例

| 序号 | 发生时间 | 事故的风险成因与表现 | 事故伤害结果 |
| --- | --- | --- | --- |
| 1 | 2006年4月16日 | 贵州省贵阳市河滨公园穿梭时空项目，因操作人员在未确认安全带及安全压杠的情况下开动游乐设施，造成严重事故[1] | 1死、1重伤 |
| 2 | 2008年9月27日 | 4名小学生在广州番禺某游乐场玩"空中飞人"时，系住飞船的钢丝绳索断裂[2] | 1死、3伤 |
| 3 | 2009年5月28日 | 千岛湖中心湖区两艘游艇驾驶员疏忽驾驶，其中一名驾驶员违规超车，导致两艇发生追越碰撞[3] | 1死、1重伤、2轻伤 |
| 4 | 2010年6月29日 | 深圳东部华侨城太空迷航娱乐项目的高速旋转舱在高速旋转时失衡撞地导致塌落，造成重大安全事故[4] | 6死、10伤 |

---

[1] 邢乐，贺孝瑚.河滨公园游乐场突发意外［N］.贵阳晚报，2006-04-18（A3）.

[2] 陈海生，赵洪杰."飞船"断绳小学生惨死［N］.新快报，2008-09-30（A10）.

[3] 余亦非，俞熙娜.千岛湖5·28游艇相撞续：驾驶员违规追越导致惨祸 碰撞事故责任初步认定［N］.钱江晚报，2009-05-31（A2）.

[4] 陈乐伟等.深圳东部华侨城发生恶性事故"太空迷航"6死10伤［N］.南方都市报，2010-06-30（AA09）.

续表

| 序号 | 发生时间 | 事故的风险成因与表现 | 事故伤害结果 |
| --- | --- | --- | --- |
| 5 | 2018年4月21日 | 河南许昌市西湖公园内的"飞鹰游乐"设施,因安全带锁扣脱落,造成游客高空坠落① | 1死 |
| 6 | 2019年6月5日 | 广西佛子岭景区,游客因下滑速度过快撞破护栏冲出滑道,致1人身亡、6人受伤 | 1死、6伤 |
| 7 | 2019年7月20日 | 安徽省黄山丰大国际旅游股份有限公司深海大宝藏气模游乐设施顶部局部下陷气模覆盖,引发安全事故② | 1死、4伤 |
| 8 | 2021年4月2日 | 台铁太鲁阁号408次列车因边坡未设置防护措施与工程车碰撞、并于隧道口发生出轨事故③ | 48死、多人伤 |

**(四)旅游突发事件的管理风险**

旅游突发事件的管理风险是指旅游企业、旅游目的地等在旅游活动的组织和运行过程中,由于监督、管理和控制不力而导致事件风险的可能性和后果的组合。常见的管理风险包括:①对从业人员选配不当,对旅游者缺乏体质体能等安全审核;②旅游业务操作流程存在安全隐患和瑕疵,没有及时对旅游业务流程进行优化调整和安全提升;③旅游业务管理系统缺乏纠偏和改正机制,缺乏对旅游风险隐患的纠错能力;④缺乏对员工和管理者的持续性的安全教育,没有及时将先进的旅游安全观念传输给从业人员;⑤缺乏系统性的旅游应急管理体制、机制、法制和预案,对旅游应急工作缺乏完整的管理平台;⑥管理人员缺乏风险观念和风险管理能力。

在旅游突发事件的发生过程中,大量的旅游突发事件类型具有复杂的风险成因结构,它们一般是由两种或两种以上的风险因素共同作用而导致的。例如,传染病等公共卫生事件是由人员因素、自然环境因素、社会环境因素和管理因素等综合风险因素共同导致的事件类型。在这一过程中,旅游人群是传播传染性疾病的重要通道,洪水、地震等自然灾害是传染性传播的自然

---

① 杜文育.玩"飞鹰游乐"一男子坠亡[N].大河报,2018-04-23(AI06).
② 王娟.充气城堡又"吃人"!南京8岁女童黄山游玩遭遇不幸[N].现代快报,2019-07-22(A5).
③ 郝江震,白宇.国台办、海协会对台铁列车出轨事故伤亡台胞及家属表示哀悼和慰问[N].人民日报,2021-04-03(04).

环境诱因，社会活动的组织方式是影响旅游者行为方式和活动空间并进而影响疾病传播方向的重要因素，社会管理方式则是影响传染病控制进程的主要原因。

以新冠疫情为例，我国是通过强而有力的溯源、隔离、封城等管理手段控制住了初期疫情。即使在有了疫苗和治理手段后，强而有力的管理手段依然是控制局部疫情传播的重要方式。为了应对这一重大风险，我国旅游业也采取了限游、限流、预约等方式来阻断旅游环节的疫情传播，为新冠疫情的控制做出了巨大牺牲和贡献。

## 二、旅游突发事件风险的表现类型

根据我国《突发事件应对法》，突发事件总体上可以区分为自然灾害、事故灾难、公共卫生事件和社会安全事件四大结构类型。从突发事件风险的表现状态来看，不同类型的突发事件具有不同结构的风险表现。旅游突发事件风险从潜藏的安全隐患到触发和表现为具有破坏性后果的事件，即可称为旅游突发事件，因此两者具有同样的结构分类。据此，旅游突发事件风险可以区分为自然灾害风险、事故灾难风险、公共卫生风险和社会安全风险四种风险表现结构类型。

### （一）自然灾害风险

对旅游活动可能造成破坏与影响的自然灾害风险包括气象灾害、海洋灾害、洪水灾害、地质灾害、地震灾害、农作物灾害、森林灾害、极端的自然因素等灾害风险。自然灾害既具有自然属性，又具有社会属性。自然变异和极端事件在对社会造成人员伤亡和经济损失时才构成为灾害事件。《中国自然灾害风险地图集》的研究成果显示，我国的自然灾害风险不仅与其致灾因子的频度与强度有关，还与全国各地的灾害设防水平、区域经济与社会发展水平有关[①]。

---

① 史培军.中国自然灾害风险地图集[M].北京：科学出版社，2011.

## （二）事故灾难风险

旅游事故灾难是指具有灾难性后果的旅游事故，它是在旅游活动过程中发生的、迫使旅游活动暂时或永久停止，并造成大量的旅游人员伤亡、经济损失或环境污染的非预期事件。我国现阶段的旅游领域的事故灾难风险主要包括以下类型（见表8-2）。

表8-2 自然灾害分类表[①]

| 序号 | 自然灾害风险 | 具体表现类型 |
| --- | --- | --- |
| 1 | 气象灾害风险 | 暴雨、雨涝、干旱、干热风、高温热浪、热带气旋、冷害、冻害、冻雨、结冰雪害、雹害、风害、龙卷风、雷电、连阴雨、浓雾、低空风切变、酸雨等 |
| 2 | 海洋灾害风险 | 风暴潮、海啸、海浪、海冰、赤潮、海岸带灾害、厄尔尼诺等 |
| 3 | 洪水灾害风险 | 暴雨洪水、山洪、融雪洪水、冰凌洪水、溃坝洪水、泥石流与水泥流洪水等 |
| 4 | 地质灾害风险 | 崩塌、滑坡、泥石流、地裂缝、水土流失、地面塌陷、地面沉降等 |
| 5 | 地震灾害风险 | 构造地震、隔落地震、矿山地震、水库地震等 |
| 6 | 农作物生物灾害风险 | 农作物病害、农作物虫害、农作物草害、鼠害等 |
| 7 | 森林生物灾害风险 | 森林病害、森林虫害、森林鼠害等 |
| 8 | 极端自然因素风险 | 极高温、极低温、高原、高山、深海、沙漠等 |

### 1. 火灾爆炸风险

火灾爆炸是容易造成大规模人员伤亡和大量财物损失的事件类型，在旅游行业它主要发生在住宿、餐饮和娱乐等场所。从我国饭店火灾的风险成因来看，它主要包括操作不慎、吸烟、玩火、人为纵火等人员风险因素，电气故障、煤气泄漏等设施设备故障风险因素，烟道清理不及时、紧急处置不当、装修管理不当等管理风险因素。其中，电气故障风险是火灾爆炸事故中分布水平最高的风险因素（见图8-3）。

---

① 国家科委全国重大自然灾害综合研究组.中国重大自然灾害及减灾对策（总论）[M].北京：科学出版社，1994年5月。该研究组将自然灾害分为七大类，即表中的前七类。

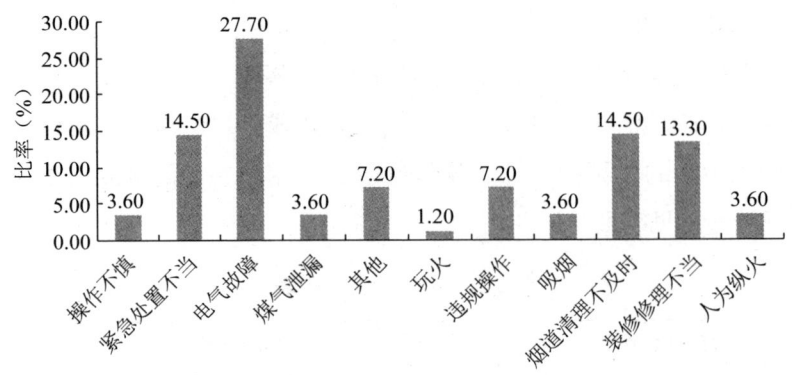

图 8-3　我国饭店火灾爆炸类事件的风险来源[1]

**2. 旅游交通安全风险**

旅游交通安全事故是旅游突发事件中分布水平最高、伤亡规模最大的事件类型，因此旅游交通安全风险是旅游安全风险防范中的主要结构类型。旅游交通安全风险主要包括道路安全风险、航空交通安全风险、水上交通安全风险和缆车等景区交通安全风险：①道路安全风险主要来自道路崎岖、盘山公路、深沟深崖、急速弯道等风险点；②航空安全风险主要来自飞行器故障风险，如热气球故障、空中拖伞故障等；③水上交通安全风险主要来自游轮等水上交通工具的颠簸、撞击、倾覆等产生的安全风险；④缆车等景区交通工具的风险主要来自缆车故障、坠落、倾覆等产生的安全风险[2]。

**3. 涉水安全风险**

涉水安全事故是我国旅游突发事件发生水平较高、伤亡总量较大的事件类型。涉水安全风险主要来自旅游者体质体能不适和技能不足导致游泳溺亡的风险，以及因漂流船、竹排、摩托艇等水上娱乐工具因颠簸、撞击、倾覆等产生的人员溺亡风险。总体上，涉水安全风险主要来自人员风险和设施风险两类风险结构。

**4. 高处坠落风险**

高处坠落事故主要是指旅游者从悬崖、景点、酒店楼层等高处向下坠落

---

[1]　作者根据我国饭店类火灾爆炸事故案例的统计分析所得。
[2]　郑向敏. 旅游安全学［M］. 北京：中国旅游出版社，2003.

导致的事故,以及飞石坠落导致的事故等类型。其风险的来源主要包括旅游者主观故意、意外坠落、醉酒坠落、无名飞石砸落、设施故障坠落等风险因素。例如,近年来,世界各地不断发生游客因拍照不慎坠落死亡的案例。2020年12月14日,一名女性游客与家人在澳大利亚维多利亚州格兰屏国家公园(Grampians National Park)游玩时,翻越波洛卡观景台(Boroka Lookout)的安全护栏拍照,但不慎跌落悬崖并死亡①。

**5. 设施设备风险**

设施设备事故主要指设施设备故障或设施设备不当使用而引起旅游人员伤亡的事故。旅游突发事件设施风险因素所导致的事件就是设施设备事故。设施设备事故的风险来源与旅游突发事件设施风险因素基本一致。例如,2010年深圳东部华侨城太空迷航娱乐项目的高速旋转舱在高速旋转时失衡撞地导致塌落,事故造成6死10伤。法院审理认为,此次事故是由于游乐设备的设计、制造、安装、维护等均有问题而造成的重大责任事故②。2019年8月19日,辽宁省本溪市虎谷峡景区内,部分游客乘坐下山玻璃滑道时,因突降暴雨、滑速过快,导致发生人员碰撞,造成1人死亡,多人受伤③。

**6. 会展节事风险**

会展节事风险主要指在会展节庆活动的举办过程所存在的风险因素,这主要包括场地场馆的风险、人群冲突的风险、政治文化冲突的风险、踩踏挤压的风险、自然灾害风险和管理不当的风险等风险因素。例如,2010年10月22日,柬埔寨金边钻石岛一座斜拉桥在送水节欢庆活动中发生严重踩踏事件,造成456人死亡,700多人受伤④。2014年12月31日23时,上海市黄浦区外滩陈毅广场东南角通往黄浦江观景平台的人行通道阶梯处底部有人失衡跌倒,继而引发多人摔倒、叠压,致使拥挤踩踏事件发生,造成36人

---

① 澳大利亚女子翻栏杆拍照从80米高悬崖坠落而死[EB/OL].海外网,2020-12-15.
② 王成波,朱倩.深圳太空迷航事故宣判[N].南方都市报,2012-01-20:AII.
③ 辽宁回龙湖旅游文化产业股份有限公司.关于虎谷峡游客碰撞事故的声明[Z].2020-08-20.
④ 朱丽雷柏松.踩踏致死者升至456人[N].新华社每日电讯,2010-11-25.

死亡，49 人受伤①。

### 7. 动物袭击风险

动物袭击风险包括野外袭击和动物园袭击等场所差异，主要的风险因素包括旅游者误入猛兽散养区、与猛兽过于接近、一般动物突然发怒等，都可能导致袭击风险。例如，2010 年 6 月 13 日，两名游客误入西安秦岭野生动物园虎区（车行区）大门，进入老虎散养区②。一名游客被老虎当场咬死，另一名游客被园区工作人员救出。2016 年 7 月 23 日下午，在北京延庆八达岭野生动物园内，两名自驾游女游客在猛兽区下车后，被老虎袭击，造成 1 死 1 伤③。在这些事故中，旅游者个人原因和管理疏失是导致事故的风险因素。

### 8. 旅游业务风险

在各类旅游企业，除了存在各种可能造成人身伤亡和财产损失的安全风险外，旅游工作人员的工作疏失也可能造成旅游活动环节的受阻或停滞。例如，因导游人员工作疏失导致旅游团队的误机、漏接、错接、空接等团体业务事故。游客个人的行为疏失也可能导致个体财物的损失，例如游客客人丢失证件、财物或旅途迷路等。这些事故风险主要发生在旅游业务环节，因此统称为旅游业务风险（见表 8-3）。

### 9. 其他事故风险

主要包括危化品事故风险、核事故风险和其他意外事故风险等。这些事故类型一般是发生于其他行业，并直接或间接对旅游者或从业人员等造成伤害。例如，2011 年 3 月 11 日的日本地震引发了海啸，并导致福岛核电站发生核泄漏事故，这起事故对当地居民和旅游者造成了重大威胁④。

---

① "12·31" 外滩陈毅广场拥挤踩踏事件联合调查组. "12·31" 外滩陈毅广场拥挤踩踏事件调查报告 [R]. 2015-1-20.
② 管理疏漏付出血的代价 [N]. 重庆日报, 2010-06-16: 003.
③ 柴会群. 八达岭野生动物园老虎袭人事件调查 [J]. 法治人生, 2016（23）: 17-20.
④ 部分观点将危化品泄漏、核泄漏等列为公共卫生事件。

表 8-3 旅行社业务风险的结构与类型

| 风险结构 | 风险类型 | 风险内涵 |
| --- | --- | --- |
| 团体业务风险 | 误机（车、船）风险 | 指由于特定原因或有关人员工作的失误，旅游团（者）没有按原定航班（车次、船次）离开本站而导致暂时的滞留 |
| | 漏接风险 | 导游人员等没有按预定航班（车次、船次）时刻迎接旅游团（者），导致旅游团（者）抵达后，没有导游人员迎接的现象 |
| | 错接风险 | 导游人员将其他旅游团当成自己所接的旅游团（者）接走 |
| | 空接风险 | 由于某种原因，旅游团（者）推迟抵达接待站，导游人员仍按预定的航班车次、船次）接站而没有接到旅游团 |
| | 计划和日程变更 | 延长一地游览时间、缩短一地游览时间、改变部分旅游计划 |
| | 遗失行李风险 | 一般发生在境外旅游团（者）来华途中或在中国境内；出境旅游团的旅行途中或境外某一国（地）境内 |
| 个人业务风险 | 丢失证件风险 | 旅游者在途中个人丢失身份证、护照等证件 |
| | 丢失财物风险 | 旅游者在途中个人丢失现金或贵重财物 |
| | 丢失游客风险 | 旅游者在途中走失或无法联系 |

资料来源（综合整理有改动）：国家旅游局. 旅行社安全管理实务 [M]. 北京：中国旅游出版社，2012.

## （三）公共卫生风险

公共卫生风险主要指公共卫生领域危及旅游者，造成或可能造成旅游者健康严重损害的突发事件。它主要包括以下风险类型。①传染病风险，指突然发生、造成或可能造成社会公众健康严重损害的重大传染病疫情。例如鼠疫、霍乱、肺炭疽、"非典"（传染性非典型肺炎）、甲型 H1N1 流感、登革热、新冠肺炎疫情等。近年来，登革热、中东呼吸综合征、寨卡病毒疫情、新冠疫情等，对旅游业造成了不同程度的影响。②重大食物中毒风险。在旅游旺季和气温较高的旅游季节，旅游者食物中毒事件时有发生。由于食物风险隐蔽性较强，因此常导致群体性旅游者的伤亡。③高原猝死风险。我国部分高原地区是热点旅游区域，对于年龄较大的旅游者而言，高原因素容易导致疾病发作和猝死。④精神卫生风险。主要指旅游者经受重大的精神压力而导致的心理损伤，它主要表现为旅游者名誉损失、隐私安全受损、受到心理威胁、极端惊吓等。由于没有造成身体损伤，精神卫生问题一般不会列入突发事件序列。⑤其他卫生风险，主要包括群体性不明原因疾病以及其他严重影响公众健康的风险等。

公共卫生风险不仅会对旅游者造成实质的身体伤害，也会对旅游者造成剧烈的心理影响。对旅游者而言，关于疾病疫情的流言蜚语具有较强的恐怖效应，会极大地打击旅游者前往旅游地旅游的信心。在某种程度上，疾病疫情的恐慌性传播比其他突发事件更能影响旅游地的市场形象。

（四）社会安全风险

社会安全风险主要指一般由于人为因素造成或者可能造成严重的社会危害，并产生重大社会影响，需要采取应急处置措施的突发事件风险。旅游活动是一种分布较为广泛的社会活动，任何社会安全风险都可能发生在旅游者或旅游活动身上。社会安全风险主要包括以下类型。

1. 刑事治安风险

主要指涉及旅游者的偷盗犯罪、打架斗殴、黄赌毒、抢劫、投毒、放火、强奸、逃债、骗案、欺诈等风险因素。例如，2010 年 10 月 6 日，瑞典首都斯德哥尔摩南部小城那卡的"圆山"餐厅前，9 名中国游客乘坐的豪华中巴被砸，车中财物被洗劫殆尽，损失约 160 万元人民币，创华人在北欧失窃纪录①。2020 年 9 月 7 日晚间，泰国度假胜地芭堤雅发生一桩入室抢劫案，5 名武装人员强行闯入中国游客所在的住宅区，抢走价值 1000 万泰铢（约合人民币 217 万元）的现金和贵重物品②。

2. 恐怖袭击风险

恐怖袭击又称为"旅游业的超级损友"，对旅游业具有严重的破坏性影响。它不仅会严重威胁旅游者的人身安全，更会沉重破坏旅游地的安全形象。例如，2011 年美国的"9·11"恐怖袭击事件、2004 年印度尼西亚系列恐怖袭击事件、2008 年 11 月孟买恐怖袭击事件、2014~2017 年欧洲系列恐怖袭击事件、2015 年泰国曼谷炸弹袭击事件等，均对涉事旅游地和涉事国家的旅游业造成了严重的负面影响，打击了入境旅游者的旅游信心。美国等部分西方

---

① 内地游客瑞典被盗 160 万［N］.广州日报，2010-10-06：A6.
② 中国青年网.中国游客在泰国遭 5 名武装人员持枪抢劫［EB/OL］.2020-09-08.

国家常态性地存在枪击威胁。例如，2017年10月1日晚10时许，美国拉斯维加斯市曼德勒海湾酒店（Mandalay Bay）赌场一个场外的音乐节发生枪击事件，事件导致59人死亡，851人受伤[①]。

**3. 群体性事件风险**

主要指由于游行、示威、集体维权等民众的群体性行为所导致的安全风险。群体性事件虽然不一定会造成旅游者的人身伤害，但由于其规模大，因此可能造成强烈的负面形象，并打击旅游业的市场信心。例如，2010年泰国红衫军示威游行事件重创泰国旅游业，有超过40个国家和地区发布赴泰旅游警告，泰国的入境旅游大受影响，旅游业经济损失极为庞大。

**4. 金融与经济安全风险**

金融与经济安全是影响旅游地汇率、影响旅游者消费能力和旅游地社会稳定程度的重要因素，金融与经济安全事件的发生对出入境旅游的影响极大，并且其影响可能具有短期冲击和长期延续相结合的可能性。例如，1997年亚洲金融危机对我国的入境旅游造成了结构性困难。2008~2009年世界金融危机同样严重影响了我国入境旅游市场的增长趋势，我国入境旅游在2008年出现了掉头向下的困境，其中金融危机是重要的影响因素。

**5. 国际关系安全风险**

国家与国家之间的外交关系是影响政治关系、经济关系和文化关系的重要风险因素。良好的外交关系有助于促进国家间旅游交流活动的进行，冲突不断的外交关系则可能迅速冲击两国间的旅游交流，导致对象国出入境旅游的停止。例如，2012年我国与日本因钓鱼岛事件而导致两国旅游关系的急速退步。2016年9月，韩国不顾中国反对、执意决定把"萨德"系统部署在韩国星州基地。2017年2月27日，乐天集团决定为部署萨德供地，此事引起了中国民众对韩国乐天集团和赴韩旅游的抵制行动[②]。

**6. 其他社会安全风险**

旅游地与旅游者之间潜在的文化冲突、消费冲突、宗教冲突、民族意识

---

① 杨思泽. 自由与危机：拉斯维加斯枪击案背后的美国文化[J]. 法律与生活，2018(2)：58-59.
② 刘立群. 韩国部署"萨德"反导系统的政治经济学分析[J]. 当代韩国，2017(4)：15-26.

冲突等，都会破坏旅游地的市场形象，影响旅游者的消费选择，冲击旅游地的市场走势。

## 第二节　旅游突发事件的预防管理

旅游突发事件预防管理是旅游应急工作的重要起点。系统的排查、识别和评估旅游突发事件风险因素，有利于对旅游突发事件的风险来源和危害形成科学的认识。在此基础上，对旅游突发事件风险因素进行有效的预防管理，有利于极大程度地减少旅游突发事件，从而在防患于未然中减少旅游应急成本。加强旅游突发事件预防管理是现代主动式应急管理的要求和体现。

### 一、旅游突发事件预防管理的主要任务

旅游突发事件预防管理是以旅游突发事件风险及其危害的预防、控制和消除作为目的工作体系。旅游突发事件预防管理需要与旅游安全管理的日常工作紧密结合，需要渗透在日常的旅游安全防控中。在具体执行时，应该将其看成一个常态化的管理工作，以日常化、持续化的工作思路和方式予以推进，不能采用突击化操作的临时管理方式。其主要的核心任务包括旅游突发事件风险源的排查、识别、评估和控制。

（一）旅游突发事件风险源的排查

旅游突发事件风险源的排查是对旅游地和旅游企业中可能引发自然灾害、事故灾难、公共卫生事件和社会安全事件的风险源、危险区域等进行系统调查的工作行为。其基本的工作内容包括：①建立旅游地风险排查系统和旅游企业风险排查系统等风险排查工作体系；②对可能引发旅游突发事件的风险源和危险区域进行信息调查和现场确认；③将旅游风险源和危险区域列入旅游风险信息系统，详细记录风险源和危险区域的位置与周边环境；④详细查明旅游风险源和危险区域的历史信息，为旅游风险源的识别和评估提供依据。

### （二）旅游突发事件风险源的识别

旅游突发事件风险源的识别是指辨别旅游风险源的存在并确定风险源的特征特性和发展规律的过程。对于旅游目的地，应该根据旅游者在旅游地的行为活动规律和六要素空间场所的运作规律等，对旅游活动主要空间节点中存在的风险源和危险区域进行系统的辨识，找出可能导致旅游者、从业人员等旅游主体遭受人身伤害或财产损失的风险根源或状态因素。对于旅游企业，应根据旅游者在旅游企业空间载体中的行为活动规律和从业人员的工作行为规律进行分别排查辨识，寻找出可能导致旅游者和从业人员遭受人身伤害或财产损失的企业内风险源或状态因素。对于旅行社等个别企业，可以根据工作的需要进行旅游业务环节的风险源识别，例如，针对特定的旅游线路进行风险源调查和识别，确立主要的风险因素，为线路安全管理提供依据。工作危害分析法（JHA）是一种常用的风险分析辨识方法，它可用于对人的不安全行为、物的不安全状态、环境的不安全因素以及管理缺陷等风险因素进行系统的识别。

### （三）旅游突发事件风险源的评估

旅游突发事件风险源的评估主要是指对可能导致旅游突发事件的风险因素及其伤害后果等进行风险可能性和风险后果的综合评价，以确定风险源和危险区域可能导致的风险伤害与损失。在旅游行业中，由于企业类型多、业务类型复杂，因此，旅游地、旅游企业、旅游业务、旅游资源景点等载体的风险源评估应该根据当地的实际情况进行具体的指标设计，并确立明确的评估流程。旅游风险评估可以采用定性评估和定量评估等不同评估方式，定性评估主要是根据经验体系进行的以否决项判断作为目标的评估方式，安全检查表法（SCL）是一种常用的定性评估方法。定量评估则是对风险程度进行精准评估的方式，风险矩阵分析法（LS）是常用的半定量评估方法，风险程度分析法（MES）、作业条件危险性分析法（LEC）等是常用的定量评估方法。

### （四）旅游突发事件风险源的控制

旅游突发事件风险源的控制主要是指对明确化的风险源和危险区域等进行定期的检查和监控，并通过明确的安全防范措施进行风险规避，以达到消除安全隐患、避免风险演化升级，最终避免旅游突发事件发生的目的。根据风险评估结果，相关主体应从安全组织、安全制度、安全技术、应急防控等方面对安全风险进行有效管控，确保安全风险始终处于受控范围内。旅游风险的控制原则与措施既具有一般规律，也具有较强的针对性和特殊性，需要根据旅游地、旅游企业、旅游业务和旅游资源景点的风险实际进行具体的设计和安排。例如，针对地理环境复杂的山地旅游高危景区，可以建立"科学规划设计、完善设施设备、提醒与警示、风险监测、风险管理、应急救援"等"六位一体"山地旅游安全风险控制体系（李新娟，2010）。

## 二、旅游突发事件预防管理的基本原则

旅游突发事件预防管理的基本目标是消除旅游突发事件的安全隐患，避免旅游突发事件的发生，或减缓旅游突发事件的发生等级和伤害后果。因此，旅游地和旅游企业应该严控关键环节、重视薄弱环节、推进现场管理、落实应急制度、实施综合防范、强化立体防控[①]。

### （一）严控关键环节

旅游地和旅游企业应该建立自己的突发事件数据库，对所发生的旅游突发事件进行频率统计和规律分析，识别本地和本企业的常见事件类型，明确旅游突发事件的时空特征，确立旅游突发事件风险源，并将其作为日常安全与应急管理的重点。旅游地和旅游企业应根据自己的实际情况提出针对每类突发事件的关键控制环节，明确风险预控的关键管理部位，真正实现有的放矢，通过关键环节、关键部位的预控把突发事件风险消灭于萌芽之中。

### （二）重视薄弱环节

旅游突发事件的发生具有突发性、偶然性等特点，常使当事的旅游地和旅游企业猝不及防，因此全面加强薄弱风险环节的管理是预防突发事件的重要举措。由于旅游地具有不同的环境状态和风险结构，旅游企业具有不同业

---

① 谢朝武. 旅游饭店安全管理实务［M］. 北京：中国旅游出版社，2012.

务类型和管理系统，因此每个旅游地和旅游企业的风险薄弱环节都具有一定的差异性。例如，旅游企业的新设备设施、老旧设备设施是容易导致安全风险的薄弱部位，顾客缺乏安全意识、员工安全意识不足、员工和管理者缺乏安全培训、安全人员缺乏等是容易导致突发事件风险的人员因素，缺乏安全制度、缺乏应急预案等是引起突发事件风险的常见管理因素。

### （三）推进现场管理

旅游地应根据旅游者的活动规律和空间行为规律来制定风险预防措施。旅游企业应针对各种服务过程拟定严格的操作流程，并根据操作流程来实施风险因素的预防与控制。现场安全与应急管理应综合使用跟踪性安全管理、定点性安全管理、单项安全管理、定期安全管理、随机安全管理等方法，对于存在风险源的旅游区域应该通过现场的跟踪性安全管理来实施预控；对于重点旅游企业和重点景区的安全工作应该通过现场的定点性安全管理来实施预控；对于随时间而变化的重大活动还要实施针对现场的单项安全管理，比如对于某一会展节庆活动的专项安全管理预案；建立季度、月度和周度的随机安全检查制度，在旅游现场实施定期的安全检查，并辅以随机安全检查来提高旅游企业和旅游从业人员的安全意识。

### （四）落实应急制度

旅游地应该制定面向区域旅游活动的风险管理制度和应急工作预案。旅游主管部门应该执行应急值守管理制度，实行信息报告制、领导责任制和责任追究制等基本制度。将旅游风险管理、应急预案建设、应急队伍建设等纳入基本制度管理范畴。有条件的旅游地应该争取将旅游应急工作直接纳入地方人民政府应急工作的重要范畴，获取地方人民政府应急管理办公室综合的支持。旅游主管部门应督促旅游企业制定企业层次的应急预案和安全管理制度，这是进行旅游风险预控的基础，也是行之有效的管理方式。旅游主管部门应落实安全生产责任体制，督促旅游企业将从业人员的安全生产行为制度化，不断完善程序和制度，通过严格、标准、规范的操作程序来进行安全约束。旅游行政主管部门充分发挥督导、检查、整改、落实的职能，推动旅游企业安全与应急制度的准确执行。

### （五）实施综合防范

旅游风险预防管理应实施以人防、物防、技防相互结合的综合性风险防范管理模式。人防工作既体现在安全人员的站岗、巡逻、值班、守护等保安行为，也体现为从业人员的安全化操作；物防是一种实体防范，它主要表现为通过围墙、栅栏、铁门等营造安全的外部环境，也表现为通过保险箱、防毒面具等为顾客的生命财产维护提供安全维护；技防主要指应用先进的安全技术手段和设备所进行的安全控制、管理和防护，例如，电子报警技术、视频监控技术、出入口软件智能分析、智慧旅游等技术的应用，使旅游地和景区、饭店等旅游企业可以更高效、更准确、更智能地处理各种安全问题。人防、物防和技防的综合应用既有助于避免单一手段的局限性，又能使各种防范手段的功能得到最大限度的发挥。

### （六）强化立体防控

旅游风险的预防管理应实行立体防控方式，强调全方位全员化的风险管理措施。旅游地的安全风险与应急工作事关所有旅游系统的各类主体，旅游主管部门的所有层次和旅游企业的所有部门、所有岗位和所有员工，都应该树立安全第一的工作理念。旅游风险预防工作既要常抓不懈、持之以恒，还要体现全方位、全员化的原则。全方位是指每个旅游企业、每个部门、每个岗位都要订立安全生产制度，避免程序漏洞，对任何工作都要进行安全审核，以减少安全隐患，防范安全事件。全员化是指安全知识的培训、安全制度的贯彻、安全理念的执行要深入和渗透每一个从业人员，使从业人员实现从"要我安全"到"我要安全"的观念转变，建立起以全员安全为机制的旅游风险安全防控管理体系，实现群防群治。

## 三、旅游突发事件预防管理的主要措施

不同旅游地和旅游企业的风险隐患、薄弱环节及应重点关注的风险因素都存在差异性，因此风险预防措施也要具有针对性。各种导致旅游突发事件的风险因素可以归纳为人员因素、设施环境因素和管理因素三个方向，可供

选择的预防性策略措施主要包括：

(一)针对人员风险的防范措施

**1. 针对旅游者风险的预防措施**

（1）对游客进行适应性检查。检查游客与旅游服务、旅游设施间的适应性，分析游客的体能、素质和安全能力，对不适合的游客进行预警和服务干预，比如，对老年游客、有慢性疾病的游客等参加高风险旅游活动时应进行风险干预或提供特别服务以照顾其安全。

（2）对游客进行安全引导。可通过风险手册、指示牌、安全说明、使用说明等方式对游客的旅游行为、消费方式和设施使用行为等进行引导。比如在景区危险区域设立提示牌，在饭店床头柜设置"卧床抽烟危险"标识牌等。对游乐项目、高风险旅游项目、个人旅游行为等应进行安全说明和风险警示，以避免行为安全事件的发生。

（3）对游客进行风险警示。通过短信、电子公告牌、宣传栏等手段和途径，向游客传递明确的风险警示信息，对禁止性的旅游行为、旅游活动和旅游区域等进行明确的警示劝阻，并安排适当的机制和措施予以阻断。

**2. 针对从业人员风险的防范措施**

（1）合理选拔安排员工。从安全的角度考察和选拔员工，在体能素质、安全经验、技能训练、游客信任度、游客心理安全等层面都考虑对客服务的安全性，同时对员工的岗位安排、工作排班等方面注意劳逸结合，考虑其对安全操作的影响。既要挑选体能合适、经验丰富、具有安全观念的员工，也要在年龄、个性等方面进行综合权衡，要考虑其所选拔人员所具有的安全效益和经济效益。例如，中年女性从事后台服务更具备细致入微的工作精神、部分岗位中老年男性服务人员更能给游客带来心理上的安全感。

（2）对员工进行动态安全培训。要从安全意识、态度、知识、技能等各方面进行动态的教育和培训。员工入职时进行入职安全教育，入岗时进行岗位安全规范教育，在岗时进行安全技能和事件案例的持续教育，并持续进行安全知识的动态更新与培育，将与旅游安全相关的新技术、新观念、新方法等传递给员工。

（3）对员工安全操作进行制度化。针对每一个岗位订立标准化的操作规程，把安全的要求和规范以程序和标准的形式固定下来，同时订立对各种异常情况的处置规范，比如顾客醉酒、停电、电梯故障、台风来临等不同情况应该有标准化的处置流程。

（4）对重要安全行为实施确认制度。对于涉及安全风险的服务、操作和管理应该建立多重确认制度，既可建立同一人员反复进行安全确认的制度，也可建立不同级别人员多次进行安全确认的制度。通过多重和多级的安全确认，有利于防漏堵缺，避免安全风险和失误的发生。

（5）对员工操作实施安全检查。确立以岗位为主体的每日检查、以班组为主体的每周检查、以部门为主体的每月检查和以安全委员会为主体的每季检查，以及以部门和安全委员会为主体的随机检查，实施综合性的安全检查，并将安全检查作为绩效考核的重要指标。

（6）对员工实施安全激励。建立以安全考核为目标的激励奖惩制度，并通过竞赛评比等方式来奖优罚劣。例如，北京某饭店建立了"谁主管、谁负责，谁在岗、谁负责，谁操作、谁负责"的考核原则，总经理与各部门负责人签订《安全生产责任书》，同时，通过层层分解将安全任务和安全考核的压力落实到每个员工肩上，并配合实行"责任追究连带制"和绩效考核"安全一票否决制"，极大地调动起员工实施安全操作的积极性。

### （二）针对设备设施风险的预防措施

#### 1. 对旅游设备设施进行人机工程学分析

对旅游设施与环境、游客、从业人员的匹配性进行人机工程学分析，尽量通过调整设施设备和环境装备使其适应游客的旅游行为和员工的服务操作。要做到既确保员工能够安全、优质、高效地完成各项工作任务，又确保游客能够享受到安全、舒适的旅游服务。要使用性能上安全优越的旅游设施，同时配备良好的使用说明，强调"人机互动配合"，以有效降低顾客的使用成本、避免意外安全事件的发生。

#### 2. 确保旅游设备设施具备本质安全功能

旅游设施的本质安全是指设施具有内在的防止事故发生的功能。它包括三个方面的基本功能[①]：第一，失误安全功能。指旅游操作人员即使操作失误也不会发生事故和伤害，它要求旅游设施具有自动防止人的不安全行为的功能；第二，故障安全功能。指旅游设备设施发生故障或损坏时还能暂时维持正常工作或自动转变为安全状态，从而能最大限度地保证旅游秩序的正常进行；第三，功能的内含性。失误安全功能和故障安全功能应该潜藏于旅游设施内部，即它应该在规划实施阶段就被纳入，而不应在事后再进行补偿和附加。

**3. 采用各种安全维护设施与装置**

主要指采用各种物防和技防设施来保障游客、员工、旅游资源和旅游企业的安全。比如装设自动报警设施、设置自动监控器，为高风险旅游项目提供安全防护装置，给残疾人游客预备专用通道与设施，为员工的日常工作行为提供防护设备，电气设备配设保险装置等。

**4. 在设备设施使用前进行预防性试验**

对各种即将投入使用的旅游设备设施、或重新修整后的旅游设备设施等，进行强度、刚度和安全可靠性等方面的试验，尽量识别、发现和消除可能存在的安全风险与隐患。旅游设备设施的预防性试验要依托专业设备，由专业人员来进行检测。

**5. 积极开展设备设施的检查工作**

在旅游设备设施运行前、运行中、运行后要进行专项检查和定期检查。检查工作要认真仔细，不能放过任何安全疏忽。检查时应该有安全检查表，并详细地进行检查记录，做到有案可查。要针对安全检查进行事后的安全与风险分析，以防漏堵缺、减少风险与事故事件。

**6. 积极进行设备设施的维修保养**

良好的维修保养不但有助于延长设备设施的使用寿命，还能有效地节约设备设施的投入成本和能源消耗成本，降低事故发生概率。其中，大型的游乐设备、锅炉设备、电器设备等都是容易发生故障并引起安全事故的风险因

---

① 金龙哲，宋存义. 安全科学原理［M］. 北京：化学工业出版社，2004：69.

素，对这些设备设施进行科学的周期性维修保养，能够大大降低能源损耗，并极大地减少安全事件的发生概率。

### （三）针对环境风险的防范措施

**1. 对旅游环境系统进行风险隐患分析**

通过风险排查、风险识别、风险评价和事件预测等方式，寻找旅游环境中各种可能导致旅游突发事件的风险因素，并对可能发生的事件类型和事件触发因素等进行预测分析，以确定风险发生的可能性和严重程度，为旅游风险预防管理提供认知依据。

**2. 针对自然环境风险的防范措施**

对旅游景区和旅游企业周边的自然环境进行风险源分析和登记；明确旅游风险源的位置、级别、危害方向及历史信息等；要求旅游企业制订自然灾害风险的应急预案；要配备必要的旅游安全设施和人力物力等应急资源进行风险防范；加强安全人防、物防和技防管理；要致力于降低自然灾害风险的发生率和发生后果。

**3. 针对社会环境风险的防范措施**

对旅游地和旅游企业所发生的社会安全事件进行历史统计和规律分析，明确风险防范的重点和难点；要求旅游企业确立社会安全风险的应急预案；强化旅游安保队伍的建设和管理，加强巡逻、检查和安保维护工作；建立智能化的风险报警设施，为游客的安全呼救提供方便和基础；要致力于降低社会安全事件的发生率和发生后果。

**4. 针对卫生环境风险的防范措施**

对旅游公共卫生风险进行历史统计和规律分析，明确公共卫生风险的防范重点和难点；对传染病等具有群体危害性的疾病进行监测和预警；对旅游旺季时的传染性疾病严格的防控；努力消除传染性疾病的发生源头，控制传染疾病的传播通道；加强对旅游者的公共卫生教育和引导。

### （四）针对管理因素的预防措施

**1. 选择安全素质较高的管理人员**

尽量选择具有安全意识和安全技术更新观念的旅游管理人员，并推动旅游管理人员以科学的观念来选配服务人员。旅游管理人员的安全观念和能力会影响和决定其下属员工的安全意识与能力，因此在选拔时应该充分考虑其安全观念的正确性，并应考虑其在处理安全问题时的能力因素。

### 2. 督促旅游管理人员履行安全职责

对于旅游管理人员安全职责的履行及其相应的安全管理行为进行监督检查，核阅旅游管理人员的安全记录、操作记录，检查旅游管理人员对所辖部门和职责范围内的安全问题是否进行过安全分析，核查其安全分析的记录是否完整、分析过程是否科学等。

### 3. 推动旅游安全操作的管理优化

推动旅游管理人员致力于安全制度、安全标准、安全方法的制定、完善和优化工作，推动对一线员工和具体旅游安全操作业务的优化改造，提升服务操作的安全性。努力通过管理优化来规避旅游运营过程中的安全风险，减少游客和普通员工面临的安全困境。

### 4. 推动旅游安全教育的管理强化

加强对旅游管理人员的安全教育，推动旅游管理人员进行员工的安全教育与培训。要提升员工的安全意识和安全能力，既要对旅游管理人员进行安全意识和技能的教育培训，也要设置考核指标使其重视对下属员工的安全教育，考察其对员工的安全教育培训是否充分。

### 5. 提升旅游管理人员的突发事件应对能力

各类旅游管理人员应重视异常情况，要及时、迅速地跟进特殊事件的应急处置，使旅游地和旅游企业能抓住突发事件的处置主动权，避免失言、失态和失位，尽最大可能减少旅游地或旅游企业的损失。

### 6. 考核旅游管理人员的安全纠错能力

在每次突发事件后，旅游管理人员应注意总结经验教训，将正确的方式、流程和预案补充进已有的规范中，避免类似突发事件的再次发生。此外，游客安全投诉的应对处理能力是旅游管理人员安全纠错能力的重要体现。对于安全纠错和安全改进能力高的管理人员应予以表彰。

# 第三节 旅游突发事件的应急准备管理

旅游应急管理工作是一个系统工作，需要制度、人才、资源、保险等支撑要素的系统保障。因此，在旅游应急工作的日常维护与管理中，应该建立应急准备机制，为旅游突发事件事前、事发、事中、事后的应急管理提供良好的资源基础和工作基础。在某种程度上，旅游保障机制为应急管理过程所能提供的保障资源主要来自旅游应急准备工作所建设和储备的资源。旅游应急准备是旅游应急体系具体发挥作用和实施应急任务的工作基础。

## 一、旅游应急"一案三制"的建设

旅游应急管理"一案三制"的建设是开展旅游应急工作的重要基础。旅游应急的"一案三制"是指旅游应急预案、旅游应急体制、旅游应急机制和旅游应急法制等旅游应急工作的基础要素。旅游应急体制是旅游应急工作的组织基础，旅游应急体制建设应注重推动旅游应急组织机构的建设，推动安全与应急岗位责任的落实。旅游行政系统应强调建立起覆盖省、市、县的旅游安全与应急管理组织体系，旅游企业应强调建立覆盖高层、中层和基层的安全与应急管理组织体系。

旅游应急机制是旅游应急工作的任务与方法基础，旅游应急机制建设应注重推动旅游应急任务体系和工作方式的建构与实施，推动建立覆盖事前、事发、事中和事后的全程旅游应急机制，建立科学的旅游应急任务体系和顺畅的旅游应急工作流程及实施方式。旅游行政部门应注重应急管理、应急协调和应急服务等多元机制的有效建构，充分发挥多元主体的应急职责和能力。旅游企业应注重建立职责明确、分工有序、上下一体、响应及时的应急工作体系。

旅游应急法制是旅游应急工作的制度依据与基础,旅游应急法制建设要注重法规先行、标准引导。例如,应在饭店星级评定、景区 A 级评定中设置安全标准,通过行业标准化引导相关旅游企业重视对突发事件的应急管理。旅游企业应在国家应急管理法律法规的指导和要求下,自行制定旅游安全与应急管理的基本制度、标准和工作规范,要特别注重一线岗位安全操作规范的建设。

旅游应急预案是针对旅游突发事件所预先制订的行动方案。科学的旅游应急预案应包含事前、事发、事中和事后等完整的应急响应过程,并对行动步骤、处置主体、响应时间、响应方式、响应强度、资源保障等进行系统的预先设定。旅游应急预案应具有完整性、清晰性、科学性和具体性等基本特点,以保证应急预案具有可执行的基本价值。在国内,部分旅游应急预案存在针对性不强、具体性不强、实操性不强、兼容性不强、参与性不强等矛盾和现象。

因此,我国的旅游应急预案建设工作应该强调:①立足旅游地或旅游企业的实际情况,形成分类事件下的预案库;②旅游应急预案的制订过程应该进行充分而科学的论证,经得起实践工作的考验;③旅游应急预案一旦发布,应该进行广泛的宣传动员,提高旅游企业和从业人员的认知度,保证预案工作的顺利实施;④旅游应急预案应该定期进行模拟演练,提升旅游企业和从业人员的认知深度,确保应急预案的实际效果。

## 二、旅游应急教育的实施

旅游应急教育包括旅游从业人员、旅游者、旅游地民众等不同主体的应急培训和教育。从内容体系来看,旅游应急教育包括旅游应急观念教育、旅游应急知识教育和旅游应急实操演练培训等基本层次。观念教育的目的在于向旅游应急主体传达科学的观念意识,通过最基础、最通俗、最易理解的应急理念的传输,使旅游应急主体确立应急工作的行为准则和方向。知识教育的目的在于向旅游应急主体传输科学的应急内容和机制,贯彻旅游应急的法律、制度和标准，使旅游应急主体建立起旅游应急工作的方法和能力。实操演练培训的目的在于使旅游应急主体了解旅游应急过程的决策氛围，检验旅游应急工作的理念知识，形成旅游应急响应的基本经验。

旅游应急教育应注意教育对象和教育方法的多样性。旅游主管部门应充分利用互联网、报纸、电视、手机短信及各种智能终端等向旅游企业、旅游者、旅游地居民开展应急信息传输和应急教育。旅游主管部门应定期组织旅游企业召开旅游安全与应急工作会议、宣贯旅游安全与应急工作的知识和信息、组织专项应急知识培训、定期开展旅游安全与应急演练活动等。同时，旅游企业应重视面向管理者和员工开展内部应急教育，包括收集、分析和宣传安全案例，整理和传达安全应急信息，树立安全风险意识，进行应急技能培训，开展岗位应急演练，培养企业应急文化等。

旅游者和旅游地居民是旅游应急教育的重要对象。旅游主管部门和旅游企业都应承担起对旅游者进行应急教育、培训和引导的职责。如提供图文并茂的《旅游者风险应急手册》、及时发布风险警示信息、引导旅游者安全旅游、提高其风险应急能力等。旅游者自身更应强化应急知识的学习，培养安全旅游的习惯和行为，提高风险辨识力和突发事件应对能力。旅游地民众往往是旅游目的地风险信息传播的初始人群，盲目传播无根据的道听途说极易引起旅游地游客的恐慌。因此，旅游主管部门应尤其重视对当地民众的引导和沟通，透明、及时地向民众传输旅游安全应急信息。同时，应加强旅游地的应急文化建设，引导旅游地民众作为应急文化的建设主体，发挥民众在旅游应急工作中的能动作用。

## 三、旅游应急队伍的建设

旅游应急管理工作需要综合性的应急人才队伍的支撑。在我国，旅游业并没有形成专门的应急工作队伍，旅游应急工作主要是依托于专门的应急机构来开展相关工作。考虑到我国庞大的旅游人流，建立面向旅游行业的应急人才队伍，是推动我国旅游应急工作的重要人才基础。我国旅游应急队伍的建设应坚持多样化发展的战略导向，改变传统的旅游应急模式，创新应急观念，丰富应急人才梯队。

具体的建设方向包括以下几点。第一，积极依托我国常规应急工作所形成的专业队伍，充分利用公安、武警和军队等骨干型应急队伍，发挥他们在重特大突发事件应急处置中的应急作用，并提升他们处理旅游应急工作的专业能力。第二，针对旅游业的特殊需求，建设具有较强专业能力的旅游应急管理队伍，形成旅游行业的专业应急能力，以应对旅游突发事件的特殊困难。例如，建设面向旅游救援工作的旅游专业救援人才队伍，而非简单依赖消防救援机构。第三，推动旅游企业建设旅游应急队伍。对于大型旅游企业，应该引导其建设专门的旅游应急队伍，引导其配备大型的、特种救援救生设备，满足企业应急和社会应急的综合需求；对于中小型旅游企业，应引导其建设专兼职旅游应急队伍，满足企业专业应急的需求。第四，加强对旅游院校和科研机构的引导，建设一支具有较强实战能力和咨询能力的旅游应急专家队伍，优化专家队伍的知识结构与专业结构，提升其服务旅游应急工作的智力支撑作用。第五，充分发挥市场机制的力量，引导相关企业发展商业救援等商业应急业务，推动商业救援类应急队伍的建设和发展，通过市场化弥补公共应急服务的不足。第六，充分发挥志愿者组织和个人的作用，通过政策优惠和基金扶持等方式，培养服务于应急救援等应急业务的志愿者组织和志愿者个人，并着力提升志愿者组织的专业水平。第七，加强旅游者的应急培训，提升旅游者的应急素质，强化旅游者的应急观念和应急能力，发挥旅游者在旅游应急工作中的能动作用。第八，通过协调、培训、激励等相关方式，优化专业应急队伍和非专业队伍、专职应急队伍和兼职应急队伍的协同应急机制，提高其联合应急能力。

## 四、旅游应急资源的供给

旅游应急管理工作需要应急经费、应急物资和应急技术等基础资源的支撑。现代旅游应急工作面临着旅游者空间活动范畴广泛、旅游突发事件类型复杂多样、突发风险变化转型速度快等应急特点，因此旅游应急资源保障需要具备常规保障、机动保障、智能保障等多样化的功能目标。

旅游应急经费的准备、使用和监管是旅游应急管理的重要工作任务，也是旅游应急工作开展的基础。旅游应急经费的来源渠道一般包括公共财政经费、旅游保险经费、捐助基金经费和旅游企业应急经费等类型。对属于旅游公共应急范畴的突发事件，政府应当提供必要的公共应急资源和经费，保障常规工作和突发应急工作的进行。旅游保险经费是一种重要的商业化的应急经费筹措渠道。我国大力推行的旅行社责任保险统保机制就具有应急救援和紧急医疗等应急行为的资金保障功能。此外，旅游企业应该在每年的预算经费中预留应急工作经费，用以处理企业所涉及的各类突发事件，保障企业应急工作的顺利进行。

旅游应急物资包括生活型应急物资、专业型应急物资和特殊型应急物资。生活型应急物资用以保障旅游者在突发事件发生时或发生后所需要的保障生命安全的生活物资。专业型物资用以保障常规应急工作所需的通用型专业应急物资，如一般救援设备、应急通信设备等。特殊型应急物资主要指用于特定突发事件类型或特定旅游企业的非通用型应急物资，如特殊药品等。根据功能，旅游应急物资又可分为安全防护、生命支持、生命救助、救援运载、工程设备、动力燃料、器材工具、通信设备、照明设备等物资类型。旅游应急物资的生产、储备、调配等是旅游应急工作的重要内容。在我国现有的体制下，旅游部门应该充分利用当地政府的应急资源储备体系来开展旅游应急物资的建设工作。

旅游应急技术是指旅游应急工作开展所需的各种通信技术、软件技术、智能分析技术和决策分析技术等技术类型的统称，依赖于物资载体所形成的应急技术属于广义的应急物资的构成部分。为适应现代旅游应急工作的开展，大量新兴技术应用于应急工作体系。由于智能旅游的兴起，旅游业不断应用新的智能终端来辅助旅游者的智能呼救、报警、警示和风险沟通，旅游景区的智能监控和智能分析等相关技术也不断应用于容量监控、风险监控及风险阻断等应急工作中。旅游应急技术是一个处于发展中的、需要结合旅游者行为特点和旅游业运作特点的技术领域。人工智能技术的不断发展，将为旅游应急工作的智能化升级提供基础。

### 五、旅游应急保险的推广

旅游应急保险是一个正在引起业界重视的保险领域。传统的旅游安全保险重在对旅游者的医疗救助和伤残死亡等提供赔付资金。但是，突发事件发生后，旅游者需要进行紧急的医疗救助，其所需的医疗费用往往无法得到保险机构的即时偿付，这无疑将延迟对伤患的应急医疗工作。旅行社责任保险统保机制将保险与救援紧密结合，把一般的保险事后理赔服务向前延伸到事故发生时的"立即"援助，提升了应急保险的功能和成效。旅行社责任保险统保机制还扩大了保险范围，将随团导游和领队一并列入保险范畴，从而使从业人员得到了应急保险保障。对旅游者和旅游从业人员的应急救援、医疗救助等纳入保险保障范畴，还需进行更全面、更深入的市场推广。

在我国，旅游救援人员保险、灾害保险和巨灾风险保险等是一个更需要进行广泛动员和推广的领域。救援人员是应急救援工作的专业人员，他们在旅游应急救援中承担着巨大的风险因素。例如，我国多次发生救援人员在营救探险旅游者时遇难牺牲的事件。因此，对旅游应急救援人员提供保险保障是推动救援工作的重要措施。《山西省突发事件应对条例》就规定，应"为专业应急救援人员购买人身意外伤害保险，减少应急救援人员的人身风险"。

灾害保险是以财产本身以及与之有关的经济利益为保险标的的保险。旅游企业可以根据自身的实际需要选择险别种类，比如投保火灾保险、地震保险、洪水保险等险别。在我国，越来越多的旅游企业开始接受灾害保险的观念，为企业的专有财产投入经费进行保险保障，但是，包括旅游企业在内的生产经营者在巨灾赔付中所获赔偿较少。原因在于，我国巨灾保险目前主要依靠民政部门的补贴来实施运作，商业保险的赔付能力十分微弱。因此，发展成熟的巨灾保险体系，通过再保险、国际再保险、证券市场等来分担巨灾赔付的风险，有利于提升保险赔付的市场化程度[①]，提升巨灾后的保险救灾力度。

## 六、旅游安全规划的编制

旅游地安全规划是保障旅游安全和旅游应急工作的重要手段，是推动旅游地科学应对和处置旅游突发事件的重要基础。目前，我国的旅游地安全规划是缺位的，这极大地影响了旅游地应急管理的效率、效力和效果。倡导和加强旅游地制作安全规划有利于推动我国旅游业的安全发展、提升旅游地的安全应急管理水平。旅游地安全规划主要服务于旅游地旅游者的安全保障，并以规避和处置旅游突发事件为标的。由于旅游者在旅游地的行为活动规律具有较强的特殊性和规律性，这使旅游地应急规划不能等同于旅游地的公共安全规划，它的编制工作需面对特殊的问题与挑战。

旅游地安全规划的任务体系是多元化的，它主要包括：落实法律法规标准对旅游地应急规划的基本要求；对旅游地的旅游承载空间进行安全分区；对旅游地的安全隐患因素进行风险分级；建立完善的旅游安全应急的服务与管理设施。旅游地安全规划应服务于旅游地的安全与应急管理，并与旅游地的安全与应急管理系统保持无缝融合与衔接。为有效应对和处置旅游地的各类突发事件，旅游地应急规划的功能结构应包括旅游预防预备体系、监测预警体系、处置救援体系和恢复重建体系四大结构层次，并需要通过相应的要素设施体系的建设来对应和实现这些功能结构。

旅游地安全规划的编制是一个系统工程，按照适用范围和面向对象可以区分为旅游地安全总体规划、旅游地分区安全规划和旅游地分类旅游风险防护规划等规划层次。在具体编制过程中，旅游地安全规划一般包括现状调研、目标设立、系统建设、设施规划和集成评估与优化等关键环节。

---

① 徐美芳.中国巨灾保险机制建立的策略分析［J］.生产力研究，2010（5）：87—91.

# 第九章 旅游突发事件的监测与预警研究

旅游突发事件的监测既是旅游应急决策的信息基础,也是面向旅游企业和旅游者提供预警服务的信息基础。旅游突发事件预警是通过信息公示唤起旅游者自我安全管理的重要手段,在多风险来源的旅游活动背景下具有重要作用。我国正逐步建立和完善面向境内外旅游突发事件的监测与预警机制,这为主动预防型旅游应急管理提供了工作基础。

## 第一节 旅游突发事件的监测管理

旅游突发事件的监测和旅游突发事件的预防是紧密联系的工作任务。旅游突发事件的预防管理重在对风险源和风险区域的识别、评估和控制,这是一个常态化的日常工作行为。旅游突发事件的监测管理既包括对已识别风险因素的持续监测,以掌握旅游风险的变化趋势,也包括对即将发生或已经发生的旅游突发事件的信息收集和分析,以掌握突发事件发展变化的趋势。两者既可能是顺序式的前后发展关系,也可能是并行式的整合工作关系。旅游突发事件的监测包括以下工作内容:明确突发事件监测的信息分类和重点监测的信息内容;建立旅游突发事件风险信息数据库,并搭建与旅游企业、旅游者、旅游目的地的监测信息沟通渠道,构建部门间、区域间的信息交流与情报合作机制;对监测收集到的旅游突发事件信息进行分析和评级,预测风险和突发事件的发展趋势,为旅游突发事件的风险预警提供基础。

## 一、旅游突发事件监测的信息分类

旅游突发事件监测的信息类型主要是导致或可能导致旅游突发事件的风险源及其状态信息。根据风险信息的来源，可以分为旅游业外风险信息和旅游业内风险信息。旅游业外突发事件风险信息主要是发生于旅游行业以外，导致或可能导致旅游者、旅游从业人员等旅游利益主体遭受人身伤亡或财产损失的事件信息。根据旅游突发事件的分类结构，业外突发事件风险信息一般包括自然灾害风险信息、事故灾难风险信息、公共卫生风险信息和社会安全风险信息。由于旅游业外突发事件往往是重大突发事件，可能导致较大的伤亡，对旅游者造成的综合影响也较为复杂。因此，加强旅游业外突发事件风险信息的监测具有重要的减损意义（见表9-1）。

表9-1 旅游业外突发事件风险监测的信息分类

| 监测信息类别 | 小类 | 内容 |
| --- | --- | --- |
| 旅游突发事件风险信息 | 自然灾害风险信息 | 气象灾害风险、海洋灾害风险、洪水灾害风险、地质灾害风险、地震灾害风险农作物生物灾害风险、森林生物灾害风险、极端自然因素风险 |
| | 事故灾难风险信息 | 火灾爆炸风险、旅游交通安全风险、涉水安全风险、坠落事故风险、设施设备风险、会展节事风险、动物袭击风险、旅游业务风险 |
| | 公共卫生风险信息 | 传染病风险、重大食物中毒风险、高原猝死风险、精神卫生风险，其他卫生风险 |
| | 社会安全风险信息 | 刑事治安风险、恐怖袭击风险、群体性事件风险、金融与经济安全风险、国际关系安全风险、政局动态、战争局势，其他社会安全风险 |

发生于旅游行业内部的各种突发事件风险信息也属于旅游突发事件监测的重要范畴。由于直接来源于旅游行业内部，其风险源、风险特征、发展趋势等往往较为明确，因此在突发事件监测管理中应该对其建立明确的分类档案和监测管理制度。根据旅游业内突发事件风险信息的细化来源及其性质，可以将其分为三种结构类型。①旅游企业风险信息。主要指旅游饮食、旅游

住宿、旅游交通、旅游景区、旅游娱乐、旅游购物等旅游要素企业可能存在的各种旅游突发事件风险信息，其监测结构与业外旅游突发事件风险信息分类结构基本一致。②旅游容量风险信息。主要指旅游地、旅游景区、旅游住宿等各种空间场所的基础容量信息和客流动态变化信息。旅游容量信息的监测有助于避免旅游空间的过度拥挤、避免群死群伤事件的发生，提升旅游地的服务质量水平。③旅游业务风险信息。主要包括对不良旅游企业和不良旅游业务的风险信息监测（见表9-2）。

表 9-2　旅游业内突发事件风险信息的监测分类

| 监测信息类别 | 小类 | 内容 |
| --- | --- | --- |
| 旅游企业风险信息 | 分支旅游企业的安全信息 | 旅游饮食、旅游住宿、旅游交通、旅游景区、旅游娱乐、旅游购物等分支旅游企业存在的各种事件型风险信息、事件多发期的前兆信息等 |
| 旅游容量风险信息 | 旅游地容量信息 | 旅游地的基础容量信息、旅游地游客总量的动态变化信息 |
| | 旅游景区容量信息 | 旅游景区的基础容量信息、景区游客总量的动态变化信息 |
| | 旅游住宿容量信息 | 旅游地住宿设施的总体容量、住宿客人总量的动态变化信息 |
| 旅游业务风险信息 | 不良旅游企业信息 | 播放虚假广告的旅游企业、发生过重大事故未处理的旅游企业、经营不安全、不合格产品的旅游企业、具有甩团现象的旅游企业、经曝光存在欺诈顾客现象的企业等 |
| | 不良旅游业务信息 | 零团费、负团费、欺诈性旅游业务、恶意导购、价格虚高、恶意宰客天价餐饮、天价购物品等 |

## 二、旅游突发事件监测的信息渠道

旅游突发事件监测需要建立多样化的监测渠道，确保监测信息及其来源的可靠性与稳定性。我国旅游主管部门可尝试建立业内旅游突发事件风险的专门监测渠道，对旅游地存在的重大风险源和风险区域等进行定点监测，这包括对旅游企业风险、旅游容量风险和旅游业务风险等进行专业化的风险监测。对业内旅游突发事件建立专业化的监测渠道和机制，有利于减缓和应对旅游系统内部的安全隐患和突发事件（见表9-3）。

表9-3 旅游突发事件风险信息的监测渠道

| 渠道 | 收集方式 |
| --- | --- |
| 业内风险监测渠道 | 旅游部门针对重大旅游风险源建立的风险监测渠道 |
| 公共行政渠道 | 安监、气象、交通、卫生、公安、消防、外事等专业部门的信息渠道 |
| 公共媒介渠道 | 网络、报纸、电视等专业媒体渠道 |
| 旅游企业渠道 | 旅游企业的风险汇报渠道 |
| 旅游者渠道 | 旅游呼叫中心等面向旅游者的信息搜集渠道 |

在旅游突发事件的监测过程中，大部分业外旅游突发事件风险信息需要从安监、气象、交通、卫生、公安、消防、外事等专业部门的信息渠道予以获取。这些专业的公共行政部门拥有专业的人才队伍、机构和设施来从事重大风险源的监测和应对。旅游部门应积极借助这些部门的专业能力来强化旅游突发事件风险监测水平。此外，网络、报纸、电视等公共媒介是反映公众风险关注焦点的重要渠道，了解媒介所反映的风险趋势，有利于辅助旅游部门的突发事件风险监测工作。旅游企业和旅游者是直接接触旅游风险因素的相关主体，倡导他们将所发现的突发事件风险信息向旅游地的风险平台进行汇报，是一种有效的信息收集形式。其中，旅游呼叫中心、智能报警中心等渠道可以成为旅游者和风险平台间的信息沟通桥梁。

旅游地的突发事件监测体系应该通过统一的监测分析平台，整合业内监测渠道、公共行政渠道、公共媒介渠道、旅游企业渠道和旅游者渠道等众多监测信息渠道，并建立整合式的突发事件风险信息汇集分析机制，提高旅游突发事件风险信息监测和分析的可靠性及稳定性。

## 三、旅游突发事件的风险评估

旅游突发事件的风险评估明确地判断出某一项目或某一风险源的风险等

级，有利于确定风险管理的应对方法和具体措施。因此，风险评估和分级一直是风险和安全管理领域较受重视的研究方向。在项目风险等管理领域，LEC 风险评价法、MES 风险评价法、MLS 风险评价法和风险矩阵方法等方法是较为常用的分析方法。其中，LEC 风险评价法主要用于衡量具有潜在风险的作业环境的风险等级；MES 风险评价法是一种考虑了财产事故损失的评价方法；MLS 风险评价法是一种综合考虑了人员伤亡、职业病损失、财产损失和环境污染及破坏等因素的综合评价方法；风险矩阵方法是一种用于识别项目风险重要性的结构性方法。这些方法都可以用于旅游领域的作业环境风险评价、旅游项目风险评价和旅游系统风险评价等领域，也可用于旅游突发事件潜在风险的分级评价。例如，使用风险矩阵方法，可以通过对旅游突发事件发生概率和严重性的综合评估，实现对定性旅游突发事件的分等定级，从而为旅游预警决策提供认知基础（见表 9-4）。

表 9-4 旅游突发事件的风险评估

| 评价方法 | 主要特点 |
|---|---|
| LEC 风险评价法[1] | LEC 风险评价法是一种简单易行的风险评价方法，它是一种半定量评价方法，它主要通过计算与风险水平有关的 3 个因素指标值来评价风险大小。其基本公式为：$D=L \times E \times C$。其中，D 表示作业条件的危险性，值越大表示作业条件的危险程度越大；L 表示事故或危险事件发生的可能性；E 表示暴露于危险环境的频率；C 为发生事故或危险事件的可能结果 |
| MES 风险评价法[2] | MES 风险评价法是一种考虑了财产事故损失的评价方法，它综合考虑了特定危害性事件发生的可能性与其后果。在风险评价中，可能性 L 的大小和后果 S 的严重程度一般用表明相对差距的数值来表示。风险程度 R 是前两者的乘积，即 $R=L \times S$。其中，人身伤害事故发生的可能性 L 主要取决于人体暴露于危险环境的频繁程度，也就是时间 E 和控制措施的状态 M。对于单纯的财产损失事故，一般不必考虑暴露问题，只考虑控制措施的状态 M。MES 风险评价法能衡量发生财产损失事故的风险程度 |

[1] 倪红兵. 如何正确理解和运用 LEC 风险评价法 [J]. 世界标准化与质量管理，2008（4）：45-46.
[2] 宋大成. 风险评价法方法——MES [J]. 中国职业安全卫生管理体系认证，2002（5）：34-35.

续表

| 评价方法 | 主要特点 |
|---|---|
| MLS 风险评价法[1] | MLS 风险评价法是一种综合考虑了人员伤亡、职业病损失、财产损失和环境污染及破坏等因素的综合评价方法。其公式为：$R = \sum_{i=1}^{n} M_i L_i (S_{i1} + S_{i2} + S_{i3} + S_{i4})$。其中，R 为风险源的评价结果；n 为风险因素的个数；Mi 是指对第 i 个风险因素的控制与监测措施；Li 为作业区域的第 i 种风险因素发生事故的频率；$S_{i1}$ 为第 i 种风险因素发生事故所造成的一次性人员伤亡损失；$S_{i2}$ 为第 i 种风险因素的存在所带来的职业病损失（不发生事故时也存在，可按一年内用于该职业病的治疗费来计算）；$S_{i3}$ 为第 i 种风险因素诱发事故时造成的财产损失；$S_{i4}$ 为第 i 种风险因素诱发环境累计污染及一次性事故的环境破坏所造成的损失 |
| 风险矩阵方法[2] | 风险矩阵是一种用于识别项目风险重要性的结构性方法，它能对项目风险的潜在影响进行评估，是一种定性和定量相结合的简便分析方法。该方法综合考虑了风险影响和风险概率两方面因素。操作时，事先对风险影响和风险概率确定等级，然后借由专家的直观经验判断，得出风险影响和风险概率所处的量化等级，再应用 Borda 分析法对各风险因素的重要性进行排序，从而实现对项目风险的具体评估 |

## 四、旅游突发事件的预警预备

旅游突发事件监测的目的是对旅游突发事件风险因素或者已经发生的旅游突发事件进行信息收集和分级评估。旅游突发事件的预警预备是以风险监测和评估作为基础，通过预测旅游风险和突发事件的发展趋势、形成旅游风险报告和管控建议，从而为旅游突发事件的预警发布提供科学的认知基础。

旅游突发事件风险判断是对旅游突发事件风险因素的基本情况进行定量认知和定性解构的分析过程，它一般建立在风险分级评估的基础上。分析人员可通过分级评估对旅游突发事件风险的发生概率和后果的严重性进行相对明确的衡量。在此基础上，分析人员可对旅游风险的触发因素、触发表现和触发结果等进行细致的判断，从而建立起旅游风险判断的基本框架。在旅游风险判断中，对于存在较大损害结果、具有较大发生概率的突发事件风险应

---

[1] 刘云等.MLS 评价方法在安全评价中的应用[J].安防科技，2011（9）：57-58.
[2] 朱启超等.风险矩阵方法与应用述评[J].中国工程科学，2003，5（1）：89-94.

予以重点关注。必要时，应该对高风险因素进行重复调研和信息搜集，从而明确风险信息的可靠性。

旅游突发事件风险预测是对旅游突发事件或风险的发展趋势进行分析判断的过程。旅游突发事件的风险因素是否会转化为具体的事件形态，受到多种因素的催化和影响。针对某一具体风险因素进行预测分析时，分析人员可以根据其触发条件的累积强度，对其升级发展的可能性进行判断，并预测其发展过程中的突发因素，预测事件形成后的发展趋势和损害结果。旅游突发事件风险预测既需要依靠前期分级评估和风险判断的认知依据，也部分依赖于分析人员的过往经验和主观判断。

旅游突发事件风险报告是在风险判断和风险预测的基础上，对旅游突发事件发生可能性和发展趋势所形成的较为全面的分析过程和结论性意见。旅游突发事件风险报告应该由专家小组基于综合性信息进行判断，并具有定量的评估基础，同时其报告结论应该经过专家小组的共同审核与同意。旅游突发事件风险报告应该形成具体的风险管控建议，对旅游地、旅游企业和旅游利益相关者的风险管理提出具体的工作建议。其中，旅游风险报告应该形成明确的预警信息，对预警级别、预警对象、预警方式等提出具体的工作建议。

## 第二节　旅游突发事件的预警管理

旅游突发事件预警是以系统的旅游应急工作体系为基础，通过旅游安全预警来提示风险、减少旅游突发事件和损失的工作行为。旅游安全预警是指在旅游活动和旅游业的运作过程中，为了预防旅游突发事件、避免旅游风险损失、保障旅游活动顺利开展，对旅游突发事件风险源进行识别和监测，并选定安全指标和对应的指标阈值，在收集、分析、评估与预测相应指标信息的基础上，当指标值达到或超过阈值时，按照相关程序面向相关主体发出紧急信号，进行行为警示的机制①。广义的旅游安全预警既包括对旅游突发事件及相关风险的预警，也包括对达不到突发事件级别的安全风险的预警，在时间上则包括长期安全预警和短临安全预警等两种类型。旅游突发事件预警主要是对旅游突发事件及相关风险的预警，在时间上主要是短临安全预警。旅游突发事件预警是旅游突发事件前置响应的重要机制内容。在我国，《旅游法》《旅游安全管理办法》等法律法规要求建立健全旅游突发事件预警机制。

## 一、旅游突发事件预警的主要作用

### （一）提升旅游业发展质量

安全是旅游业发展的生命线，没有安全就没有旅游业运作的基础。提升旅游业的安全管理水平，是提升旅游业发展质量的前提和基础，而旅游突发事件预警则是旅游安全管理工作中的重要一环。建立旅游突发事件预警体系，通过有效的方式向旅游者发布突发事件风险预警信息②，是体现政府关心和保障旅游者生命财产安全的应有举措。它有助于增强旅游者的理性决策能力，减少旅游突发事件的发生，推动旅游业的安全和健康发展。2020年1月12日，菲律宾塔阿尔火山爆发，中国驻菲律宾使馆立即发布应急预警，建议旅菲中国公民遵从当地政府发布的疏散命令并立即撤离受影响区域。2021年，美国宣布从阿富汗撤军，阿富汗的安全形势因此相当严峻。对此，中国政府多次发布应急预警建议在阿中国公民尽快撤离。对于出境旅游而言，发布出境预警会遭到被预警国家的批评，但是这些预警行为被视为政府关心海外公民的基本责任。

### （二）应对激增的旅游突发事件风险

我国旅游业正处于结构性调整时期，产业因素、社会因素、自然灾害因

---

① 谢朝武，郑向敏. "旅游安全" 词条. 邵琪伟. 中国旅游大辞典［Z］.北京：上海辞书出版社，2012.

② 杨月华，，杜军平.基于神经网络的旅游突发事件预警研究［J］.北京工商大学学报（自然科学版），2008，26（2）：63-66.

素等内外因素的突发变化越来越剧烈，旅游业的突发性安全事件可能步入多发期。它主要表现在以下几点。

第一，旅游产业是包含住宿、餐饮、交通、游览、购物和娱乐等众多产业要素的综合性产业，牵涉的安全环节复杂、需要投入的管理力量巨大、潜藏的安全隐患众多。在旅游产业的各个环节，每年都有相关的安全事件发生。

第二，社会经济结构的快速转型和社会矛盾的持续存在是突发事件存在的社会基础，各类企业的生产过程也存在复杂的风险因素和突发事件表现，如工业企业的环境污染、饮食企业的火灾爆炸、交通企业的事故灾难等，都可能对旅游业和旅游者造成安全威胁。

第三，自然灾害事件的发生频率越来越高，对旅游业产生的综合影响也越来越广泛。例如，极端气象灾害越来越频繁，由此引发的旅游地洪水、景区泥石流、景区生态灾难、突发气温改变等灾害现象，都对旅游者的人身财产安全产生了不良影响。

（三）应对散客时代的旅游产业发展

我国有庞大的国内旅游市场，散客旅游规模越来越大，但与散客旅游相关的安全事故和事件也频频发生。近年来，我国各地发生的山地探险、沙漠探险等探险事故呈增多趋势，造成了大量的人员伤亡。这些安全事件的承载个体一般为散客旅游者或小规模旅游群体，它们具有小众性、个体性。在产业脆弱性和散客化并存的时代背景下，提供面向散客旅游者的公共安全服务，是提升散客旅游者安全应对能力的重要基础。其中，旅游安全与应急预警服务是政府部门可以采取的有效措施，通过有效的传播媒介向广大旅游者传播旅游安全风险警示信息，通过有效的渠道传递短临突发事件风险信息，有助于减少散客突发事件的发生。

（四）应对大空间尺度下的旅游应急管理

我国辽阔的旅游版图需要建立分区域分层级的旅游突发事件预警体系。我国幅员辽阔、旅游版图庞大。在空间上，我国目前在31个省级行政区分布有339个中国优秀旅游城市。同时，全国各个省区市都分布有大小、规模不一的各类旅游景区。截至2020年年底，我国共有A级旅游景区13332家。在时间上，我国春夏秋冬都有典型的旅游地和季节性旅游产品。

由于地理因素的差异，不同省区市的旅游产品所处的自然环境、社会环境存在较大程度的差异，区域旅游业在生产和管理过程中面临的社会治安环境、自然灾害因素和衍生安全因素不同程度的差异，区域旅游业需要应对和处置不同类型、不同级别的旅游旅游突发事件及风险因素。

因此，旅游突发事件预警制度的建立，应强调分区域分层级进行突发事件风险信息的监测和预警，以利于更准确地挖掘地域旅游突发事件风险信息，并据此进行更为准确的旅游突发事件风险警示。分层级的旅游突发事件警示则更有利于旅游者做出理性的行为判断，选择更合适的旅游行为。

（五）预控多样化的突发事件类型

多样化的旅游突发事件要求我国建立体系深入的旅游安全预警体系。我国辽阔的旅游版图和庞大的旅游人流，使我国的旅游突发事件具有类型多样、分布广泛、发生情形复杂等特点。根据统计数据，我国近年发生的旅游突发事件全面涵盖了自然灾害、事故灾难、公共卫生事件和社会安全事件，细化的分类事件达到30余种，各类旅游突发事件的发生成因、触发表现等均存在较大的差异性和复杂性。在旅游要素企业中，由于旅游业务种类不同、旅游者的行为习惯不同，其风险类型和表现特征也存在复杂的多样性。

因此，我国不但要在政府层面建立旅游突发事件的风险警示制度，还应该以旅游要素企业为基础，从旅游企业层面建立旅游安全风险警示制度，在旅游服务的第一线向旅游者提供面向旅游服务产品的风险警示信息。以此为基础，逐步建立宏观层面的分类型旅游安全与预警制度，使旅游业最终建立起更具科学性和实用性的旅游安全与应急体系。

## 二、旅游突发事件预警的国际比较

（一）国内外旅游突发事件预警的运作方式

大部分西方国家都建立了出境旅游预警制度，如美国、加拿大、澳大利亚、英国等都实施出境旅游分级预警体系，对公民在国外旅行可能面临的安全与风险因素进行较为详细的分析和介绍,并据此提出旅游警示建议。我国的香港特别行政区也建立了外游警示制度(Outbound Travel Alert,OTA)。美国、加拿大、英国、澳大利亚、中国香港和中国内地旅游安全预警体系存在较大程度的差异,具体如表9-5所示。

表9-5 国内外旅游突发事件预警体系的经验与做法

| 实施预警的国家和地区 | 预警主体 | 预警内容与形式 | 预警级别划分 |
| --- | --- | --- | --- |
| 美国 | 国务院领事事务局 | (1)对目的地国家进行旅游预警级别分类,提供不同级别的分类名单;<br>(2)详细说明世界上所有国家的安全风险信息,并提供旅游建议;<br>(3)提供近期发生的安全与风险事件信息 | 两级风险预警:旅游提示(travel alert),针对近期突发安全风险预警;旅游警告(travel warning),针对长期高风险因素的预警 |
| 加拿大 | 外交事务与国际贸易部 | (1)通过旅游报告(Travel Report)对出境国的安全风险予以说明;<br>(2)对目的地国家进行具体的预警级别划定 | 四级风险预警:一般注意、高度注意、避免非必要的旅游活动、避免一切旅游活动等四级风险 |
| 英国 | 外交和联邦事务部 | (1)通过旅游忠告(travel advice)以分类的方式详细说明目的地国家的安全风险;<br>(2)对目的地国家有无旅行限制(travel Restrictions)进行总体说明;<br>(3)对目的地国家近期发生的安全与风险因素进行简述(Travel Summary)。<br>(4)提供免费的电子邮件信息预订服务 | 两级风险预警:避免非必要的旅游活动、避免一切旅游活动等 |
| 澳大利亚 | 外交事务及贸易局 | (1)通过旅游忠告(Travel Advice)对160多个目的地国家的安全风险予以说明;<br>(2)通过旅游公告(Travel bulletins)对可能危及澳大利亚旅游者的最新的安全与风险事件进行说明;<br>(3)提供免费的电子邮件信息预订服务 | 采用五级预警方式:小心个人安全、密切关注、高度关注、重新考虑行程、不要前往 |

续表

| 实施预警的国家和地区 | 预警主体 | 预警内容与形式 | 预警级别划分 |
|---|---|---|---|
| 香港地区 | 香港保安局 | （1）设立外游警示制度（Outbound Travel Alert, OTA），对存在安全风险的目的地进行预警级别划定；<br>（2）对60个较多港人到访的海外国家时所可能面对的人身安全风险进行说明 | 三级预警方式：黄色预警（留意局势、提高警惕），红色预警（如非必要、避免前往）和黑色预警（严重威胁，不应前往） |
| 中国 | 外交部和文化和旅游部 | （1）外交部以《走出国门注意事项》的方式对190多个国家和地区的总体情况和安全风险因素进行介绍；<br>（2）对安全风险较高的国家提出"建议中国公民和机构谨慎前往"的建议；<br>（3）外交部以《出国特别提醒》的方式对国外发生的安全与风险事件进行说明；<br>（4）国家旅游局发布全国性旅游预警，包括安全预警和不良业务预警等内容 | （1）出境旅行采用提示（注意安全）、劝告（谨慎前往）、警告（暂勿前往）等三级预警方式；<br>（2）国内旅游安全风险提示级别分为一级（特别严重，红色）、二级（严重，橙色）、三级（较重，黄色）和四级（一般，蓝色） |

资料来源：以上资料均来自案例国家和地区的预警发布部门的官方网页

### （二）国内外旅游安全预警的比较分析

西方国家所建立的出境旅游预警体系主要以外事部门作为信息发布主体，其面向对象主要是出境旅游和旅居国外的本国公民。所提供的信息较为详细，对出境旅游安全的确起到了一定的作用。但是，相当一部分旅游者并不一定会去搜索和及时看到这些预警信息，也有相当一部分旅游者并不完全遵循预警体系的旅游建议。例如，2009年7月，印度尼西亚首都雅加达发生恐怖袭击之前，澳大利亚发布了针对印度尼西亚地区的恐怖袭击旅游预警，但是这并没有阻止大批澳大利亚旅游者赴印度尼西亚旅游。因此有西方学者认为，这种预警体系只能起到"狼来了"的预警效果。此外，西方国家的旅游预警体系也常成为国家之间的一种政治较量工具。

我国外交部门也逐步建立起旅游安全预警体系，只是预警内容没有明显的级别划分，预警语言比较温和，对目的地国家的介绍比较简单。虽然外交部一直是我国出境旅游安全预警的发布主体，但由于人们在观念中并没有将外交部与出境旅游业务进行关联，因此，外交部所发布的旅游安全预警信息通常不为散客旅游者所关注，除非该消息为其他新闻媒体所关注。

需要指出的是，西方国家并没有建立起常设性的专门针对国内旅游的安全预警体系，它们一般由气象局、安全局等专业部门来对自然灾害和社会安全事件进行分类预警，预警对象并非仅限于旅游者。原国家旅游局和当前的文化和旅游部则不断尝试建立面向国内旅游的安全预警体系。《旅游安全管理办法》规定，"国家建立旅游目的地安全风险（以下简称风险）提示制度。根据可能对旅游者造成的危害程度、紧急程度和发展态势，风险提示级别分为一级（特别严重）、二级（严重）、三级（较重）和四级（一般），分别用红色、橙色、黄色和蓝色标示"①。

### 三、旅游突发事件预警的法律基础

《旅游法》提出，国家建立旅游目的地安全风险提示制度。同时，我国在多部专门法、行政规章和国家专项应急预案中对不同类别的应急预警有具体的规范。（1）《突发事件应对法》第四十二条规定，国家应建立健全突发事件预警制度，对可以预警的自然灾害、事故灾难和公共卫生事件按照红、橙、黄和蓝四级预警级别进行预警。（2）《食品安全法》第四条规定，国务院卫生行政部门承担着食品安全信息公布的职责。第十七条又规定，国务院卫生行政部门应当及时提出食品安全风险警示，并予以公布。（3）《突发公共卫生事件应急条例》第十四条规定，县级以上地方人民政府应当建立和完善突发事件监测与预警系统。同时，第二十五条规定国家建立突发事件的信息发布制度。国务院卫生行政主管部门负责向社会发布突发事件的信息。必要时，可以授权省、自治区、直辖市人民政府卫生行政主管部门向社会发布本行政区域内突发事件的信息。（4）《国家自然灾害救助应急预案》《国家防汛抗旱应

---

① 国家旅游局.旅游安全管理办法［Z］.2016-12-1.

急预案》《国家地震应急预案》《国家突发地质灾害应急预案》等都规定了预警制度。

为了规范旅游行业的预警工作,旅游行政主管部门早期也制订了一系列专项应急预案。(1)《中国公民出境旅游突发事件应急预案》规定"经授权,国家旅游局或其他部门向社会发布出境旅游预警信息。根据需要,外交部和国家旅游局设立热线电话,在政府网站及时发布有关信息,通过提供新闻稿、组织报道、接受记者采访、举行新闻发布会等形式发布信息"。(2)《国家旅游局旅游突发公共事件应急预案》主要面向国内旅游预警,预案规定"建立健全旅游行业警告、警示通报机制。各级旅游行政主管部门应根据有关部门提供的重大突发事件的预告信息,以及本地区有关涉及旅游安全的实际情况,适时发布本地区相关旅游警告、警示,并及时将情况逐级上报",并规定"国家旅游局根据有关部门提供的情况和地方旅游行政主管部门提供的资料,经报国务院批准,适时向全国发出相关的旅游警告或者禁止令"。

此外,许多地方旅游条例也尝试对旅游安全风险预警进行规范。例如,黑龙江省《黑龙江旅游条例》中第四十八条提出"县级以上旅游行政部门应当建立旅游信息网络,为社会提供旅游信息咨询服务,建立旅游信息统计制度、旅游信息预报制度和旅游安全预警制度"。《云南省旅游条例》第四十二条规定"县级以上人民政府旅游行政主管部门应当会同有关部门建立旅游信息预报和警示发布制度,并通过大众传媒向社会公开发布信息。旅游区域内发生自然灾害、疾病流行或者其他有可能危及旅游者人身财产安全的,旅游行政主管部门应当依据有关部门发布的通告,及时、准确地向旅游经营者和旅游者发布旅游安全警示信息"。

## 四、旅游突发事件预警的类型结构

旅游突发事件预警的目的是挖掘各种影响旅游业安全运作,以及各种可能危及旅游者人身财产安全的突发事件风险因素,并通过提前的信息预警来引导旅游企业的安全生产行为和旅游者的理性旅游行为,从而减少旅游突发事件，减少和减缓旅游突发事件可能导致的灾难后果。旅游业是一个安全风险因素分布较为广泛的行业[①]，对旅游业可能产生安全影响的突发事件因素主要包括业内突发事件和业外突发事件两种类型结构。旅游突发事件预警主要围绕两种类型结构进行细分和内容预警。

（一）业外突发事件预警

突发事件预警主要是针对各种突发自然灾害、事故灾难、公共卫生事件和社会安全事件的预警，以避免旅游者因业外突发事件风险导致人身伤亡。突发事件预警主要包括以下几点。

第一，自然灾害预警。主要对象包括地质灾害（地震、火山、地气、地裂缝、地面沉降等）、地貌灾害（泥石流、沙漠化、土壤侵蚀、滑坡、崩塌等），气象灾害（雷电、台风、干旱、雨涝、热浪、寒流等），水文灾害（洪水、淡水短缺、矿井水灾、水污染等）、生物灾害（植被退化、物种灭绝、森林火灾、病虫害、野兽攻击等）和海洋自然灾害（风暴潮、海啸、黑潮、赤潮、海冰、灾害性海浪等）等风险因素的预警。

第二，事故灾难预警。主要对象包括交通事故、火灾、爆炸、电气事故、危化品事故、核事故、环境污染及生态破坏、其他重大事故等风险因素的预警。部分事故灾难对旅游行业会造成长期影响，比如旅游地大气污染、水污染、土壤污染等环境污染与生态破坏事件，他们可能对旅游地环境造成长期而持久的破坏性影响[②]。

第三，公共卫生事件预警。主要对象包括传染性疫情、食物中毒、狂犬病等风险因素的预警。

第四，社会安全事件预警。主要对象包括战争、恐怖袭击、重大治安事件、社会动乱（骚乱）、重大政治事件、社会治安风险等风险因素的预警。

（二）业内突发事件预警

第一，旅游企业风险预警。主要包括对旅游饮食、旅游住宿、旅游交通、

---

① 赵怀琼，王明贤.旅游安全风险系统预警［J］.中国安全科学学报，2006，16（1）：17-21.
② 任学慧，王月.滨海城市旅游安全预警与事故应急救援系统设计J].地理科学进展，2005，24（4）：123-128.

旅游景区、旅游娱乐、旅游购物等旅游企业存在的已发生过突发事件的警示警告，以及可能存在倒闭等经营危机的风险预警，谨防企业无法提供服务并给旅游者造成人身财产损失。

第二，旅游业务风险预警。旅游业务风险预警主要针对欺诈、恶意导购、零负团费、负团费等各种违法和不良经营行为的预警，以避免旅游者在旅游消费过程中遭受各种财产损失甚至遭遇衍生安全事故。

第三，旅游容量风险预警。旅游容量风险预警主要针对旅游客流规模可能超过容量阈值的风险预警。旅游地和景区的客流超过容量阈值可能导致踩踏、挤压和主客冲突等安全事故，住宿等服务设施不足可能引起露宿和治安问题。因此，旅游容量预警主要针对旅游地容量预警、旅游景区容量预警和旅游住宿容量预警等类型。

## 五、旅游突发事件预警机制的建设

旅游突发事件预警需要坚实的政策支持与科学的运作机制。根据我国现有的法律法规和政府应急治理体系，我国应该对出境旅游突发事件预警、国内旅游突发事件预警等进行区分设计和建设，并通过科学的运作方式保障应急机制持续发挥作用。

### （一）出境旅游突发事件预警的机制建设

我国外交部有丰富的发布出境旅行安全预警的经验、传统和信息网络，外交部既针对全球各区域的长期风险进行安全预警，也针对近期的短临风险进行应急预警。在旅游突发事件预警信息发布的过程中，外交部拥有丰富的国外使馆网络，对国外情况比较熟悉，对出境旅游风险的判断比较准确，因此应继续维持外交部发布境外旅游安全预警的传统机制。但为了避免这种预警信息只能起到"狼来了"的预警效果，外交部应建立与文化和旅游部的协作机制，由外交部发布目的地国家的旅游安全风险说明，并加强短临突发风险的应急预警发布力度，并由外交部、文化和旅游部共同发布出境旅游分级预警信息，使用双方的信息渠道同时发布预警信息，以提升出境旅游预警的传播效率和效力。

（二）全国性旅游突发事件预警的机制建设

全国性旅游安全预警涉及专业部门预警和旅游部门预警的矛盾之争，由谁来作为最终的发布主体是关系到预警效率的重要因素。在我国，应急、地震、气象、卫生、公安等专业部门拥有更完善的信息监测和报送网络，但是他们缺乏对旅游影响的专业判断，因此单纯依靠专业部门的预警机制通常难以发挥系统的整体功能[①]。因此，建立由专业部门作为信息监测和初步预警主体，并由文化和旅游部作为最终旅游突发事件预警信息发布主体的联合预警机制，是保证全国性旅游安全预警效果的基础。

从发布效果来看，文化和旅游部已经具有发布全国性旅游预警的工作经验，相对于其他政府部门，它最能从旅游业发展和旅游安全保障的均衡角度来实施预警工作。同时，文化和旅游部的相对独立性使其能更好地把控全国性旅游安全预警的影响效果，能够对国内旅游起到有效的引导作用。

（三）区域性旅游安全预警的机制建设

区域性旅游安全预警存在由相关地方作为预警发布主体和由文化和旅游部作为发布主体两种机制选择。若由文化和旅游部统一进行全国性和地方旅游安全风险信息的警示工作，可以规避由地方人民政府或旅游主管部门发布旅游预警信息所存在的利益冲突，在信息充分的条件下，较少会发生瞒报、少报的现象。

同时，旅游预警工作并不只包括纯粹的事故灾难预警，还包括旅游容量预警和不良旅游业务预警，这种预警工作由地方旅游行政主管部门来实施时，会导致预警手段的不合理利用，甚至滥用。由文化和旅游部统一开展区域性旅游预警工作，则能避免区域旅游业间和旅游企业间利用旅游预警所进行的恶性竞争行为。

（四）区域内（地方）旅游安全预警的机制建设

区域内旅游安全预警存在由省级以下旅游主管部门作为发布主体和由省

---

① 王超，佘廉.社会重大突发事件的预警管理模式研究[J].武汉理工大学学报，2005，18(1)：26-29.

级旅游主管部门作为省域内统一发布主体两种机制选择。旅游安全风险警示信息的发布是一个关系到地方旅游业发展、影响区域旅游业客源波动的重要举措,在具体进行信息发布、调整和解除时,需要较强的专业判断能力和信息影响的预估能力。同时,在当今这样一个媒体时代,任何旅游突发事件的发生,相关新闻都会以很快的速度在全省和全国进行传播。在这种背景下,要求省级以下旅游主管部门既自愿又科学地进行本地旅游安全信息的预警,是不太符合现实条件的。为避免影响地方旅游业发展,地方旅游主管部门将会出现明知有风险存在也不愿意进行预警发布的情况。

因此,区域内旅游安全预警应该建立由省级旅游主管部门统一进行旅游预警信息发布的机制。为了避免省级旅游主管部门的舞弊行为,还可以在省级行政区域之间建立相互间的风险信息警示,即省级行政主体建立类似于香港特区的外游警示制度,由省级旅游主管部门对本地旅游者的区域外旅游行为进行旅游安全风险警示,从而对各省的自我预警行为起到监督性预警和补充预警的效果。

# 第十章　旅游突发事件的应急处置与救援研究

我国旅游业正处于快速发展轨道，迫切需要加快构建功能完善的旅游应急处置与救援体系，以应对频发且类型多样的旅游突发事件，这也是推动我国旅游业安全发展的基础保障。在旅游应急管理的功能体系中，应急处置与救援机制是较为核心的功能机制，应急处置与救援的响应速度和效果是旅游应急成效的主要表现。

## 第一节　旅游突发事件的应急处置

安全是旅游业发展的基础，是旅游业健康成长的必要条件。但旅游业却是一个风险来源较为广泛的行业，由于自然灾害、事故灾难、公共卫生事件、社会治安事件等风险因素的影响，旅游突发事件的发生是难以绝对避免的。因此，旅游地需要建立健全旅游应急处置机制，以处置各类旅游突发事件，减少突发事件中的旅游者伤亡。

### 一、旅游业外突发事件的应急处置

#### （一）旅游业外突发事件的应急处置系统

高效的应急处置依赖于结构科学、功能完整的应急管理系统。面对旅游业外突发事件，旅游行政部门除了履行核心的应急处置与响应流程，还应该做好应急处置决策、应急处置协调和应急处置服务等工作任务，其中应急处置决策包含接警后的整体应急分析和综合处置决策，应急处置协调主要指协调相关政府部门共同做好旅游应急工作，应急处置服务主要指为旅游企业和旅游者提供应急领域的公共服务，比如疫情期为旅游企业提供的持续支持和服务政策。

业外旅游突发事件的风险源在旅游行业以外，旅游行业是受影响行业。根据《突发事件应对法》《安全生产法》《旅游法》等法律法规的规定，受职责和资源的限制，旅游行政主管部门在旅游业外突发事件的处置中主要承担配合、协同和信息支持等应急任务。但在服务和保障旅游者安全的过程中，旅游行政主管部门应该是应急管理的发起者，它可以承担积极的应急角色，通过应急响应、应急协调和应急服务来推动涉旅突发事件的有效解决。由于业外突发事件牵涉到的利益相关主体较多，要对旅游突发事件和危机进行恰当的干预和处理，需要地方相关部门、旅游企业、旅游者、旅游社区等相关主体的联合行动，共同为危机事件的处理提供监督和资源保障。同时，旅游行政主管部门应该更多借助于地方的应急资源保障体系提供资源支撑（见图10-1）。

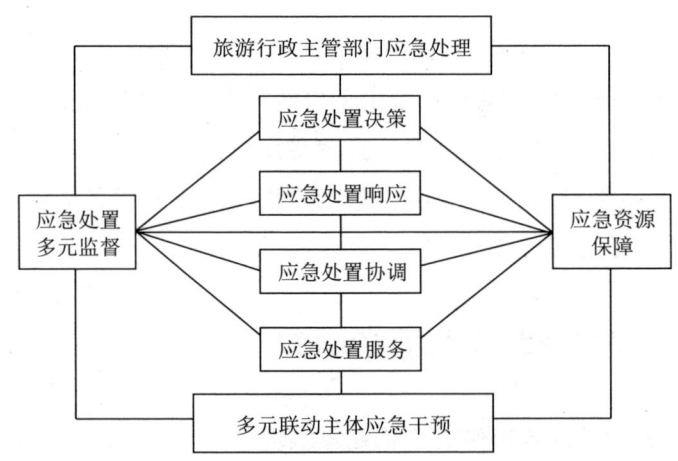

图10-1　旅游业外突发事件的应急处置系统

（二）旅游业外突发事件的应急干预方法[①]

旅游应急管理的核心任务是在旅游突发事件的紧要时期采取响应措施，

---

① 谢朝武．业外突发事件与旅游业的应急管理研究［J］．华侨大学学报，2008，26（4）：28-36.

尽最大可能制止或减少突发事件的消极影响,为突发事件的善后处理和旅游业恢复重振创造最佳条件。从过程来看,业外突发事件与旅游业之间是间接影响的关系,其消极影响的发生过程一般会经历业外突发事件发生、突发事件影响扩散、宏观发展环境改变、影响在旅游业的多层次扩散、旅游业(部分)发展条件消解,最终成为旅游业危机的复杂的演变过程。业外突发事件的影响扩散并不是直线发展过程,其发展阶段可出现跳跃、回复和变迁影响等多种模式。而具体的旅游影响则会经历从现场影响、主体影响、形象影响到产业影响的转变。

因此,旅游业处理业外突发事件的关键任务主要包括突发事件的应急预控、事件源的扩散干预、事件的分类影响干预、发展环境分类影响干预和发展条件消解干预等任务环节。旅游突然事件有可能发展成为旅游业的危机事件,并进而对旅游业产生复杂的不良影响。因此,对处于不同环节的业外突发事件应该采用积极的干预方法,以阻止旅游突发事件向旅游突发危机的转变。旅游业处理业外突发事件的应急任务及其干预方法如表10-1所示。

表10-1 旅游业外突发事件的影响干预及干预方法

| 干预管理的关键任务 | 应急干预的主要方法 |
| --- | --- |
| 事件危机的应急预控 | 环境监测、尽量识别事件与危机源(trouble issues)[1]、限制事件危机源、特定事件危机隐患的监测与分析[2]、事件危机的战略性预报与风险分析[3][4] |

---

[1] Gonzalez-Herrero, Alfonso, Pratt, Cornelius B. Marketing Crises in Tourism: Communication Strategies in the United States and Spain [J]. Public Relations Review, 1998, Vol.24, No.1: 83-97.

[2] Mikuli J, Spri D M, Holiek H, et al. Strategic crisis management in tourism: An application of integrated risk management principles to the Croatian tourism industry [J]. Journal of Destination Marketing & Management, 2018, 7: 36-38.

[3] Ritchie, B.W. Chaos, crises and disasters: a strategic approach to crisis management in the tourism industry. Tourism Management, 2004, 25(6): 669-683.

[4] Tsai C H, Linliu S C. Slopeland disaster risk management in tourism [J]. Current Issues in Tourism, 2017, 20(7): 759-786.

续表

| 干预管理的关键任务 | 应急干预的主要方法 |
|---|---|
| 事件危机源的扩散干预 | 业外突发事件的业内沟通[1]、对危机信息传播的速度、范围、信道和形态进行监测和控制[2]、逆向的信息干预[3] |
| 事件危机的分类影响干预 | 将影响干预融入旅游业或企业的市场沟通计划[4][5]、各层次的逆向信息干预[6] |
| 发展环境分类影响的干预 | 事件危机对业内影响的战略评估与控制[7]、战略的选择与迅速实施[8][9]、企业内外的信息沟通与稳定管理[10] |
| 发展条件消解的干预 | 利益相关者的战略合作[11][12]、有效的资源调度[13]、企业员工的危机知情权和决策参与[14]、旅游产业的集体回应[15] |

资料来源：相关文献材料的综合整理。

[1] Paraskevas A, Quek M. When Castro seized the Hilton: Risk and crisis management lessons from the past [J]. Tourism Management, 2019, 70: 419–429.

[2] 陈岩英, 谢朝武, 张凌云, 等. 旅游危机中线上媒体声量信号对潜在旅游者安全沟通行为的影响机制 [J]. 南开管理评论, 2020, v.23; No.130 (01): 42–54.

[3] Fuchs G, Reichel A. An Exploratory Inquiry Into Destination Risk Perceptions and Risk Reduction Strategies of First Time Vs. Repeat Visitors to a Highly Volatile Destination [J]. Tourism Management, 2011, 32 (2): 266–276.

[4] Avraham E, Ketter E. Destination Marketing During and Following Crises: Combating Negative Images in Asia [J]. Journal OF Travel & Tourism Marketing, 2017, 34 (6): 709–718.

[5] Avraham E. Destination Image Repair During Crisis: Attracting Tourism During the Arab Spring Uprisings [J]. Tourism Management, 2015, 47: 224–232.

[6] Avraham E, Ketter E. Destination Image Repair while Combatting Crises: Tourism Marketing in Africa [J]. Tourism Geographies, 2017, 19 (5SI): 780–800.

[7] Novelli M, Burgess L G, Jones A, et al. 'No Ebola...Still Doomed' – the Ebola-induced Tourism Crisis [J]. Annals OF Tourism Research, 2018, 70: 76–87.

[8] Pappas N, Papatheodorous A. Tourism and the Refugee Crisis in Greece: Perceptions and Decision-Making of Accommodation Providers [J]. TOURISM MANAGEMENT, 2017, 63: 31–41.

[9] Da Hles H, Susilowati T P. Business resilience in times of growth and crisis [J]. Annals of Tourism Research, 2015, 51 (mar.): 34–50.

[10] Campiranon K, Scott N. Critical Success Factors for Crisis Recovery Management: A Case Study of Phuket Hotels [J]. Journal of Travel & Tourism Marketing, 2014, 31 (3): 313–326.

[11] Cakar, Kadir. Critical success factors for tourist destination governance in times of crisis: a case study of Antalya, Turkey [J]. Journal of Travel & Tourism Marketing, 2018, 35 (6): 786–802.

[12] Morakabati Y, Page S J, Fletcher J. Emergency Management and Tourism Stakeholder Responses to Crises: A Global Survey [J]. Journal of travel research, 2017, 56 (3): 299–316.

[13] Pappas, Nikolaos. Hotel decision-making during multiple crises: A chaordic perspective [J]. Tourism Management, 2018, 68: 450–464.

[14] Anderson, B.A. Crisis management in the Australian tourism industry: Preparedness, personnel and postscript [J]. Tourism Management, 2006, 27 (6): 1290–1297.

[15] Ivanov S, Stavrinoudis T A. Impacts of the refugee crisis on the hotel industry: Evidence from four Greek islands [J]. Tourism Management, 2018, 67 (AUG.): 214–223.

## 二、旅游业内突发事件的应急处置[①]

2003年,在连续遭受旅游突发事件引起的旅游危机之后,世界旅游组织发布了《旅游业危机管理指南》。世界旅游组织认为,旅游业危机管理的主要途径有四个:沟通、宣传、安全保障和市场研究。其中,基于诚实和透明之上的良好的沟通是成功的危机管理的关键。因此,一套科学的应急管理机制应该能够完全执行沟通、宣传、保障和市场研究四大应急管理职能。考虑到旅游业内突发事件的阶段性、综合性和扩散性等管理特点,其应急管理应该包括业内突发事件监测、应急处置决策与响应、应急资源保障和基于多元利益主体的应急处置监督和旅游应急服务等功能单元(见图10-2)。

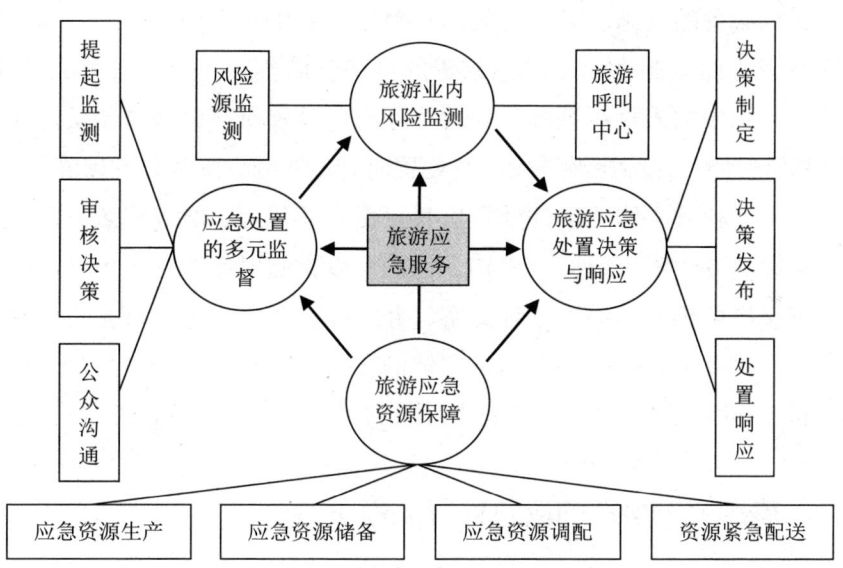

图 10-2  旅游业内突发事件的应急处置系统

旅游业内突发事件监测是旅游应急处置的紧前环节,它主要通过旅游业内风险源监测系统和旅游呼叫中心等信息渠道来实现。旅游呼叫中心主要承担来自旅游企业、旅游者等汇报和传递的旅游投诉、突发事件或安全隐患等

---

① 谢朝武,郑向敏.旅游业危机的应急管理研究[J].北京第二外国语学院学报,2007(9):26-29.

具体问题的应急呼叫。旅游业内风险源监测系统则主要承担旅游行业内部各类风险信息的收集工作，为旅游风险的应急预报提供信息条件，并判断旅游突发事件的发生临界点及其发展趋势。

旅游应急处置决策与响应是应急管理体系的工作核心，它承担着应急处置的决策制定、决策发布、响应执行以及和公众沟通等众多任务。旅游应急处置决策的制定机构应该由政府、行业协会和安全专家组成，他们共同对所发生的旅游突发事件和市场状况进行系统分析并提出应急决策方案。此外，应建立多语种信息发布机构，以承担公众沟通、信息传递等任务。响应执行机构则承担着应急处置的组织、联络、协调和执行等具体的过程任务。

旅游应急资源保障主要是为旅游突发事件的处置解决、行业救助、安全防护等提供必备的设施和条件。我国目前已经着手建立国家、地方和基层单位的应急资源储备制度以及应急物资的生产、储备、调拨和紧急配送体系。旅游业应该积极加入这一系统，并就行业应急处置所需的特殊物资进行预算提请和物资监测，保障旅游突发事件处置时有足够的设施和条件保障。

基于多元利益主体的事件处置监督可由企业代表、学界代表、旅游者代表和社会第四方代表组成监督机构，他们可以提起对旅游突发事件和危机的监测，审核决策机构的应急管理方案，并与社会各界沟通，甚至可以独立提出应急方案供决策机构咨询。监督主体的多元化有利于保持应急处置体系的敏感性和公正性，使旅游业内突发事件得到更快和更科学的解决。

## 三、旅游突发事件的应急处置流程

旅游突发事件的应急处置需要区分事件性质，也需要应急体系的整体支持，还需要应急资源的综合保障。同时，旅游行政部门、旅游企业和现场人员等旅游突发事件的利益主体需要采取科学的应急处置流程，这是应急处置取得成功的前提条件。一般而言，旅游突发事件的应急处置包括以下基础流程[1][2]。

---

[1] 第十届全国人民代表大会常务委员.突发事件应对法［M］.2007-11-01.
[2] 国务院.国家突发公共事件总体应急预案［Z］.2006-01-08.

### （一）接警与研判

事发现场的工作人员应该立即对突发事件的基本情况、时间、地点、涉及范围、规模、人员伤亡及财产损失状况等情况进行初步研判，并将研判结果立即报告所在旅游企业的应急处置部门，由应急处置部门组织做好应急响应和逐级汇报工作。

### （三）先期处置

突发事件发生后，现场人员或应急指挥小组应当立即开展先期处置，做好应急人员调度与应急资源调度，组织旅游从业人员、旅游者、当地居民开展自救、互救，第一时间通告周边区域可能受到危害的人员，指挥内部应急救援队伍和工作人员营救受害人员，做好现场人员疏散和公共秩序维护。采取有效措施全力控制事态发展，防止次生、衍生事件的发生，最大限度地避免人员伤亡。

### （三）启动应急预案

应急处置部门在接到突发事件报告后，应对突发事件类别、级别、危害状况进行确认，了解和掌握事件及涉事人员的相关信息，决定是否启动突发事件应急预案。达到突发事件应急预案响应要求时，应立即宣布启动突发事件应急预案。突发事件应急预案应按照分级响应原则，启动与旅游突发事件等级相应的应急响应，并按照事件报告要求向不同层级的政府应急机构进行报告。同时调集应急队伍、应急物资，派出应急协调人员和专家赶赴现场，参与突发事件应急处置。

### （四）现场指挥与协调

应急处置部门派出应急管理人员到事发现场进行指挥与协调，或者由事发现场最高级管理人员进行现场指挥与协调。根据需要，现场指挥部可下设指挥部办公室、综合协调组、应急救援组、医疗救护组、后勤保障组、宣传报道组、调查处理组、专家指导组等工作组。根据现场情况，指挥长可调整各组的设立、组成单位及职责。

### （五）抢险救援

应急处置工作组应立即开始组织营救和救治受伤人员，疏散、撤离并妥善安置受到威胁的人员，以及采取其他救助措施；有危险源的，要迅速控制危险源，标明危险区域，封锁危险场所，避免危险的继续扩散；必要时，请求政府部门抢修事发现场的基础设施、保障生存与生活所需、关闭或限制使用有关场所；在抢险救援过程中，及时和持续做好风险监测工作，采取防止次生、衍生事件的必要措施。

（六）扩大应急

若在抢险救援过程中，因突发事件次生或衍生出其他突发事件，导致事态扩大，现有的救援力量及采取的应急措施不足以控制事态发展，需由多个部门（单位）增援参与应急处置的，现场应急指挥部应启动扩大应急机制，及时向当地人民政府及当地应急管理部门报告。由县人民政府报上一级人民政府请求支援，协调和配置应急资源，参与应急处置工作。加大抢险救援资源的投入，扩充救援人力、救援资金以及救援物资。

（七）信息沟通

指挥部应及时将突发事件信息向相关部门报告。指挥部组织专职信息负责人员对接各协调联动部门，第一时间收集整理突发事件信息和处置进展情况，对事件进展进行梳理与分析，撰写突发事件情况通稿，及时报县级人民政府及有关部门审核。

指挥部应通过新闻发言人加强舆论引导。对突发公共事件的新闻报道工作实行审核制，重大突发事件的报道要经相关部门审核同意后，由相应部门统一发布，报道内容要及时、客观、真实，不得迟报、谎报、瞒报、漏报。涉及国家秘密的，应当遵守国家有关保密规定，要积极会同宣传部门向社会发布突发事件情况，及时引导舆论。发布的信息要确保准确性和权威性，对公众起到正确、正面引导作用。

（八）临时恢复

救援行动完成后，进入临时应急恢复阶段，现场指挥部要组织进行现场清理、人员清点和撤离、警戒解除以及善后处理等工作。必要时，现场指挥部应派遣或提请政府相关部门做好突发事件所涉及区域的风险监控。要积极做好后续处理和伤亡人员的抚恤等善后工作。

### （九）应急救援行动结束

当险情排除，现场抢救活动结束，事故现场得以控制，导致次生、衍生事故的隐患得以消除，造成游客受到伤害和威胁的危险因素得到控制，游客安全离开危险区域并得到良好安置时，经现场指挥机构确认和批准，现场应急处置工作结束，应急救援队伍撤离现场。

### （十）调查评估

应急行动结束后，旅游企业应积极配合主管部门依照有关规定开展调查评估工作。调查评估工作需对突发事件发生的原因、过程和损失，以及事前、事发、事中、事后全过程的响应、处置和应急救援，进行全面客观的调查、分析、评估，找出不足并明确改进方向，提出改进措施，形成突发事件调查评估报告。旅游企业和相关部门应根据调查和总结成果，进一步完善和改进应急预案。

## 四、旅游突发事件的应急处置理念与措施

旅游部门对业外突发事件的可控性较低，一般只能实施间接干预措施。旅游部门对旅游业内突发事件的可控性则相对较高，可以采取更为具体和直接的处置管理措施。旅游行政部门和旅游企业等相关主体应该根据突发事件的类型和来源实施分类管控，明确应急处置的基础理念和关键措施。

### （一）旅游行政部门的应急处置理念与措施

在我国现有的安全管理体制下，旅游行政主管部门对旅行社具有安全监督管理职责，对 A 级景区和星级饭店具有安全指导的职责，对旅游市场具有监督管理职责。但总体上，旅游行政主管部门还比较缺乏应急资源和管理手段，因此转变管理思路方能为旅游行政主管部门带来务实的管理举措。旅游行政部门的应急处置理念和措施包括以下几点。

（1）重视趋前管理。旅游行政部门应通过及时快速的应急处置，为突发事件及其后果的减缓提供时间基础。处置措施包括以下几点。①加强与风险监测环节的对接，及时接受和响应相关部门报送的突发事件信息。②提升应急分析与决策能力，以此为基础缩短应急响应时间，把应急处置的时间节点

往前推。③提升技术平台的支持水平,以此为依托实施应急预案快速启动机制。④强化应急启动的责任意识和担当意识,避免因为推卸责任耽误应急响应。以新冠疫情的应对为例,2019年年底新冠肺炎疫情开始蔓延,2020年春节期间中国采取了一系列限制人员流动的措施,春节后文化和旅游部、财政部、税务总局等部门迅速启动了暂退质保金、降低税负等保障性支持政策,为旅游行业度过疫情初期的艰难时段提供了基础。

(2)加强保障性管理。旅游行政部门应实现由传统的监督性管理向服务保障性管理转变,要站在旅游者和企业立场,为旅游者的风险防范和旅游企业的安全经营提供应急服务。主要的措施包括以下几点。①建设和储备旅游应急处置的保障资源,为旅游企业和旅游者的应急处置提供信息、技术、物资等资源支持。②以保障性导向开展行政部门的应急处置工作。进行积极的现场应急处置,积极组织旅游部门、协调相关部门、监督涉事旅游企业等进行紧急处置响应,提供力所能及的应急资源保障,尽最大可能减少旅游突发事件造成的伤亡和财物损失后果。③树立面向旅游企业、旅游者等服务对象的应急保障理念,立足于旅游行业的可持续发展进行应急处置并提供政策支持,如疫情期为旅游企业的可持续生存提供政策支持。

(3)重视协调性管理。要通过组织协调来动员更多利益主体来共同应对突发事件,提升突发事件应急处置的效率和水平。处置措施包括以下几点。①旅游行政主管部门应积极协调利用地方的应急管理体系,提倡多元联动主体的综合应急干预。积极协调不同层级的旅游行政主管部门,在属地负责的基础上发挥上级部门的应急资源保障作用。②积极协调旅游者、旅游企业、旅游社区等相关利益主体,为旅游突发事件的有效解决提供条件。③协调运用经济手段、文化手段和价格手段等多种方式介入旅游突发事件的应急处置。例如,通过税收、贷款、基金等手段解决旅游企业的资金困难,通过心理干预消除旅游者的心理障碍,通过文化认同来获取资源补偿等。

(4)加强信息管理。重视应急处置过程中关键信息的支撑作用,为自身和行业提供可靠的决策信息。处置措施包括以下几点。①建立旅游风险信息交流平台,及时发布各类应急风险信息。在突发事件发生时可发起信息援助,通过业内利益相关者的交流和互助来支持风险监测和突发事件处置过程。②做好应急处理时的信息沟通与信息披露，承担起舆论引导和公众沟通工作，为旅游应急处理提供良好的信息环境和舆论环境。旅游突发事件发生时，公众需要适当的策略性舆论引导，以消除负面形象的传播。如果处理不当，则可能引发舆情海啸。例如，2018年7月6日，泰国普吉岛发生沉船事件，43名中国游客不幸罹难。中国民众对此感到非常悲痛，但泰国某官员在接受媒体采访时认为，"这次事故完全是中国人害中国人"①，这一言论迅速引爆网络舆论，并激起了中国民众的抵制情绪。

（二）旅游企业的应急处置理念与措施

面对旅游突发事件，旅游企业既要做好事前的应急准备工作，例如，制定《旅游企业突发事件应急预案》，加强旅游企业的应急管理培训，提升旅游企业的自救能力等，也要做好事发时的应急处理。

（1）强化自救意识和自救行动。包括：①在旅游突发事件发生时，旅游企业本身应具有积极的自救意识、自救信心和自救行动；②旅游企业要积极配合相关机构的应急管理方案，在突发事件发生时采取积极的响应措施，努力减缓事件损失、消除事件影响；③旅游企业应该夯实自身的产品质量和品牌形象，面对突发危机能够实现自力更生和恢复自救。

（2）占据伦理制高点。包括以下几点。①以负责任的伦理心态去处理突发事件，通过积极的救助和应急处理提升旅游企业的伦理形象。②应急处理时避免不负责任的推诿与逃避，以免丧失道德底线，使旅游企业陷入信任危机。③应急处理时注重对旅游企业员工、旅游社区民众等利益主体的伦理关怀，以赢得员工的忠诚和社区环境的支持。

（3）加强旅游企业间的战略合作。包括以下几点。①推动旅游产业的集体回应。部分突发事件带来的不利影响往往直接冲击整个旅游产业，单个旅游企业的应对力量有限，因此提倡加强旅游企业间的战略合作，通过旅游产业的集体回应来提高应急处理的能力和效果。②建立旅游产业援助基金。在

---

① 海外网.泰副总理：沉船罪在船公司中国籍负责人［EB/OL］.2018-07-09.

重、特大业外突发事件发生时,可以通过捐助、行业联盟等方式来发起成立产业援助基金,对受影响的旅游者进行紧急救助,并对受影响的旅游企业进行必要的行业援助,帮助有需要的旅游企业渡过危机和难关。

(4) 积极主动介入突发事件的应急管理。包括以下几点。①针对自身业务做好事件与危机的应急监测和市场反应监测,尽量化被动为主动,通过主动出击的方式建立有利于行业和企业的舆论氛围。②大型旅游企业集团应建立应急救援队伍,小型旅游企业应该指定应急救援人员,在事发时积极利用资源和人员条件实施应急救援。③尊重旅游者、员工、社区等利益相关者的知情权,协调相关主体共同努力应对旅游突发事件与危机。

### (三) 旅游者及其他利益相关者的管理措施

旅游者是风险调控的核心,是旅游安全治理的保障和服务对象。作为能动的行为主体,旅游者应该具备与旅游活动相适应的安全素质和体能条件,在旅游出发前能做好安全评测,谨慎选择旅游线路和旅游目的地,从事探险旅游的应该准备适当的安全装备。在旅游过程中,应该按照组织者的安全引导开展旅游活动,散客旅游者则应该尽量规避安全风险因素。面对突发事件,旅游者应该及时求救或者汇报,并积极配合主管部门和旅游企业的应急救援和应急协调,并积极利用地方的应急资源,加强应急自保。

相关部门应该推动跨部门的信息联动沟通,建立应急信息共享平台,在部门之间实现突发事件的信息互通。在良好的信息沟通基础上,使旅游行政主管部门对其他部门的突发事件有全面的了解,从而可以为旅游业的应急管理提供信息基础。应急部门应推动建立应急资源保障系统,依托国家和地方的应急资源储备制度,积极利用我国应急物资的生产、储备、调拨和紧急配送体系,为旅游突发事件的应急管理提供设施和条件保障。

旅游社区是旅游地的重要存在,有时甚至是旅游突发事件发生的载体场所。因此,现场危机的应急处理要积极利用旅游社区的环境支持作用,依托旅游社区提供最紧急的救援和帮助,为现场危机的应急解决提供基础条件。在海外旅游地发生突发事件时,华侨社区、华侨华人等是应急处置时可以依托的重要资源。

## 第二节 旅游突发事件的救援管理

安全是旅游业发展的基础，是旅游业健康成长的必要条件。但旅游业却是一个风险来源较为广泛的行业，由于自然灾害、事故灾难、公共卫生事件、社会治安事件等风险因素的影响，旅游突发事件的发生是难以绝对避免的，因此发展程度较高的国家和地区应该建有成熟的旅游救援体系，以处置各类紧急旅游突发事件，减少事件中的旅游者伤亡。当前，我国旅游业正处于快速发展阶段，我国需要加快构建功能完善的旅游救援体系，以应对频发且类型多样的旅游突发事件，这是推动我国旅游业安全发展的基础保障。

### 一、我国旅游救援体系的基本结构

旅游救援有广义和狭义之分，狭义的旅游救援是指为发生突发意外的旅游者或旅游从业人员所提供的紧急搜救服务，它以搜索失踪人员和紧急救治受伤害人员为主要任务。广义的旅游救援则是指为旅游者或旅游从业人员提供事中紧急搜救、事后医疗救助和覆盖事前、事中与事后的旅行支援服务的统称，它是一个综合性的旅游救援服务系统。在实践中，人们常将旅游搜救的概念和旅游救援的概念混同使用，这缩小了旅游救援体系的完整内涵。

#### （一）旅游救援体系的结构分类

旅游救援体系在旅游者安全保障中发挥重要而关键的作用，它包含旅游搜救和旅行援助等多种不同类型的专业服务，在实践中还并没有一种实体机构能够完全包含与旅游救援相关的所有业务。根据性质的不同，我国的旅游救援包括公共救援、公益救援和商业救援三种结构性分类：公共救援是以政府为发起主体，并面向任何公众旅游者所提供的救援服务；公益救援是以民间公益机构为发起主体，并面向任何公众旅游者所提供的救援服务；商业救援则是以商业性旅行援助机构为发起主体，主要面向本机构会员所提供的救援服务。通常，公共救援和公益救援以提供旅游搜救服务为主，商业救援则以提供范围广泛的旅行援助服务为主，成熟的旅行援助公司通常提供包括旅行支援、道路救援、紧急医疗和事故处理在内的各种安全救助服务。

### （二）旅游救援体系的支撑要素

无论何种性质的旅游救援服务，都需要风险信息支持机构、救援技术支持机构、民间公益救援机构、背景区域和机构等支撑要素的支持与合作：（1）风险信息支持机构主要是以提供安全风险信息警示、辅助进行安全行为决策的相关部门，它们包括气象部门、地震部门、公安部门、外交部门等机构；（2）救援技术支持机构主要是为旅游搜救和旅行援助提供设施工具和技术手段的部门，这包括通信部门、交通部门、公安消防部门、武警部队、各类搜救中心、医疗卫生和防疫部门、各类设施维修机构如汽车4S店等；（3）民间公益救援机构是为旅游者提供无偿公益救援服务的各种机构，它包括互助救援队伍、救援联盟、救援基金和志愿者组织等；（4）背景区域和机构则是与旅游突发事件发生紧密相关、能为旅游救援提供基础信息、设施和条件的承载区域及关联机构，它包括旅游行业主管部门、旅游景区、旅行社、事件发生的所在社区和旅游地[①]。

### （三）旅游救援体系的运作机制

在我国，公共性旅游救援一般是地方应急管理系统的构成部分，通常由地方的公安消防部门成立应急救援指挥中心，并通过地方的应急管理机制来调动公共资源，以实施和完成对旅游者的搜救行动。公益性旅游救援主要是公益性民间救援机构所提供的自发性、互助性救援，它通过募捐来提供资金、依靠志愿者会员的自发行为来提供服务。商业性旅游救援主要通过保险机制来为救援行为提供经费基础，旅行援助公司通过雇用相关医疗机构、交通机构、维修机构等服务代理机构来发展救援网络，最终通过调度救援网络中的商业机构实施救援行为。

---

① 郑向敏.旅游安全学［M］.北京：中国旅游出版社，2003：225-226.

### (四)旅游救援体系的发展框架

我国的旅游救援运作在逐渐走向成熟,伴随着巨大的旅游救援需求,我国在长期发展过程中形成了一个以公共救援为主、以商业救援为辅、以公益救援为新生力量的结构性发展框架。我国旅游救援体系的发展框架如图10-3所示。

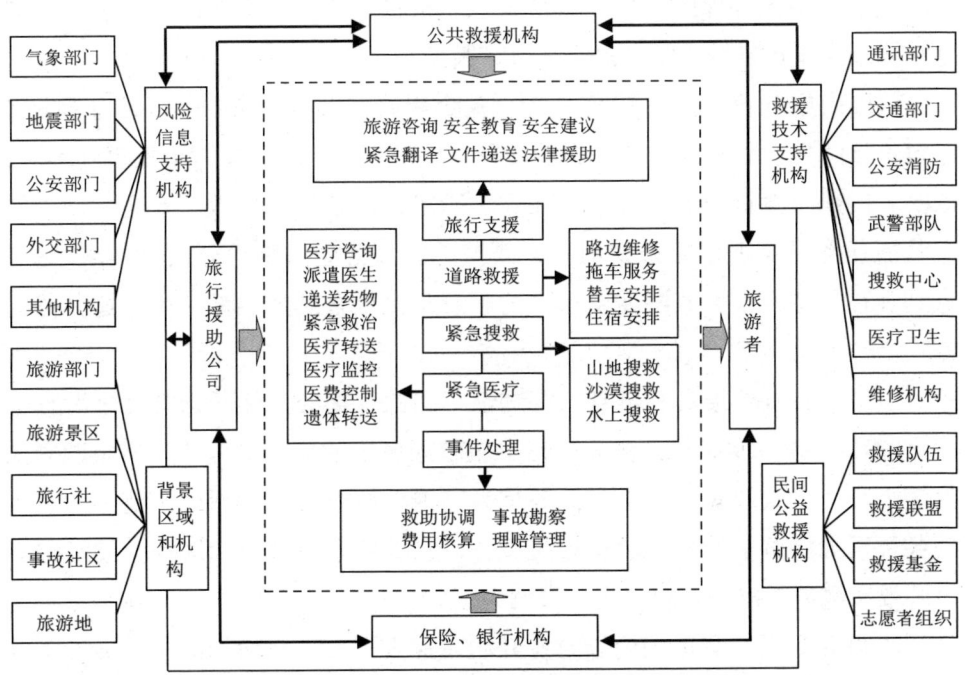

图10-3 基于公共救援、公益救援与商业救援相结合的旅游救援体系

## 二、我国主要旅游救援机构的发展历程

旅游救援机构在旅游救援体系中发挥着核心作用,它也是推动旅游救援体系发展的主要牵引力量。在某种程度上,旅游救援体系的发展主要体现为旅游救援机构的发展。

### （一）我国公共性旅游救援机构的发展历程

我国旅游救援机构的发展与我国旅游业的发展形式是紧密相关的。我国旅游业是从发展入境旅游开始起步，因此较早受到关注的旅游救援就是境外旅游者的医疗救援。由于商业性旅游救援资源严重不足，为了应对入境游客不断增多的趋势，我国卫生部于1995年批准成立了卫生部国际紧急救援中心，中心通过与境内外保险公司和救援组织、机构合作，为来华的港、澳、台同胞和海外人士提供健康和生命安全保障服务。

就国内旅游而言，在1999年推行黄金周旅游以前，我国一直致力于发展以包价旅游为产品形式的观光旅游产品，旅游规模不大、旅游突发事件不多、旅游者的风险意识也并不强烈。在这一阶段，旅游者的搜救、安全救助等旅游救援任务基本上依靠公安消防、武警部队、公立医院等公共机构来承担。直到现在，地方重大旅游突发事件的旅游救援处置基本上都沿用了这种传统方式。

但是，旅游救援具有自身的特殊性，因此有部分地区开始尝试旅游救援运作的新机制。1998年，作为广州市旅游局属下的事业单位"广州旅游紧急救援中心"正式成立，其主要任务是为国内外旅游者在广州地区范围内发生的各种重大旅游事故提供紧急救援服务。它提供紧急搜救和医疗救助等综合旅游救援服务，但是其规模小、影响力不大。

2000年以后，我国国内旅游业开始飞速发展，不断增加的旅游突发事件使许多旅游大省认识到建立旅游救援体系的重要性。2001年，云南省政府主持成立了云南迅协旅游救援中心，中心实行"企业化运作、政府扶持"的运作机制。但由于国内游客的旅游保险机制没有跟上，在相当长的时期内这一机构的救援业务基本上处于萎缩停滞状态。

2009年年底，国家旅游局开始推行旅行社责任保险全国统保机制，将旅游交通事故、食物中毒等以往界定困难的责任明确列入保障范围，该机制还采取法定基本险加附加险的形式，为有额外风险管控需求的旅行社提供5种附加险，其中紧急救援费用险、旅程延误险、旅行取消险等都可供旅行社选择[①]。这意味着，国内旅游者将可利用紧急救援费用险来规避旅游安全风险。2009年11月，云南省依托这一机制创造性地推出了旅游安全组合保险，同时于2010年7月正式成立了云南途安旅游安全保障救援中心，建立起为赴云南旅游者提供紧急救助和保险赔付的机制。2010年以后，由政府部门组建成立的专业旅游应急机构或队伍不断增多。2011年，一度停滞的广州市旅游局紧急救援中心与市公安局110指挥中心、120医疗急救中心、119消防指挥中心以及广州市120急救中心网络医院等单位沟通协调，建成旅游紧急救援网络系统；2014年由杭州市旅游委员会组建的"旅游户外应急救援队"成立；2017年，雅安市旅游安全应急救援中心投入使用。

水上救援也是旅游救援体系的重要构成部分。我国水上搜救机构的发展则基本上是以政府作为主导，主要服务于水上交通、资源开发、渔业生产等保障任务，兼顾服务于旅游救援。自从我国于1989年成立中国海上搜救中心以来，各地在2000年以后成立了大量的区域性水上搜救中心。近年来涉水旅游事故的频繁发生使各地开始强调水上搜救中心的旅游搜救功能，甚至专门成立面向风景区旅游者的水上搜救中心。例如，2005年，池州成立长江水上搜救中心，旅游局被纳为中心成员单位；2007年5月，荆州沱水风景区水上搜救中心成立；2008年10月，千岛湖水上搜救中心开工建设；2009年8月，桂林水上搜救中心成立；2010年6月，洱海水域搜救中心成立；2019年，杭州市余杭区水上搜救中心成立。

2010年之后，我国通用航空开始加快发展，至2014年空中救援才逐渐进入公众视野，在这一年，北京市红十字会999急救中心购入"国内首架专业航空医疗救援直升机"；京津冀覆盖空中ICU，推出空中救援保险。2016年，拉萨市启动直升机应急救援服务项目；2018年，赣州市、阳朔市建立空中应急救援机制，北京市风景名胜区协会与北京市红十字会999急救中心签约，开通北京市风景名胜区空中救援航线；2020年厦门市空中救援中心成立。空中救援快速、高效、受地理空间限制较少，在旅游救援中国逐渐受到关注，

---

① 国家旅游局.2010年度统保示范项目保险方案及保险条款[Z].国家旅游局，2010.

引入空中救援能够有效促进海陆空一体化旅游救援网络的形成。

### （二）我国公益性旅游救援机构的发展历程

我国公益性旅游救援机构主要以提供应急搜救服务为主。2000年以后，我国国内旅游呈现井喷趋势，旅游突发事件也呈频发状态，但这一阶段的我国旅游者安全风险意识并不强，购买旅游保险的意识非常弱，因此面向国内游客的商业性救援机构基本没有发展的空间。而传统的以公安消防为主体的公共救援组织资源不足、特殊情形下的救援经验不足，无法应对数量上趋于增加趋势的野外探险事故。这种现状催生了各类以搜救为任务目标的民间互助救援机构的发展。例如，2003年，北京市登山协会山岳救援队、北京绿野援救队和广西户外运动救援队成立；2004年，国内少有的技术型民间专业救援队重庆奥特多救援队正式成立。

2005~2010年是我国山地探险旅游迅猛发展的六年，也是我国民间探险救援需求不断扩大、探险救援机构不断壮大的六年。例如，2006年，新疆山友户外运动救援队成立。2007年11月，以北京市登山协会山岳救援队为前身的国家民政部直属紧急救援促进中心的中国山岳救援队正式成立。2008年，隶属于深圳登山协会的深圳山地救援队成立。2008年11月，北京绿野援救队与北京红十字基金会合作，共同发起成立一支由民间专业人士组成的紧急救援民间公益机构——北京蓝天志愿救援队，并被纳入了北京应急反应系统。此后，北京蓝天志愿救援队建立了中国紧急救援联盟网站，并以联盟的形式在全国各地发展分队，在全国31个省市自治区设有救援队伍，全国3万余名志愿者经过专业培训和认证，参与各种灾害事故救援行动。2009年5月，壹基金志愿救援联盟成立，该联盟同样以发展加盟队伍的形式来扩大救援力量。在这一时期，各地不断有区域性的民间互助救援机构和救援联盟的出现，例如成立于2008年5月汶川地震期间的深圳市公益救援志愿者联合会、成立于2009年8月的河南户外救援联盟、成立于2009年9月的湖北户外救援联盟等。

2010年之后，我国公益性救援组织迅猛发展，在此过程中逐渐暴露出筹集资金困难、志愿者安全得不到保障、人才流失、组织内部管理不规范等问题，政府和组织自身都在探索中不断完善。2011年之后，民政部门对公益慈善类、社会福利类、社会服务类社会组织，履行登记管理和业务主管一体化职能。这意味着更多民间公益性救援组织能够找到政府部门或具有政府背景的机构挂靠登记，获得政府引导扶持、基金会的资金支持。2014年财政部、民政部和工商总局联合出台《政府购买服务管理办法（暂行）》、2017年河北省出台《河北省志愿服务条例》、2020年财政部出台《政府购买服务管理办法》，逐渐开启政府购买与公益组织对接的新阶段。此外，依托单个或多个基金会的支持来发展民间公益性救援组织也是一种新的路径，例如2013年成立的中国社会福利基金会设立的直属救灾救援队——蓝豹救援队。还有不少民间公益性救援组织寻求自主发展，例如通过成立救援培训公司，将经营所得用于救援组织的运转。

在保障志愿者权益的层面，2013年民政部发布的《中国社会服务志愿者队伍建设指导纲要（2013–2020年）》明确指出，要"推动建立志愿者保险制度，明确志愿者保险的责任主体、涉险范围和风险承担机制"；2017年国务院发布《志愿者服务条例》，明确规定志愿服务组织安排志愿者参与可能发生人身危险的志愿服务活动前，应当为志愿者购买相应的人身意外伤害保险，有利于保障志愿者权益。这些文件的出台积极推动了救援志愿者的权益保障。不少政府部门、保险公司投入维护志愿者权益的工作当中，如2019年温州市应急管理局牵头与太平洋保险签订《温州市应急志愿者意外保险合作协议书》，协议为温州市志愿者在从事一线应急救援任务中提供保险。

显然，我国民间的旅游救援队伍是在互助需求、兴趣引导和经费自筹的基础上成立和发展的。这种救援机构主要面向山地探险旅游者，由于业务专一，部分民间救援机构所表现的专业能力甚至比公立消防机构还要强，因此不少民间救援队伍如北京蓝天救援队、重庆奥特多救援队、深圳山地救援队等都被纳入了当地政府的应急体系，成为政府公共救援的重要辅助体系。当然，我国民间救援机构在整体专业能力、旅游救援规模上还远远不能适应我国庞大的旅游者群体。

### （三）我国商业性旅游救援机构的发展历程

旅行援助机构是我国主要的商业性旅游救援机构，它们主要以提供医疗转运、医疗遣送回国、遗体转运或就地安葬、医疗评估、海外调查等紧急医疗救援服务和旅行前信息咨询服务、紧急翻译服务、行李丢失援助、紧急口讯传递等旅行支援服务为主。旅行援助机构需要医疗资源、通信资源、交通资源等相关资源的多元集成提供，服务和运作成本较高，因此在我国开展这些业务的救援机构主要以较具规模和实力的外资机构为主。这些机构的旅行援助业务不但面向旅游者，同时面向企业机构开发商务旅行援助服务。总体上，商业性旅行援助机构在我国的发展主要经历了三个阶段，即引入探索期、规模扩张期和规范发展期。

2000年以前是旅行援助机构的引入探索期，这一时期的旅行援助服务主要是面向来华的海外旅游者和港澳台旅游者。早在1989年，国际SOS救援中心的前身亚洲紧急救援中心（Asia Emergeney Assistance，AEA）就在北京设立了代表处，开始从事现场医疗救援和紧急医疗专业等相关业务。法国优普环球援助公司也于同年在北京设立了代表处；1991年，中国国际旅行社旅游救援中心成立，它通过以发展救援代理业务为主向境外救援公司和国内外的保险公司提供代理服务，目前在全国有120多家分支机构；1995年，北京国际SOS救援中心正式建立，法国安盛援助则于当年在北京设立了办事处。在国际救援机构不断探索我国旅游救援市场并积极寻求发展时，面向国内游客的旅行援助服务一直处于空白状态。

2000~2009年是旅行援助机构的规模扩张期。2000年以后，我国在发展入境旅游的同时也开始积极发展国内旅游和出境旅游，出入境旅游规模的增长使旅行援助业务的市场规模迅速扩大。同时我国加入世界贸易组织后开始放开国外资本在我国设立旅游救援机构的限制，因此外商独资的旅行援助机构开始在我国进行市场扩张。2003年，蒙迪艾尔救援集团获得外商独资企业经营许可，北京蒙迪艾尔旅行援助服务有限公司在北京成立；2004年，欧乐旅行援助（北京）有限公司在北京成立；2005年，法国优普旅行援助公司和安盛旅行援助公司都分别在北京设立独资公司，同时都于2006年在上海开设分公司。外资旅行援助机构在我国获得了迅速的规模扩张，同时抢占了大部分商业救援市场。在这一阶段，具有内资性质的中国银河绿十字公众应急救援服务系统于 2005 年成立，神州旅行救援中心于 2006 年成立。

2010 年以后是旅行援助机构的规范发展期。为了规范市场的运作，2010 年 6 月，国家旅游局与国际救援中心签署了联合制定《旅游紧急救援服务规范》国家标准的合作协议。这标志着我国旅游行政主管部门开始认识到旅游救援市场的蓬勃发展态势，并着手进行规范化调整。随着国内旅游救援市场的开启和走向成熟，我国旅游救援市场的庞大容量迎来更多的商业救援机构的开拓，并逐渐规范化和智慧化。2015 年北斗天汇（北京）科技有限公司推出北斗 5S 信息终端，利用国家北斗卫星导航、地理信息系统及其他通信手段，为探险旅游提供救援服务。2016 年江泰救援服务有限公司成立，并推出以江泰全球救援联盟成员为基础建立的全球救援服务平台——"大救星"，以移动端为载体，为用户提供一键式救援服务。2017 年，众安科技与携程旅行、深圳位置网签署战略合作协议，携手打造境内外一站式安全救援服务平台；远盟康健科技有限公司建立起一个覆盖全国 2853 个县市的救援服务网络，推出 PSAP 系统、HPN 系统、"i 救驾"系统、"智慧救援"小程序等，为自驾游安全提供保障。

除专业救援机构和保险公司的商业救援之外，我国不少景区相继成立专业救援队伍，并实施有偿救援制度。2018 年 7 月，黄山风景区管委正式实施《黄山风景名胜区有偿救援实施办法》，对擅自进入景区未开发开放区域的游客（无论有无购票）产生的救援，实行有偿救援。此后，稻城亚丁、四姑娘山、武陵区等景区也相继实施有偿搜救。目前景区有偿救援仍处于探索阶段，实施推进面临众多难题，要确保有偿救援制度的可持续推进，还需进一步完善法规、明确标准。

### 三、我国旅游救援体系的发展需求

从我国旅游救援机构的发展历程来看，我国旅游救援体系建设正在跨越初级发展阶段，国家需要对旅游救援体系进行整体规划，需要清晰认识旅游救援体系的地位与作用，需要进一步克服我国旅游救援体系所面临的发展困境。

## （一）我国旅游救援机构的发展水平和规模都有待提升

作为旅游救援体系主要基础的旅游救援机构尚未成熟，它突出地表现在以下几点。（1）公安消防等公立机构目前依然是我国旅游搜救任务的执行主体，但是这些机构应对旅游突发事件尤其是探险旅游事故的搜救技术还有待提升，救援装备、救援技术条件等救援资源也严重不足，使其无法应对处于增长态势的旅游突发事件发生率。（2）作为公立救援重要补充的民间搜救机构在数量规模、应急状态、救援能力上还远未成熟，不能适应我国散客旅游的高速发展态势。（3）在我国发展旅行援助业务的商业机构主要是为数不多的几家外资企业，能够操作旅行援助业务的国内机构只有寥寥几家，这种发展规模与我国庞大的旅游出入境人流是不相称的。

## （二）我国商业性旅游救援的市场结构需要优化

商业旅游救援是我国旅游救援体系的重要构成部分，它对于推动旅游救援行业的专业化、细分化和成熟化具有不可替代的作用。但我国目前的商业旅游救援市场还存在结构上的缺陷，这表现在：（1）国际 SOS 救援中心、优普旅行援助、安盛旅行援助、蒙迪艾尔旅行援助、欧乐旅行援助和江泰救援服务有限公司等发展较为成熟的旅行援助机构主要服务对象是境外旅游者和国内的出境旅游者，国内旅游者购买旅行援助服务的意识尚未完全建立起来，相关产品的服务类型也不能完全满足旅游者的需要。（2）截至 2020 年年末，全国共有 A 级旅游景区 13332 家，旅游者的足迹遍布我国各地，但是现有的旅行援助机构的业务网络大都局限于一、二线城市和成熟的景区型旅游地，因此我国商业性旅行援助机构所能提供的保障水平还远远不能满足我国入境旅游和国内旅游的发展需求。

## （三）我国商业性旅游救援的前置干预业务需要强化

商业性旅行援助服务的宗旨就是将一般保险的事后理赔服务，往前延伸为事故发生时的"立即"援助。许多商业性旅行援助公司甚至进一步将业务延伸至旅游活动发生前。目前，在我国运作的几大外资旅行援助公司几乎都有提供旅行前信息咨询服务，但是这些机构并没有打破"有问才答"的服务模式，也没有根据我国旅游安全风险的细分结构来有针对性地提供深入的前置干预服务业务。这可以从我国旅游突发事件的发生结构来予以验证。

根据全国旅责险的旅游突发事件案例，2010~2018年我国共发生旅行社责任险案件78919件，其中游客伤人案件39831例，非游客人伤案件39088例。如表10-2所示，游客人伤案件中的交通安全事故、一般意外事故、突发疾病、食物中毒、猝死、高原反应等和非游客人伤案件中的旅程延误、旅程取消、物品遗失或损坏、证件或票务问题以及服务失误等旅游突发事件是常见的旅游突发事件，这些事件的发生与旅游者的个人安全素质不高存在密切的关联。这些事故大都可以通过有效的信息提供和旅游互动教育等前置干预服务的提供来降低其发生概率。而这种有助于减少保险出现率的服务模式和相关服务业务尚处于空白阶段。

表10-2 我国2010~2018年旅行社责任险统保出险情况

| 事故亚类 | 频次 | 比率 | 事故亚类 | 频次 | 比率 | 事故亚类 | 频次 | 比率 |
|---|---|---|---|---|---|---|---|---|
| 气象灾害 | 5135 | 6.51% | 食物中毒 | 2690 | 3.41% | 自杀 | 15 | 0.02% |
| 地质灾害 | 484 | 0.61% | 原有疾病发作 | 1831 | 2.32% | 群体性事件 | 94 | 0.12% |
| 海洋灾害 | 77 | 0.10% | 突发疾病 | 2043 | 2.59% | 打架斗殴 | 188 | 0.24% |
| 其他自然灾害 | 246 | 0.31% | 高原反应 | 753 | 0.95% | 恐怖袭击 | 7 | 0.01% |
| 交通事故 | 10979 | 13.91% | 中暑 | 80 | 0.10% | 黄赌毒 | 5 | 0.01% |
| 一般意外事故 | 18149 | 23.00% | 猝死 | 633 | 0.80% | 其他社会安全事件 | 6 | 0.01% |
| 设施设备事故 | 2610 | 3.31% | 病毒疫情 | 77 | 0.10% | 旅程延误 | 10094 | 12.79% |
| 动物袭击 | 908 | 1.15% | 其他公共卫生事件 | 11 | 0.01% | 旅程取消 | 5642 | 7.15% |
| 涉水安全事故 | 457 | 0.58% | 盗抢 | 11 | 0.01% | 物品遗失或损坏 | 2525 | 3.20% |
| 火灾爆炸 | 167 | 0.21% | 抢劫 | 121 | 0.15% | 证件及票务问题 | 3683 | 4.67% |
| 高风险项目 | 2408 | 3.05% | 盗窃 | 722 | 0.91% | 服务失误 | 5867 | 7.43% |

续表

| 事故亚类 | 频次 | 比率 | 事故亚类 | 频次 | 比率 | 事故亚类 | 频次 | 比率 |
|---|---|---|---|---|---|---|---|---|
| 拥挤踩踏 | 188 | 0.24% | 凶杀 | 13 | 0.02% | | | |
| 游客人伤事件 | 39831 | 50.47% | 游客非人伤事件 | 39088 | 49.53% | | | |

资料来源：全国旅责险出险案例。

### （四）我国旅游救援体系的辅助支持机构需建立旅游救援意识

旅游业是一个多风险来源的行业，旅游救援也需要多部门联动的支持机制，但是我国目前旅游救援体系的联动水平是较低的，这表现在以下几点。（1）旅游救援体系需要来自气象、地震、公安和外交等多部门的风险信息预报，但是这些部门很少考虑相关风险因素对旅游安全的影响，还没有建立在本部门领域内向旅游部门提供信息或通过适当渠道向旅游者直接发布旅游安全信息的工作机制。（2）旅游救援体系需要通信部门、交通部门、医疗部门、公安消防部门等部门的专业技术支持，这是提高救援效率的关键所在，但这些部门在提供统一化服务的同时，很少专门面向旅游突发事件和旅游者的特殊需求进行针对性的专业训练和服务提供。（3）旅游救援体系需要保险等部门的业务机制的覆盖，但现在面向国内游客提供旅游救援服务的保险产品是非常少的，其中承担旅游搜救费用和承保新兴探险项目的保险产品还比较少。（4）旅游救援行为尤其是大型的旅游救援行为需要大规模的救援资金支持，这需要银行部门与保险部门的联动支持，这种支持机制目前也尚未建立。

### （五）我国旅游救援体系需建立常设性的联动救援机制

经过"非典"疫情、汶川大地震和众多突发事件的磨砺后，我国已经建立起较为成熟的应急管理体系，建立了常设性的应急联动机制。但是旅游救援体系具有一定的特殊性，旅游救援体系面对的是身处异地的旅游者，旅游突发事件发生后的应急救援方式、医疗救助方式、救助资金的支付、事故的善后处理等，都与一般性的突发事件存在不同。旅游救援体系需要专设的政府统筹和联动管理机制，以顺畅解决应急救助、资金垫付、善后处理等一系列的复杂问题。但是目前我国仅有云南和广州设立了常设性的具有指挥调度作用的官方旅游救援机构，我国既缺乏全国性旅游救援指挥中心，也缺乏足够数量的区域性旅游救援指挥中心。因此，我国旅游救援体系的运作机制还有待创新和推广。

## 四、我国旅游救援体系的发展策略

我国旅游救援体系需要国家的战略引导，需要体制和机制上的根本创新，可以采取的推进措施包括：

### （一）制定我国旅游救援体系的战略性发展规划

由于缺乏明确的战略性规划，我国各种旅游救援机构基本处于自发发展的状态，旅游救援市场也缺乏应有的法制规范和救援体系所必要的统筹资源。作为社会保障体系的重要构成部分，我国旅游救援体系需要得到国家旅游主管部门的强力支持。基于这种需求，由旅游部门和相关部门统筹决策，制定一部确立我国旅游救援体系未来方向的发展规划，将为我国各类救援机构、救援业务和救援市场的发展指明行动路径，这对于我国旅游救援体系的优化发展将起到重要的推动作用。

### （二）依托旅行社责任险统保机制发展公共旅游救援

我国公共性旅游救援服务一直缺乏明确的救援中枢和体系化的救援机制，各地因为应急管理体系的不同而采用不同的救援承担机构。这既使旅游救援缺乏管理传统、难以专业化发展，也不利于树立旅游公共救援体系在公众面前的统一形象，因此也不利于旅游者的识别和求救，更不利于公共救援服务的有效开展。因此，建立专设的旅游公共救援机构和平台，提供规范、统一和体系化的旅游公共救援服务，有利于提高旅游救援的效率。目前，文化和旅游部推行的旅行社责任险统保机制为旅游公共救援的发展提供了一个较好的平台，地方政府可以通过统保平台为旅游公共救援建立救援资金先期垫付机制，为公共救援平台调度商业资源救援旅游者提供便利，也有利于提升相关机构之间的协调效率。

### (三)通过保险创新推动国内商业性旅游救援的市场扩容

我国国内旅游市场庞大,国内旅游者的保险意识也在逐渐增强,越来越多的散客旅游者选择能承担旅游救援风险的保险产品。同时,国家旅游局的统保示范项目也增加了旅游救援费用险等附加险供旅行社进行选择。可见,通过政府主管部门的公益宣传来提高旅游者的救援保险意识,同时通过保险机构的旅游救援产品创新来推动商业旅游救援的市场扩容是很有前景的,我国不同区域、不同旅游形式、不同承受能力的旅游者也需要更多元、更丰富的旅游救援保险产品。

### (四)扶持和推动国内旅行援助机构的规模化发展

虽然我国国内的众多保险机构推出了各种旅游救援保险产品,但是国内专门从事旅行援助服务的商业机构还寥寥无几,国内的旅游援助服务市场还缺乏充分的竞争。这既源于目前的市场容量没有充分启动,也源于这一市场的社会认知度不够,很多公众和企业家都不知道有旅行救援市场的存在。因此,商业旅游救援市场的发展需要国家的推广和宣传,需要各种上下游机构的积极参与。例如,国外许多旅行援助公司一般都有保险公司持股,这种上下游的结合机制有利于提升旅游救援机构间的合作效率与效益。

### (五)通过规范运作推进公益性旅游救援组织的体系化发展

我国公益性旅游救援组织基本上处于散兵游勇的状态,缺乏规范化的运作体系,也缺乏国家应有的支持。例如,部分西方国家的救援行为一般依靠由志愿者组成的救援协会或应急组织来承担。它们的专业性和公益性能确保救援效率的提升,同时国家也给予救援组织和救援志愿者在办公条件提供、设备购置免税、重大设施配备、救援时间协调等各方面的便利[①]。我国的民间救援组织正处于蓬勃发展的时期,北京、深圳、重庆也有将民间救援机构纳入政府应急体系的先例。因此,我国需要通过明确的法制和行业统筹决策,确立民间救援机构的地位和作用,引导其建立科学的管理体制,以推动民间救援机构的公益化、体系化发展。

---

① 吴俊.旅游救援,撑好这把"保护伞"[N].中国旅游报第 4 版,2010-8-13.

# 第十一章 旅游突发事件后的恢复重建研究

旅游突发事件会对涉事主体造成不同程度的物质减损、社会破坏和人身精神伤害，由此产生的经济影响、社会影响和个体影响需要通过合理的方式和尺度进行消除。恢复重建工作就是致力于消除旅游突发事件造成的消极影响，并推动旅游地和旅游企业可持续发展的重要管理行动。常规突发事件、重大自然灾害、重大疫情事件等不同类型的突发事件具有差异化的影响结构，因此需要采取针对性的恢复重建策略与行动方案。

## 第一节 旅游突发事件后的恢复重建任务

旅游突发事件对旅游者、旅游企业和旅游地会造成综合性影响。旅游地和旅游企业需要对突发事件所造成的损失和影响进行系统评估，并通过系统化的恢复、重建、振兴和优化等任务活动来消除突发事件所造成的综合影响，并为旅游地和旅游企业在突发事件事后的可持续发展提供前进的基础。

### 一、旅游突发事件后的影响评估

旅游突发事件后的评估管理是指通过对已发生的旅游突发事件进行调查研究，认知和了解突发事件，为突发事件的恢复与重建管理提供决策基础的工作行为。《国家突发公共事件总体应急预案》提出，要对"特别重大突发事件的起因、性质、影响、责任、经验教训和恢复重建等问题进行调查评估"。一般而言，旅游突发事件后的评估包括现场评估、基础评估和后期评估等不同阶段和性质的评估。

### （一）旅游突发事件的现场评估

现场评估是指在应急处置阶段结束后，对旅游突发事件事发现场进行的应急分析和评价过程。现场评估既要了解旅游突发事件所造成的现场影响，也要评价应急资源的投入水平和效果。对于重特大突发事件而言，现场的损失情况和发展走向可能会出现紧急变化，因此需要通过现场评估为突发事件现场恢复提供决策基础。现场评估一般由事发现场的应急指挥人员根据专业知识和既有经验做出。

### （二）旅游突发事件的基础评估

基础评估是指在突发事件发生事后对旅游突发事件的起因、性质、影响、损失、责任等进行系统的调查研究和分析评价的过程。影响评估是对旅游突发事件所造成的经济影响、社会影响和个体影响的大小及范畴的评估，它有助于为旅游突发事件恢复重建工作提供认知基础。损失评估是对旅游突发事件所具体造成的损失类型和规模额度的评估，它有助于为恢复重建预算的编制提供分析基础。责任评估是对旅游突发事件责任归属的评估，它有助于为善后赔偿主体和责任分担提供判断依据。

### （三）旅游突发事件的后期评估

后期评估是指在旅游突发事件恢复重建核心工作基本结束后，对旅游突发事件的处置过程、信息沟通、资源配置、舆情管理、形象管理、预案制定、应急绩效等进行全面系统的分析和评价的过程。后期评估是一种总结性评估，它既包含对旅游突发事件应急过程和绩效的评估，也包括对恢复重建绩效的评估，是对应急处置和恢复重建资源投入产出的综合评价。因此，重大灾难事故后期评估具有重要的考核价值。

## 二、旅游突发事件后的恢复管理

旅游突发事件后的恢复管理是以消除旅游突发事件的即时影响、支持受影响人员的身心康复、推动旅游秩序和经营体系紧急恢复作为目标的工作行为，它主要包括现场恢复、医疗康复、善后赔偿、秩序恢复、业务恢复等工作任务。

### （一）现场恢复

在应急处置和旅游救援等任务阶段结束后，应急处置主体需要清理事发现场、审视事发环境、整理应急工具。必要时，各方可拍摄音视频资料，为后续的突发事件调查提供材料。同时，处置队伍应对事发现场的次生、衍生风险作进一步判断，消除可能存在的隐患因素，避免事发现场再次爆发次生、衍生突发事件。例如，涉及疫情防治的，应该由专业人员对现场环境进行彻底消毒，防治疫情扩散传染。

### （二）医疗康复

人的恢复是突发事件后恢复管理的重要任务。对于突发事件造成旅游者或从业人员遭受人身伤害的，应急处置主体应该立即将其送医救治，为受伤害人员提供必要的医疗和康复资源。同时，要积极联系政府部门、保险机构、涉事主体等共同处理受伤害人员的医疗康复及经费等问题。除了因突发事件造成旅游者伤亡外，旅游者在旅游活动中的疾病具有一定的特殊性，面向旅游者提供更具针对性的旅游医疗资源正逐渐引起社会的关注。

### （三）善后赔偿

善后赔偿是消除旅游突发事件影响的重要手段。首先，应急处置主体要持续引导舆情，为突发事件的善后与恢复重建创造良好的舆论环境。其次，相关政府部门应该根据法律法规的要求，对在应急处置中表现优秀的集体和人员进行奖励，对因参与应急工作遭受损失的人员进行抚恤和补助，对被征用物资和提供劳务的人员进行补偿，对失职渎职的人员进行追责。同时，对于因旅游突发事件造成人身财产损失的旅游者，应该根据损失情况和合同约定给予赔偿。在善后赔偿过程中，要妥善解决因处置突发事件引发的矛盾和纠纷。

### （四）秩序恢复

恢复社会秩序是旅游突发事件后旅游地走向正常化的重要体现。根据《突发事件应对法》，"履行统一领导职责的人民政府应组织受影响地区尽快恢复生产、生活、工作和社会秩序。受突发事件影响地区的人民政府应当及时组织和协调公安、交通、铁路、民航、邮电、建设等有关部门恢复社会治安秩序，尽快修复被损坏的交通、通信、供水、排水、供电、供气、供热等公共设施"[①]。旅游行政部门应该致力于恢复旅游产业的运行秩序。

（五）业务恢复

恢复旅游经营秩序是旅游突发事件后涉事旅游企业走向正常化的重要体现。旅游企业应该尽快开展善后赔偿工作，同时积极恢复企业的经营业务。突发事件发生在景区、酒店、餐厅等旅游场所的，场所企业应该尽快清理现场、在消除隐患并获得许可后重新向旅游者进行开放。突发事件涉及旅行社的，旅行社应该对涉事旅游产品进行风险评估，在消除隐患、调整产品并获得许可后可重新向旅游者开放。

## 三、旅游突发事件后的重建管理

旅游突发事件后的重建管理是指重新建设或重启旅游产业要素的工作行为，它是旅游产业经营运作正常化的基础，主要包括重建在突发事件中遭到破坏的旅游设施，或者重构存在风险的旅游产品，以及重启因突发事件而暂停的旅游市场。重建管理需要经历计划编制、资源筹集、重建实施和重建评估等运作过程。

（一）项目重建

旅游突发事件对旅游设施或旅游吸引物造成破坏、影响旅游经营活动的，需要对受到破坏的旅游设施或旅游吸引物进行重建。突发事件造成公共基础设施受到破坏的，一般由政府部门负责修缮或重建。突发事件按造成旅游设施或吸引物受到破坏的，一般由企业负责修缮或重建，有购买相关保险的可通过保险理赔来分担损失。特别重大突发事件造成损失较多的，可通过社会动员的方式来筹集资源、推动项目重建。例如，四川汶川地震发生后，我国采用了举国救灾、对口支援、民间捐助等社会动员方式来筹集资源，很好地

---

① 第十届全国人民代表大会常务委员.突发事件应对法［Z］.2007-11-01.

支撑了四川的震后恢复重建工作。

### （二）产品重构

旅游产品存在风险因素并因此发生突发事件的，需要对旅游产品及其构成要素进行风险评估，并根据风险评估结果重新调整旅游产品要素，并形成复原的或者新的产品体系。突发事件造成旅游资源破坏或改变的，旅游地应该积极修复旅游资源。对于存在风险或者安全瑕疵的食、住、行、游、购、娱等要素产品，供应商则应该消除风险隐患，重新提供安全可靠的要素产品。对于旅游线路产品，旅行社应该进行整体的风险评估，设计和提供具有安全保障能力的线路旅游产品。消除旅游产品中存在的风险因素，向旅游者提供安全可靠地旅游产品，是旅游企业的基本责任。因此，突发事件后的产品重构应该以安全质量的改进作为前提和基础。

### （三）市场重启

自然灾害、重大疫情、恐怖袭击等突发事件可能导致事发地或相关区域市场暂停运作，或者导致旅游者对事发地失去安全信心、没有前往旅游的意愿，从而在事实上导致市场暂停。重启已经暂停运作的市场生态是重建管理的重要任务。对于涉及某个旅游企业的市场暂停，一般由该企业通过特定的营销活动来消除事件影响并重新启动市场。对于涉及整个行业或涉及较广泛区域的市场暂停，通常需要国家层面提供政策支持。比如，新冠肺炎疫情期间，国家多次政策性暂停跨省旅游活动，跨省旅游市场的重启需要国家的政策允许。湖北是中国最早的新冠疫情中心，疫情得到控制后，湖北省政府提出了"与爱同行惠游湖北"旅游惠民活动，全省A级旅游景区对全国游客免门票开放，这对于湖北旅游市场的重启具有重要作用。

## 四、旅游突发事件后的振兴管理

旅游突发事件后的振兴管理是指对遭受突发事件影响的旅游产业或要素企业进行扶持、优化、推进和壮大的工作行为，以使旅游产业或要素企业在更高的水平上运作，更好地实现竞争力提升和可持续发展。旅游突发事件后的振兴主要包括产品振兴、品牌振兴和市场振兴等行动方向。

（一）产品振兴

产品振兴是在产品重构的基础上重建旅游产品体系，面向市场提供更类型更多、质量更高、竞争力更强的旅游产品，更好地满足旅游市场对高质量产品的需求。地震等重大自然灾害可能改变原有的景观形态，但也可能创造出新的地震景观，因此具有了从事地震遗迹科普旅游和黑色旅游的可能性。森林火灾可能会摧毁景区的林业观光资源，但也可能提供别具一格的火灾后林业景观。因此，产品振兴既包括原有产品的数量增加和质量提升，也可通过产品创新、因地制宜的开发新兴旅游产品，实现产品类型的多元化、新颖化。大幅度优化产品质量、提升产品的质量竞争力，也有助于旅游企业的产品振兴。

（二）品牌振兴

品牌振兴是在形象修复的基础上重建旅游品牌体系，面向市场传播更积极、更具吸引力和竞争力的品牌形象。汶川地震造成大量的资源损失，但是也让四川和汶川成为新闻热点名词，无形中提升了民众对两者的关注度。围绕旅游市场的恢复发展，四川在品牌打造和建设上做出了积极的努力，包括提升现有品牌的知名度，同时竭力打造世界级地震遗址旅游品牌，为四川旅游品牌的恢复振兴打下了基础。新冠肺炎疫情在国内得到控制后，湖北武汉竭力打造"英雄之城，大美武汉"的品牌形象，把武汉营造成抗击疫情的英雄城市，得到了市场的普遍认可。当然，发生安全生产责任事故的旅游企业则需要痛定思痛，通过质量改进、公益行动等方式改善品牌形象、提升市场认可度。

（三）市场振兴

市场振兴是在市场重启的基础上推动旅游市场的发展壮大，主要表现为扩大旅游市场范围、增加旅游市场容量、优化旅游市场质量。在旅游突发事件发生后，旅游市场可能被迫暂停，重启市场只是推动发展的第一步。作为旅游企业而言，其市场振兴需要建立在善后到位、产品可靠、品牌复兴的基础上，也要通过具有吸引力的市场营销行动来提升市场吸引力，比如大尺度的优惠举措。旅游地的市场振兴也需要通过积极的市场营销行动来恢复市场信心并提振市场占有率。例如，景区免票是重灾、疫情等突发事件后的常用市场振兴策略。

### （四）产业振兴

产业振兴是在旅游产品振兴、旅游品牌振兴和旅游市场振兴基础上的全面复兴，是旅游产业要素的整体提升和优化发展。重大突发事件可能重创旅游产业的整体发展，影响旅游产业的整体运作，因此在事后需要针对产业整体进行扶持、优化、推进和壮大。例如汶川地震、新冠疫情等重大突发事件，对旅游产业形成了长期而持续的影响，重灾后的振兴发展因此成为旅游地政府部门的重要责任。《突发事件应对法》规定，"国务院根据受突发事件影响地区遭受损失的情况，制定扶持该地区有关行业发展的优惠政策"。重灾后的旅游产业振兴涉及要素众多，需要基于产业合作、区域联动、转型升级等众多产业战略的协调配合。

## 五、旅游突发事件后的体系优化

旅游突发事件后的体系优化是指对旅游安全与应急管理体系、旅游产业管理体系、旅游经营管理体系等进行改良、创新和提升的工作行为。体系优化是为了总结历史经验、吸取事件教训、推动体系优化，为旅游产业和旅游企业的可持续成长提供体制和机制基础。

### （一）旅游应急管理体系优化

旅游应急管理体系优化是指根据已发生旅游突发事件的应急经验、教训与责任归因，对旅游应急管理体系进行针对性的调整、改良和提升的工作行为。旅游突发事件发生后，旅游行政主管部门和旅游企业都需要对自身的旅游应急管理体系进行系统的审视，结合已发生的旅游突发事件，从体制、机制、法制和预案等各层面进行评估和分析，通过修正问题、弥补疏漏、改良要素、提升效率等方式来优化旅游应急管理体系，以推动旅游应急管理体系的创新和迭代升级。例如，可结合旅游突发事件的应急处置评估旅游应急体制机制的效率、反馈评审旅游应急预案的质量与成效等。要致力于通过旅游应急管理体系的持续创新和优化规避旅游突发事件，达到"前事不忘，后事之师"的目的。

## （二）旅游产业管理体系优化

旅游产业管理体系优化是指旅游行政主管部门根据已发生旅游突发事件的应急经验与教训，对旅游产业管理体制机制和旅游产业要素等进行针对性的调整、改良和提升的工作行为。重大突发事件后需要开展系统化的产业振兴行动，有效的产业管理有助于产业恢复振兴工作的顺利开展。通过对旅游突发事件应急处置成效和恢复重建成果的系统评估，可以帮助衡量旅游产业管理体系在资源筹集、战略执行、产业竞争力等方面的综合水平。旅游行政部门既要致力于内部管理水平的优化提升，也要致力于旅游产业格局的积极调整，要把产业竞争力水平的整体提升作为产业管理优化的先导目标，要善于把突发事件营造的危机环境变为产业转型升级的压力与契机，要有借助于危机环境推动跨越式发展的战略导向。

## （三）旅游企业管理体系优化

旅游企业管理体系优化是指旅游企业根据已发生旅游突发事件的应急经验与教训，对旅游企业的经营管理体系进行针对性调整、改良和提升的工作行为。突发事件会冲击旅游企业的外部经营和内部管理，甚至为旅游企业带来危机化的生存环境。要实现可持续发展，旅游企业既需要做好恢复重建等基础工作，也需要改善管理体制、优化经营方式、提升产品质量、优化品牌内涵，这是旅游企业实现市场恢复与振兴的重要基础。同时，遭受突发事件影响的员工还面临着企业信心、价值观等层面的冲击，塑造积极的、负责任的伦理形象是旅游企业赢回员工尊重的重要前提。可见，面对旅游突发事件的冲击，旅游企业需要对自身的经营管理体系进行系统的升级优化，这是旅游企业化解危机、实现竞争力提升、走向可持续成长的基础。

## 第二节 重大灾难事件后的旅游恢复重建

2008年以来，我国相继遭遇了四川汶川地震、青海玉树地震、新疆伊犁昭苏地震、四川九寨沟地震等重大自然灾害，对受灾地区和受灾地的旅游业造成了重大影响。重大灾害事件发生后，旅游地的基础设施、旅游产品结构、旅游市场形象等都将发生根本改变，给旅游业的恢复重建工作带来重重困难。在灾后旅游业恢复重建过程中，明确旅游业恢复重建的任务结构和战略任务、实施科学的治理方法、建立合理的运作机制，对于制订科学的恢复重建方案、推动旅游业恢复重建工作的有序开展具有重要的意义。

### 一、重大灾难事件后的旅游恢复重建任务

#### （一）旅游恢复重建的基本任务[①]

重大灾难事件的发生对受灾地的旅游业造成巨大的影响。受灾旅游地的恢复重建是一个涉及基础设施、公共服务、产业生产、社会生活等综合要素的整体工程，旅游业恢复重建则属于产业重建的范畴。因此，旅游地恢复重建是旅游业恢复重建的基础，旅游业恢复重建是旅游地恢复重建的构成部分。

**1. 旅游地恢复重建的基础任务**

旅游地的恢复重建是一个系统工程，它包括物质层面的恢复重建、社会层面的恢复重建和精神层面的恢复重建三种结构层次，其基本任务包括：第一，物质层面的恢复重建。包括重建受破坏的道路、桥梁、水电、通信等公共设施，恢复旅游地的公共服务功能，修复或重建受损的重要建筑物[②]，并保

---

① 谢朝武，宋子平，杨松华.旅游业灾后恢复重建的任务结构及其治理方法研究［J］.科技与产业，2012（2）：32-35.

② 王宏伟.应急管理理论与实践［M］.北京：社会科学文献出版社，2010：180-183.

护和恢复旅游地的生态环境。第二，社会层面的恢复重建。包括重视恢复旅游地的法律及社会秩序，恢复生活和生产经营秩序，引导生产经营活动的进行，以保障旅游地的社会稳定。第三，精神层面的恢复重建。包括重视旅游地民众的心理重建，通过心理疏导和干预等方式帮助受灾民众消除心理阴影；同时应重视社会文化系统的重建，注重对旅游地文化生态的恢复与保护（见表11-1）。

表 11-1 旅游地恢复重建的基本任务结构

| 任务层面 | 基本任务 | 措施与手段 | 基本目标 |
| --- | --- | --- | --- |
| 物质层面 | 重建公共基础设施，恢复公共服务 | 居住保障、食物供应、医疗保障交通与运输保障、通信保障 | 保障和提升旅游地民众的物质生活，确保生命线系统的正常运行 |
| 社会层面 | 恢复法律及社会秩序，恢复生活和生产经营秩序 | 法律法规、社会保障、治安管理扶持政策 | 维护旅游地的社会稳定，保障社会秩序，引导旅游生产活动，激活旅游地的造血功能 |
| 精神层面 | 心理重建及文化重建 | 心理干预、文化抢救与保护、形象重构 | 帮助旅游地民众消除心理阴影，保护灾区文化生态 |

**2. 旅游业恢复重建的基础任务**

旅游业的恢复重建是在旅游地恢复重建基础上进行的旅游产业重建，它是一项长期而艰巨的任务。从恢复重建的形态来看，灾后旅游业恢复重建的任务结构与旅游地恢复重建一样，都包括物质层面、社会层面和精神层面三个结构层次。第一，物质层面的基本任务是恢复重建旅游基础设施、旅游公共服务设施和食、住、行、游、购、娱等旅游产业要素设施，从而恢复旅游产业的服务接待功能。第二，社会层面的基本任务是恢复旅游产业的生产经营秩序，恢复旅游生产赖以作为基础的社会经济秩序，同时融洽旅游业与旅游地社区的互动关系，以保障旅游产业的正常运作。第三，精神层面的基本任务是恢复旅游业的市场形象，提升旅游者对灾区旅游业的消费信心，以最终实现灾区旅游客源市场的恢复运作（见表11-2）。

表 11-2　旅游业恢复重建的基本任务结构

| 任务层面 | 基本任务 | 措施与手段 | 基本目标 |
|---|---|---|---|
| 物质层面 | 恢复重建旅游基础设施、旅游公共服务设施、旅游产业要素设施 | 扶持政策、行业支援、市场运作、企业自力更生 | 恢复旅游产业的服务接待功能，实现旅游产业链的正常化 |
| 社会层面 | 恢复旅游产业的生产经营秩序、调整旅游业与旅游地社区的关系 | 扶持政策、社会保障、治安管理 | 维护和保障旅游行业的生产经营秩序，激活受灾旅游企业的造血功能 |
| 精神层面 | 旅游业形象恢复、市场信心提升 | 形象塑造与提炼、市场宣传促销、文化活动 | 消除旅游者对灾区的负面看法，恢复旅游客源市场 |

## （二）旅游恢复重建的战略任务[①]

重灾后旅游业的恢复重建是旅游地恢复旅游产业功能、推动旅游经营秩序正常化的主要基础。从应急管理的角度来看，旅游业恢复重建是旅游应急管理的关键环节，也是旅游业由非常态转向常态的重要机制。作为一个系统工程，重灾后的旅游业恢复重建有其特定的战略任务体系。重大灾难的发生可能全面改变受灾地旅游业的产业状态，对旅游产业、旅游产品、旅游市场等都带来结构性的影响。因此，灾后旅游业的恢复重建不应仅是旅游业灾前状态的简单复原，而应以跨越式发展的战略姿态来推动非常时期的产业重构。在这一战略导向下，灾区旅游业对恢复重建的战略任务应分解和分步推进，主要包括恢复、重建、调整和提升四大战略任务。

### 1. 旅游产业功能的恢复

旅游产业功能恢复是指通过恢复重建工作实现旅游产业的食、住、行、游、购、娱等产业功能体系的复原，使旅游产业以健康健全的状态恢复全面运作，从而实现对旅游者的接待服务功能。在旅游产业的功能体系恢复中，对可以直接恢复使用的功能设施要优先进行恢复工作，以降低功能恢复成本、提升功能恢复效率；对不能直接恢复使用的功能设施，要通过优化重建的方

---

① 谢朝武，宋子千. 旅游业重灾后恢复重建的战略任务及其运作机制研究［J］. 中国应急管理，2011（12）：24-27.

式进行功能改进和提升恢复。

**2. 旅游设施项目的重建**

旅游设施项目的重建是指通过全面评估旅游业在灾害中遭受的损失，对不能恢复功能的旅游基础设施、旅游产业要素设施等进行实体重建，以实现旅游业的功能再生。为了恢复旅游产业的运作功能而新设立的旅游基础设施和产业要素设施的建设工作，也属于旅游设施项目重建工作的范畴。

**3. 旅游发展格局的调整**

重大灾难事件会破坏旅游地的资源产品，但也可能为旅游地提供新的产品形态，并提供新的市场机会。因此，重灾后有必要对旅游业的生产力布局进行战略调整，并对灾后旅游业的产业结构进行战略优化。这是适应灾后旅游业发展的新形势、新情况，推动灾后旅游业健康发展的重要前提。

**4. 旅游竞争力的提升**

灾后旅游业的恢复重建虽然面临重重困难，但旅游业也获得了调整产业结构、通过恢复重建实现提档发展、跨越式发展的战略机会。通过恢复重建工作，旅游业可以高起点、高标准、高品质地开展旅游基础设施和产业要素设施的建设工作，并能从区域旅游业整体竞争力提升的角度进行战略优化，从而提升灾后旅游产业的发展水平。

灾后旅游业的恢复重建是旅游地市场发展振兴的战略契机。虽然突发事件的发生会对受灾地旅游业的基础设施和旅游形象造成了重大伤害，但是同时会使国内和国际社会高度关注重灾区域，无形中提升了重灾区的形象知名度，也容易引发外界社会和旅游市场对受灾地旅游产品的同情。

### （三）旅游恢复重建的阶段性任务

重灾后的恢复重建工作千头万绪、任务艰巨，需要科学地处理恢复重建任务的执行秩序，以确保恢复重建进程的科学推进和有序推进，实现恢复重建效益的最大化。

**1. 旅游地恢复重建的阶段性任务结构**

重大灾难事件发生后，旅游地将面临短期、中期和长期等不同阶段的恢复重建目标与任务[①]。如表11-3所示，旅游地短期的恢复重建目标主要是维护旅游地灾民的生命安全，中期的恢复重建目标主要是赈灾和基本恢复旅游地的公共基础设施和社会生活秩序，长期的恢复重建目标是完整意义上的生活重建、社会恢复和产业重建。

表11-3 基于阶段性区分的旅游地恢复重建目标与任务

| 恢复重建期限 | 恢复重建目标 | 阶段任务 |
| --- | --- | --- |
| 短期（通常灾后一个月） | 维护旅游地民众的生命安全 | 生命救援、灾民安置、危机处理、需求评估 |
| 中期（灾后一月到半年） | 恢复公共基础设施及社会生活秩序 | 安置服务、赈灾措施、资源调配、基本完成交通、电力、通信、供水、教育、卫生等公共设施 |
| 长期（灾后半年至三年） | 生活重建、社会秩序恢复、产业重建 | 公共设施完全重建、生活设施重建、产业重建、产业结构调整提升、防灾减灾能力的提升 |

**2. 旅游业恢复重建的阶段性任务结构**

旅游业的恢复重建通常依托于旅游地的恢复重建。由于部门属性的存在，旅游业的恢复重建有自己特殊的目标和任务。具体而言，旅游业的短期恢复重建目标是维护旅游者和旅游从业人员的生命安全，中期恢复重建目标是恢复旅游基础设施及旅游经营秩序，长期恢复重建目标是实现旅游产业的重建、调整与提升。具体的阶段性任务如表11-4所示。

表11-4 基于阶段性区分的旅游业恢复重建目标与任务

| 恢复重建期限 | 恢复重建目标 | 阶段任务 |
| --- | --- | --- |
| 短期（通常灾后一个月） | 维护旅游者与旅游从业人员的生命安全 | 旅游者和旅游从业人员的生命救援、旅游从业人员安置、旅游业恢复重建需求评估 |
| 中期（通常灾后半年） | 恢复旅游基础设施及旅游经营秩序 | 制定恢复重建规划、启动安全的灾区旅游地、逐步恢复旅游形象 |
| 长期（通常灾后半年至三年） | 实现旅游产业重建、调整与提升 | 食、住、行、游、购、娱等产业设施重建、旅游产业结构调整、旅游市场结构优化、旅游产品结构优化、持续的形象提升与市场促销 |

---

① 张永理，李程伟. 公共危机管理［M］. 武汉：武汉大学出版社，2010：178-180.

### (四）旅游业恢复重建的管理过程与任务

旅游业恢复重建的战略管理是一个长期的过程，在恢复重建的不同阶段有不同的任务表现和执行要求。战略管理过程主要经历准备阶段、计划阶段、实施阶段、验收阶段和总结阶段等关键环节，每个环节的管理任务如表 11-5 所示。

从历史经验来看，灾难的恢复重建过程不应是一个始于灾后的简单的修复过程，而应该是在系统的恢复重建预案指导下的循环往复过程。旅游地应该建立面向重大灾难风险因素的应急管理体系，在预防准备、监测预警、处置救援和恢复重建的完整体系下设立恢复重建战略预案[①]。在重大灾难事件发生后，旅游地应该及时启动恢复重建战略预案，并在预案的指引下系统地开展准备、计划、实施、验收和总结等恢复重建工作。

表 11-5　基于管理过程区分的旅游业恢复重建任务

| 管理过程 | 管理任务 |
| --- | --- |
| 准备阶段 | 系统评估灾后旅游业的损失，明确旅游业恢复重建的战略定位，建立恢复重建领导小组，明确旅游业恢复重建的战略需求 |
| 计划阶段 | 制定旅游产业恢复重建的战略方针，制定针对性的旅游业恢复重建规划，制订面向区域、面向项目类型的恢复重建计划 |
| 实施阶段 | 推动旅游业恢复重建的战略整合，协同旅游业的相关部门，动员社会各界力量，整合各种战略资源实施恢复重建计划 |
| 验收阶段 | 对旅游产业的恢复重建战略及其成果进行验收、评估与反馈，并通过科学的激励机制来巩固恢复重建成果 |
| 总结阶段 | 以面向可持续发展的战略视角来审视和总结恢复重建工作，完善战略性防灾减灾规划，提出面向未来的"后恢复重建"发展战略 |

## 二、旅游恢复重建的管理体制

重大灾难事件的发生常造成巨大的损失、引发强烈的社会关注。通常情况下，重灾下的恢复重建是以政府为主导来进行的。旅游恢复重建需要紧密

---

① 谢朝武．我国旅游安全预警体系的构建研究［J］．中国安全科学学报，2010（8）：170-176.

依托国家的法律法规和体制机制，并需在此基础上建立科学的运作和实施机制，为旅游恢复重建工作提供目标、动力和资源等支撑要素，以推动恢复重建工作的具体开展。同时，旅游恢复重建需要确立科学的恢复重建原则、采用系统化的恢复重建治理方法，以推进恢复重建工作的高效进行。

重大灾难事件发生后，灾区旅游地将面临复杂的灾后形势和艰巨的恢复重建任务。旅游地应依托国家所确立的恢复重建管理体制，创新旅游业的恢复重建管理体制，优化恢复重建工作的运作机制，明确利益相关者的管理职责与任务结构，建立适应灾区旅游业形势发展需要的恢复重建体制[①]。

以汶川大地震后的恢复重建为例，四川旅游业在恢复重建中基本上建立起"政府强力主导、部门有序支持、企业能动自主、社会积极参与"的管理结构，其具体结构如图 11-1 所示。其管理体制的基本内容包括：

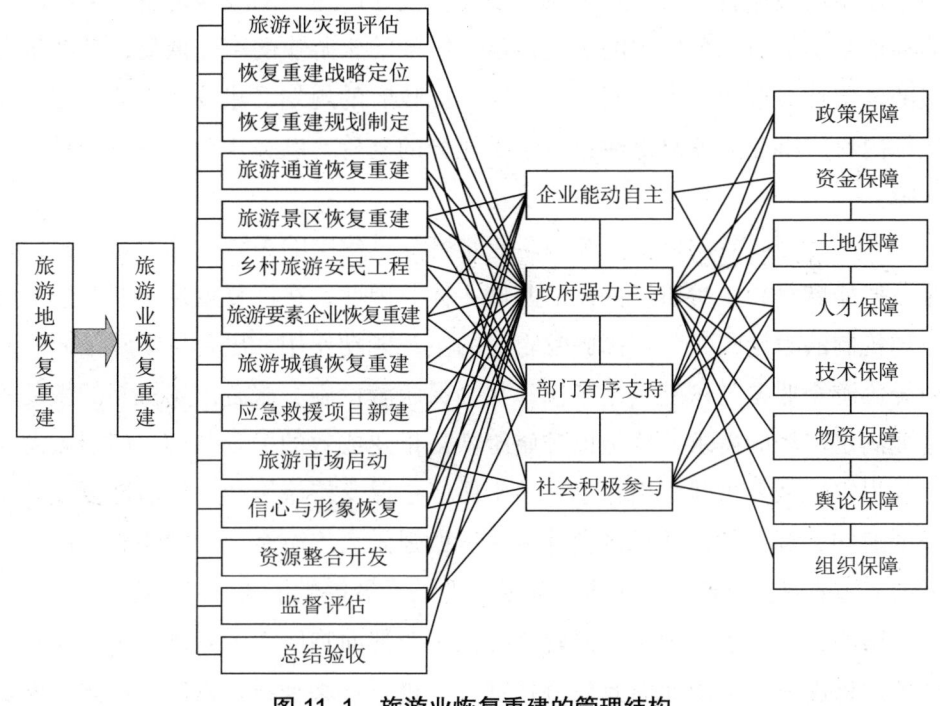

图 11-1　旅游业恢复重建的管理结构

---

① 邵琪伟. 中国旅游业应对重大自然灾害机制研究[M]. 北京：中国旅游出版社，2012.

第一，政府强力主导。根据灾损形势和灾损等级，灾区旅游业应在地方人民政府和上一级旅游主管部门的支持下，通过政府主导的机制，明确旅游恢复重建的战略定位。四川旅游业在汶川灾后恢复重建中将旅游业确立为灾区恢复重建的"先导产业"，从而明确了通过旅游业率先发展带动旅游地经济社会恢复重建和发展的战略定位，为旅游业的恢复重建提供了有利的战略位置。同时，各级旅游行政主管部门在规划制定、政策支持、组织保障、资源筹措、旅游生产能力恢复、旅游市场宣传与形象恢复等恢复重建工作的关键领域起到了积极的主导作用。

第二，部门有序支持。在建立明确的恢复重建战略定位下，旅游地应该确定恢复重建的总体战略框架，明确旅游业恢复重建与其他产业恢复重建中的战略关系，进而明确旅游业在恢复重建资源配置中的格局和地位。四川旅游业在汶川大地震灾后恢复重建中依托"先导产业"的战略定位，突出旅游业在恢复重建资源配置中的优先地位，以推动旅游业的率先恢复，带动旅游地的经济社会全面发展。同时，各级人民政府的规划、建设、土地等相关职能部门对旅游业的恢复重建也应给予充分的支持，以强化对旅游业的投入与保障。

第三，企业能动自主。旅游企业是恢复重建中的关键主体力量，它们是旅游产能恢复和旅游市场恢复的基础主体。因此，在恢复重建中要充分尊重市场机制的力量，充分发挥旅游企业的主观能动作用，出台各类政策鼓励和引导旅游企业参与恢复重建工作，并确保旅游设施、旅游市场机制的恢复重建能满足市场的需求，这是提升旅游恢复重建成效的关键基础。四川旅游业在汶川灾后恢复重建中出台了《关于做好担保支持旅游产业灾后恢复重建工作的通知》等文件，并积极实施《关于做强做大旅游企业，加快旅游产业发展的实施意见》等政策，为灾后旅游企业的发展提供了充分的保障。

第四，社会积极参与。灾后旅游业一般都面临巨大的基础损失，恢复重建资源极度匮乏，因此需要通过各种方式进行社会动员，以广泛地筹集恢复重建资源。其中，各种相关的社会力量在旅游产业投融资、旅游规划与产业咨询、灾区爱心旅游、实物捐助、舆论支持等方面可提供广泛的支持，并为灾区旅游业的恢复和振兴提供良好的社会基础,从而加速旅游业的恢复重建进程。汶川地震后,我国建立了"全国救灾"的恢复重建体制,同时做了最广泛的社会动员,创新了灾后旅游业恢复重建的社会参与方式,为四川旅游业的恢复重建提供了较好的社会基础和资源基础。

### 三、旅游恢复重建的运作机制[①]

灾后恢复重建是一个庞大的系统工程,需要处理部门、地区、行业等复杂的利益相关者关系,需要面对艰巨的恢复重建任务,建立清晰、系统的运作机制是保证恢复重建工作取得成功的关键。旅游恢复重建中的运作机制一般包括:

#### (一)以体制机制建设为旅游恢复重建的核心驱动力

为推动旅游业恢复重建的顺利开展,灾区旅游主管部门应紧密依托国家所确立的救灾体制,在上级旅游主管部门和灾区政府的领导与支持下,极力推动地方旅游行政主管部门在管理机制上的创新,确立明确的恢复重建体制,建立具体的恢复重建领导机构和执行机构,并明确其职责、义务和工作方式,以更好地领导和组织恢复重建工作。

#### (二)以战略定位和重建规划为旅游恢复重建的战略驱动力

旅游恢复重建的战略定位是明确旅游业在恢复重建整体框架中的结构地位及其发展方向的总体决策谋划,恢复重建规划则是在战略谋划基础上对恢复重建工作所提供的具体的工作指引,两者在宏观和微观层次为旅游恢复重建工作提供了基本方向和行动纲要。因此,战略定位应该为旅游业的恢复重建提供战略层次的驱动力量,恢复重建规划则应为旅游业恢复重建提供战略驱动的具体保障(见图11-2)。

---

[①] 谢朝武,宋子千.旅游业重灾后恢复重建的战略任务及其运作机制研究[J].中国应急管理,2011(12):24-27.

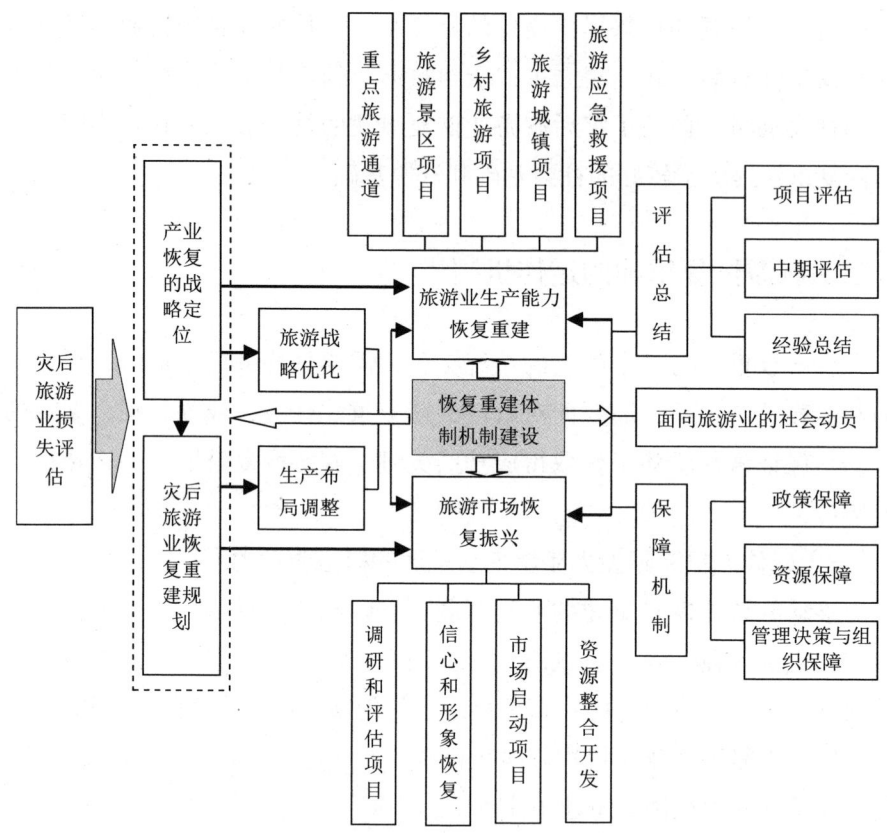

图 11-2　基于战略任务实施的旅游业恢复重建运作机制

## （三）以结构性战略任务为旅游恢复重建的运作目标

旅游突发事件会造成旅游业生产要素和市场要素的极大破坏。因此，恢复重建一开始就应该将旅游业生产能力恢复重建和旅游业市场恢复振兴作为核心的结构性战略任务，同时应积极进行生产力布局调整和战略优化，将旅游业的提档发展、跨越式发展作为恢复重建的关键运作目标。明确的目标导向使旅游业的恢复重建进程具有任务明确、阶段清晰、战略稳定和导向有力的特征，有利于极大地推动恢复重建工作的整体进程。

## （四）以评估总结机制为旅游恢复重建的技术监督力量

灾后旅游业损失评估可以明确旅游突发事件对旅游业造成的具体损失，

为恢复重建的科学定位提供技术基础。同时，项目评估、中期评估和总结评估等一系列的评估方式可以对旅游业的恢复重建进程、恢复重建质量和恢复重建成效等进行系统的监督与反馈，有效提升恢复重建工作的质量水平。

### （五）以系统的保障机制为旅游恢复重建的运作基础

旅游业的恢复重建工作是一个庞大的系统工程，需要庞杂的资源支撑。为此，各级人民政府和旅游行政主管部门应发布支持政策，为旅游业的恢复重建提供从财政、金融、税费到土地、人力和技术等方向的产业扶持政策，为旅游产业的恢复重建提供资金、土地、人力和组织管理决策等方向的系统化的保障措施，大力支撑恢复重建工作的进展。

### （六）以社会动员机制为旅游恢复重建的资源整合方式

受灾地可借助国家的强力支持，通过行政动员、法令动员、舆论动员和自发动员等社会动员方式，筹集大量的社会资源来支持旅游业的恢复重建，有效弥补灾区旅游业恢复重建资源的不足。这样既可以为灾区旅游业的恢复重建提供一定的资源基础，也可以增强灾区旅游业发展的社会基础。

## 第三节 重大疫情后的旅游恢复重建[①]

重大疫情会严重影响人们的旅游活动和身心安全，但通常不直接造成资源、设施等物质实体的损坏，因此重大疫情后旅游地和旅游企业主要面临市场和产业的恢复振兴任务。"疫情后"有两种内涵理解。一种是指疫情暴发后、疫情持续存在且尚未完全消除的时间阶段。新冠肺炎疫情期间，各国采取了差异化的疫情防控举措，因此出现了我国疫情得到控制、但境外疫情却持续蔓延的情景。同时，由于新冠病毒的变异和传染管道难以完全杜绝，我国还出现了多次局部疫情。这些情形都是处于疫情暴发后尚未完全结束的时间阶段。"疫情后"的另一种内涵理解是指疫情结束后，染疫个案消除且不再

---

① 陈岩英，谢朝武.常态化疫情防控下的旅游发展：转型机遇与战略优化［J］.旅游学刊（2）：5-6.

对人群造成威胁的阶段。疫情暴发后的疫情持续期和疫情结束后的后疫情期是两种不同性质的阶段，但两者都需要采取适当的恢复振兴举措，以推动产业的可持续生存与发展。例如，新冠肺炎疫情自暴发以后持续存在多年，旅游产业的恢复振兴行动伴随着短期集中疫情结束后的各个发展阶段。

## 一、重大疫情后的旅游恢复振兴任务

重大疫情具有较强的传染性和扩散性，疫情的传播不仅影响旅游者的身心健康与安全，也会影响旅游地的正常社会秩序。因此，切断旅游传播链条是控制疫情的重要措施。重大疫情发生后，政府通常会采取停止组团旅游、关闭旅游场所等疫情阻隔措施，这种控制疫情的必要性举措对旅游业则会造成沉重的打击，不仅旅游人数和收入会急速下降甚至归零，还会导致旅游产业陷入停顿。持续时间较长的疫情还可能导致旅游产业重新洗牌，部分中小企业会面临倒闭，行业人才会急速流失。因此，疫情发生后推动恢复振兴是旅游产业的基本需求（见图11-3）。

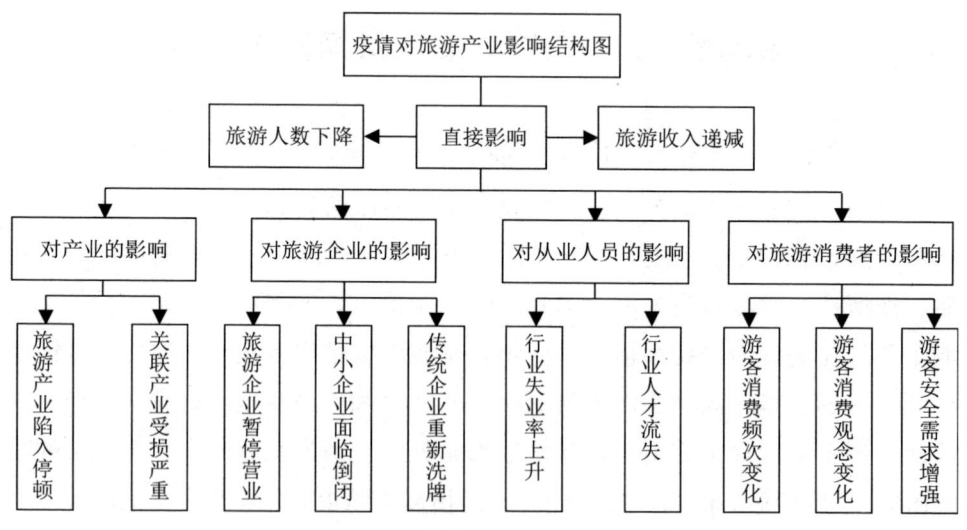

图11-3 疫情对旅游产业的影响结构

根据疫情持续的时间长短，疫情可分为短期疫情、中期疫情和长期疫情。不论疫情持续时间多长，保护旅游者和从业人员的生命安全应是所有措施的基础，配合政府采取疫情防控举措是旅游企业的法定责任和义务。2019年年底新冠疫情在武汉暴发后，我国非常迅速地控制住了疫情，并有条件地逐步推动了旅游市场的开放。但是，外部持续存在严峻的疫情形势，对我国旅游产业的恢复振兴造成了持续的影响。总体上，疫情在我国表现出三种状态，即：内部短期存在较大范围的疫情、内部无疫情但外部存在严重的疫情、内部点状疫情和外部严重疫情并行（见表11-6）。

表 11-6　新冠疫情期间中国旅游业的恢复振兴任务

| 疫情发展态势 | 恢复振兴导向 | 恢复振兴任务 |
| --- | --- | --- |
| 内部短期疫情 | 减少疫情冲击 | 维护旅游者与旅游从业人员的生命安全、配合采取阻断疫情的政策措施、疫情损失评估 |
| 内部无疫情但外部有疫情 | 维持产业和企业的生存和运转 | 常态疫情防控、维护旅游者与旅游从业人员的生命安全、调整税率结构、维持行业就业稳定、采取稳岗措施、提供应急补贴 |
| 内部点状疫情和外部疫情并行 | 推动产业生存、维持和发展 | 常态疫情防控、维护旅游者与旅游从业人员的生命安全、调整税率结构、调整产品结构、发展短途旅游、提升城市旅游要素品质、发展休闲游憩市场 |

对于内部存在的短期且集中的严峻疫情，旅游企业将面临旅游者退订和短期业务无法开展的损失，旅游产业和企业需要尽可能地保护人员的生命安全，并配合采取疫情阻断措施，同时对疫情造成的损失进行评估以需求支持。对于内部无疫情、外部持续存在的中长期疫情，旅游企业将面临市场萎缩、长途旅游市场大幅压缩等市场压力，因此维持旅游企业和产业的生存和持续运转，为企业和产业发展保留有生力量，是旅游恢复振兴的重要任务。对于内部存在点状疫情、同时外部疫情较为严峻的情形，加强疫情区的管控是必要的举措，非疫情区减少旅游活动、适度保留低密度旅游活动是各地兼顾疫情防控和旅游产业生存的重要选择。从新冠疫情期间我国旅游产业的发展态势来看，周边短途旅游是短期疫情得到控制后率先恢复的旅游市场，发展高

质量的休闲游憩市场成为旅游企业替代长途旅游市场的重要选择。不同类型疫情态势的恢复振兴任务如表11-6所示。

## 二、重大疫情后政府的恢复振兴任务

重大疫情严重影响旅游产业发展的基础环境和市场格局，并使短期旅游市场陷入停滞状态，同时影响旅游企业的生存状态和发展走向。为此，政府在短期疫情结束后应该立即推行恢复振兴措施，为旅游产业的恢复发展提供基础和动力。可以采取的恢复振兴行动主要包括：第一，强化顶层政策设计。政府可以从资金支持、金融扶持、税收优惠、社会保障、稳岗就业、法律援助和质量保证金等方面提出顶层支持政策。顶层政策设计既要面向短期困难的克服，也要面向旅游产业长期竞争力的重构和提升；第二，强化科技支撑。应借助于疫情压力推动旅游产业的创新发展，要致力于形成安全可靠、高效优质、供需匹配的旅游产业运行体系，强化科技支撑型旅游产业体系的建构；第三，推动产业融合。应挖掘"+"旅游与旅游"+"的融合发展需求，推动旅游与相关业态的深度融合，为旅游产品和旅游消费的迭代转型与升级发展提供基础；第四，推动区域协作。加强区域间的协作行动，提升区域协作水平，推动区域旅游市场协作和共同宣传，为国内旅游市场的全面振兴提供协作支持；第五，释放旅游消费。政府应该根据疫情进展与节奏，逐步释放旅游消费需求，为旅游市场恢复提供消费动能（见图11-4）。

2020年年初，我国政府全面评估新冠疫情对国民经济的严重影响，在疫情应对期间就发布了一系列针对产业恢复发展的政策，文化和旅游部门也针对性地发布了旅游恢复振兴的系列政策，并通过各种举措重塑市场，推动旅游产业有效应对疫情危机。相关政策文件及其内容如表11-7所示。

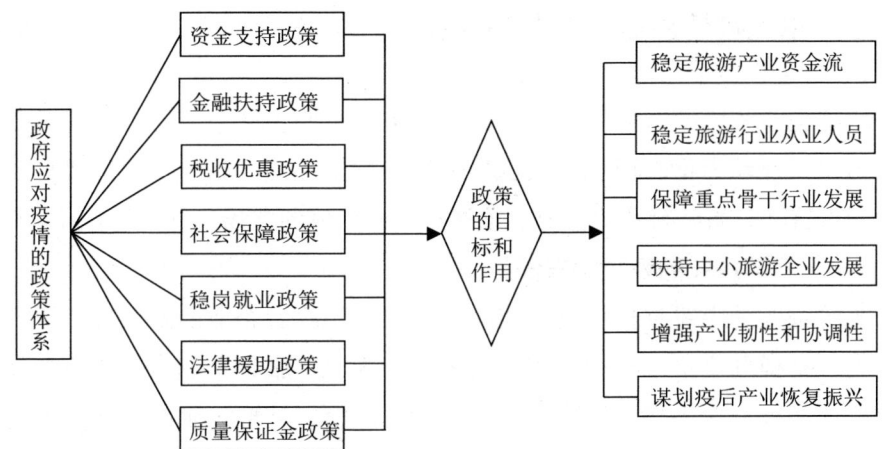

图 11-4 政府应对新冠疫情的政策体系与目标作用

表 11-7 我国政府相关部门应对新冠疫情的政策文件列举

| 政策名称 | 政策类型 | 政策发布部门 | 颁布时间 | 政策内容 |
| --- | --- | --- | --- | --- |
| 《关于暂退部分旅游服务质量保证金支持旅行社应对经营困难的通知》 | 保证金政策 | 文化和旅游部办公厅 | 2020年2月5日 | 全国所有已依法交纳保证金、领取旅行社业务经营许可证的旅行社,暂退标准为现有交纳数额的80% |
| 《关于支持新型冠状病毒感染的肺炎疫情防控有关税收政策的公告》 | 税收优惠政策 | 财政部、税务总局 | 2020年2月6日 | 受疫情影响较大的交通运输、餐饮、住宿、旅游(指旅行社及相关服务、游览景区管理两类)四大类困难行业企业,2020年度发生的亏损,最长结转年限由5年延长至8年 |
| 《关于用好货币政策工具做好中小微文化和旅游企业帮扶工作的通知》 | 金融扶持政策 | 文旅部 | 2020年2月27日 | 提出用好用足国家支持中小微企业的货币政策工具,有效纾解中小微文化和旅游企业面临的资金困难 |
| 《关于积极应对疫情影响保持导游队伍稳定相关事项的通知》 | 稳岗就业政策 | 文旅部 | 2020年2月27日 | 要求各地文旅部门在疫情防控期间强化保护导游的劳动权益,为旅游业恢复发展蓄能储能 |
| 《关于做好旅游景区疫情防控和安全有序开放工作的通知》 | 疫情防控政策 | 文化和旅游部、国家卫生健康委 | 2020年4月13日 | 要求地方文旅部门坚持防控为先,实行限量开放。强化流量管理,严防人员聚集。细化管理措施,规范游览秩序。做好宣传引导,倡导文明旅游 |

注:根据相关政策文件整理。

## 三、重大疫情后旅游产业的恢复振兴任务

旅游企业和旅游行业协会是旅游产业中地重要生产力量，也是应对疫情危机地重要能动力量。面对重大疫情带来的危机环境，旅游企业需要自力更生、积极行动，旅游行业协会也应该站在产业整体的立场采取支持行动。

### （一）旅游企业的恢复振兴任务

旅游企业是应对疫情危机的能动主体，发挥旅游企业的积极性、活力和创造力，是提升疫情危机应对成效的关键。为此，旅游企业需既需要加强外部的资源拓展，也需要夯实内在的机制能力。面向外部，旅游企业应该研究支持政策、整合外部资源、加强异业合作、经营周边市场、寻找复苏机遇；面向内部，旅游企业应该强健管理机制、及时调整战略、强化培训提升、重视科技赋能、开展线上营销、重视开源节流（见图11-5）。

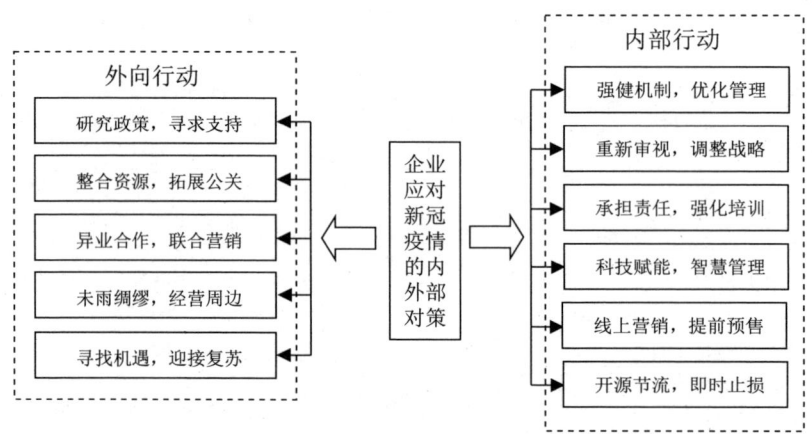

图11-5　旅游企业应对重大疫情的任务与行动

如果外部疫情持续存在并具有内部爆发的可能性，旅游企业应该提升自身的韧性与活力，并通过关键性措施的采取来适应危机环境，实现恢复振兴。主要的任务和行动包括：第一，建立适应常态疫情的安全生产体系。应强化疫情常态化时期的安全生产工作，打造具有预防控制能力和安全可靠的旅游服务体系，提升旅游企业的危机韧性，推动和保障旅游企业的安全发展；第

二，推动旅游产品体系的创新升级与优化。通过产业融合、跨界合作等方式，创新和丰富旅游产品体系，打造多元融合的旅游产品发展格局，通过持续的产品创新和迭代升级满足旅游市场的多元化需求；第三，建构高质量的旅游服务体系。推动旅游产业的高质量发展，并以深度体验旅游作为目标导向，全面提升旅游要素环节的运作质量，满足旅游者高质量旅游服务需求；第四，实现旅游企业数字化转型。提升旅游企业管理、服务、营销的数字化和智能化运作水平，推动数字旅游企业的创新与形成；第五，推动产业协作能力转型升级与优化。建立面向产业协作的战略意识和管理能力，接受和推动复苏周期中的产业协作行动，强化自身的协作适应力；第六，强化旅游企业危机应对能力，固化和优化面向疫情的危机应对能力，为应对未来可能的风险和危机情形提供知识基础和经验基础，推动形成可持续的危机管理能力。

### （二）旅游行业协会的恢复振兴任务

作为旅游行业力量的重要代表，旅游行业协会应该在疫情恢复振兴中发挥积极作用。行业协会恢复振兴的任务和行动应包括：第一，打造行业协会的专业化危机管理能力。行业协会应在疫情中发挥信息采集发布、政策协调、行为引导等方面的作用，并应建立专业化的危机管理能力，能为旅游企业的危机管理提供支持，以推动产业的可持续化发展；第二，推动旅游产业集体回应的深化。行业协作与集体回应是应对疫情危机的重要方式，这在疫情初期和在恢复振兴过程中都具有重要意义。要推动建立具有市场化动能的行业协作机制，以实现行业协作的可持续发展；第三，推动行业科技协作平台的打造。基于科技支撑的旅游发展成为必然趋势，但是中小微企业的科技采购能力较弱，打造具有市场价值的行业性科技协作平台，将有助于相关科技的加速落地与产业转型升级，如打造无接触服务科技的集成应用平台；第四，提升行业协会的智库服务功能。提升各类、各级旅游行业协会开展调查研究和智库服务的能力，推动行业协会的智库化转型，能为疫情危机下的旅游产业转型发展提供新的驱动力量（见图11-6）。

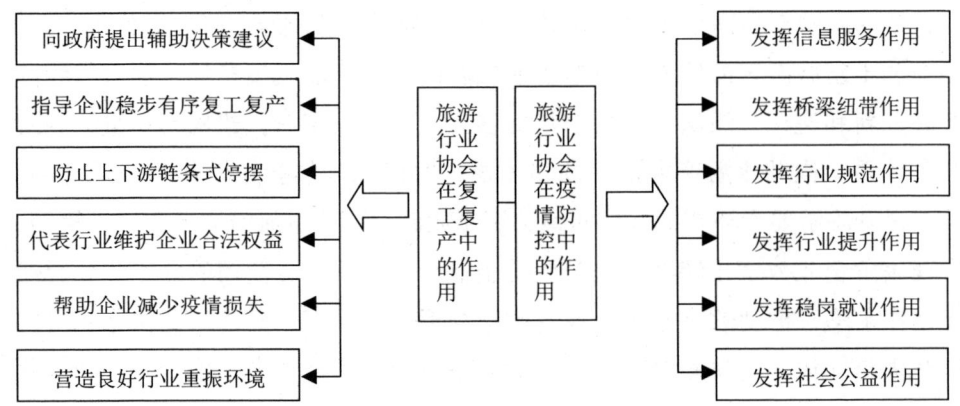

图 11-6 旅游行业协会应对重大疫情的任务与行动

## 四、疫情防控常态化下的旅游产业战略管理

疫情防控常态化是中长期疫情持续期间的必要举措。对于长期存在的疫情环境，旅游地政府应该系统认知疫情影响，积极开展战略转型，科学建构战略行动，这是推动旅游产业度过长期疫情的重要基础。

（一）重塑产业竞争力格局

疫情导致的市场规模缩小和市场结构调整对原有的竞争力格局带来巨大影响，业务传统、竞争者多、规模较小、实力较弱、抗风险能力较差的中小微旅游企业面临着巨大的生存压力，一部分旅游企业将退出市场。但同时，市场调整将给创新型旅游企业提供新的发展空间，大型旅游企业和集团的兼并整合需求增加，集团化、联盟化、共同体、集体回应成为疫情中行业竞争与发展的重要需求。

（二）加速旅游数字化进程

数字化是提升运作旅游产业效率和运作质量的重要路径。疫情防控常态化使无接触服务和弱接触服务的需求增加，旅游数字化的进程因而得以加速，云旅游、云展览、云会议、云直播等业务需求快速增加，旅游企业服务、营销、管理等核心业务的数字化也得以拓展。应该看到，基于5G的万物互联技术将深刻地改变旅游产业的底层技术和业态结构，这既将改变旅游产业的发展方式，也将为旅游产业提供新的发展生态。

### （三）推动旅游产品革新发展

中长期疫情会使工业、农业、体育、研学、金融等各行业均面临生存与发展的压力，这些传统行业与旅游产业深度融合、"+"旅游的需求不断增加。以此为契机，旅游"+"的创新产品体系可以得到丰富和优化。同时，疫情改变会旅游者的生活观念，医疗、康养、生态型旅游产品在疫情期会受到重视，运动旅游、游乐旅游、美食旅游、医疗旅游等产品的迭代创新可能成为市场发展的重要趋势。在常态化疫情阶段，无论是政府还是企业，都应该致力于推动旅游产品的革新发展。

### （四）提升高质量周边旅游需求

在常态化疫情防控形势下，疫情区域和部分机构、单位和人员群体依然需要实施相对严格的旅行管理，大、中、小学生群体在上学期间的外出一般执行严格的审批制度。因此，远距离旅游市场难以完全恢复。但是，小手牵大手的旅游需求始终存在，因此城市周边旅游需求呈现增长态势。其中，高质量的城市周边休闲旅游、度假旅游产品及要素会受到追捧。因此，在政策允许的情况下，推动高质量周边旅游产品的持续扩容、优化和升级，可以部分缓解长途旅游市场缺失造成的产业影响和打击。

### （五）强化旅游危机应对能力

在发生新冠疫情等重大公共卫生事件的情况下，国家将采取前所未有的疫情防控机制和措施。常态化的疫情防控有利于提升旅游行业和从业人员的安全意识，强化旅游企业的安全资源配置水平。旅游企业需要在疫情中建立起常态化危机的应对机制和安全保障体系，这对于旅游企业强化危机抵抗能力、夯实产业的危机应对机制、强化产业的可持续发展水平具有积极意义。

# 第四篇

## 旅游应急体系建设研究

# 第十二章 旅游业应急体系建设研究

我国正处于从旅游大国向旅游强国迈进的时代进程中，我国旅游业的快速发展需要完善的旅游应急体系的支撑。科学、系统的旅游业应急体系既是保障我国旅游业安全发展和健康发展的关键基础，也是我国旅游业综合管理水平提升的重要标志。加强旅游业的应急体系建设，铸造综合性的旅游业应急能力，是我国当前旅游业的重要战略需求。

## 第一节 旅游业应急体系的基本结构

旅游业应急体系是由旅游应急体制、旅游应急机制、旅游应急法制和旅游应急预案等所构成的综合性的应急系统。旅游业应急体系建设是构建旅游应急的体制、机制、法制、预案及其物质技术基础，从而具备旅游突发事件的应对条件，形成旅游综合应急能力的系统过程。旅游综合应急能力的构成结构和实施水平是衡量旅游应急体系建设与发展水平的主要标志。

### 一、旅游业应急体系的发展框架

旅游业是一个层次丰富的产业体系，它既包括旅游饮食、旅游住宿、旅游交通、游览观光、旅游购物、旅游娱乐等丰富的分支行业，也包括旅游者、旅游从业人员、旅游企业、旅游主管部门等多元化的利益主体。从区域尺度来看，旅游业又可分为国家旅游业、区域旅游业和目的地旅游业等产业层次。旅游应急工作是一个受产业尺度影响的综合任务体系，在不同的产业尺度下，旅游应急的体制、机制、法制和预案等具有不同的结构、内容和支撑要素。

因此，旅游业应急体系的建设应该区分产业尺度，分别从国家旅游业、区域旅游业和目的地旅游业等角度进行具体建构（见图12-1）。

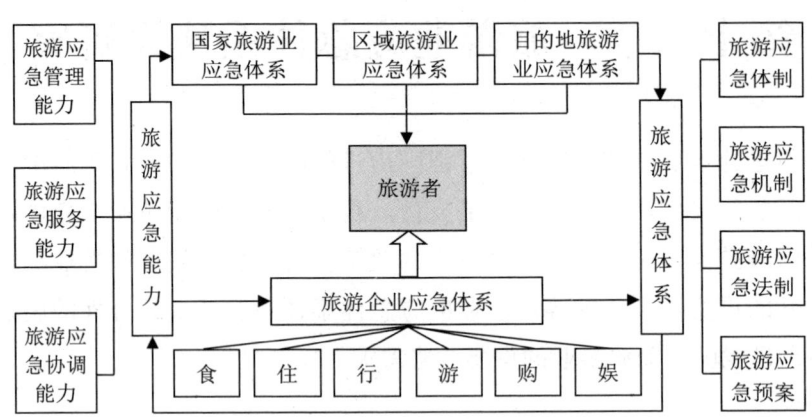

图 12-1　旅游应急体系的发展框架

不论在何种产业尺度下，旅游应急工作都必须依托旅游企业，依靠旅游企业的主体应急能力来发挥支撑作用。因此，旅游企业层面的应急体系在旅游业应急体系的整体框架中具有重要的地位和作用。由于不同旅游企业的业务体系具有较大的差异性，因此构建有针对性的旅游企业应急体系是旅游业应急体系建设工作的重要内容。

旅游应急能力包含旅游应急管理能力、旅游应急服务能力和旅游应急协调能力等能力结构。旅游应急管理能力是指在旅游应急领域所形成的计划、组织、领导和控制能力。旅游应急服务能力是指通过公共服务的形式和手段、面向旅游者和旅游企业提供应急资源和支撑的能力。旅游应急协调能力是指协调旅游行政部门以外的相关职能部门和利益主体共同处置旅游突发事件的能力。旅游应急能力提升是旅游应急体系建设的目标，旅游应急体系建设是旅游应急能力提升的前提。

由此，我们可以提出如图12-1所示的旅游业应急体系的发展框架。旅游业应急体系的作用发挥需依赖于旅游应急能力的形成，旅游应急能力的终极服务对象是旅游业的客户对象，即旅游者。不论何种层次的旅游业应急体系建设，都应将旅游者的安全需求置于最基础的决策平台。

## 二、国家旅游业的应急体系建设

我国《突发事件应对法》将"突发事件的预防与应急准备、监测与预警、应急处置与救援、事后恢复与重建等应对活动"列为该法的适用范围，并明确规定"国家建立统一领导、综合协调、分类管理、分级负责、属地管理为主的应急管理体制"。根据《国家突发公共事件总体应急预案》的规定，"国务院是突发公共事件应急管理工作的最高行政领导机构，国务院办公厅设国务院应急管理办公室作为办事机构；国务院有关部门是负责相关类别突发事件的工作机构；地方各级人民政府是本行政区域突发公共事件应急管理工作的行政领导机构"。

可见，我国已就应急体制、机制等进行了明确的规定。文化和旅游部于2019年发布的《文化和旅游部涉旅突发事件应急预案》规定："涉旅突发事件的处置工作由部旅游安全应急管理领导小组统一指挥，依照事件性质、级别和影响，指挥部内系统各司局、驻外驻港澳台文化和旅游办事机构、各省级文化和旅游行政部门按照职责分工分级组织实施。"根据这些规定，我国的旅游应急工作应该在文化和旅游部的领导下，依托应急体制、机制、法制和预案的顶层设计，进行旅游领域的体制建设、机制建设、法制建设和预案建设等工作。相比于地方旅游行政主管部门，文化和旅游部的应急体系建设任务主要是依托国家的顶层设计，开展旅游应急领域的顶层设计工作，为地方各级旅游行政主管部门的应急工作提供基础性的应急工作平台和应急战略导向。国家层面旅游业的应急体系建设任务如表12-1所示。

表12-1 国家旅游业的应急体系建设任务

| 应急体系内容 | 建设任务 |
| --- | --- |
| 旅游应急体制 | ·确立国家层面的旅游应急体制的基本架构<br>·建立国家层面的应急管理机构，确立其应急职责和任务<br>·确立国家层面的旅游应急体制发展战略与体制建设的基本原则 |

*续表*

| 应急体系内容 | 建设任务 |
| --- | --- |
| 旅游应急机制 | • 加强旅游应急机制建设，建立面向地方旅游应急工作的监督机制和问责机制<br>• 从国家层面确立旅游预防与应急准备、监测与预警、应急处置与救援、恢复与重建等任务机制的基本内容和基本原则<br>• 推动地方政府在旅游应急机制建设方面的投入<br>• 必要时，面向旅游重大特突发事件的处置提供国家层面的应急支持<br>• 协调应急管理方面的国际交流与合作<br>• 加强旅游知识与技术研发、旅游监测与预警发布、国家旅游救援体系建设、举国救灾等应急工作的开展<br>• 承担全国范围内旅游应急协调、旅游应急救援和保险的指导工作 |
| 旅游应急法制 | • 建立旅游突发事件应对的法律和部门规章<br>• 建立国家层面的旅游应急政策、旅游应急标准等<br>• 监督和检查地方对相关法律、法规和标准的贯彻执行 |
| 旅游应急预案 | • 制定国家层面的旅游应急预案<br>• 制定国家层面的旅游应急预案的建设标准<br>• 监督和检查地方对国家旅游应急预案的贯彻执行 |
| 旅游应急平台 | • 建设国家层面的应急信息平台、技术平台和资源平台 |

## 三、区域旅游业的应急体系建设

本书所指的区域旅游业主要体现在以省域为代表的旅游业。在我国，省级区域的旅游行政主管部门主要是各省区市的文化和旅游厅。省级旅游行政主管部门在旅游应急体系建设中的任务主要体现为承接国务院和文化和旅游部的顶层设计目标，依托国务院和文化和旅游部打造的基础应急平台，负责本区域内旅游应急体系的具体设计、规划、检查和督促等管理任务，以贯彻《突发事件应对法》中所规定的"分级负责"要求。

我国地域广阔，各省旅游业的产品体系、地理环境、重大风险因素等都存在差异性，各省应急管理工作的行政环境、执行力度等也存在差异性。因此，在国家统一的体制、机制、法制和预案平台上，区域旅游业应该进行应急体系的具体设计和落实执行，既要对接上一级的应急平台，也要充分考虑区域旅游业的实际状态，提出具有创新性、具体性、针对性和实效性的旅游应急体制、机制、法制和预案体系。区域层面旅游业的应急体系建设任务如

表12-2所示。

表12-2 区域旅游业的应急体系建设任务

| 应急体系内容 | 建设任务 |
| --- | --- |
| 旅游应急体制 | • 按照国家确立的应急体制进行区域旅游应急体制的具体建设工作<br>• 建立区域层面的应急管理机构，确立其应急职责和任务，有条件的省份应建立专门的旅游安全与应急管理机构 |
| 旅游应急机制 | • 加强区域性旅游应急机制建设，确立区域性旅游应急管理机制和应急服务机制，建立跨部门的应急协调机制，为突发事件处置提供部门联动机制支持<br>• 进行区域内旅游安全与风险信息的搜集、汇总、分析与风险评估工作，构建部门间、区域间的信息交流与情报合作机制<br>• 转发上级预警信息，开展旅游安全信息的分级分类预警和联合预警工作<br>• 必要时，面向旅游重特大突发事件的处置提供区域层面的应急支持<br>• 督促旅游地和旅游企业开展应急物资储备和应急队伍建设等相关工作<br>• 开展旅游安全检查，开展区域内旅游应急工作的宣传、教育和培训，开展区域性的旅游形象宣传和恢复重建工作<br>• 负责区域内旅游应急协调、旅游应急救援和旅游保险的指导工作 |
| 旅游应急法制 | • 制定区域性的旅游应急规章和规范性文件<br>• 制定区域性的旅游应急管理政策和旅游应急标准等<br>• 监督和检查旅游地对相关法律、法规和标准的贯彻执行<br>• 编制区域性旅游应急规划、旅游恢复重建规划等<br>• 面向重灾后的恢复重建出台资金、税费等各方面的区域旅游产业扶持政策 |
| 旅游应急预案 | • 根据国家旅游应急预案的要求和区域实际，制订并适时修订区域旅游应急预案<br>• 定期开展区域性联合应急演练工作<br>• 监督和检查旅游地对国家和区域性旅游应急预案的贯彻执行情况 |
| 旅游应急平台 | • 建设区域性的应急信息平台、技术平台和资源平台，加强区域性旅游呼叫平台建设 |

## 四、目的地旅游业的应急体系建设

旅游目的地是具体承接旅游者参观游览的地域空间载体，它可以表现为城市旅游目的地、乡村旅游目的地等不同结构类型。在我国应急体制的顶层设计下，旅游地应该具体承担旅游突发事件的"属地管理"职责，它是旅游应急管理工作的主要执行载体。因此，旅游目的地的应急体系建设工作具有很强的针对性和具体性，它强调针对旅游地的工作实际进行体系建设的规划设计，强调落实和执行各级各部门的体制要求、机制要求、法制要求和预案要求。

旅游地既承载着旅游饮食、住宿、交通、游览、购物和娱乐等旅游要素企业，也承载着具体而微观的旅游行为活动。因此，旅游地所需的综合应急能力体现为全面的应急管理能力、应急服务能力和应急协调能力。旅游地综合应急能力的建设应该以旅游者作为直接的面向对象，并强调加大旅游应急服务的广度和深度，强化旅游者的应急服务工作，提供包括风险警示、应急呼救、应急指导、处置救援等全方位的工作服务。目的地旅游业的应急体系建设任务如表12-3所示。

表12-3 目的地旅游业的应急体系建设任务

| 应急体系内容 | 建设任务 |
| --- | --- |
| 旅游应急体制 | • 按照国家确立的应急体制进行旅游地应急体制的建设工作，落实属地管理为主的体制建设原则<br>• 建立旅游地的旅游应急管理机构，或依托旅游部门中的现有机构，明确其应急职责和任务 |
| 旅游应急机制 | • 加强旅游地的应急机制建设，确立旅游地的旅游应急管理机制和应急服务机制，建立跨部门的应急协调机制，为突发事件的属地处置提供部门联动基础<br>• 将旅游应急工作与地方人民政府的应急工作进行有序对接，获取地方应急工作在资金、人才、技术和物资等应急资源方面的全面支持<br>• 进行旅游地安全与风险信息的搜集、汇总、分析与风险评估工作，构建部门间的信息交流与情报合作机制，并积极开展旅游预警工作<br>• 面向游客开展系统的旅游应急服务工作，包含风险警示、应急呼救、应急指导、处置救援等服务工作<br>• 积极开展旅游应急物资储备和旅游应急队伍建设等工作，具备突发事件的属地处置能力<br>• 加强对本地旅游企业的安全宣传、教育、培训、检查、督促等基础工作<br>• 负责旅游地突发事件的应急协调、处置和救援，督促旅游保险的赔付 |
| 旅游应急法制 | • 制定旅游地的旅游应急规章和规范性文件<br>• 制定旅游地的旅游应急管理政策、旅游应急标准等<br>• 落实各级和各部门对旅游安全与应急的法律、法规和标准要求<br>• 编制旅游地的旅游应急规划；编制旅游地的旅游恢复重建规划等<br>• 面向重灾后的恢复重建，出台资金、税费等方面的旅游产业扶持政策 |
| 旅游应急预案 | • 根据上级部门和上级预案的要求，根据旅游地的实际情况制订并适时修订旅游地的旅游应急预案<br>• 定期开展旅游应急演练工作，督促旅游企业开展旅游应急演练工作<br>• 监督和检查旅游企业对旅游地旅游应急预案的贯彻执行情况 |
| 旅游应急平台 | • 建设旅游地的应急信息平台、技术平台和资源平台，加强旅游地呼叫平台建设 |

## 五、旅游企业的应急体系建设

旅游企业是旅游行为活动的具体组织者和执行者，是与旅游者发生微观接触的工作主体。旅游企业的应急能力是旅游业应急能力中最基础、最微观的能力体现，它们的水平和高度决定了旅游行业整体应急能力的水平和高度。

旅游企业在安全与应急管理中承担着"主体责任"，旅游企业既是旅游盈利的获得者，也是旅游风险的承担者。加强旅游应急体系的建设，是降低和减缓旅游风险，减少旅游企业安全成本的基本要求。作为微观的执行主体，旅游企业的应急体系建设主要在于落实各级各部门的体制、机制、法制和预案要求，建立旅游企业自身的应急机构、应急机制、应急制度和应急预案，并明确安全应急管理工作一把手负责制；旅游企业既要强化自身应急资源的建设，也要强调积极对接和利用公共应急资源，为旅游企业的应急管理提供资源支撑和要素支撑。旅游企业的应急体系建设任务如表12-4所示。

表12-4　旅游企业的应急体系建设任务

| 应急体系内容 | 建设任务 |
| --- | --- |
| 旅游应急体制 | • 建立旅游企业的应急工作体制，加强旅游应急的领导工作<br>• 建立旅游企业的旅游安全与应急管理机构，确立应急领导、应急队伍的人员构成，明确其应急职责和任务 |
| 旅游应急机制 | • 对接旅游地的应急管理机制、应急服务机制和应急协调机制，建立旅游企业的应急工作机制<br>• 将旅游企业的应急工作与地方人民政府和旅游主管部门的应急工作进行有序对接，获取公共应急资源的全面支持<br>• 进行旅游企业所辖范围内的安全与风险信息的搜集、汇总、分析与风险评估工作，及时向相关部门报送旅游安全与风险信息<br>• 根据旅游预警信息开展旅游日常业务工作，遵守预警的规定和要求，对游客进行明确而具体的风险警示<br>• 根据自身应急需求进行应急物资储备和应急队伍建设等相关工作<br>• 积极开展旅游安全与应急的基础工作，包括旅游风险管理、旅游安全检查、旅游安全与应急宣传、教育和培训<br>• 本企业发生旅游突发事件时进行积极有效的应急处置和救援，及时妥善地进行伤害赔付工作，协调旅游保险的赔付工作 |
| 旅游应急法制 | • 制定旅游企业的安全与应急管理制度，加强安全与应急管理的激励与惩戒管理<br>• 落实各级各部门的旅游应急管理法律法规、政策和应急标准的要求<br>• 编制旅游企业的旅游安全与应急规划，编制旅游安全与应急工作计划 |

续表

| 应急体系内容 | 建设任务 |
|---|---|
| 旅游应急预案 | • 根据各级预案的要求,制定并适时修订旅游企业的安全与应急预案<br>• 定期开展旅游企业的应急演练工作 |
| 旅游应急平台 | • 在旅游企业的管理平台、管理信息系统中设立应急管理模块 |

## 第二节 旅游业应急体系建设的战略导向、目标与措施

由于历史因素和体制因素的影响,我国的旅游应急管理存在着综合性风险预控水平低、部门分割明显、社会动员能力弱等诸多问题。我国旅游业应急体系的建设任务较为艰巨。明确我国旅游业应急体系建设的战略导向、目标和措施,对于加速我国旅游业应急体系的建设过程具有重要的指导意义。

### 一、旅游业应急体系建设的战略导向

旅游业应急体系是应对和处置旅游突发事件的工作体系。在不同时期、不同应急需求和不同应急理念的背景条件下,旅游业应急体系具有不同战略导向。明确的战略导向,将使旅游业应急体系建设工作具有具体的战略支撑和实现途径。

从经济角度而言,旅游应急管理是一个需要付出综合运作成本的管理工作,旅游应急工作需要考虑治理成本与治理收益的平衡问题。只有当旅游应急治理成本小于突发事件损失所导致成本的前提下,旅游应急管理才是符合经济收益原则的。从伦理角度而言,旅游应急工作致力于减少旅游突发事件导致的人员伤亡和社会损失,它在伦理上是不可或缺的重要工作,它的存在与否不能完全以经济效益和成本大小作为衡量标准。因此,旅游业应急体系建设应该坚持伦理优先的战略前提,旅游应急的经济效益服从于伦理效益。

在伦理优先的背景下,综合考虑旅游业应急体系建设的经济成本,有利

于提升旅游应急工作的综合效益。有研究表明,"轻预防、重应急"的应急管理模式需要巨大的总社会成本、政府效能也较为低下;而"重预防、兼顾应急"的应急管理模式所需要的总社会成本相对小,并且政府的应急管理效能也能得以提高。这表明,建立以预防管理为建设导向的旅游应急管理模式,有助于减少我国旅游业发展中的综合成本。因此,我国应建设"重预防、兼顾应急"的旅游业应急体系,要在预防和应急准备水平优先提升的前提下发展综合应急能力,这是推动我国应急效益提升的重要战略方针。

传统的旅游业应急体系建设主要强调旅游应急管理能力的提升,较少强调旅游应急服务能力和旅游应急协调能力的提升。事实上,为旅游者和旅游企业提供综合性的应急服务,提升其应对旅游突发事件的响应能力,是减少旅游突发事件、降低旅游突发事件损失的重要手段。旅游应急协调能力的提升是优化旅游公共应急资源的储备、调配,服务旅游应急工作的重要途径。因此,以旅游应急管理能力、旅游应急服务能力和旅游应急协调能力等综合能力建设为主要目标,强化旅游业应急体系的综合发展,是提升旅游业应急体系建设综合水平的重要战略基础。

## 二、旅游业应急体系建设的主要目标

### (一)总体目标

在当前阶段,我国旅游业应急体系建设的总体目标包括以下几点。第一,遵循"统筹安全和发展"的战略原则,围绕适应我国旅游业稳定发展、可持续发展和健康发展的战略需求,致力于建设综合应急能力保障下的安全可靠的旅游消费环境。第二,在国家旅游业、区域旅游业、目的地旅游业和旅游企业等不同产业层次,建设起应对和处置旅游突发事件的基本能力。第三,全面提高旅游行政主管部门、旅游企业和旅游者等利益相关主体的应急能力,形成融合应急管理能力、应急服务能力和应急协调能力的综合应急能力,实现旅游应急治理体系和治理能力的现代化。第四,促进旅游行业内、相关部门间、旅游行业与相关部门间的协调合作,推动旅游应急管理工作在纵向产业层次和横向功能部门间的整合与协调，形成综合性的旅游业应急体系。

(二) 功能性目标

根据旅游突发事件的应急机制与任务结构，可将旅游业应急体系建设的功能性目标解构为预防与应急准备目标、应急监测与预警目标、应急处置与救援目标、事后恢复与重建目标四个目标模块。

**1. 预防与应急准备目标**

旅游突发事件预防与应急准备的工作重心和首要目标是通过有效的风险管理减少旅游突发事件的发生，并通过科学的应急投入建立起旅游应急的体制、机制、法制、预案和基础设备设施，为实施旅游应急工作构建起基础条件。在某种程度上，旅游业应急体系建设工作就是旅游预防与应急准备工作的重要构成内容，旅游应急体制、机制、法制和预案等体系内容的建成和发挥作用是本阶段工作的重要任务目标。在日常的旅游预防和应急准备工作中，常规的工作性目标还包括：建立旅游风险的排查、识别和评估工作体系，实现对旅游风险的预控；建设和储备起用于旅游应急工作的支撑要素和支撑资源，基本建立起旅游应急的工作体系和应急能力。

**2. 应急监测与预警目标**

旅游应急监测与预警的主要目标是实现对旅游突发事件风险因素的全面监控，实现对重大旅游突发事件风险因素的有效监控和及时预警，以避免或阻止灾难性旅游突发事件的发生。在日常的旅游应急监测与预警工作中，应通过事前的风险信息收集、分析和处理，进行安全风险形势的预判与科学预测，及时向旅游目的地、旅游企业、旅游者、公众等发布风险评估与安全预警信息等。旅游预警工作强调及时性、针对性和科学性，避免误导旅游者和旅游企业。

**3. 应急处置与救援目标**

旅游应急处置与救援的主要目标是及时响应旅游突发事件，通过积极有效的应急处置和救援管理，最大可能地减少旅游突发事件造成的人员伤亡，减缓和降低旅游突发事件导致的综合损失。旅游应急处置和救援高度强调"以人为本、游客第一"的应急理念。应急处置和救援是应急管理中最核心的任务阶段,其工作任务的复杂度也最高,既要向前承接监测预警阶段的风险信息分析,又要向后承接恢复重建阶段的旅游功能恢复。因此,它可以分为信息获知、有效反映、重点应对、快速恢复四个阶段①。无论处于何种微观阶段,旅游行政主管部门、旅游企业、旅游者的综合协调和全社会的积极响应都是实现应急处置与救援目标的重要前提。

**4. 事后恢复与重建目标**

事后恢复与重建的主要目标是实现旅游者、旅游企业和利益相关主体的安全状态的恢复,这既包括身体、财产和资源等物质功能的恢复,也包括活动、秩序等社会功能的恢复,同时包括文化、心理等精神功能的恢复。重灾后的恢复与重建包括宏观社会架构、中观产业运营、微观旅游活动和基础设施条件等一系列产业要素的恢复与重建。需要指出的是,旅游突发事件后的恢复与重建并不仅是指原有功能或状态的复原,还可指原有基础上的功能提升和跨越。

## 三、我国旅游业应急体系建设的具体措施

我国旅游业应急体系建设工作正在跨越初级发展阶段,建设起适应我国旅游业发展需要的应急体系还需要较长的时间跨度,需要积极有效的措施予以推进和落实。

**(一)国家层面的旅游业应急体系建设措施**

国家旅游行政主管部门等国家层面的旅游应急机构承担着旅游应急顶层设计的重任,并承担着旅游应急工作的宏观指导工作,同时承担着全国性、跨省或境外的重大突发事件的应对处置工作。因此,宏观国家层面的旅游业应急体系建设应侧重以下工作:第一,完善国家旅游行政主管部门与相关部门间的应急沟通与协调机制,以增进国家旅游行政主管部门与国务院、应急管理部、外交部、相关部委、下级机关的应急信息共享,提高全国性、跨省、

---

① 陈安,陈宁,倪慧荟.现代应急管理理论与方法[M].北京:科学出版社,2009:78.

境外涉旅突发事件的联合应对能力。第二，举行全国性的大规模应急演练，以增加旅游应急工作在横、纵方面的协调联动性，强化高复合性、非常规突发事件的应对能力。第三，加快出台相关法规、规章、规范性文件、标准等强制性或指导性的旅游应急法律文件，加强对各级旅游行政主管部门的政策引导，提高全行业对旅游应急工作的重视度。

### （二）区域层面的旅游业应急体系建设措施

区域旅游业是旅游应急工作的重要承载空间。在区域层面，旅游应急体系建设应侧重以下工作。第一，重视旅游区域之间的应急合作，尤其是重视跨省旅游区域之间的应急合作，在应急政策、应急通信、应急技术等应急平台上实行有效的连通，为广泛的旅游应急合作理顺体制问题。第二，重视区域内旅游应急主体的协调与联合，推进旅游应急平台化、统一化等基础工作，为旅游应急提供高效运作的基础机制和平台。第三，强化旅游应急联合演练、旅游应急物资共享、旅游对口支援、经验交流互助等旅游合作机制在区域内外的推广，推进区域间旅游应急工作的开展。

### （三）目的地层面的旅游业应急体系建设措施

目的地旅游业的应急工作是以应急要求落实和应急任务执行为导向的应急工作体系。在目的地层面，旅游业应急体系建设应侧重以下工作。第一，重视旅游地政府一般应急工作与旅游应急工作的对接，积极协调和采用地方人民政府的应急资源来开展旅游应急工作，为旅游应急工作提供较好的资源平台。第二，重视旅游地主管部门应急工作与旅游企业应急工作的协调与联合，强化旅游企业在旅游应急工作中的主体作用，充分发挥旅游企业应急的积极性，并协助和指导旅游企业建立应急平台体系。第三，推动旅游企业之间的应急协调与联合，通过旅游企业的合作减少旅游应急资源的浪费，提升旅游应急资源的有效利用程度。第四，有效发挥旅游行业协会在旅游应急工作中的积极角色，推动和强化旅游行业协会在企业协调和社会资源动员中的应急功能。

### （四）旅游企业层面的旅游业应急体系建设措施

微观的旅游企业层面主要由饭店业、旅行社业、旅游景区业、旅游交通业等要素行业构成，它们是整个旅游业发展的核心。安全的旅游经营环境是旅游企业平稳发展的前提。在当今风险高发的社会环境下，旅游企业的应急体系建设应侧重以下工作。第一，提高风险意识，重视旅游突发事件风险的预控和管理，化被动应急为主动应急，建立积极型的旅游企业应急工作体系。第二，重视应急预防与准备工作，加大旅游应急设施设备建设的投入，加大旅游应急人才队伍的建设与投入，重视旅游应急文化的塑造，重视旅游从业人员的应急宣传和培训。第三，重视与公共应急资源的对接，积极有效地利用公共应急资源来弥补企业应急资源的缺陷，化解旅游企业的应急管理障碍。第四，重视与其他旅游企业之间的应急合作，推动旅游企业间应急资源的协调与整合。

# 第十三章　旅游企业应急体系建设研究

旅游企业是旅游活动最直接的组织者，是旅游安全最基础的保障主体。在旅游企业层面建设起完善的应急体系，是提升旅游业整体应急能力的基础要求。旅游企业的安全管理工作与应急管理工作具有微观性、具体性和关联性。从工作范畴来看，旅游应急管理从属于广义的旅游安全管理，日常性的旅游安全管理则是旅游应急管理的工作基础，两者具有承接性和紧密的关联性。因此，旅游企业一般也习惯对安全管理体系和应急管理体系进行整体建设。

## 第一节　饭店企业的应急体系建设

我国于2010年颁布的《旅游饭店星级的划分与评定（GB/T 14308—2010）》对饭店安全管理提出了严格的要求，并明确提出饭店应建立应急管理预案。因此，饭店安全应急工作已成为饭店经营管理中的重要任务内容。饭店企业是一种具有固定空间场所，以住宿、餐饮、娱乐等为主要产品的经营体系。饭店企业普遍倡导细节化、立体化管理，强调全方位的服务关照，强调全面的安全防控，力求为旅游者营造出全面的安全环境。在这种要求下，建立和实施"全面安全管理体系"，是饭店企业实现安全运营的必然基础。饭店企业的应急工作及其应急体系建设，应该以饭店全面安全管理体系作为基础，以全面应急体系作为建设导向，以建立饭店企业的全面应急能力。

## 一、饭店突发事件的类型与成因

### (一) 饭店突发事件的主要类型

饭店突发事件的来源广泛而复杂,它涉及饭店的方方面面,关系到饭店的每位客人,同时关系到饭店的每个部门、每个工作岗位和每个员工。它表现在:每个部门有专属的突发事件类型,员工安全技能的局限会导致突发事件,客人安全素质缺乏会带来突发事件,服务操作中也隐藏着大量的程序性和认识性的风险隐患。由于来源广、隐患多,饭店的突发事件并不仅仅局限于消防安全事故和食品卫生事件,各种可能在社会上发生的突发事件同样可能会发生在饭店这个小社会内部,这使饭店的突发事件显得十分复杂。现代饭店中的突发事件主要包括十余个大类、近 20 个小类,具体问题类型如表 13-1 所示。

表 13-1 饭店突发事件的主要类型

| 饭店突发事件分类 | 主要表现类型 | 主要来源及特征 |
| --- | --- | --- |
| 自然灾害 | 各类自然灾害事件 | 气候灾害、泥石流、洪水、地震等,以及各种灾害引发的二次灾害 |
| 事故灾难 | 消防事故 | 损失面大、会造成财物和人员的综合损伤、损失难以恢复 |
| | 设施事故 | 设施陈旧缺乏安全性,设施故障引发安全事故等。例如,电梯事故、设施擦伤旅游者、旋转门撞伤旅游者、旅游者摔倒受伤、玻璃门划伤旅游者、开水烫伤旅游者等 |
| | 施工事故 | 工程机械事故、施工火灾、施工时员工中毒、施工引致的死伤等 |
| 公共卫生事件 | 食物中毒 | 因食品原材料不合格、烹饪操作不当、食品搭配不当、食品储存不当、投毒等导致的各种中毒事件 |
| | 各类疾病 | 流行性感冒、传染性疾病、旅游者个人疾病、高原环境引发猝死等 |
| | 精神安全问题 | 名誉损失、隐私安全受损、受到心理威胁、受到高度惊吓等 |
| | 职业危害 | 各种职业伤害和职业病,如客房中的粉尘危害、洗衣房的高温伤害等各类因工作引起的身体、心理和财物损伤 |

续表

| 饭店突发事件分类 | 主要表现类型 | 主要来源及特征 |
|---|---|---|
| 社会安全事件 | 刑事治安案件 | 偷盗犯罪、打架斗殴、黄赌毒、爆炸等公共恐怖行为、抢劫、投毒、放火、强奸、杀人、逃债、骗案、欺诈等 |
| | 人员冲突 | 主客间口角冲突、主客间互施暴力、服务操作导致旅游者受伤、服务投诉、法律纠纷等 |
| | 突发伤亡 | 旅游者自杀、非正常死亡等 |

资料来源：谢朝武（执行主编）．旅游饭店安全管理实务［M］．北京：中国旅游出版社，2012．

多样化的突发事件对饭店的整体管理具有较大的影响。饭店是个安全敏感型企业，任何突发事件的发生都会影响饭店形象，减弱旅游者的忠诚度，损害饭店可持续发展的基础。但是在实践中，很多饭店将安全管理等同于消防管理，饭店的规划设计缺乏安全考虑，服务操作不注重细节安全，由此而带来大量诸如偷盗、黄赌毒、公共恐怖行为、隐私安全、主客打架斗殴等形形色色的安全问题。与此相反的是，旅游者对饭店安全的关注程度却越来越高。

饭店企业的安全与应急工作是个系统工程。要正确地处理不同类型的饭店突发事件，需要对每类突发事件有全面深入的认识，并根据饭店自身的实际情况制定安全与应急预案，面对突发事件做到既有章可循，又有适度的安全应变能力。因此，建立一个科学系统的安全与应急体系，是饭店预防突发事件、减少安全成本、增加安全收益的必然举措。

（二）饭店突发事件的成因分析

饭店突发事件的结构性成因主要包括环境风险、设施设备风险、人员风险和管理风险等来源类型。由于饭店是个复合型的经营体，因此饭店突发事件的成因表现也具有复合型的特征。

**1. 饭店环境风险**

饭店的环境因素包括饭店周边的自然环境因素和社会环境因素等环境结

构。一般而言，城市饭店的自然环境经历了较多的人工整理，自然风险因素较少。但郊野饭店和山地饭店周边的山坡、水体、悬崖等环境因素，则是引发突发事件的常见原因；饭店所处社区的政治经济环境、社会治安环境、民俗风情环境等社会环境因素，是影响旅游活动秩序的重要因素。动荡的政治经济环境可能引发大规模的社会冲突与动荡，影响饭店的安全经营。不良的治安环境可能导致旅游者遭遇刑事治安事件，差异过大的民俗风情环境可能导致主客之间的行为冲突。可见，饭店环境因素与饭店突发事件间存在密切的关联。

**2. 饭店设施设备风险成因**

饭店设施设备是维持饭店高效运转的基本条件，但设施设备也存在诸多的风险因素。大部分饭店可能存在的安全隐患包括设施设备安全设计不过关、设备设施检修维护不及时、设施设备老化严重、设施设备存在运作故障、缺乏良好的设施设备使用说明、安全应急设施设备配备不完善等。在饭店企业中，部分设施设备在运转过程中还存在由于操作不当而导致的具有个性特征的事故类型。具体如表13-2所示。

表13-2 饭店设施事故的主要表现

| 设施类型 | 可能引致的事故类型 |
| --- | --- |
| 电梯 | 旅游者在电梯中被困致心脏病发作、轿厢坠落或速度故障致旅游者伤亡、旅游者梯井坠坑事故、电梯夹伤旅游者等 |
| 游乐设施 | 泳池溺水、桑拿意外死伤、健身设施故障致旅游者受伤等 |
| 客房设施 | 客房洗浴意外、窗户过低导致坠落事故、客房电器爆炸等 |
| 锅炉 | 锅炉爆炸、锅炉故障使供冷、供热中断等 |
| 厨房设备 | 火灾、烫伤、烧伤、煤气中毒等 |
| 洗衣设备 | 烫伤员工、机械事故致员工死伤等 |
| 消防设施 | 无法报警、虚假报警、无法喷淋灭火 |
| 管网电器线路 | 线路故障、线路短路、温控器过载、管网电器火灾等 |
| 建筑外部设施 | 物防技防设施故障引致的失窃、外部设备设施不牢固导致砸伤客人等 |

### 3. 饭店人员风险成因

导致饭店突发事件的人员因素既包括饭店员工因素，也包括旅游者因素，甚至包括出入饭店的第三方人员因素。饭店员工的不当行为和低下的安全素质都可能导致突件的发生：饭店员工安全知识与安全服务技能较低、饭店员工的安全服务意识与观念淡薄、饭店员工操作不当或者失误等都容易引发安全事件；旅游者也是重要的风险成因：旅游者的意外之举、冒险行为、醉酒、炫富等，都可能导致安全事件的发生，导致人身和财物的损伤；饭店中的第三方人员，如外包施工人员、外部营销人员、闲逛的非旅游者人员等，也可能成为风险的制造者，导致饭店突发事件的发生。

### 4. 饭店管理风险成因

饭店管理不当、管理疏忽或力度不足等是造成饭店突发事件的间接原因，主要包括：①饭店安全管理制度不健全，突发事件问责机制不明晰；②饭店安全监管力度不足，未能定时定期地排查安全隐患，消除突发事件；③饭店安全教育培训不够，导致饭店员工所掌握的安全知识与技能难以应对饭店突发事件；④饭店没有投入足够的人力、物力、财力提高饭店安全管理水平等。

## 二、饭店全面安全与应急体系的建设[①]

饭店全面安全与应急管理是指将饭店将安全管理与应急管理进行全面融合，并将安全与应急管理与饭店日常管理全面融合的过程，它强调全目标运作、全过程管理、全主体动员、全细节管理和全方法治理等机制的建构与实施，是推动饭店实现全面安全保障的管理方式。

### （一）全目标运作

全目标运作是指饭店致力于安全与应急工作的清晰化、目标化和指标化，并以此为基础对安全与应急工作进行指导、管理和考核，以实现安全与

---

① 谢朝武. 饭店全面安全管理体系的构建[J]. 华侨大学学报, 2006（3）：38-44.

应急治理的精准化。实现饭店安全既关系到人的安全，也关系到财和物的安全；既关系到人的身体安全，也关系到人的心理安全；既关系到设施的本质安全，也关系到环境的氛围安全。饭店安全的复杂性给饭店管理人员和服务人员造成安全层面的挑战与压力，他们需要明确安全与应急管理的对象与目标，要明确安全与应急管理工作应做什么、怎么做、什么时候做。因此，饭店全面安全与应急管理的首要任务实现安全与应急工作的清晰化、目标化、指标化（见图 13-1）。

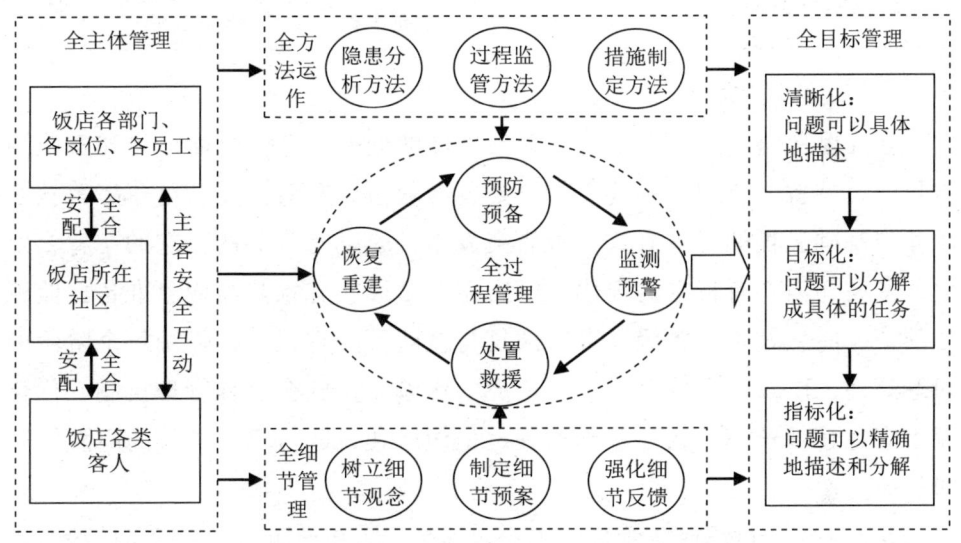

图 13-1　饭店全面应急管理的运作体系示意图

根据运作流程和发生规律，可以将饭店安全与应急管理的控制性指标分成三类，即安全应急的投资指标、安全应急的生产指标和安全应急的效益指标。安全应急投资指标主要反映饭店在安全应急工作上的人力、物力和财力投入；安全应急生产指标主要反映饭店安全应急责任、安全应急任务的执行情况；安全应急效益指标则是从综合上反映饭店安全应急投资和安全应急管理工作所产生的效益（见表 13-3）。

表 13-3  饭店安全与应急管理的主要控制性指标

| 饭店安全应急管理的指标类型 | 饭店安全管理的具体控制性指标 |
| --- | --- |
| 饭店安全应急投资指标 | 安全应急货币投入量、人员投入量、劳动日投资量、人均安措费、人均劳防用品费、更改费中安措投资比例、安技人员配备率、人均职业病诊治费等 |
| 饭店安全应急生产指标 | 安全应急人员的在岗率、安全应急工种的持证上岗率、安技人员技术考核的通过率、安全应急防护用品的合格配备率、具体安全应急任务的完成率等 |
| 饭店安全应急效益指标 | 投诉率、突发事件发生数、突发事件增长率、突发事件赔偿额、事件人身伤亡数、轻伤负伤率、人员安全生产率等 |

### （二）全过程管理

全过程管理是指饭店立足于突发事件的演变规律，全面优化和实施预防与应急预备、监测与预警、应急处置与救援、事后恢复与重建等等核心任务与基础过程的管理方式。饭店突发事件是动态发展的，它的孕育、发生、发展和消亡有特定的规律，饭店需要全面实施预防与应急准备、监测与预警、应急处置与救援、事后恢复与重建等过程机制，强调每个阶段的动态管理，以减少突发事件及其造成的影响。实施全过程管理机制，优化饭店应急管理核心人物与基础过程，是饭店建设起可靠、高效的应急体系的前提。

饭店实施全过程应急管理的主要内涵是：①在预防与应急准备阶段，饭店应致力于建设完善的饭店安全与应急体制、机制、法制和预案，要明确安全与应急的组织机构和人员队伍，提升人员队伍的安全与应急素质，建立细化到每个主体和岗位的安全与应急责任，建立岗位安全操作细则，编制饭店突发事件应急预案和专项应急预案；②在监测与预警阶段，饭店应按照要求建设视频监控系统，提升监测智能化水平，并充分利用监控系统监测突发事件风险，及时掌握饭店的风险形势和变化趋势；③在应急处置与救援阶段，饭店应充分研究室内突发事件的应急优势，优化和提升处置救援系统的效率，实现快速、高效、精准的突发事件响应；④在事后恢复与重建阶段，饭店应立致力于快速消除突发事件影响、提供周到完善的善后服务、提升顾客的安全满意度；⑤饭店还应致力于提供全过程的安全与应急保障服务，通过全面的人防、物防、技防和应急资源储备，为全过程应急管理提供资源支撑。饭店全过程应急管理的重点和难点如表 13-4 所示。

表 13-4　饭店全过程应急管理重点和难点

| 事件进程 | 饭店应急功能 | 体系建设的重点与难点 |
| --- | --- | --- |
| 事前 | 预防与应急预备 | 应急体制、机制、法制和预案、人员队伍安全与应急素质优化、明确岗位应急责任、细化岗位安全操作规程、建立风险隐患台账、应急演练与培训 |
| 事发 | 监测与预警 | 高密度监控系统、监控分析智能化、应急监测联动 |
| 事中 | 应急处置与救援 | 快速、高效、精准的突发事件响应、应急值守、应急联动 |
| 事后 | 恢复与重整 | 快速消除突发事件影响、细节周到的善后服务、媒体与营销恢复计划 |
| 全程 | 应急保障 | 全过程的人防、物防、技防和应急资源保障 |

（三）全主体动员

饭店服务行为是一种主客互动行为，所有的消费过程都是在主客双方相互参与、相互交流的过程中发生的，饭店的安全与应急管理工作也需要主客双方的互动，需要饭店每个主体的尽职尽责，也需要旅游者的配合与理解。饭店全面安全应急的全主体运作是指饭店对每个部门、每个岗位和每个员工的安全应急工作和安全应急责任进行明确规定，并通过提高饭店每位成员的安全应急技能和安全应急意识，通过加强对饭店每位旅游者的安全与应急引导，以及强化与社区的应急配合来达到饭店全面安全的操作过程。

全主体动员的具体内涵包括以下几点。①强调饭店的每个主体和成员都负有安全应急责任，其日常工作也都包含安全应急的内容，其工作的好坏关系到自己、饭店同事和饭店客人的安全。②饭店每个部门、每个岗位和每个员工的安全应急工作和安全应急责任必须明确区分，并应该在岗位操作细则和岗位责任书中进行明确的说明和规范。只有明确认识到自己的安全应急责任，饭店员工才可能有安全的工作行为。③饭店的每个成员都应该培养起安全操作意识，并具有与岗位操作相关的安全技能。员工安全应急意识和安全应急技能的培育必须纳入饭店基础培训和饭店岗位培训之中，安全应急工作必须持证上岗，非安全应急工种必须有安全应急培训的资历说明。饭店应该定期对员工的安全应急技能和安全应急意识进行考核，并将其与岗位评聘挂钩。④旅游者也是饭店安全应急管理中的能动主体，他们的安全应急意识和安全应急技能对于旅游者自身的安全防范起着非常重要的作用。旅游者的安全应急意识和安全应急技能是可以培训的，这需要饭店采用多种途径、巧妙安排，例如员工的个人叮嘱、设施使用的书面说明、"温柔"的安全警告等都是可行的方式。⑤饭店工作本身隐藏着许多职业灾害，员工应该积极防止化学腐蚀、腰背损伤、割伤、烧伤等职业病的发生。

（四）全细节管理

全细节运作是指饭店通过对服务细节和工作细节的关注，全面发现安全隐患和突发事件风险，努力使各种细节问题的安全处理常规化、制度化，并在员工中建立"细节问题决定安全成败""细节管理决定应急成败"的工作理念，以从根本上杜绝突发事件的发生。关注细节问题、做好细节管理，是饭店消除安全隐患、减少突发事件、实现全面安全的重要基础。

细节决定成败，饭店安全应急工作也不例外。饭店作为一个整体的消费产品，是由大量琐碎、具体的细小服务按照特定的程序和逻辑构成的。而客人是多变的、服务是动态的。因此，经常有大量的细节问题涌现，它需要服务人员利用自己的判断能力进行现场应急处理。此时的服务人员如果安全应急意识不足、责任意识不强、职业敏感度不高，或者对细节问题不关注，就容易使这些细节问题变成安全隐患，甚至发展成突发事件。从饭店安全问题和突发事件的发生类型来看，饭店既可能发生火灾事故等大型的突发事件，也可能发生旅游者摔倒受伤等细节安全问题。现状是，很多人重视重点问题而忽视细节问题，重视特殊情况而忽视普通细节情况。事实上，只有重视细节管理才能避免有效饭店突发事件，起到防患于未然的作用（见表13-5）。

表 13-5　饭店常见细节安全问题

| 饭店常见细节问题 | 容易导致的安全事件 |
|---|---|
| 施工地或特殊操作时未挂警示牌 | 客人滑倒摔伤、撞击等伤害事故 |
| 客人的车辆未关窗门 | 客人财物被盗、车辆失窃等社会治安事件 |
| 询问其他客人的保密客史信息 | 客人私密信息被传播、客人冲突等社会治安事件 |
| 客人在房内使用电器 | 电器故障、客房火灾等事故灾难 |
| 访客要饭店向客人转交物品 | 转交物品为危险物品、物品滞留等各类事件 |
| 饭店客人醉酒 | 酗酒闹事、客人财物被窃、发生撞击伤害事故等各类事件 |
| 员工工作疲惫 | 开重房、财物失窃、服务操作导致客人受伤等各类事件 |

## （五）全方法治理

全方法治理是指饭店根据不同的安全管理方向和应急管理方向，全面采用各种可用的管理方法来进行安全隐患分析，推进安全与应急的过程管理，推进安全应急措施的制定。安全应急方法的采用要符合服务性企业的性质，同时饭店还应该努力发展适应自己实践要求的个性管理方法，使饭店采用的安全应急方法具有针对性、匹配性、发展性和全面性。

饭店是一个服务性企业，其采用的安全应急管理方法既要符合一般的安全应急准则，还要考虑旅游者的接受程度，要考虑饭店作为服务性企业的可持续发展。因此，饭店安全应急管理的方法采用必须朝三个原则方向努力。第一，安全应急管理方法要能阻止事故的发生。第二，安全应急管理方法和措施的采用在心理上要不影响旅游者的消费忠诚。第三，安全应急管理方法和措施采用要符合行业规范和国家的法律要求。

饭店安全应急管理在内容上涉及风险隐患分析、过程安全监管、安全措施制定等不同的方向，每项管理内容都需要不同的方法来匹配。具体而言，饭店安全应急管理中所需使用到的方法主要包括安全隐患分析方法、过程管理方法和措施制定方法三类。除了上述方法，饭店还可以根据自己的实际需求发展新的方法，以使安全应急管理更具针对性，也更有实效性（见表 13-6）。

表 13-6　饭店安全与应急管理的常用方法

| 方法的基本类型 | 饭店安全管理中常用的具体方法 |
| --- | --- |
| 安全隐患分析方法 | 事故因果理论、能量转移理论、安全系统理论、事故模型理论、应急管理理论。 |
| 过程管理方法 | 戴明循环法、质量功能配置法（quality function deployment）、全面质量管理（total quality management）、经济方法、法律方法、授权法、心理分析方法。 |
| 措施制定方法 | 轨迹交叉分析法、法律方法、反馈分析法、行为学方法、模拟技术。 |

## 四、饭店应急体系建设的保障措施

饭店安全体系建设与应急体系建设是一个复合过程，但两者绝不能简单等同，两者具有功能和任务上的差异。前者更重视日常安全管理和生产事故的处置，后者更重视紧急安全处置和突发事件的应对。饭店安全体系与应急体系具有同样的机制结构，但是其应对水平、应对范围和应对强度等存在着较大的差异。饭店应急体系建设的保障措施包括：

### （一）采用先进的科学技术

饭店在隐患监控、风险预警、应急呼救、信息传递、事件处置等各领域都可以使用高新技术。例如，智能化的监控分析技术、一体化的报警呼救装置、客房门禁与视频系统、电梯门禁系统等。利用高新技术及时掌控饭店的风险信息，有效控制饭店突发事件有助于减少突发事件及其带来的损失。故此，饭店应积极投入专项资金，利用先进科学技术做支撑，提升饭店应急体系的技术保障水平。

### （二）重视风险预防体系建设

饭店突发事件预防体系的建设应与饭店安全管理体系的建设保持高度的关联性和承接性，既要重视风险源的排查、分析和预控等预防管理工作，也要重视饭店从业员工的安全教育、安全培训、安全文化建设等人员管理工作，要为饭店突发事件风险管理提供体系化的基础设施、技术条件和人员条件。要通过全面风险预防体系的建立，为饭店应急工作提供坚实的工作基础。

### (三)建立与社区的互助机制

饭店突发事件需要所在社区的积极支持。缺乏与社区的有效互动,饭店在突发事件处置、旅游者应急疏散、紧急救援等关键事务中,可能面临难以解决的困难。因此,饭店应与周边行业企业、社区等建立应急互助机制,有效利用和整合周边的应急资源,弥补饭店自身应急能力的不足,提高联合应急能力。有效的互助机制将极大地提高饭店处置突发事件的效率与能力,有助于减少突发事件给饭店带来的损失。

### (四)建立有效的信息沟通平台

饭店应该建立与外界开展有效沟通的信息平台,以促进突发事件的有效处置。其一,有效的信息沟通平台能避免不实信息的传播,避免产生针对饭店的不良的流言蜚语。其二,有效的信息沟通平台能促进饭店与相关政府部门、其他饭店企业以及行业协会的协同应急,有利于沟通各方共同应对饭店突发事件。其三,有效的信息沟通平台有助于饭店及时了解外界突发事件的发展状态,推动饭店的及时应急、科学应急,推动饭店应急体系的完善和发展。

## 第二节 景区企业的应急体系建设

景区是旅游业的重要组成部分,也是游客开展旅游活动的空间载体。但是,由于景区环境风险的广泛性和复杂性、游客行为的随机性和景区管理水平的层次不齐,景区突发事件时有发生,给游客的生命财物安全造成了较大的威胁。因此,探索和建立适应我国旅游景区安全需求的应急管理体系,对于促进旅游景区的安全发展将具有重要意义。

### 一、景区服务运营中的突发事件风险及其成因

#### (一)景区服务体系中的突发事件风险

不同类型的景区拥有差异化的旅游吸引物和旅游服务种类。在景区的管

理和服务接待程中，每个环节所潜存的突发事件风险也存在差异性。景区游客一般需接受停车、售票、入口接待、咨询、导游等常规性景区游览接待服务。个别游客还会在景区内接受餐饮、住宿、交通、购物、娱乐和高风险特种旅游等附加性商业服务。其包含的潜在风险具体如表13-7所示。

表13-7　景区服务中的突发事件风险类型

| 景区服务大类 | 景区服务小类 | 景区潜在的突发事件风险 |
| --- | --- | --- |
| 景区游览接待服务 | 停车服务 | 车辆丢失、车内财物被盗、车辆损伤事故、车胎被扎破、车辆冲岗、交通事故、爆炸、火灾、车辆拥挤等 |
| | 售票服务 | 假钞问题、购票队伍冲突、主客冲突等 |
| | 入门接待服务 | 游客队伍拥挤混乱、踩踏挤压、主客冲突、假票冲突等 |
| | 咨询服务 | 因抱怨和投诉产生的各种冲突 |
| | 导游服务 | 缩短行程、减少景点、安排自费景点等业务事故 |
| | 游览服务 | 自然灾害、游客走失、游客遗失物品、游客患病死亡、坠落事件，其他突发意外事件等 |
| 景区附加商业服务 | 餐饮服务 | 食物中毒、疾病、盗窃、欺诈、火灾、宰客等 |
| | 住宿服务 | 偷窃、火灾、受伤、意外死亡、黄赌毒等 |
| | 交通服务 | 地面交通事故、缆车事故、飞行器坠落等 |
| | 购物服务 | 欺诈、强迫购物、火灾、偷窃等 |
| | 娱乐服务 | 排队冲突、设施安全事故、游客突发疾病等 |
| | 高风险特种旅游服务 | 游客失踪、游客迷路、高空坠落、突发疾病猝死、动植物伤害、过敏中毒、高原病、溺亡等 |

此外，一些自助游客在景区接受的服务相对要少，但他们的旅游方式、行程安排、活动内容等与一般游客存在很大差异，他们所从事旅游活动的风险程度往往高于一般性旅游活动。因此，自助游客在景区内的旅游活动更应该受到景区相关部门的重视。

（二）景区突发事件的成因结构

由于景区类型多样、空间分布差异大、旅游要素集中度高等原因，游客在景区中面临的突发事件多种多样。一般而言，景区存在环境风险、人员风险、设施设备风险和管理风险等来源风险和成因结构。具体如表 13-8 所示。

表 13-8 景区突发事件的主要成因

| 成因结构 | 成因类型与表现 |
| --- | --- |
| 景区环境风险 | 自然环境因素，如洪水、泥石流、滑坡、地震、海啸等 |
| | 社会环境风险如周边治安环境差、个体经营者违法违规经营、文化冲突 |
| 景区人员风险 | 游客安全意识薄弱、风险戒备意识不足；刻意追求个性化、刺激性的旅游体验；游客自以为是、采取危险的旅游行为 |
| | 景区员工安全素质低下；景区员工不当操作 |
| 景区设施设备风险 | 设施设备设计不当、设施设备故障、安全应急设施配置不足、设施设备维护不当 |
| 景区管理风险 | 安全经费、安全应急设施、安全人员等景区安全资源投入不足 |
| | 旅游安全法制薄弱；景区安全管理制度与规范缺失 |
| | 景区的风险因素管控不当 |

**1. 景区环境风险**

景区的自然环境风险和社会环境风险是影响景区安全风险的重要来源结构。景区类型不同，自然环境及其所潜藏的旅游安全风险也存在差异。洪水、泥石流、滑坡等是近年来各地较为常见的景区安全风险，部分景区还发生过地震、海啸等重大灾害风险。部分静态的地形因素如断崖、山峰等也可能使技能不足的游客产生安全事件。

景区内和景区周边的社会环境也潜藏着众多安全风险。例如，部分景区刑事治安事件屡见不鲜，严重威胁游客的生命财产安全；部分景区周边或内部的餐饮点安全管控不严，食品质量不合格，常引发游客食物中毒；部分景区周边和内部的个体经营者存在欺客、宰客等不良行为，展出的商品以次充好、质价不符、乱收费、强买强卖等。

**2. 景区人员风险**

景区人员风险包括游客自身风险和景区员工风险两类人员风险。游客是景区安全的重要风险来源，部分游客风险意识薄弱、刻意追求个性体验、采取自以为是的危险行为等，都是导致景区突发事件的重要原因。游客对精神愉悦的追求会导致其对安全隐患的忽视，这使其在遭遇意外风险或突发事件时会陷入恐慌和混乱的困境；个别游客喜欢追求个性化的旅游体验，参与高刺激、高挑战性的旅游活动，这无疑增加了游客的风险程度；此外，部分游客自以为是，不按规章行事或不听劝告，采取危险的旅游行为，乱攀乱爬、越位游览、不按规定操作游览器械等，都容易导致意外突发事件的出现。

景区员工是辅助游客完成游览观赏行为的重要主体，景区员工的安全技能、安全知识和安全观念，是影响员工安全应急操作及其安全应急表现的重要因素，但是，许多景区没有配备专职的景区安全人员，大部分景区没有对景区工作人员进行安全培训，使其在服务工作中缺乏风险意识，面对安全风险时缺乏处置应对的技能，这是触发景区安全事件的重要原因。因此，景区员工是景区突发事件的重要风险来源。

**3. 景区设施设备风险**

设施设备是维持景区经营运作的重要基础，但设施设备也是潜藏安全风险、导致景区突发事件的重要因素。常见的设施设备风险包括：景区设施设备在设计过程中存在安全失误，例如，2010年华侨城太空迷航设备发生垮塌事故，其中设计不当是导致事故的重要原因；景区设施设备在运转过程中发生技术故障、无法正常运转等导致事故的发生；景区设施设备维护不足、老化严重等导致突发事故的发生；工作人员错误操作导致设备故障或事故的发生等。许多景区的游乐设施设备属于大型设施设备，其运转过程需要大量的能量转换，因此突发事件发生时容易导致较大程度的伤害。景区设施设备风险是景区需要重点防范的风险因素。

**4. 景区管理风险**

景区是承载游客行为活动的空间场所，景区的安全管理水平与景区的安全表现息息相关。其中，不科学、不完善、不规范的景区安全应急管理是导致安全事件发生的重要成因，这主要表现为以下几点。①景区安全应急资源投入不足。由于景区安全产出难以完全的量化和表达，因此许多景区在安全经费、安全应急设施、安全应急人员的投入上并不充足，这使景区的安全运营缺乏支撑基础。②景区安全应急管理制度的缺失。许多景区缺乏安全与应急预案，对安全管理缺乏激励与惩罚措施，没有形成安全管理的制度体系，这使景区的安全管理缺乏制度依据和指导方向。③景区的风险因素管控不当。绝对安全的景区是不存在的，大部分景区都存在天然的自然环境风险。在管理上，许多景区又存在风险隐患缺乏排查和分析、景区游览线路缺乏安全设计、安全监控不力、安全应急设施配置不科学等管理缺陷，这都成为引致景区安全风险的重要因素。

## 二、景区企业应急体系的建设

景区企业是室外空间和室内空间相结合的旅游承载体，是旅游活动的主要发生空间，所面对的旅游险因素也具有多样性和复杂性。景区企业应急体系的建设既要强化一般性应急功能和应急机制的建设，也要根据景区企业的风险特征进行针对性建设，突出景区企业应急工作的重点和难点。

### （一）景区应急体系的功能架构建设

不同类型的景区覆盖着不同的空间类型和空间范围，所拥有的应急资源在数量、质量和使用方式上存在差异性，所开展的应急管理工作也因空间和应急资源的差异而带有自身的特色。大型景区企业的应急资源集中度高，可以构建比较独立的应急体系；中型景区企业在应对突发事件的过程中可能存在某些应急资源的欠缺，它既需要建立相对完备的应急体系，也需要依托当地政府的应急资源来实施应急管理；小型景区企业力量有限，应急资源比较缺乏，其应急管理主要强调积极依靠当地政府和社区的应急资源，同时需要根据自己最急迫的需求建立面向主要风险类型的应急机制；对于复合型的景区企业而言，建立体系完整、功能完善的应急体系，是减少景区突发事件、保障游客生命财产安全、促进景区可持续运营与发展的重要基础。

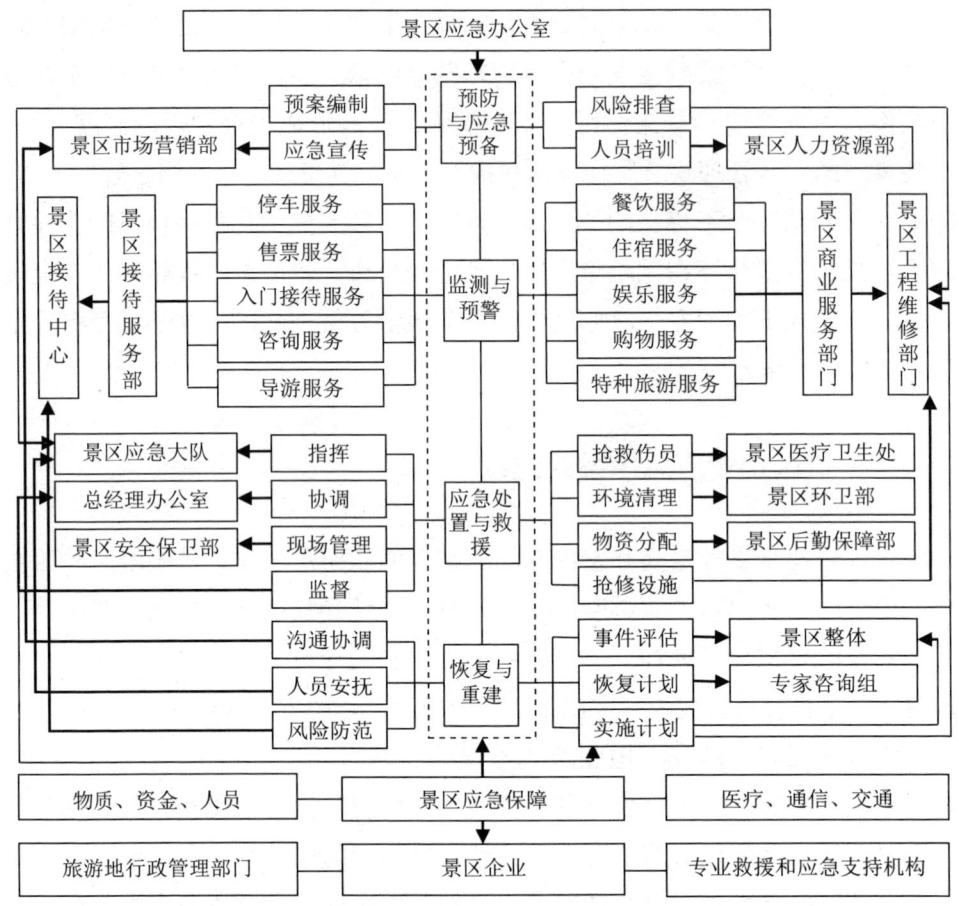

图 13-2 景区企业应急体系结构

如图 13-2 所示，景区企业的应急体系应该包括景区预防与应急预备、监测与预警、应急处置与救援、事后恢复重建和应急保障等主体的应急功能架构，这些关键的应急功能与任务可以通过专设的景区应急管理办公室或在办公室架构中设置应急管理职能来予以承担。同时，景区是一个经营性企业，景区的应急管理过程应该与日常的服务接待和管理过程进行有机的整合。其中，景区营销部门和人力资源部门可以承担应急宣传、应急培训等应急预防预备工作。景区的游览接待部门和附加商业服务部门可以帮助进行安全风险的应急监测和预警任务。景区应急大队、安保部、总经办、环卫、后勤等部门可以协助承担应急救援的主要工作。突发事件后的景区恢复重建则是景区每个部门都应该参与和承担的工作任务。

景区应急保障是景区顺利开展各项应急工作的基础和重要保证，它在很大程度上决定了应急管理工作能否成功。应急保障贯穿应急管理的整个过程，景区应急管理流程只有在应急保障的支撑和配合下，才能按部就班地进行。应急保障一般包括物资保障、资金保障、人员保障、通信保障、医疗卫生保障、交通运输保障等。景区应该根据自身的经营状况、空间分布特点、应急管理历史、应急形势等现实条件和相关要求做好应急保障工作。

如果突发事件的级别、影响范围、危害程度等严重超出景区的总体应急能力，景区在应急管理过程中就需要积极依靠旅游地行政管理部门和专业的救援与应急机构的系统支持。其中，政府应急部门的统筹指挥工作、专业救援队的应急救援、应急物资的公共配置、社会力量的灾难捐款、医疗机构的紧急医疗等，都是处置景区突发事件的必要支撑。

（二）景区企业应急体系的建设重点

景区应急体系的建设实质上是景区应急功能架构体系的建设，它是一项复杂的系统工程。景区应急体系及其功能方向的任务结构不同，其体系建设的重点和难点也存在差异（见表13-9）。

表13-9 景区企业应急管理体系的建设重点和难点

| 事件进程 | 景区企业应急功能 | 体系建设重点与难点 |
| --- | --- | --- |
| 事前 | 预防与预备 | 景区突发事件信息系统、总体与专项应急预案、景区风险隐患台账、人员培训与应急演练 |
| 事发 | 监测与预警 | 景区风险监测网络、风险信息发布系统、运营部门的监测预警职能 |
| 事中 | 处置与救援 | 多元救援力量、针对性应急救援装备、处置与救援的工作机制 |
| 事后 | 恢复与重整 | 恢复重建的战略规划、媒体与营销的恢复计划、恢复重建的支撑要素 |
| 全程 | 应急保障 | 应急资金、物力和人力的储存与配置 |

### 1. 突发事件预防与应急准备功能的建设重点

预防与应急准备工作是景区应急工作的起点，是为了预防景区突发事件而有针对性地开展风险预控和全面应急准备工作的统称。这一阶段的建设重点主要包括以下四个方面。①构建由信息输入、信息处理和信息输出三个子系统组成的景区企业突发事件信息系统，并依靠景区内的监测网络收集和汇总各环节的突发事件信息。②结合本区的综合实际情况，编制类型齐全、操作性强的应急预案。③对风险源进行调查、登记和风险评估，制定景区安全隐患的信息登录制度，并把景区划分为不同等级的安全区域，分别实施等级不同的风险警诫制度。④定期组织景区企业员工参加各种应急安全知识培训以提高员工安全意识和业务水平。景区企业应制订各类预案的演练计划，淡季时组织相关部门做好预案的综合演练，旺季来临之际加强专项预案的演练，并建立演练效果的评估考核机制。

### 2. 突发事件监测与预警功能的建设重点

监测与预警工作是承担景区企业风险的观测、发现、分析和警示等重要应急功能的工作环节。这一阶段的建设重点主要包括以下三个方面。①风险监测网络的设置。建立人防、物防和技防等相结合的监测监控网络，在主要的风险区域建立视频监控系统，实现风险监测分析的实时控制。②风险信息发布系统的建设。以预防和减少突发事件作为应用导向，通过应急广播、手机平台、户外大屏幕电视、景区门户网站、政府公共信息渠道等途径，有尺度地传递和发布风险预警信息。③运营部门监测预警职能建设。建立风险监测的运行机制，动态关注运营过程中的各种风险状况，对服务运营过程中的服务失误、投诉纠纷等可能升级为突发事件的异常状况，应积极进行监测预警。

### 3. 应急处置与救援功能的建设重点

处置与救援工作是承担景区企业突发事件的紧急响应、事件现场的应急处置、涉事人员紧急搜救和紧急治疗等关键应急任务的工作环节，它是景区企业综合应急能力的具体体现。其建设重点主要包括以下方面。①多元应急救援力量的建设。有条件的景区企业要建立适应自身规模需要的救援队伍和力量，并积极依托以政府为主体的社会公益救援力量和以企业为主体的商业救援力量，也要尝试依托地方的志愿者救援队伍等，通过多样化的救援机构和力量来保障旅游安全救援的效率和效果。②应急救援设备设施的建设配置。救援设备设施是实施应急处置和救援行动的重要支撑，景区企业应根据风险需求和自身条件，建立相应的应急设施设备体系，如购置救援支撑顶杆、起重气垫、远距离抛射救生器、救援三角架、救援照明灯、救援通信设备等。③处置与救援机制的建设。景区应对处置与救援的机构、人员、职责、工作关系、任务流程等进行制度化的安排，以为景区突发事件的处置提供科学有效的基础。

### 4. 事后恢复与重建功能的建设重点

恢复重建工作是突发事件善后处理和景区企业经营秩序及发展能力恢复的工作环节，景区企业的应急恢复重建工作应强调面向未来、面向功能提升的恢复目标。其建设重点主要包括以下方面。①恢复重建的战略或战术规划。确定各阶段景区企业恢复重建的战略目标或具体的战术目标，明确实现这些目标的手段、措施和方法。在重大突发事件背景下，应建立体系明确的战略规划体系。②媒体与营销的恢复计划。加强景区企业与各类媒体的沟通与合作，促进景区企业安全形象的传播。制订一系列可行的营销计划来激活景区客源市场，逐步提升市场信心和游客购买力。③恢复重建的支撑要素建设，包括政策与制度支撑、资金支撑、人才支撑、技术支撑、保险支撑等方面。

### 5. 全程应急保障功能的建设重点

应急保障贯穿景区企业应急管理的整个过程，它是景区企业开展应急工作的主要基础。其建设重点主要体系在应急资金保障、物力保障和人力保障等方面。①合理估算景区企业的应急资金，扩充资金的来源，科学分配应急各环节所需的资金额度。②通过采购、调用、捐赠等方式筹措景区企业应急所需的物资，根据景区应急需求和风险源空间分布特点来合理配置物资。③识别景区企业应急管理中的人员需求，从景区企业内部和外部选拔和储备各类应急人员。④建立与政府公共应急资源的互动机制，充分依托地方政府的应急平台和资源储备，为景区企业突发事件的处置提供资源基础。

## 三、景区企业应急体系建设的导入策略

景区企业应急体系的建设是一个长期过程,它涉及目标确立、功能规划、机制建设和物质平台建设等过程任务。在建设完成后,又面临应急体系的实践应用和导入等重要任务。一般性导入策略包括:

### (一)确立景区企业应急工作的战略使命

将景区企业应急工作纳入景区企业基本管理工作序列,明确应急管理在景区企业经营管理中的战略性意义。确定景区企业应急工作的长期目标,并融入景区企业相关战略中,使景区企业的总体应急目标与景区企业经营发展目标相辅相成。把景区企业应急工作分解成具体的任务结构,集成景区企业的相关应急资源,结合景区企业应急战略目标,有条不紊地完成各项应急工作。

### (二)强化景区企业应急工作的组织导入

设立景区企业应急管理机构和工作小组,有条件的景区企业应设立景区应急办公室,并可设立监测预警组、应急救援组、事后处理组和后勤保障组等应急工作小组,各组成员可从相关部门抽调,必要时可聘请专业的应急工作人员。考虑到景区企业现有的组织体系和各职能部门的日常工作,上述各组可挂靠在保安、办公室等相应的职能部门下。

平时加强各部门、各组之间的沟通协调与训练,遇到突发事件能够快速及时、有条不紊地做出应急响应。当然,景区企业也可根据现实需要设立专门的应急管理部门,并开辟对应的办公场所及安排相应的工作人员。

### (三)推动景区企业应急文化的全面建设

将景区企业应急文化建设作为景区企业文化建设的重要举措,通过对景区企业应急管理工作的分析和总结,提炼出适合本景区企业实情的应急文化内容体系。在景区内张贴宣传性的应急文化标语,树立景区企业应急工作的先进典范,开展景区企业应急工作的总结交流大会,创办景区企业应急管理报刊,在景区企业预案的常规演练中设置游客参与的环节,全面营造应急文化氛围。

### （四）促进景区企业应急观念的科学传播

科学的应急观念是对突发事件的发生特点和规律、应急法律法规、应急预防与避险、自救互救与减灾等知识的正确认识和总结。景区企业应提炼科学的应急观念，面向游客和景区企业工作人员进行广泛的理念传播与宣传，以增强游客和工作人员的安全与应急意识。景区企业工作人员在日常工作中应因地制宜地向游客宣传景区的安全制度、设施设备使用常识、风险防范和应对措施等应急知识，并加强对游客的安全引导。

## 第三节　旅行社的应急体系建设

旅游业是一个安全敏感性行业，重大旅游突发事件可能对旅行社的生存与发展带来剧烈的冲击和影响。由于旅行社是旅游要素产品的组织者和协调供应者，旅行社的业务活动范畴又往往跨越了不同区域，因此旅行社在应对突发事件时面临着时间、空间和资源等各方面的难题。同时，旅游突发事件具有突发性、紧迫性、威胁性等特点，这对旅行社的应急能力、经营决策能力及全体员工的安全素质都是严峻的考验。因此，建设完善的应急管理体系、以积极主动的姿态应对各种突发事件的挑战，是新时代安全形势对旅行社提出的必然要求。

### 一、旅行社面临的主要风险结构

旅行社作为整个旅游产业链中的龙头企业，在旅游服务的媒介企业中起着关键的整合协调作用，它是连接旅游业各个要素部门的重要纽带。旅行社出售的是打包后的旅游服务产品，游客在食、住、行、游、购、娱等旅游的任一环节出现突发事件，都需要旅行社的参与、应对和处理。

#### （一）旅行社面临的突发事件风险

旅行社在经营管理过程中主要面对的突发事件风险包括自然灾害风险、

事故灾难风险、公共卫生风险和社会安全风险。从来源来看，旅行社安全风险包括来自外部环境的外部风险要素和来自旅行社及游客因素的内部风险要素。旅行社对外部风险要素可控性低，对内部风险要素可控性较高。其中，因旅行社自身原因而导致的各类业务事故风险较为常见，这种风险类型一般来自旅行社内部，旅行社对其具有较高的防范和控制能力。旅行社常见的突发事件风险如表 13-10 所示。

表 13-10 旅行社常见突发事件风险

| 灾害类型 | 具体表现 | 可控性 |
| --- | --- | --- |
| 自然灾害风险 | 地震、水灾、海啸、台风、暴风雪、雷暴雨、山体滑坡、泥石流、冰雹、雪崩 | 低 |
| 事故灾难风险 | 交通事故、火灾、爆炸、建筑物坍塌、辐射、触电、煤气中毒、坠落、跌倒、旅行社业务事故风险 | 较高 |
| 公共卫生风险 | 食物中毒、传染病疫情、群体性不明原因疾病、动物疫情、游客猝死、游客突发疾病 | 较低 |
| 社会安全风险 | 恐怖活动、军事冲突、金融危机、游客被劫持、游客间冲突、游客与当地居民发生冲突 | 较低 |

### （二）旅行社面临的业务流程风险

旅行社的业务流程风险是指旅行社在产品设计、要素采购、营销活动、游览接待及团队收尾管理等业务流程中可能面临的隐患。识别旅行社业务各环节的风险因素，是旅行社应急管理的关键任务之一。

**1. 旅行社产品设计中的风险因素**

旅游产品设计一般建立在市场调研基础上，旅行社需要根据旅游市场的需求，结合旅行社的业务特点和经营能力，对旅游线路中的旅游资源和旅游产品要素进行有效的组合。将安全原则融入旅游产品设计，有利于从根本上保障旅游产品的安全属性。计调人员的专业安全素养直接关系到产品设计的科学组织与布局。旅行社在线路踩点时应以旅游者安全作为考虑重点，进行科学的调研操作，认真负责地落实各环节的安全。

常见的旅行社产品风险因素包括：对旅游地自然环境和社会环境中的风

险因素估计不足；对旅游地安全与应急服务水平考察不足；旅游产品线的环节过长、时间花费过多、导致旅游者过高的体能消耗；旅游产品中刺激性、危险性行为过多、超出旅游者身心的可承受度；产品项目未能综合考虑游客的心理和文化体验需求，从而潜藏心理冲突、文化冲突的可能性等。

**2. 旅行社要素采购中的风险因素**

旅游要素采购是旅行社为组合线路旅游产品，对产品所涉及的食、住、行、游、购、娱等旅游要素所进行的采购组合。旅游要素产品存在质量瑕疵、旅游要素供应商缺乏安全管理能力、设施要素缺乏安全保障等，都是引发旅游风险的潜在因素。不具有安全经营实力、信誉不高的旅游供应商很难保障其提供的要素产品的安全质量，发生安全事故时又容易推诿事故责任，很难与旅行社取得安全上的高度配合。因此，加强对旅游要素供应商的安全审核，采购安全合格的要素产品，对于保障旅游者的旅游安全、提升旅行社的安全服务质量，具有重要的基础性作用。

**3. 旅行社营销活动中的风险因素**

营销宣传是旅行社推动旅游产品销售的重要方式。不合理的营销宣传活动可能给旅行社埋下安全隐患，这包括：旅游宣传信息的真实性低、可靠性差，没有准确地反映旅游产品的实际情况，从而误导游客消费；部分旅行社的产品服务标准与宣传标准存在差异，使旅游者的期望质量与体验存在差异，这是引发游客与旅行社间法律纠纷的常见原因；部分旅行社向旅游者提供产品信息时没有提供全面的安全信息，没有对旅游者提出安全能力要求，组织高危旅游项目时对旅游者甄别不够，或者没有对旅游者提供安全警示，这都有可能引发旅游突发事件。

**4. 旅行社游览接待中的风险因素**

游览接待是旅行社的核心工作环节，是旅行社完成食、住、行、游、购、娱等综合服务的过程阶段。这一阶段的主要安全风险包括：因环境因素而导致的各种突发事件，如泥石流等自然灾害、高原病等公共卫生事件、游客被劫等社会安全事件；因要素供应商安全管理不力导致的各类突发事件，例如因旅游汽车驾驶人员的危险驾驶导致的交通事故、因游乐设备故障导致的旅游设备事故等;因旅行社自身疏忽而导致的各种业务风险事故,例如因导游或计调人员的工作疏忽导致的漏接、错接、空接、行程耽误、证件丢失、财物丢失、游客走失、游客脱团、游客与导游冲突等业务事故(见表13-11)。

表13-11 旅行社业务流程潜在风险

| 业务流程 | 主要风险隐患 | 具体表现 |
| --- | --- | --- |
| 产品设计 | 设计缺陷 | 环境风险估计不足、旅游地安全应急服务水平考察不足、旅游产品组合不合理 |
| 要素采购 | 质量缺陷 | 要素产品质量瑕疵、旅游供应商安全管理能力缺乏、设施要素安全保障缺失 |
| 营销活动 | 信息缺失 | 虚假宣传、隐瞒信息、安全信息缺失、安全信息引导不足、定位模糊 |
| 游览接待 | 突发风险与工作失误 | 各类突发灾害事件、漏接、错接、空接、行程耽误、证件丢失、财物丢失、游客走失、游客脱团、游客与导游冲突 |
| 收尾管理 | 投诉处理 | 未能有效处理旅游者投诉、各类赔偿纠纷、游客暴力求偿、与利益相关者合作关系断裂 |

### 5. 旅行社团队收尾管理中的风险

旅游团在行程结束后的收尾管理过程中,旅行社应该为游客提供周到的售后服务,消除旅游过程中产生的矛盾因素。因收尾管理处置不当可能产生的风险因素包括:未能有效处理游客意见而导致游客到质监或相关部门投诉;未能有效处理旅游途中所发生安全事件,而导致旅游者的法律求偿或上访;因赔偿沟通未达成一致意见而导致的游客恶意求偿,如旅游者到旅行社蹲点、破坏旅行社经营秩序、攻击旅行社工作人员等。此外,旅游者与旅行社之间的各种游后纠纷,往往会通过媒体的介入而使事件效应扩大,对旅行社的经营管理造成不良影响。旅游行程结束后,旅行社与要素供应商之间的合作关系也可能因为游程矛盾而导致合作关系断裂,对旅行社的服务供应能力造成风险伤害。

## 二、旅行社应急管理工作的主要特点

旅行社承担着重要的安全应急职责,构建旅行社应急管理体系,是提升旅行社应急管理能力的重要基础。无论传统视角下的"中介组织"角色,还是当今服务提供商的角色地位,都要求旅行社在旅游应急管理中发挥独特而重要的作用。旅行社应急管理工作的特点主要包括以下几点。

### (一)协调性

旅行社是专业的旅游服务提供商,但在突发事件发生后的应急处理过程中,旅行社主要起关键协调作用。旅行社既要积极地协调旅游要素提供商为要素空间范围内发生的安全突发事件进行现场处置,也要积极协调公安、消防、武警、卫生、医疗等众多部门的管理配合。旅行社虽不是第一时间的救治主体,但其协调作用却极为重要。它需要在短时间内进行有效的信息沟通,以保证救援处置信息的及时发布和传递,旅行社的应急协调能力是旅行社应急能力的重要体现。

### (二)急迫性

旅游突发事件的发生给旅游者和旅行社都会带来综合性的损失。旅游突发事件若处理不及时或不妥当,容易增加事件的负面影响、造成更为严重的后果。由于旅游团是群体活动,因此旅行社的突发事件若处理不当容易演变为群体性冲突事件,危及社会治安、造成不良的社会影响。这无疑会极大地增加旅行社后续的应急处理成本。因此,突发事件的突发性与紧迫性要求旅行社在第一时间积极主动采取紧急行动,把各方的损失和影响降到最小。

### (三)综合性

旅游业是一个影响面广、关联性强的行业,这决定了旅行社的应急管理是一项综合性工作。旅行社在应急管理中需要面对类型多样、性质不同的旅游突发事件,需要综合协调不同的要素供应商和旅游地行政管理部门,需要处理预防、监测、协调、救援等综合性的应急任务。因此,加强旅游应急工作的综合性,增强应急预案、应急主体和协调对象的综合性,有利于增强旅行社的应急水平。

## 三、旅行社应急体系的功能结构及其建设

旅行社应急功能建设是应急体系建设的基础，应急体系建设则是应急功能发挥实际作用的基本途径。作为一个要素产品的组织者，旅行社在应急管理过程中承担着关键的组织管理角色和协调管理角色。旅行社在其应急功能建设和应急体系建设中，应全面导入其基本的应急职责和应急角色。

### （一）旅行社应急体系的功能结构

根据应急管理的一般规律，旅行社应急体系的基本功能既包括日常安全管理在内的应急预防与预备功能，也包括风险监测与预警、应急处置与救援、事后恢复重建等关键的功能任务。

**1. 预防与应急准备功能**

旅行社业务涉及面广、综合性强、风险性高，在日常安全管理工作中必须把风险防范、日常安全管理等纳入议事日程认真对待，并尽量采取一切措施把可能的风险和造成的损失降到最低。安全隐患渗透在旅游者出行的方方面面，这要求旅行社在日常安全管理工作中做好应急预防工作，注重对产品设计、要素采购、营销、服务接待、售后服务等各环节的安全管控工作。

旅行社应积极实施以预防为主的工作方针，强调预防与应急处置的结合，树立"提前预防、及时发现、妥善处理"的工作理念。旅行社应针对食、住、行、游、购、娱等各个环节的安全突发事件制订针对性的应急预案，建立常设性的应急管理机构，设立科学的应急管理机制，为突发事件的应急处置储备资金、物质、技术和人才基础，为旅行社的全程应急管理提供工作基础。

**2. 监测与预警功能**

突发事件风险监测与预警是旅行社进行风险管控的重要手段，是旅行社减少突发事件的重要工具。旅行社既要做好宏观风险的监测与预警，也要做好业务流程环节中违规性事件风险的监测与预警。

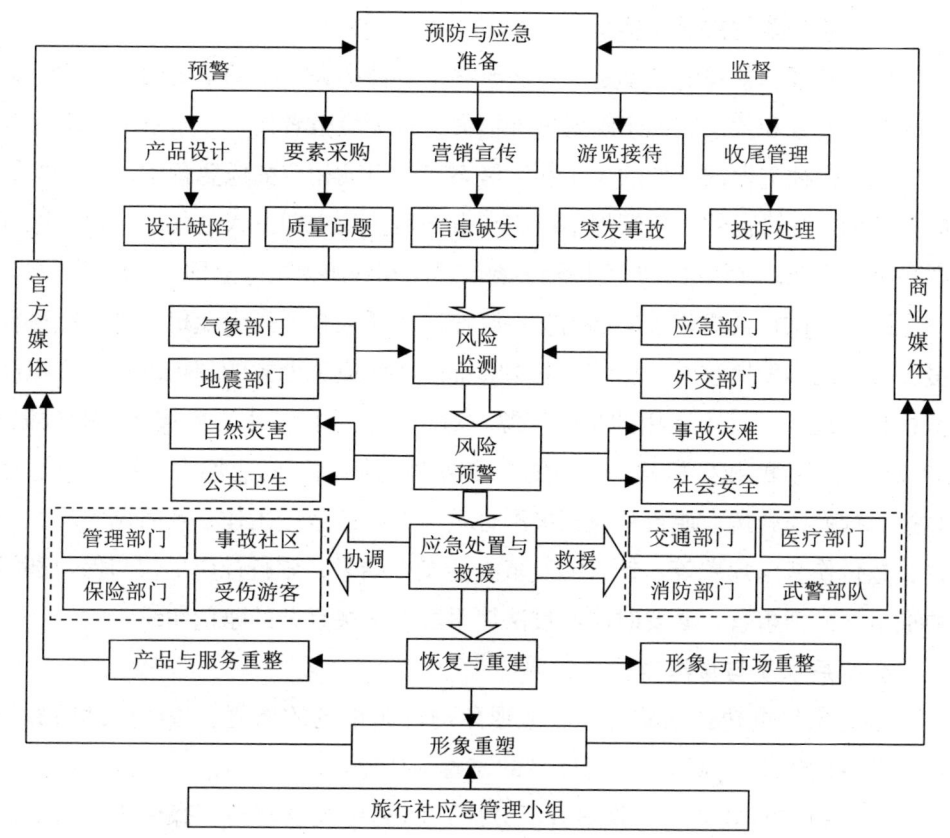

图 13-3 旅行社应急体系结构

宏观风险主要指政治经济形势、战争态势、气候变化等宏观环境因素可能导致的风险。在宏观风险的监测与预警中，旅行社应结合自身的产品特点和所涉及的地域，积极地进行宏观风险信息的汇集、整理、分析和预警工作，并要注意与国家气象部门、地震部门、外交部门、应急部门等部门机构的关联沟通工作。微观事件风险主要是指人员因素、设施设备因素、流程因素等微观业务因素可能导致的风险。在微观风险的监测预警中，旅行社应结合宏观因素的预测，加强对旅游过程中微观业务环节的风险监控，并注意与旅游地社区政府、行业协会、旅游行业主管部门和其他兄弟旅行社做好信息沟通与共享工作（见图 13-3）。

### 3. 应急处置与救援功能

应急处置和救援的效率是决定旅游突发事件损失大小的重要因素。及时有效的应急处置和救援有助于降低事件损失、减少旅游者伤亡。旅游突发事件发生后，旅行社应根据事件的大小和发展态势，启动相应的应急预案，全程参与应急管理。旅行社的应急管理小组应在事件发生后立即派人赶往事发地区进行现场协调管理，并积极救助安抚旅游者。领队和导游人员应立即组织现场抢救。

同时，旅行社应积极协调消防、医疗、交通、救援等专业机构进行应急救援，并协调事发地政府、旅游行业主管部门实施应急处置的现场管理，应积极依托事件地区一切可利用的救助资源。对于山地救援、水上救援等专业救援，应该协调专业的救援机构前往处置，必要时可协调民间志愿者组织等公益性救援机构参与救援。旅行社应积极配合救援部门的救援工作，及时调配应急物资，垫付伤者医疗费等。针对突发事故的发生结果，旅行社应尽快与保险部门协商事故赔偿事宜，必要时应通过法律手段来解决复杂的赔偿纠纷。

### 4. 事后恢复与重建功能

事后恢复重建包括旅行社企业形象与客源市场的恢复、旅游产品服务与经营业务的恢复、旅行社应急体系的完善等任务。

旅行社在有效应对突发事件后，应适时利用机会与新闻媒体进行有效沟通联动，发挥新闻媒体的正面宣传作用，重塑旅行社的市场形象。有计划地进行客源市场与经营业务的恢复。对于安全敏感性强的旅游群体要进行针对性宣传，消除旅游消费者群体对旅行社的安全疑虑。对于高风险项目和业务，旅行社应着力强化安全审核与保障，做好各项旅游业务的恢复与安全保障工作。

在安全应急体系的恢复重建与优化中，旅行社应评估突发事件的损失及影响范围，根据事件处理的后期反馈，改进安全事件处理程序。及时修正应急预案中的问题与不足，加强对业务薄弱环节的预警，加强风险信息收集与及时预警，对日常安全管理工作进行自我监督，不断完善旅行社应急体系。

## （二）旅行社应急体系的建设

### 1. 成立能快速行动的应急机构

旅行社突发事件的应急处置任务需要由责任分工明确的应急管理机构承

担。旅行社的安全宣传、培训、演练等日常安全工作可由办公室统一负责，并由计调人员具体负责产品设计、要素采购、营销活动、游览接待和团队收尾管理等不同阶段的安全协调与监督职责。规模较大的旅行社可成立专门的安全与应急管理部门来负责以上安全业务。较大以上突发事件发生时，旅行社应成立旅游突发事件应急指挥中心与应急工作小组。总经理是突发事件处置工作的第一责任人，副总经理应作为突发事件处置工作的具体负责人承担现场的应急处置和应急指挥决策等关键任务。

旅行社对旅游突发事件应急处理应实行统一领导、分级负责、快速反应、协调应对的策略。当旅行社接到紧急事件汇报后，应急指挥中心应根据旅游突发事件性质及事态严重程度，及时启动专项应急预案，采取措施控制事态发展；针对不同类别、等级的旅游突发事件，分派相关的处置工作小组，及时开展处置工作；同时，根据突发事件的具体情况向旅游主管部门及安全监管部门等逐级上报。

**2. 建立系统化的应急机制**

完善的应急机制是旅行社应急管理的基础保障。旅行社应该建立一个以应急预防为主导、以应急协调为中心、以系统应急为内容的应急机制。

我国旅行社"小而散"的局面决定了大部分单体旅行社无法单独承担较大以上突发事件的应急处置。因此，旅行社应强调以应急预防为工作主导方向，强调通过日常安全的预防预备来有效地规避安全风险；在旅游突发事件发生时，应强调以协调为中心来开展各种应急工作，及时协调各种应急资源来参与旅行社的应急工作；旅行社的应急管理包括预防与预备、监测与预警、处置与救援和恢复重整等功能内容体系，其工作开展需要一个系统的、全程式的机制架构，不能偏其一端，否则容易导致旅行社应急工作的效率缺失。

**3. 建设智能化的应急信息系统**

旅行社应建立符合自身需要的应急信息系统，并强调通过信息化手段来整合突发事件的预防、监测、预警、处置和恢复等核心工作。旅行社应建立网络互联、信息共享的安全防范体系，并与旅游主管部门和应急管理部门实现应急信息互通与交流。其中，安全信息数据平台的建设起重要作用，有效的安全信息数据平台能全面支撑旅行社的应急预防、监测、预警、处置和恢复工作。旅行社的应急信息系统应与旅行社的应急管理人员、计调人员和导游人员的手持通信工具保持互联互通,能实现多方信息的智能互联和即时通知,从而起到强化应急协调、应急通知和应急处置功效的作用。

**4. 加强应急保障资源建设**

应急物资是旅行社预防和应对突发事件的必要保障。在旅行社的应急工作中,应急技术设施、应急物质和应急资金是最为重要的保障要素。配备必要的通信装备是旅行社传递救援信息、协调应急力量和应急资源的关键保障。对于应急物资的保障建设,旅行社应充分依靠地方政府的应急物资储备,强调在国家统一的应急保障机制上来强化应急物质建设。在应急资金方面,大型旅游集团可建立旅游安全与应急基金来应对突发事件,中小旅行社则可选择依托行业协会开辟"行业应急基金",以备不时之需。同时,旅行社也可以选择购买旅行社责任保险全国统保项目产品等,以通过保险途径来转嫁突发事件风险。

**5. 加强应急文化建设**

安全文化建设是旅行社实施应急管理的有力支撑。旅行社安全文化建设主要以旅行社员工的安全理念、安全价值观和安全行为为目标载体。面对我国旅行社薄弱的应急管理现状,旅行社迫切需要加强员工的安全教育和安全理念的宣传,推动旅行社员工建立科学的安全价值观与安全行为模式,不断提升员工的安全防范意识,规范员工的安全操作程序,加强安全行为监管。同时,旅行社应定期开展形式多样的安全活动,如设立安全日;对旅行社每月的应急管理工作进行经验总结;邀请专家开展应急管理专题讲座;鼓励员工多为应急管理工作建言献策;强化培养导游人员的应急管理意识和应急救护能力等。旅行社应推动体系化的安全与应急文化的建设,以提升旅行社工作人员和企业整体的应急管理能力。

# 第十四章　旅游应急服务体系建设研究

旅游者是处于流动状态的特殊人群,他们是旅游产业体系运作的核心所在。旅游者实现安全旅游是旅游产业稳定发展的前提,没有旅游者的安全就没有旅游产业的和谐发展。因此,对旅游者提供充分的安全应急保障,面向旅游者安全构建全方位的安全与应急服务体系,是我国旅游业安全应急工作的重要任务。根据服务提供的主体,旅游应急服务包括旅游地政府提供的公共应急服务和旅游企业提供的企业应急服务两大体系。

## 第一节　建设背景与原则

我国正由世界旅游大国向世界旅游强国迈进。积极推进我国旅游产业的安全与应急工作,以各级旅游行政主管部门和旅游企业为发起主体,面向旅游者构建更具针对性的旅游安全与应急服务体系,切实为旅游者提供致力于旅游行为全程的安全应急保障服务,是减少旅游突发事件、促进旅游业和谐健康发展的基础。

### 一、旅游应急服务体系的建设背景

我国的社会经济结构和旅游产业结构正经历持续的结构性调整,旅游业处于以裂变、分化、耦合等为特征的动态性、调整性发展阶段,因此无论是旅游产业、旅游企业,还是旅游从业人员都具有不稳定感。由于市场发展还没有进入稳定的成熟状态,旅游业的各种利益主体很难将太多的注意力用于旅游者的安全与应急保障工作,旅游产业对旅游者安全与应急保障的资源投入也普遍不足，这使旅游业的安全与应急管理面临基础性威胁。我国旅游企业的安全认知水平普遍有待提高。以经济效益最大化为目标的旅游企业常将安全与应急问题置于考虑之外，许多旅游企业对于安全应急设施的配备、维护、检核还存在消极应对的现象，不重视旅游从业人员的安全应急培训和安全应急能力的提升。旅游企业进行安全应急管理的主要动力来自行政压力，它主要表现为以应对评星、评级和公安消防等部门的检查为目标。这种外力推动型的安全应急管理模式缺乏内在的自省，缺乏积极性、主动性，因此自然难以杜绝旅游突发事件的发生。

我国旅游主管部门对安全与应急问题的重视度则与日俱增。2013年10月1日，《旅游法》颁布实施，该法的第六章为《旅游安全》专章，对旅游应急管理与旅游经营者的安全责任进行了规范。2015年2月，习近平总书记提出要使人民获得感、幸福感、安全感更加充实、更有保障、更可持续。2016年12月，《旅游安全管理办法》开始施行，这一部门规章对旅游行政部门的安全管理职能、旅游经营者的安全管理责任等进行了系统的规范。2019年11月，习近平总书记提出了应急治理体系和治理能力现代化的发展导向，2020年11月，党的十九届五中全会提出了"统筹安全和发展"的战略方针。可见，我国对基础性的应急管理和旅游安全与应急管理等工作高度重视，提升包括旅游者在内的民众的安全感是重要的国家战略。

我国的国内旅游者数量众多，大部分旅游者的安全应急素质都有待提升。许多旅游者对于旅游安全应急设施的配备、旅游风险隐患的判断、旅游安全问题的严重性等都缺乏基本的认知。安全应急素质的缺乏是导致大量旅游者产生个人安全问题的重要原因。同时，随着社会的发展，大量新兴的旅游项目不断产生，越来越多的旅游者喜欢上了登山、野营、沙漠探险等刺激性与危险性的旅游项目。随之而发生的旅游安全问题和突发事件也越来越多，例如近年来频频发生的驴友探险死亡事故，都表明大量身体条件较差、安全应急素养较低的旅游者不能正确认识自身的状况而遭致危险。在当前形势下，散客旅游者的安全与应急管理基本上无从谈起，对他们的安全维护和管理既缺乏服务资源，也缺乏管理渠道。显然，从服务管道为旅游者提供安全与应急服务，是解决这一困难僵局的重要途径。

## 二、旅游应急服务体系的建设原则

传统的旅游安全与应急管理是政府主导型的管理架构，它主要表现为以企业为对象的监督性管理，即由旅游行政主管部门对各类旅游企业的安全应急条件和安全应急操作进行监督、检查和相关管理。在法制上，它主要依靠《旅游法》《旅游安全管理办法》，以及地方的《旅游条例》等来进行监管。由于这些法律法规和预案主要是部门法规或地方性法规，法律层次不高，适用范围较窄，执行效力较低。许多地方旅游行政主管部门对旅游企业的违规操作缺乏有效的治理手段，在监管时缺乏有效的法律依据。

在旅游企业层面，有限的安全与应急管理工作一般是从管理控制的角度来推进和实施，这些工作一般强调基于突发事件风险源所进行的风险控制和应急调控，其管理主体和行为主体都是基于旅游企业的立场，很少基于旅游者的立场来提供安全服务。事实上，旅游企业均属于服务型企业，依托服务管理体系来提供安全应急服务，具有较好的体系基础和工作基础，这也是服务型社会的基本要求。

《旅游法》《旅游安全管理办法》等法律法规体现了传统的监督性管理向服务保障性管理转变的趋势，即强调以旅游者为核心和立场，重在为旅游者提供各种安全与应急保障服务。旅游者安全与应急保障工作的方向性变革是对传统监督性管理思维的颠覆，它要求在旅游产业的各个层次都做出相应的改变，以适应旅游者主导的旅游时代，真正为旅游者提供一个安全、可靠、舒适的旅游环境。

根据我国旅游突发事件的表现特征，研究认为，面向旅游者的安全与应急服务体系应该体现"体系全面、重点突出、针对性强"的设计与构建原则。体系全面是指要针对各种类型的旅游突发事件，从整体上加强针对旅游者安全与应急的基础保障服务，在预防与应急准备、监测与预警、应急处置与救援、事后恢复与重建等应急环节加强服务转化，将管理导向转变为服务导向；

重点突出是指要加强针对旅游交通行为、旅游涉水活动和高原旅游等进行专项安全与应急服务工作，以消除最主要的引致旅游突发事件的根源，减少高频旅游突发事件的发生水平；针对性强是指针对旅游产业的各种要素企业，及其安全生产和应急工作的特性需求，构建具有针对性的监管和引导性安全应急服务体系，为旅游企业的安全运营提供基础保障和服务指导，强化旅游行业的安全服务体系。

## 第二节　旅游公共应急服务体系的建设

旅游业在本质上是一个松散型的产业体系，涉及的要素企业众多，要素企业的规模大小、所有权性质、经营模式与风格等都存在较大差异。在旅游安全与应急管理工作中，很难对众多的旅游要素企业进行统一的安全应急规范，这是旅游安全应急工作面临的重要困境和难题。因此，适应服务型政府的变革要求，面向旅游者提供不具排他性的公共应急服务，有利于旅游者获得普遍而完整的安全应急保障，这是建设旅游公共应急服务体系的主要目的。

### 一、旅游公共应急服务体系的内容建设

旅游公共应急服务是将旅游者具有需求但又无法由企业所提供的安全应急服务，以公共服务的形式面向旅游者进行供给。在旅游业实施预防与应急准备、监测与预警、应急处置与救援、事后恢复与重建等应急工作过程中，应该同时辅助提供具有相应功能结构的应急服务内容。根据旅游者的服务接触面和我国安全应急工作的现状特点，面向旅游者的公共应急服务体系应该从安全信息服务、行为引导服务、应急救援服务、善后协调服务和基础保障服务五个核心方向进行服务供给和体系建设。

**（一）安全信息服务**

面向旅游者的安全信息服务旨在为旅游者提供各种旅游安全应急信息、

消除旅游者的信息盲区，其任务结构包括：①旅游行政主管部门应担负旅游安全应急信息的监测、收集、分析和发布职能，对涉及旅游公共安全的信息及时进行披露。②对存在安全隐患的旅游地、旅游企业和旅游产品进行安全级别评价，并据此进行安全分级，同时适度披露安全评级信息。③在已建立的针对出境旅游的安全警示机制基础上，建立针对国内旅游的安全警示制度，对可能造成旅游者危害的情况发布旅游安全预警信息，并强化安全警示信息的引导作用。

作为信息披露机制的构成部分，应对发生过旅游安全责任事故的旅游企业和旅游产品进行信息通报，以形成对违规企业的舆论制约，既为旅游者的消费决策提供足够的旅游安全信息，又能推动旅游企业自觉做好旅游安全保障工作。在操作上，旅游主管部门应推动旅游安全信息数据库的建设，建立旅游企业安全信用档案，并面向社会开放旅游安全信息数据库和信用档案库的信息，旅游者可通过查询数据库和信用档案库确认旅游企业和旅游产品的安全等级，并据此决定自己的消费决策行为。

旅游行政主管部门在提供安全应急信息服务时应利用现代智能化的信息传播技术，综合利用各种信息沟通渠道。例如，通过旅游网站传播旅游安全应急信息；对进入特定旅游区域的手机进行安全应急信息的短信群发；通过旅游信息中心提供旅游安全应急信息咨询。为了适应入境旅游的快速发展，应该逐步建立多国语言咨询系统，为多国旅游者的报警、信息咨询等提供方便。

（二）行为引导服务

旅游者的安全应急素质高低不一，不成熟的旅游者往往是安全问题的源头本身。因此，旅游产业的利益相关主体应该对旅游者进行安全应急知识、安全应急技能、安全应急经验等方面的培训和引导，通过行为引导服务推动旅游者走向成熟，其任务结构包括：

①旅游主管部门可在旅游地提供旅游安全应急手册，向旅游者提供安全应急预案。②通过公共媒介渠道向旅游者宣传旅游安全应急案例、传播旅游安全应急知识。③在旅游公共区域提供安全导览信息，发放安全游览路线图，

设置安全导览标志，引导旅游者的行为取向。④由旅游主管部门规范和引导旅行社、景区等旅游企业向旅游者提供安全培训，提升旅游者的安全素质。

此外，旅游主管部门应与大学院校等科研机构进行智力联合，开发旅游安全知识库，并以安全知识库为基础，通过旅游企业、社会媒体、政府网站等传播渠道，向旅游者介绍旅游安全知识，引导旅游者安全旅游。对于各种新兴的散客旅游群体，旅游主管部门可以针对特定项目散发旅游安全宣传单，对旅游者行为进行强力的引导，防范旅游突发事件的发生。

### （三）应急救援服务

旅游者安全救援是一个复杂的系统工程，需要专业人员、专业设施、专业机构和各种利益相关主体的综合参与，其任务结构包括以下几方面。①建立和推动公共救援、公益救援和商业救援相结合的旅游救援体系的发展与成熟，大力发展各类救援业务。②制定针对旅游安全事故的应急救援预案，明确各利益主体的安全职责，明确旅游安全事故的处理程序，并定期进行旅游者安全救援演练。③建立适应我国体制现状的公益救援基金和资金支持体系，发展商业性旅行援助和救援保险业务。④推动和提升旅游者安全救援的科技支撑力，积极推进旅游安全救援的科技设施建设，建立包含旅游安全数据分析、智能化监控、GPS定位、快速反应交通工具、现场急救、远程医疗等多方位要素相结合的安全应急资源保障体系。

由于我国幅员辽阔、旅游资源众多，出入境旅游也越来越方便，因此旅游者的旅游版图分布面十分广泛。旅游版图的扩散同时增加了旅游者安全救援的难度。旅游主管部门应该通盘考虑，建立全国性的应急救援体系，并可联合国际SOS救援中心等专业机构建立跨境的旅游安全应急救援体系。未来，旅游主管部门应该积极鼓励、扶持我国本土的商业性救援机构的发展和运作，推动我国旅游专业救援机构的发展，提升旅游者安全救援工作的效率。

### （四）善后协调服务

遭遇突发事件的旅游者在承受人身和财物损失的同时，需要与旅游企业、保险公司等相关利益主体进行善后沟通，争取伤害赔偿。但在旅游突发事件的善后处置中，旅游者是一个弱势群体。由于信息不充分、权利基础弱、可利用资源少，旅游者很少能自动获得足额的经济赔偿，因此，很多旅游者会采取激烈的手段和方式，甚至采用暴力求偿的方式来与责任企业进行赔偿沟通。在旅游者与责任主体的善后协调中，旅游主管部门应该承担积极的协调服务角色，赋予自己旅游者的角色和地位，代表旅游者向责任主体进行求偿，这是发挥旅游部门公共服务角色的重要方向。

旅游主管部门可以通过市场机制、引入中介力量来为旅游者提供公共性服务。例如，文化和旅游部推广的旅行社责任保险统保机制，即引入江泰保险经纪来代表旅游者向承保的保险公司进行保险求偿。由于江泰保险具有专业知识和中介服务授权，因此在保险求偿中具有较强的话语权。文化和旅游部在旅游保险领域的这一顶层设计，是推动旅游安全应急服务创新的重要举措。

重大突发事件的发生对旅游者会产生强烈的心理影响。作为旅游者，在突发事件发生过程中看着自己的同伴因事件而受伤或死去，是一件异常难受的事情，涉事旅游者很可能留下心理阴影。因此，对遭受旅游突发事件的旅游者进行心理干预和疏导，消除其负面的情绪状态和心理影响，是旅游公共服务的重要职责。

### （五）基础保障服务

旅游者安全既依赖于旅游者自身的成熟和安全应急素养的提高，更依赖于旅游企业的产品安全和周边社区的环境安全，它需要基础性的安全应急服务保障。

#### 1. 建立旅游企业的安全准入机制

通过相应的法律法规对要进入市场的旅游企业和旅游产品进行安全准入评估。例如，星级饭店的星级评定、旅游景区的A级评定、旅游规划的专业评审都应该以先期的安全准入评估为基础。只用通过旅游企业、旅游项目、旅游设施的安全准入，才能从源头上确保旅游者的安全。

#### 2. 加强旅游环境安全的公共保障

应协调旅游地社区的相关机构，加强旅游地环境安全的管控，设置公共安全设施，加强旅游环境的安全解说。地方旅游主管部门应该是旅游者的代言人，应积极接纳旅游者的各种投诉、要求和信息，并据此为旅游者的安全提起各种公共建议，推动地方安全旅游环境的形成。

### 3. 引导旅游保险体系的建设与发展

提供充分市场化的保险发展平台，以旅游者为中心、协调保险机构来设立各种险种，通过多样化、合理化的险种吸引旅游者入保，并增强旅游保险的理赔效能。旅游险种的设立既要均衡旅游企业、保险公司和旅游者的利益，又要能有效地化解旅游者的旅游风险。同时，旅游主管部门应积极提升旅游者的入保意识，广泛宣传鼓励旅游者入保，并要求旅行社须明确提醒和鼓励旅游者入保，同时完善旅游者的投诉处理机制，维护旅游者的合法权益，为旅游者安全提供基础性保障。

## 二、旅游公共应急服务体系的支撑机制建设

旅游公共服务应是以政府机构为基础提供的非营利性、非排他性、面向旅游者的公共服务行为。旅游主管部门和公安、消防、卫生等相关政府部门是旅游公共服务的主要提供者。但是在当前的条件下，旅游公共安全资源还不足以满足旅游者的安全需求，因此需要突破传统供给范式，打破只能由政府提供公共服务的观念，建立多元化供给机制下的旅游安全服务体系，这对于推进旅游安全公共服务体系的快速建立与发展具有重要作用。

### （一）建立政府主导型的旅游公共服务供给机制

各级旅游行政主管部门是旅游业的主管部门，他们在旅游安全应急信息的发布、披露和预警、旅游者安全应急行为的引导、旅游安全应急设施的配置、旅游安全应急标准的制定、旅游企业的安全应急监管、针对旅游安全生产的专项治理等公共行为中发挥主导作用，也是相关安全应急服务的主要供给者和协调者。级别较低、资源较少的旅游行政主管部门，应该积极发挥公共服务协调者的角色，协调和推动其他公共部门面向旅游者提供有效的安全应急服务。

## （二）建立部门联动的协调型旅游应急机制

在旅游突发事件的应急管理中，针对旅游者的应急响应、现场处置、紧急救援等服务工作非单一的旅游部门所能完成。对于大部分的应急工作，旅游部门都缺乏足够的专业人员和专业资源。因此，旅游行政主管部门应积极协调公安、消防、卫生、社会救援机构等相关部门和机构提供相关应急服务，积极利用其他部门的应急救援力量和应急救援资源，尽最大可能地为旅游者的救援管理提供协调支持（见图14-1）。

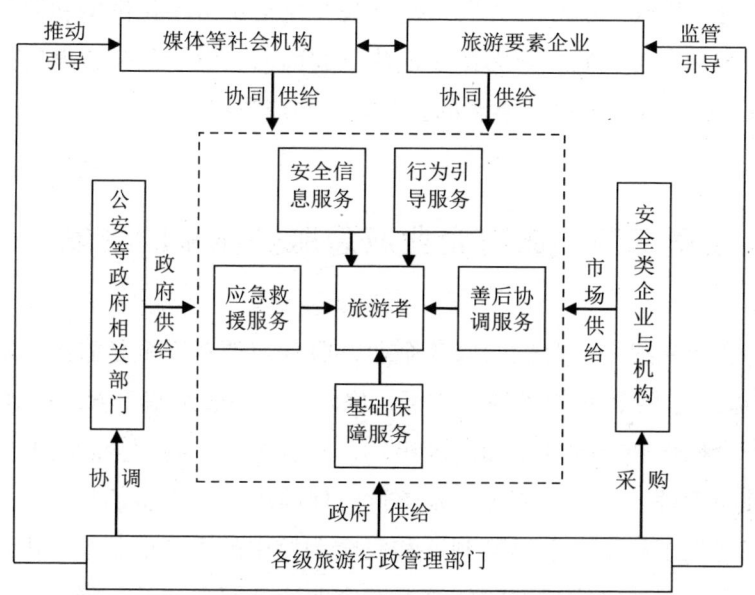

图 14-1 旅游公共应急服务体系

## （三）建立旅游企业应急服务提供的示范引导机制

旅游主管部门既要为旅游企业的安全生产和应急管理提供标准、规范、预案、法律支持等公共服务，也要站在旅游者的立场，督促和引导旅游企业履行安全与应急职责，强化旅游企业向社会和旅游者进行开放性或指向性的安全应急培训，开展各类安全应急宣传。旅游主管部门可以通过树立先进典型、表彰优秀人物、优秀企业等方式进行示范和引导。

### （四）建立以商业性采购为辅助的公共资源供给机制

旅游公共应急服务强调的是公共服务的面向对象，并没有限定公共服务只能由公共部门生产和提供。在公共应急资源不足的情况下，旅游主管部门也可以采购的方式购买安全应急类企业的安全应急资源为旅游者提供公共服务。旅游地政府和旅游主管部门应推动和引导社会媒体、研究机构、非营利性组织、旅游社区等为旅游者提供各种不同层次和类型的安全应急服务。

因此，在当前条件下应该以各级旅游行政主管部门为主导，通过协调、采购、监管、推动、引导等方式，建立公共供给、市场化供给和协同供给等相结合的多元供给机制，全面快速地建立起面向旅游者的公共型安全与应急服务体系，逐步完善面向旅游者的公共安全与应急服务内容。

## 第三节 旅游企业应急服务体系的建设

旅游企业一般是综合性的服务企业，服务与消费安全是旅游者对旅游企业的基本需求。在传统的管理范式下，旅游企业一般是基于管理控制的视角，从员工安全操作和行为规范的角度出发，对旅游企业的安全隐患和突发事件进行调控与管理，以达到避免突发事件、保障旅游者安全的目的。这种管理方式显然忽视了旅游者在风险制造和安全调控中的主观能动性。因此，从旅游者视角入手，通过构建面向旅游者的企业应急服务体系，强化旅游企业的服务功能，对于充分发挥旅游者的安全与应急能动性，提高旅游企业安全应急管理的整体效果，具有重要的实践意义，这是当前我国旅游企业安全应急管理发展的重要趋势。

### 一、旅游企业应急服务体系的内容建设

旅游者是旅游公共应急服务和旅游企业应急服务的共同服务对象。旅游公共应急服务和旅游企业应急服务虽然具有不同的供给主体和运作机制，但

两者具有类似的功能结构，也都具有承接性和关联性，这是两者共同满足旅游者安全应急需求的重要表现。由于供给主体不同，两者所提供的安全应急服务在具体内容上存在差异性[①]。

## （一）旅游企业的安全信息服务

旅游企业是旅游产品设计、生产和供给的直接主体，是最直接接触旅游者的行为主体。由旅游企业向旅游者提供安全与风险信息服务，具有直接性、针对性和具体性，有利于消除旅游者的信息盲区。根据旅游者的消费过程，可分为面向潜在旅游者的安全信息服务、面向消费中旅游者的安全信息服务和面向体验后旅游者的安全信息服务三种结构。

### 1. 面向潜在旅游者的安全信息服务

潜在旅游者一般会搜集其感兴趣的旅游企业的安全信息，这是影响旅游者消费决策的信息基础。旅游企业可主动提供以下信息服务。①面向旅游者发布形象口号和安全宣传标语。当然，安全宣传要注意尺度，过分强调安全信息可能会吓跑旅游者。②提供旅游企业的安全应急保障信息，表明旅游企业的安全应急服务范围和安全应急服务程度。③适度地说明旅游企业的安全性和可靠性，说明旅游企业所拥有的安全应急设施。④适度地说明旅游企业的安全与应急状况，以及安全与应急制度，表明旅游企业对安全应急工作的重视程度。作为影响旅游者消费决策的安全应急信息，应客观、公正、透明，消除安全应急信息的不对称性，让消费者拥有真正的知情权。

### 2. 面向消费中旅游者的安全信息服务

旅游企业的设施水平、环境卫生状况、员工的仪容仪表及其操作技能、服务的稳定性、安全应急设施设备的配备程度等无时无刻不向旅游者展示着旅游企业的安全服务信息。为有效地影响顾客，旅游企业应主动向旅游者传递安全与风险信息，包括：在有风险的地方设置安全提示牌、提供逃生示意图、设置紧急求救电话、提供设施设备的操作使用方法、向旅游者发出安全与风险警告等。

---

① 谢朝武，张翠.面向酒店顾客的安全服务体系构建研究［J］.华侨大学学报，2012（4）.

### 3. 面向体验后旅游者的安全信息服务

跟进体验后旅游者有利于增加旅游者回头率并提高其忠诚度，有助于旅游企业的长远经营。旅游企业通过以下方式保持与旅游者的紧密关系：①通过短信或网络建立互动平台，及时解答旅游者的安全疑问，接受旅游者的安全投诉。②适时地发布安全出行提示。③向旅游者提供生活中的安全小常识。

需要注意的是，旅游企业为旅游者所提供的安全应急信息要真实、准确、客观，避免给旅游者造成误导，体现旅游企业以旅游者需求为出发点、全心全意为旅游者服务的宗旨，争取在旅游者心中树立良好的服务形象。

## （二）旅游企业的行为引导服务

旅游者对安全认知的不成熟易引发突发事件。可使用标识、语言、安全手册、环境熏陶等方式来引导旅游者，规范旅游者行为，推动旅游者的消费行为走向成熟，消除因旅游者不安全行为而产生突发事件的风险。常见的行为引导方式包括：

### 1. 标识引导

标识引导是旅游企业对旅游者进行安全应急行为引导的最直观方式。明确的标识信息可传递旅游企业的安全应急信息，或吸引旅游者的注意力以避免安全风险。各类安全与应急标识的颜色、用语应符合国家的规范标准，要符合服务场所的消费性质。安全应急标识应该放置于适当的位置，在高度、方位和体量上要具有显眼性。通道走廊的安全出口指示灯及客房内的逃生示意图应清晰明确，以引导旅游者在危急关头的逃生行为。

### 2. 语言引导

语言是人们最重要的交流工具，也是最方便的传播媒介。语言引导具有方便、快捷、灵活的特点，可根据实际情况适时做出调整，易于为旅游者所接受。如遇到火灾事故时，旅游企业员工通过语言引导缓解旅游者惶恐心理，同时可通过语言引导安排旅游者有序疏散和正确逃生。旅游企业应该设置紧急广播系统来播放语言引导信息。

### 3. 环境引导

安全应急行为、安全应急设施、安全应急标语等是共同构成旅游企业安全应急环境的要素，它所传达的安全应急氛围能有效地引导、规范和约束旅游者的行为方式。脏乱差的环境会使旅游者不自觉地做出违反规范的冒险行为，整齐整洁的环境会使旅游者自觉地管控自己的不良行为。因此，营造出安全、整齐、干净、有秩序感的旅游服务环境，有利于对旅游者进行有效的行为引导。

4. 知识引导

知识引导是指旅游企业通过宣贯安全应急知识、传输安全应急观念等来引导旅游者的行为方式。旅游企业可向旅游者提供安全应急知识手册，为旅游者提供安全应急知识培训，帮助旅游者了解安全旅游的知识与方法，让旅游者了解突发事件的应急常识和处置技能，帮助旅游者掌握风险情形下的自我救援技能等基本常识。通过安全应急知识的宣传介绍，使知识内化为旅游者的安全应急能力，是提升旅游应急成效的重要方式。

（三）旅游企业的应急救援服务

旅游企业的应急救援服务是旅游企业面向旅游者提供紧急救援，对旅游者实施有效的救助、救护和救治等一系列活动的总称。相应的服务内容包括以下几点。

第一，旅游企业应具有基础性的救援服务能力，能够处理一般突发事件的应急救援工作。对于灾难性事件的救援服务工作，旅游企业应该具有协调服务能力，能够协调专业救援机构和公共救援机构等，向涉及本企业的旅游者提供应急救援服务。

第二，旅游企业应具有应急救援的指导服务能力。在救援处置过程中，旅游企业应该有指导旅游者进行自我救援的指导服务能力，或者协调专业救援人员提供指导服务的能力，要给涉事旅游者进行积极的鼓励、安慰和支持，确保救援过程的顺利进行。

第三，旅游企业应具有协调公共应急资源和医疗救治资源的服务能力，能调动紧缺的应急救援设施，确保遭受突发事件的旅游者能得到及时、全面的医疗救治，避免因为时间延缓而导致伤害后果的扩大。

（四）旅游企业的善后处置服务

善后处置服务是旅游企业在突发事件结束后面向旅游者所提供的各类协

调性、补偿性服务。为旅游者提供全方位的善后服务，是维护旅游企业可持续形象的基础。这包括：

第一，代表旅游者处理突发事件后的遗留问题。突发事件发生后，旅游者在事件现场会留下钱物包裹等相关物品，需要由旅游企业代为收集、整理、保管和运送，以保障旅游者的财物安全。对于造成旅游者伤亡的事件，旅游企业应该向旅游者及其家属提供更综合性的善后服务内容。

第二，向旅游者提供合理的解释。旅游企业应配合相关部门等调查突发事件的具体原因，探查真实的信息，给旅游者一个可信的说法，让旅游者了解突发事件的始末，从而为突发事件的善后处置提供基础。

第三，向旅游者提供应有的补偿。旅游突发事件可能使旅游者的人身、财产等遭受损害，旅游企业既负有积极赔偿的义务，也应该代表旅游者，协调保险公司、肇事主体等责任单位进行赔偿，确保旅游者能得到一个满意的善后结果。

第四，向旅游者提供心理服务。旅游突发事件容易对旅游者造成心理冲击，旅游企业应该积极安抚旅游者情绪，主动慰问探视旅游者。对心理受到惊吓的旅游者应给予适当的心理干预治疗，避免旅游者留下心理阴影，也避免旅游者因愤怒和忧郁而对旅游企业做出不理智的暴力行为。

第五，重建与旅游者的良好关系。旅游企业应积极与旅游者进行协调和沟通，尽可能满足旅游者的善后要求，以求重新建立与旅游者之间的良好关系，避免旅游企业出现信誉危机和形象危机。

### （五）旅游企业的安全保障服务

旅游者安全的基础是旅游企业的产品安全和综合环境安全，强化旅游企业的自身安全是保障旅游者安全的基础工作。同时，加强旅游企业的保险保障，有利于提升旅游企业的风险应对能力。相关的安全保障服务包括：

**1. 旅游企业的安全准入**

我国的各种监管部门对所涉及的行业和领域具有安全准入的标准和要求，旅游企业也不例外。相关执行措施包括以下几点。①确保旅游企业建筑物安全。旅游企业建筑物作为旅游企业运营的载体，是一切安全的基础。在旅游建筑建设期间，其规划设计、抗震级数、施工安全、消防设施均应符合国家安全生产标准。②严格注册登记的安全审核。相关部门应与消防部门、卫生部门、安监部门、质监部门密切合作，在确保安全应急设施设备、卫生状况符合条件后，再准予注册登记。③旅游企业的级别评定机构应严把安全关。将安全审核作为星级评定、A级评定、质量等级评定的重要依据。只有旅游企业通过了安全准入，旅游者安全才会有保障。

**2. 旅游企业员工的安全准入**

旅游企业员工是旅游企业组织的重要组成部分，其健康状况、安全知识和安全技能都关系着旅游者的安全服务。主要措施包括：①员工健康准入。根据《食品安全法》和《公共场所卫生管理条例》等法律法规规定，旅游企业员工必须具有服务行业从业人员健康证，这是保障旅游者安全的基本条件。②员工技能准入。招聘录用员工时，需对员工的安全应急素质进行综合考察，做到宁缺毋滥。定期对员工进行安全应急知识和安全应急技能的培训，促使其能有效预防并消除突发事件。即使突发事件是由不可抗力产生，掌握安全应急技能的员工也可在危急状况下妥善处理突发事件，降低突发事件带来的损失。③职业资格证书准入。对于餐饮、保安、卫生、工程等相关工作，应该按照国家规定的职业技能标准或任职资格条件，对员工进行职业资格证书的审查，确保其具有必要的任职条件。

**3. 旅游企业综合环境的保障服务**

旅游企业周边的自然环境和社区环境是旅游者的重要活动场所，也是影响旅游者安全的重要风险因素。旅游企业周边自然环境存在灾害风险，容易使旅游者遭遇灾害事故。企业周边社区社会治安不稳定，容易引发盗窃、打架斗殴、抢劫、诈骗等犯罪问题。公共设施不完善也会给旅游者带来安全隐患，如交通事故、高空坠落物等。

强化旅游企业的周边环境安全，是旅游企业维护旅游者安全的重要工作。因此，旅游企业应积极监测和处置周边环境中的自然灾害风险，增进与周边社区及居民的沟通协调，加强对周边社区环境中的风险预防和管控，督促政府建立完善的公共安全设施，推动旅游企业周边安全环境的形成。

**4. 旅游企业安全应急保险保障**

旅游突发事件不仅会影响旅游企业的安全服务，也会增加旅游企业的经营风险和负担。为提高旅游企业的安全与应急服务质量，分散旅游企业的经营风险和负担，旅游企业应根据自己的安全需求和财力状态来购买保险产品。可列入考虑的险种包括以下几点。①公众责任险。被保险人在合同列明的承保区域内从事合同列明的经营或管理活动时，因过失发生意外事故造成第三者人身伤亡或财产损失的，可以通过该保险转移赔付风险。②各类财产险。有利于维护旅游企业财产损失的险种包括财产一切险、现金险、机器损坏险、安装工程一切险等。③雇主责任险。这是旅游企业保障员工安全的主要险种。

## 二、旅游企业应急服务体系的支撑机制建设

### （一）政府部门的规范引导机制

政府主管部门应对旅游企业的应急服务进行规范和引导。相关的政府机构主要包括旅游行政部门、公安消防部门、安监质监部门、卫生部门和工商行政部门等，这些政府机构的职能决定了它们对旅游企业负有安全引导和规范的基本职责。政府部门应该积极要求旅游企业提供丰富的安全应急服务。在面对重大突发事件时，政府部门应该协同相关机构指导和协助旅游企业开展应急服务工作，以推动旅游突发事件的有效处置。

### （二）旅游企业的积极供给机制

旅游企业应对旅游应急服务进行有效的供给。旅游企业身处旅游服务工作的第一线，与旅游者存在直接的服务接触，能洞悉旅游者的安全应急需求并直接予以满足。旅游企业应严格按照国家标准提供安全的产品和安全的环境，强化安全信息服务，重视安全引导服务，提升应急救援水平，并妥善处理善后工作。在应急处置的全过程中，应该强化服务思维、将管理行为转化为服务行为。因此，旅游企业在面向旅游者提供安全应急服务中应发挥主导作用。

### （三）社会媒体的全面监督机制

社会媒体是旅游者与旅游企业、政府机构等利益主体之间的信息桥梁。社会媒体对旅游企业的全面监督机制是一种重要的社会机制，它有利于满足人们对旅游企业安全应急信息透明化、公开化的要求。社会媒体对旅游企业安全应急服务的宣传和介绍则有利于扩大旅游企业的安全影响力，提升旅游企业的安全竞争力。

### （四）行业协会的有效补充机制

旅游企业和政府部门是提供安全应急服务的主体，但两者的联合供给并不一定能完全满足旅游者的需求。为弥补这种不足，旅游企业应该积极利用行业协会等非营利性组织提供的安全应急服务，借助行业协会等各类社会团体，积极筹措旅游应急服务工作所需的人力、物力、财力和技术支持，以实现旅游应急服务的功能最大化。

### （五）上下游企业的联合约束机制

旅游要素企业是旅游产业链中的重要环节，旅游企业的安全应急服务与安全应急保障需要保险公司和众多上下游企业的联合支持与约束。例如，保险公司的参与有利于为旅游企业的事件善后提供经费保障，起到风险分担的作用。酒店、景区、交通企业等是旅行社的产品供给者，旅行社的安全审核能给旅游要素产品供给者带来安全压力，从而有利于更好地保障旅游者安全。

### （六）旅游者素质的自我提升机制

旅游者的安全素质在一定程度上影响着旅游突发事件的发生水平。旅游者在接受旅游企业提供的安全应急服务时，应积极配合，主动学习安全应急知识，认真接受安全应急教育，掌握旅游企业安全应急救援的程序与方法，提高自我应急处置能力，以达到自我安全保障的目的。

旅游企业的应急服务体系建设是一个综合性的系统工程，需要政府、企业、协会、社会媒体、上下游利益主体和旅游者等多元主体的积极参与。推动面向旅游者的安全应急服务体系的建设，是促进旅游行业健康发展、安全发展的重要基础。

# 第十五章　高风险旅游的安全应急体系建设研究

高风险旅游活动具有强烈的刺激性、挑战性和体验性，对于崇尚冒险、追求新奇的旅游者具较强的吸引力。高风险旅游产品由此成为创新性旅游产品的重要发展方向。特别是近年来，高风险旅游已经成为一种新的社会时尚，社会上各种俱乐部、登山协会、驴友联盟和组织探险游的网络信息中心、英雄帖等纷纷出现。旅游企业也不断迎合市场推出新奇而又刺激的高风险旅游项目。但是，由于缺乏有效的监管和完善的安全保障，我国各地频发高风险旅游突发事件，造成了较为严重的人员伤亡和恶劣的社会影响。因此，探索和建立我国高风险旅游的安全应急体系，对于推动高风险旅游的安全和健康发展具有重要意义。

## 第一节　高风险旅游的分类与风险成因

高风险旅游活动是指相对危险性明显高于正常情况，可能给旅游者带来人身伤害的旅游活动。高风险旅游具有明显的发展性和时代性。高风险旅游的发展受到旅游者行为偏好的影响，我国新一代旅游者的成长促进了高风险旅游的盛行。而高风险旅游的风险水平既与其本身的风险程度相关，也与时代的技术水平和安全保障水平相关。

## 一、高风险旅游的界定与分类

### （一）高风险旅游活动

高风险旅游活动的"高风险"是指其相对危险性要明显高于一般旅游活动的正常情况。高风险旅游活动既包括旅游者参与的需要特殊体力、体能、技能和心理素质才能驾驭的刺激性体育活动，也包括旅游者参与的以乘坐特种游乐设施和交通娱乐设施等为体验经历的游乐活动。

高风险旅游活动是高风险体育活动、游乐活动与旅游活动的结合。相比于一般性旅游活动，高风险旅游活动具有明显的专业性，这表现在以下几点。①高风险旅游活动的组织需要特定的专业知识作为支撑。例如，沙漠探险、登山、攀岩、滑翔等旅游活动，其行前准备、实施过程和设施使用等都需要特定的专业技能作为基础。②一般需要特定的专业设施作为支撑。例如，漂流、热气球、动力伞等活动，基本上依赖于特定设施的使用来维持活动的进行。③需要专业人士提供援助。旅游者并不需要真实的风险，他在感受挑战刺激的同时需要专业人士来帮助其降低真实的风险。例如，登山探险活动需要有资质的领队来带领团队，热气球旅游需要有资质的操作人员驾驶热气球，大型游乐设施需要专业操作人员来开动和监控设施。

### （二）高风险旅游项目

高风险旅游项目是指在旅游业务经营过程中，以高风险旅游活动为经营载体，通过高风险旅游活动的组织和运作来实现商业价值的商业项目。它既包括高风险旅游活动本身，也包括高风险旅游活动所依赖的设施设备、活动场所、自然环境等背景因素，同时包括活动的组织与商业运作过程。

因此，高风险旅游项目是以高风险旅游活动作为基础的商业项目。高风险旅游活动不管个体行为还是群体行为，只要活动与商业运作有关、介入了相关商业行为或以经营的形式存在，它在性质上就转化为高风险旅游项目。从这个意义上说，只存在对高风险旅游项目的法律许可和监管问题，不存在对高风险旅游活动的法律许可和监管问题。在没有明确的法律禁止情形下，个体旅游者的个人旅游行为是不需要得到法律许可和监管的。

## （三）高风险旅游项目的分类

对高风险旅游项目进行明确的分类有利于对其进行有效的监管。在实践中，可以从活动特点、项目组织、危险程度等多个角度进行类型区分。

根据高风险旅游项目的活动特点，可以将其分为体育类高风险旅游项目、特种设备类高风险旅游项目和交通类高风险旅游项目三个类别。①体育类高风险旅游项目是指旅游者参加的需要特殊体力、体能、技能和心理素质才能驾驭的刺激性体育项目，例如登山探险、峡谷穿越、攀岩运动、潜水、滑水、冲浪、漂流、滑雪、跳伞、赛马、蹦极等项目[①]。②特种设备类高风险旅游项目是指旅游者参加的以乘坐特种游乐设备为主要体验经历的游乐活动。它包括乘坐转马类、滑行类、观缆车类、自控飞机类、陀螺类、飞行塔类、架空游览车类、小火车类、碰碰车类、电池车类、水上游乐类（水上摩托、快艇和游船除外）、滑道、滑索和其他无动力类游乐设施（儿童用组合游乐设施除外）的活动，其运行的最大线速度不小于每 5 公里 / 小时，或运行高度距地面 2 米以上的游乐设施[②]。③交通类高风险旅游项目是指旅游者参加的、以乘坐刺激性交通工具为主要体验经历的游乐项目，包括赛车等陆上交通类高风险旅游项目，水上摩托、快艇、游船等水上交通类高风险旅游项目，滑翔、动力伞、热气球等空中交通类高风险旅游项目。

## 二、高风险旅游的风险成因

高风险旅游项目的危险程度本身就高于常规的旅游活动项目。高风险旅游项目的风险来源随项目本身的特点而存在差异性。从管理角度而言，高风险旅游项目的常见风险因素包括以下方面。

---

① 周清明.体育旅游中高风险项目的风险成因研究［J］.成都体育学院学报，2008，34（8）：20-22.

② 国家质量监督总局．纳入安全监察的特种设备范围［Z］.国家质量监督检验检疫总局文件之活动项目．用于经营目的的大型游乐设施的最大运行线性速度大于或者等于2m/s，或者运行高度距地面高于或者等于2m．（国家市场监督管理总局特种设备安全监察局．质检总局关于修订《特种设备目录》的公告（2014 年第 114 号）［Z］.2014-10-30.

## （一）环境风险因素广泛

高风险旅游项目的基本特点是风险程度较高、风险来源因素广泛，因此容易导致各种安全事故。例如，体育类高风险旅游项目一般是在条件比较艰苦的野外环境中进行，这些项目需要依靠高山峻岭、蜿蜒峡谷、荒芜沙漠、激流险滩等充满风险因素的自然环境条件来增加项目活动的刺激性；特种设备类高风险旅游项目一般依靠大型的游乐设备来支持项目活动的进行，这些项目一般通过高速活动、离地探空、非规则前进等方式来营造刺激的体验感受，项目的风险控制基本上依赖于设施设备的安全控制；交通类高风险旅游项目一般是通过快速的水陆交通工具或者远离地面的高空飞行器来制造体验感受，风险程度也比较高。可见，高风险旅游项目具有较高的风险程度和广泛的风险因素，容易发生各种因环境、设施和操作等突发意外产生的安全事故。

## （二）经营者缺乏专业条件

高风险旅游项目是一种需要规模资金、专业知识、专业设施和专业人才予以支持的旅游活动项目，缺乏专业的组织条件将给高风险旅游项目带来致命的影响。在我国，高风险旅游是近年来才逐渐兴起的旅游活动类型，新生的高风险旅游项目层出不穷。虽然有国家旅游局、国家体育总局等主管部门颁布《漂流旅游安全管理暂行办法》《热气球管理办法》等规章对部分高风险旅游项目进行了专业规范，但是法律法规的制定总是跟不上高风险旅游项目的发展速度。因此，在新生高风险旅游项目的巨大利益诱惑下，大量缺乏专业条件的个人和机构纷纷涉足高风险旅游项目的经营开发，由此导致了高风险旅游项目风险因素的增加。例如，由于资质不够和注册资金不足，我国各地存在的热气球载人游览项目迄今没有一家获得民航总局的审批，但是此类的旅游经营活动在全国各地非常流行。

## （三）操作人员缺乏应急技术

高风险旅游项目需要熟练的专业技术人员来保证项目运作的专业性。作为非旅游项目形式存在的高风险体育活动、高风险特种设备和高风险交通类活动一般是由专业人员来参与活动，项目的参与者和操作人员都要求具有专业技能，我国对在这种条件下的项目管理已经有一定的法规标准来进行规制，例如国家体育总局颁布的《动力伞运动管理办法》《体育场所开放条件与技术要求》等。但是，面向旅游者的高风险旅游项目要求更高的技术条件，也要求专业操作人员具有更强的应急技术能力，以应对突发情况下旅游者难以正确进行行为决策的困难。例如，2009年10月14日桂林阳朔发生热气球爆炸事件，两位驾驶员侥幸逃脱，但事故却造成了4名荷兰籍游客死亡、3人受伤。

### （四）缺乏足够的安保条件

安全保障条件是高风险旅游项目进行商业运营的基本底线。但由于许多高风险旅游项目没有明确的监管部门，对高风险旅游项目的运营没有较为明确的许可制度，或者是有许可制度却没有大力地贯彻执行，这就给许多小、散、弱、差的经营机构造就了经营高风险旅游项目的事实环境。2016年，全国第一座网红玻璃桥在张家界诞生，我国各地开始风靡建设玻璃景观桥、玻璃栈道、玻璃滑道等玻璃类游乐设施，涌现出了大量的网红打卡景点，但是，玻璃类游乐设施的监管主体并不明确，其安全施工标准也没有统一。近年来，与此相关的安全事故不断发生。例如，2019年5月1日，四川成都太平镇游乐场"孩子的院子"发生玻璃滑道事故，游客因雨水导致摩擦力降低而冲出滑梯防护设施，造成2死12人伤。

### （五）参与者缺乏风险意识

参与高风险旅游项目的旅游者的主观目的在于体验刺激性的旅游行程，其风险偏好程度较高，能够接受较具危险性的行为活动和突发意外，并常将旅游活动中的突发意外看成完成旅游行程的正常行为。因此，当高风险旅游项目面临真正的风险因素时，缺乏风险应对经验的旅游者往往难以采取正确的措施，从而导致安全事故的发生。例如，我国近年来发生大量的山地探险旅游事故，大部分事故的发生就是因为参与者缺乏专业能力，在探险过程中盲目冒险、过度自信，面对真正风险时又不知如何应对。

## 第二节　高风险旅游的安全应急体系建设

我国旅游人口的快速增长既推动了常规旅游活动项目的发展，也推动了高风险旅游活动项目的发展。由于产业成长速度过快，我国高风险旅游的活动项目缺乏有效的安全保障。建立面向高风险旅游活动项目的安全应急体系，是旅游地政府部门和旅游企业机构的共同责任。

### 一、我国高风险旅游的安全管理需求

我国高风险旅游项目的发展历史不长，因此其安全应急管理体系并不完善，安全应急管理尚面临诸多结构性的缺陷因素，这是导致高风险旅游事件的重要原因。具体表现在：

#### （一）高风险项目经营者的安全管理体系有待完善

完善的安全管理体系要求旅游企业对自身风险因素进行系统的识别、监控、管理和处置，这是预防旅游突发事件、减少事件后果的基本要求。但是，由于风险意识不强、安全投入不足等因素的影响，我国许多旅游企业并没有建立系统的自我安全管理体系。其中，操作程序不当、明显忽视隐患存在、设施检修不力、操作员非专业操作、突发意外保障不足、设备隐患严重等是导致高风险旅游突发事件的重要成因。在正常情况下，如果项目经营企业的安全与应急管理体系较为完善，这些导致突发事件发生的隐患因素是完全可以避免和消除的。

#### （二）高风险旅游项目需要明确的监管制度

高风险旅游项目涉及的业务范围广泛、牵涉的主管单位众多。我国曾有《漂流旅游安全管理暂行办法》《全国水上体育经营活动管理暂行规定》《动力伞运动管理办法》《牵引升空伞运动管理办法》等一系列涉及高风险旅游项目

许可审批的部门规章。但《行政许可法》规定，行政许可只能由法律、法规规定。因此《行政许可法》实施后，这些涉及高风险旅游项目的许可审批被取消，但后续的其他监管依据又没有跟上，这造成我国大量高风险旅游项目的监管空白，事故发生后经常找不到明确的监管部门，例如上文所述的桂林热气球爆炸事件。可见，我国迫切需要可靠的法律基础或制定新的法律依据来明确各类高风险旅游项目的许可审批和安全监管。

（三）高风险旅游需要专业的预警救援支持

系统的旅游预警机制包括风险信息的预报、风险信息的多元化传播、危险区域的警示标志、面向特定旅游群体的风险劝阻和临时性风险信息的传播机制等方面，其目的在于减少旅游者的不理智行为、预防各类安全隐患。旅游救援体系是事故发生后对事发旅游者进行紧急搜救、紧急医疗救治、医疗转运等各种救援服务的统称[①]，这种机制的目的在于减少事故发生后的风险损失。但是，我国迄今都没有建立体系化、专业化的旅游预警和救援机制，这给高风险旅游项目的安全保障工作带来了较大困难。例如，2010年7月13日一位上海探险旅游者在大理苍山受伤求助，当地政府调动了3000多人次、历时8天却没有找到求救者，最后是在深圳山地救援队的帮助下才找到遇难者遗体[②]。

（四）高风险旅游需要完善的保险保障机制

保险保障机制是转移高风险旅游项目运作风险、提升安全保障质量、增强安全保障力度的重要举措。但是保险机制属于市场运作机制，我国的入境游客一般都有较高的保险意识，出境游也有强制性的旅游救援保险，但是我国庞大的国内旅游者却还没有树立足够的风险意识和保险保障观念，因此很多旅游者都没有意识到要购买旅游意外险、旅游救援险等专业险种。同时，我国旅游保险产品也因为市场容量小还处在初步开发阶段，保险产品不丰富、保障内容不全面，对探险旅游等高风险旅游的保障范围还有待拓展。例如，我国已有中国人保、美亚财保、华泰财保、江泰保险等保险公司或保险经纪

---

① 郑向敏. 旅游安全学 [M]. 北京：中国旅游出版社，2003：222.
② 应琛. 探险游的中国式困境 [J]. 新民周刊，2010，12（32）：50.

公司提供包含旅游紧急援助服务的保险产品，但是还没有保险产品能够提供包括紧急搜救在内的综合性旅游救援保险产品。我国需要通过观念引导、市场扩容等方式来促进高风险旅游的保险产品创新。

## 二、高风险旅游项目的安全与应急体系建设

监管模糊和缺乏业务主管部门是我国高风险旅游项目构建安全应急体系的最大障碍。因此，解决问题的关键在于从已有的法律基础出发，或通过立法手段来明确高风险旅游项目的许可和监管主体。同时，高风险旅游项目的安全应急管理要依托我国现有的行政管理体制，并结合其在安全应急管理中的实际业务需求来提供综合配套方案，进行安全应急体系建设。

### （一）高风险旅游的安全与应急机制建设

设定一个特定的监管部门来对所有的高风险旅游项目实施许可和进行安全监管是最为理想的体制方式。但在我国现有的行政体系中却很难找到这样的部门，与高风险旅游业务最为接近的旅游行政主管部门又缺乏必要的技术条件和人才条件，同时缺乏对高风险旅游项目的管理经验与管理传统。

因此，基于现有的法律基础，对高风险旅游项目实施明确的分类管理体制将具备更好的可行性。这一安全管理机制的具体内容包括：体育类高风险旅游项目由体育主管部门来实施许可和监管；特种设备类高风险旅游项目由应急部门来实施许可和监管；陆上交通类高风险旅游项目由公安交通部门来实施许可和监管；水上交通类高风险旅游项目由海事管理机构来实施许可和监管；空中交通类高风险旅游项目由国家民航总局和国务院民用航空主管部门设立的地区民用航空管理机构实施许可和监管。

体育类高风险旅游项目主要是借助高危性体育活动来开展的旅游项目，其风险管理主要是对高危性体育活动的风险管理。按照我国《全民健身条例》第三十二条规定，"经营高危险性体育项目的，应当符合相关条件，并向县级以上人民政府体育主管部门提出申请"，并规定"国务院体育主管部门应当会同有关部门制定、调整高危险性体育项目目录，经国务院批准后予以公布"。

由此可见，体育类高风险旅游项目可以由体育主管部门来实施许可和监管。

特种设备类高风险旅游项目主要依靠特种游乐设备来展开经营，这种高风险旅游项目的风险管理主要是对大型游乐设施的风险管理。根据《特种设备安全监察条例》的规定，大型游乐设施的制造、使用、维修、检测、监督检查等均由特种设备安全监督管理部门来负责。同时，特种设备安全监督管理部门拥有专业的技术手段、长期的人才储备来支持这种项目的安全监管。因此，由国家应急管理部下属的质量技术监督部门来对特种设备类高风险旅游项目进行许可和监督是有法律依据的。

交通类高风险旅游项目主要是以各种交通工具为载体的高风险旅游项目，它牵涉的法律法规比较复杂。其中，《内河交通安全管理条例》第二十五条规定水上大型群众性活动或者体育比赛应当在进行作业或者活动前报海事管理机构批准；《民用航空法》第三条则规定空中交通应由国务院民用航空主管部门及其设立的地区民用航空管理机构实施许可和监管；根据我国的《道路交通安全法》和最高人民法院《关于审理交通肇事刑事案件具体应用法律若干问题的解释》（2000）第33号第八条第二款的规定，陆上交通类高风险旅游项目应由公安交通部门来实施许可和监管。

综上所述，我们可以通过已有的法律为高风险旅游项目的分类管理寻找到具体的依据。我们既可以通过司法解释来明确这种监管方式，也可以通过《旅游法》来确立这种监管体制，以结束我国高风险旅游的模糊监管现状。当然，动态地调整三类高风险旅游项目的具体目录，并将其纳入分类监管体系中是很有必要的。

（二）高风险旅游的安全与应急路径建设

高风险旅游项目的安全应急管理是一个系统工程，它总体上包括预防与应急准备、监测与预警、应急处置与救援、恢复与重建等基础阶段，其内在包含的核心任务和管理路径包括经营许可、保险保障、风险预警、安全运作、安全监管、处置救援、善后恢复和风险宣传与舆论监督八个关键环节，这需要众多组织和机构的协调配合，它既涉及公共机构，也涉及公益机构和商业机构。我国高风险旅游项目的安全应急管理路线及其管理路径、依托机构和体系架构如图 15-1 所示。

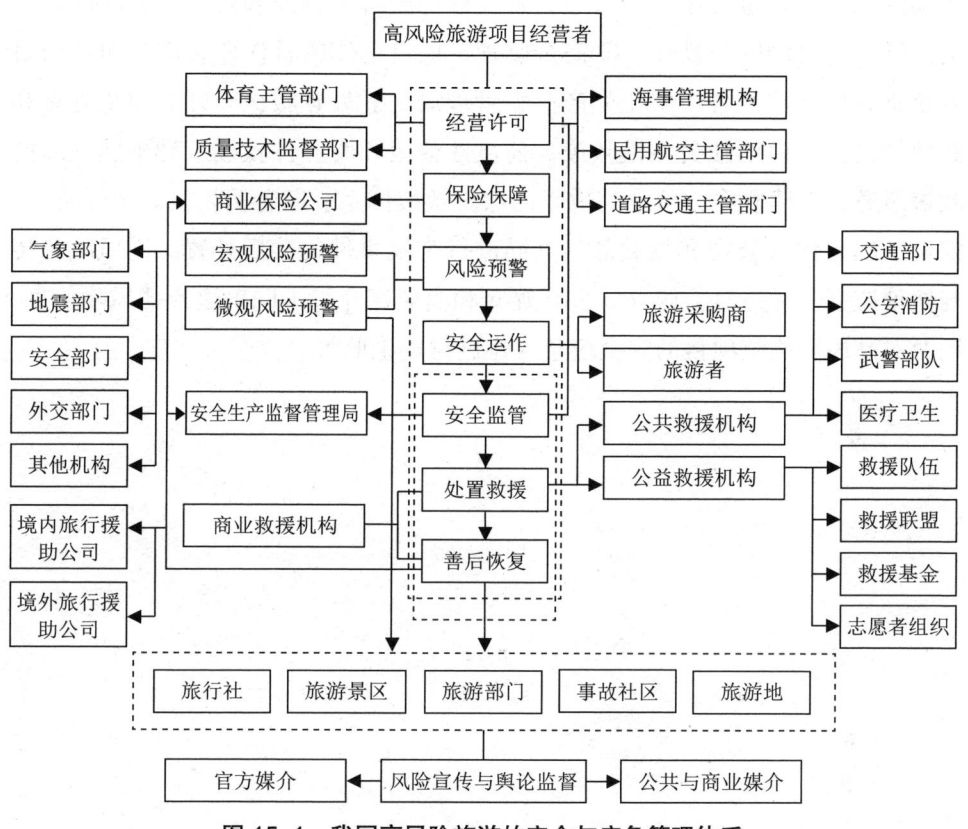

图 15-1 我国高风险旅游的安全与应急管理体系

在高风险旅游项目的安全应急工作中，旅游行政主管部门、旅游景区、旅行社等背景机构和旅游地、事故社区等背景区域的参与、配合、监督是整个安全应急工程最重要的基础保障，也是安全应急工作中最重要的资源协调主体。

高风险旅游项目实施安全应急管理的核心路径包括以下几点。①经营许可。在分类许可体制下，高风险旅游项目的经营者需要就具体的经营项目向分类管理部门提出经营许可。②保险保障。选择合适的商业保险来分担和转移风险。③风险预警。在项目活动组织运营前，项目组织者和参与者应该参考宏观风险预警部门和微观风险预警部门的预警信息。④安全运作。在项目活动的具体运营过程中，项目经营者应该与旅游采购商和旅游者共同配合行动，维持项目的安全秩序。⑤安全监管。项目运作的具体监管部门包括项目的审批许可部门和各级安全生产监督管理局。⑥处置救援。开展应急处置和紧急救援。可以依托公共性救援、公益性救援和商业性救援三种不同性质的救援服务，以建立全方位、高效率的旅游救援体系。⑦善后恢复。由经营者、安监部门、保险公司和相关部门共同进行突发事件的善后处置。⑧风险宣传与舆论监督。通过官方媒介、公共媒介和商业媒介等不同渠道传播风险信息，同时对高风险旅游项目的安全应急工作进行舆论监督。

# 第十六章　面向应急体系建设的旅游地安全规划研究

近年来,受众多旅游突发事件的影响,我国的旅游安全与应急管理逐渐引起旅游行政主管部门和业界的关注。但是,旅游行政主管部门有限的旅游安全管理行动大都局限于旅游突发事件的事后应急处置。大部分旅游地基本上没有建立起面向突发事件预防预备、监测预警、处置救援和恢复重建的完整的旅游应急设施体系和管理体系。从规划角度而言,我国各种类型、各个层面的旅游规划基本上都没有将旅游安全规划作为专项规划的内容,旅游地公共安全规划也很少面向旅游者安全进行专项规划。这表明,旅游行政主管部门和旅游企业需要建立旅游安全规划的基本认识,旅游安全与应急体系的建设需要规划力量的支持。

## 第一节　旅游地安全规划的挑战与导向

旅游地安全规划是确立旅游地的安全与应急发展目标,并指根据旅游者在旅游地的空间活动规律,针对旅游安全与应急资源在旅游地的空间布局和配置所进行的综合部署与安排。从实践来看,旅游地安全规划还是一个较少人关注的新生命题。从范畴来讲,它既可以是旅游规划或公共安全规划的专项规划内容,也可以作为旅游地的旅游安全与综合防灾规划的形式独立存在。

## 一、旅游地安全规划面临的技术挑战

旅游地安全规划所面向的具体对象是旅游地的旅游者,其主要目标是通过规划手段保障旅游者的安全旅游,为旅游者在旅游过程中的安全应急行为提供资源支撑。与一般的公共安全风险相比,旅游地的旅游安全风险主要指旅游场所存在的或涉及旅游者的安全风险,但是,常规的公共安全规划一般是以城市作为规划的载体,它没有考虑非城市型的旅游地,也没有考虑城市旅游景区中的特殊安全需求,更没有考虑身处异地陌生环境的旅游者行为活动规律的特殊性。这使面向旅游者而不是一般城市居民的旅游地安全规划存在极大的必要性,也给旅游地安全规划的编制带来了挑战。因此,旅游地安全规划在空间整合、资源配置等方面将面对特殊的风险状态和行为规律,由此形成的技术挑战包括:

### (一)旅游者对旅游地的环境具有陌生性

造访旅游地的旅游者一般都来自外地,他们对旅游地的环境、空间、设施、人员、文化等都具有陌生感,在心理和行为上很难像本地居民一样深入地了解和涉入旅游地的生活体系中。因此,旅游地的旅游安全资源部署应该以明确的方式进行安排,提供清晰的引导标识,建立各地都能通用的标准化的安全设备设施系统,以消除旅游者因陌生感而可能产生的行为延迟和错误判断。

### (二)旅游者在旅游地的分布具有广泛性

主体旅游者的规律性活动使旅游地的旅游人流具有稳定的聚散结构,而旅游者的个性行为则会使旅游者在旅游地的分布具有广泛性。旅游者会因为自身兴趣、亲朋介绍和其他随机因素的引导而产生流动行为,并随机地分散在旅游地的不同角落。这种特征在城市旅游地、休闲旅游地、度假旅游地等表现得更为明显,这对旅游地安全规划是一个极大的挑战。当然,大部分旅游地的旅游人流分布还是具有规律性的。

### (三)旅游者的行为特点具有复杂性

旅游者之间具有来源、性别、年龄、个性、习俗、爱好等人口统计方面的差异性，在安全意识、安全知识、安全能力等安全素质上也存在不同，这使旅游者具有多样化的安全感和安全需求，需要不同层次的旅游安全资源进行覆盖和应对。了解旅游者安全需求的差异性、层次性，是旅游地安全规划的重要基点。

（四）旅游地的安全隐患具有多样性

旅游地的突发事件覆盖了自然灾害、事故灾难、公共卫生事件和社会安全事件等事件类型。我国地域辽阔，不同地域、不同性质的旅游地具有不同的灾难因素和安全隐患。例如，沿海城市容易遭受台风、暴雨、海啸的袭击，山地景区容易遭受滑坡、泥石流、山体崩塌等地质灾害的威胁，工业旅游地面临工业污染、爆炸等事故灾难的影响。不同旅游地安全隐患因素的多样性、特殊性及其对旅游活动的影响需要进行明确的界定，这是旅游地进行安全规划的前提。

## 二、旅游地安全规划的主要任务导向

旅游地的安全规划是服务于旅游应急体系建设、推动旅游应急能力形成的重要途径和手段。通过旅游地安全规划所进行的安全应急资源配置，旅游地将形成系统的支撑预防与应急准备、监测与预警、应急处置与救援、事后恢复与重建等旅游应急工作的人力、物力、财力和技术资源，从而最终形成具体的旅游应急工作能力。在这一基础性的任务导向架构下，旅游地安全规划的任务结构还包括：

（一）落实法规标准对旅游地安全规划的要求

安全是旅游的基本要求。我国虽然没有专门针对旅游地安全规划的法律法规标准，但是众多相关法律法规和标准体系对不同类型旅游地的安全要求进行了专门的规范。例如，国家旅游局颁布的《旅游规划通则》（GB/T 18971—2003）要求旅游区的总体规划应"规划旅游区的防灾系统和安全系统的总体布局"。《中华人民共和国城乡规划法》（2008年1月施行）规定，城乡规划应当符合"防灾减灾和公共卫生、公共安全的需要"。《中国优秀旅游城市检查标准》(2007年修订)对游客救助、规范执法、安保队伍建设、安全教育防范制度、紧急救援机构设置等提出了要求,并要求城市旅游景区安全设施齐备且维护良好、无安全隐患。《中国最佳旅游城市评定细则》对旅游城市中旅游场所的安全性与防灾能力、旅游景区的安全性和应对突发安全事故的设备与措施状况、旅游产业要素的安全性等都提出了评定要求。此外,《历史文化名城保护规划规范》(GB 50357—2005)对历史文化名城的"防灾和环境保护"也提出了明确的要求。因此,落实法律法规和相关标准对旅游地的安全规定与要求是旅游地安全规划的主要任务。

### (二) 对旅游地的旅游承载空间进行安全分区

划分旅游地的旅游区域、确定旅游地的线路产品结构、明确旅游要素产品的空间布局定位等是旅游规划的主要任务。而在此基础上,对旅游景区资源点和旅游产业要素的承载空间进行安全分区则是旅游安全规划的重要任务。在对旅游承载空间进行安全分区时,要根据旅游地的旅游者人流聚散结构、人流规模和旅游地的安全风险类型进行综合考虑。分区的主要导向是均衡安全分区的安全应急责任和安全应急任务,明确区域内安全应急责任主体的管理对象、管理内容和管理方式,以提高旅游地的安全应急管理效率。

### (三) 对旅游地的安全隐患因素进行风险分级

风险分级是指旅游地在旅游安全应急分区的基础上,对每一个旅游安全分区进行风险等级的划定。旅游安全分区的风险等级主要根据风险概率和风险损失两个基本指标进行评价,以此确定风险情况发生时可能给旅游者和旅游地带来的安全损失和灾难后果。旅游地的风险分级可以方便管理主体以分区和分级为基础进行预案设置、系统建设和安全演练,提高旅游地安全与应急管理的针对性,实现旅游地的分级风险管理。在分级过程中,可以采用《旅游安全管理办法》的分级标准,实施一级风险、二级风险、三级风险、四级分析等分级方式,并对应实施一级防护、二级防护、三级防护和四级防护等防护等级。风险防护标准需要根据不同旅游地的情况进行具体划定。

### (四) 建立完善的旅游安全应急的服务管理设施

旅游地安全规划是以旅游安全应急设施资源的空间布局与安排作为最终

的工作任务。旅游安全应急设施资源包括安全应急服务设施和安全应急管理设施等不同类型的设施体系。旅游安全应急设施资源的部署既要从旅游者角度考虑安全服务效果，也要从管理人员角度考虑安全管理效率，要以"系统、完备、科学、高效"作为设施配置的基本原则。同时，旅游地的安全应急设施系统并不是一个孤立的功能系统，旅游安全应急设施的配置要充分结合旅游地的旅游安全与应急机制，与旅游安全应急预案实现对接，并充分考虑旅游地公共安全系统与旅游安全应急系统间的有机互动关系，最大限度地在旅游地公共安全设施系统基础上进行安全应急功能的集成和补充。

## 第二节　旅游地安全规划的体系与编制

旅游地安全规划是一种处在探索阶段的规划形式，规划人员可以根据阶段性的社会需求确立其规划导向和任务体系，并可以根据时代的发展对其进行优化和调整。在规划过程中，旅游地安全规划应该有明确的功能结构和要素内容，这是形成旅游安全规划文本内容的基础。同时，旅游地安全规划的编制应该符合旅游应急体系建设的导向与功能要求，强调编制过程的系统性和科学性。

### 一、旅游地安全规划的要素体系

旅游地的安全规划是一种功能性规划，其主要目的是建立旅游地的旅游安全与应急体系，它有较为明确的安全应急功能指向。为了实现这种功能指向，旅游地安全规划需要对安全应急设施和基于设施要素的功能效果、规划布局、考察标准等所构成的要素体系进行统筹设计。

#### （一）旅游地安全规划的功能结构

旅游地的旅游安全应急体系既包括面向旅游者和旅游从业人员的安全与应急服务体系，也包括面向旅游安全管理人员的安全与应急管理体系，其功能主要是全过程的应对和处置旅游突发事件，具体包括突发事件的预防预备、监测预警、处置救援与恢复重建等任务结构。

旅游地安全规划的功能结构与旅游安全应急体系的任务结构应该是对应和衔接的，以完成安全应急服务和安全应急管理的综合目标。因此，旅游地安全规划的面向功能结构主要包括旅游突发事件的预防预备、监测预警、处置救援和恢复重建四大结构层次。同时，建设旅游地安全与应急的集成体系有利于提升旅游地的综合安全与应急能力[①]，提升旅游地安全应急的综合效率。当然，旅游地安全规划需要通过设施要素的配置来对应和完成这些任务结构。

（二）旅游地安全规划的要素类型

旅游安全应急的设施系统是为对应完成旅游安全应急体系的任务结构而设置和布局的安全应急机构、组织与建筑等安全应急设施要素的总称。显然，旅游安全应急设施是旅游地安全规划要素体系的载体，对旅游安全应急设施的功能效果、规划布局和考察标准进行综合设定，是实现旅游地安全规划的功能结构，完成旅游地安全规划目标的基本方式。

在旅游地安全规划的设施要素体系中，旅游突发事件预防预备的设施资源主要包括安全咨询中心、安全警示标识、报警求助设施、旅游呼叫中心和自驾车集散中心等设施类型；监测预警设施主要包括智能监测设施、智能报警设施和应急通信设施等；处置救援设施主要包括救援指挥平台、安全避难设施、安全救援设施、安全救援机构、医疗机构、应急能源设施等类型；恢复重建设施主要包括恢复阶段的应急能源设施、设施维修机构等类型；旅游综合应急平台则是综合各种应急事务处理工作的综合平台。

旅游地安全规划的主要设施要素及功能效果、规划布局、考察标准等规划要素的设计要求如表 16-1 所示。

---

① 徐志胜，冯春莹，王冬松．城市公共安全规划与灾害应急管理的集成研究[J]．自然灾害学报，2005，14（4）：85-89．

表 16-1  旅游地安全规划的要素体系

| 旅游地安全规划的面向功能结构 | 设施要素 | | 功能效果 | 规划布局 | 考察标准 |
|---|---|---|---|---|---|
| 旅游突发事件的预防预备体系 | 安全咨询中心 | | 现场与媒介型安全咨询服务 | 旅游集散中心、景区游客中心 | 服务渠道、服务范围 |
| | 安全警示标识 | | 安全提示、警示和引导 | 旅游流分布路径 | 语言种类、覆盖面 |
| | 报警求助设施 | | 游客端的定位、报警、呼叫 | 旅游流的节点 | 语言种类、覆盖面 |
| | 旅游呼叫中心 | | 呼叫接受、实时咨询 | 旅游地游客中心 | 语言种类、服务范围 |
| | 自驾车集散中心 | | 高峰期交通疏导 | 基于流量和交通路线 | 服务范围、车位数量 |
| 旅游突发事件的监测预警体系 | 智能监测设施 | | 风险与治安状况监测景区人流与容量监测 | 景区资源点、入口、广场、路径节点 | 覆盖面、智能分析程度 |
| | 智能报警设施 | | 游客现场预警、短信预警；面向应急平台的后台报警 | 景区入口、广场、节点；应急中心 | 覆盖面、智能分析程度 |
| 旅游突发事件的处置救援体系 | 应急通信设施（基于光纤、超短波等通讯网） | | 应急通信保障；与旅游应急、公安消防等关联平台的通信 | 组网：基于需要；中继点：无干扰 | 传输距离、可靠性、应急防灾能力 |
| | 救援指挥平台 | | 信息搜集、关联和传输 | 应急中心 | 信息集成能力 |
| | 安全避难设施 | 绿地、广场 | 避难、疏散 | 景区内、场所周边 | 设施级别（中心型、固定型、临时型）、避难时间、人均面积、服务半径、配套 |
| | | 公园 | 避难、疏散 | 旅游场所周边 | |
| | | 停车场 | 避难、疏散、交通 | 旅游经营场所内和周边、景区内 | |
| | | 应急交通 | 应急疏散交通 | 旅游场所内外 | 无危险源、防灾能力 |

续表

| 旅游地安全规划的面向功能结构 | 设施要素 | | 功能效果 | 规划布局 | 考察标准 |
|---|---|---|---|---|---|
| 旅游突发事件的处置救援体系 | 安全救援设施 | 救援道路 | 应急救援通道 | 旅游场所内外 | 无危险源、防灾能力 |
| | | 救援交通工具 | 快速交通工具，如直升机 | 依托旅游地应急交通工具 | 类型、数量、响应速度响应范围 |
| | | 应急停机坪 | 应急起降、应急物资流转 | 重点景区、城市公园 | 服务半径 |
| | 安全救援机构 | 搜救中心 | 山地搜救、水上搜救等专业搜救任务、监控、培训 | 基于需要 | 搜救设施、搜救队伍专业能力 |
| | | 公安消防机构 | 公共救援 | 所在行政区 | 队伍规模、响应速度 |
| | | 公益救援机构 | 公益救援 | 分散 | 队伍规模、响应速度 |
| | | 救助基金 | 提供应急处置的经费保障 | 既有 | 保障范围、上限额度 |
| | 医疗机构 | 急救中心、急救站、防疫站 | 应急医疗保障（急救、防疫） | 所在行政区 | 医疗级别、诊治范围急救时间、服务半径 |
| | | 景区医院、医务室 | 现场应急医疗/协同医疗 | 景区游客中心 | 医疗级别、诊治范围急救时间 |
| 旅游突发事件的恢复重建体系 | 应急能源 | 应急电力 | 事故区域应急能源需求 | 旅游场所内 | 响应速度 |
| | | 天然气等能源 | 恢复阶段生产生活能源需求 | 外部供应 | 恢复速度、稳定性 |

续表

| 旅游地安全规划的面向功能结构 | 设施要素 | | 功能效果 | 规划布局 | 考察标准 |
|---|---|---|---|---|---|
| 旅游突发事件的恢复重建体系 | 设施维修机构 | 旅游场所专业设施维修 | 缆车等专业设施的救援处置工作；旅游设施功能恢复 | 分散 | 响应速度与响应距离 |
| | | 交通设施维修 | 功能恢复 | 所在行政区 | 响应与恢复速度 |
| | | 通信设施维修 | 功能恢复 | 所在行政区 | 响应与恢复速度 |
| | | 水利电力维修 | 功能恢复 | 所在行政区 | 响应与恢复速度 |
| 旅游安全与应急的集成体系 | 旅游综合应急平台 | | 预防预备、监测预警、处置救援；关联公安、消防、医疗等专业平台 | 旅游地游客集散中心或另设 | 综合应急能力 |

## 二、旅游地安全规划的编制体系

旅游地安全规划的编制是一个系统工程，按照适用范围和面向对象可以区分为旅游地总体安全规划、旅游地分区安全规划和旅游地分类旅游风险防护规划等规划层次。旅游地可以按照需要设定规划层次，也可在总体规划中包含分区规划和分类风险防护规划等内容层次。在具体编制过程中，旅游地安全规划一般包括现状调研、目标设立、系统建设、设施规划和集成评估与优化等关键环节（见图16-1）。

### （一）现状调研

对旅游地的背景结构进行现状调研，为规划编制提供现状认知基础。应从旅游产业要素空间分布、旅游流空间分布、旅游人流聚散结构等维度了解旅游产业的空间结构，并从旅游安全风险类型、旅游风险源空间分布和旅游突发事件的空间分布了解旅游地中旅游风险的空间结构。此外，还应了解旅游者的来源结构、人口特征和安全需求特征等旅游者信息。

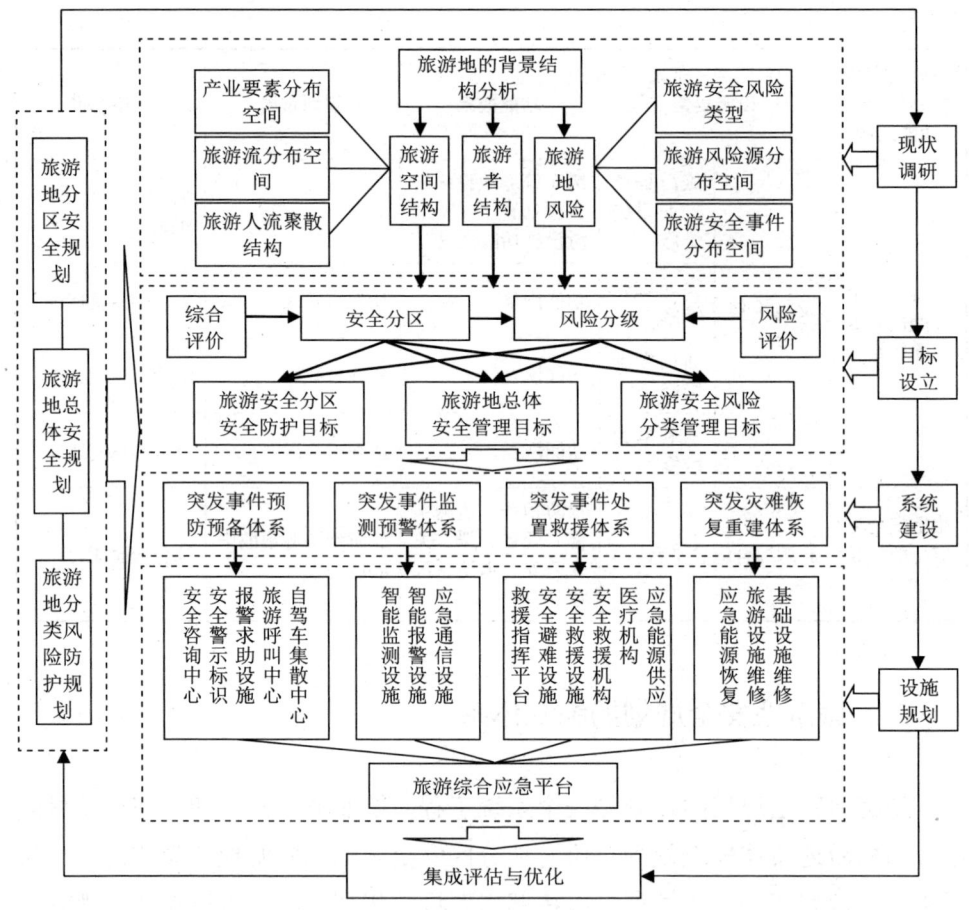

图 16-1 旅游地安全规划的编制体系

## （二）目标设立

设立旅游地的安全管理目标是进行旅游安全规划的前提，而安全分区和风险分级则是目标设立的基础。首先，应基于旅游产业的空间结构对旅游承载空间进行安全分区。通过对分区风险状况的风险概率和风险后果的综合评价，可以实现对旅游安全分区的风险等级划定。在此基础上，结合对公共安全状况的综合考察，可进一步确定旅游地的总体安全管理目标、明确旅游地不同安全分区的安全防护目标，并可针对重大风险类型和风险源确立分类风险的管理目标。

## （三）系统建设

根据设立的安全应急目标来进行功能定位、指引旅游地的安全应急体系建设，明确旅游地在旅游安全与应急中的服务水平和管理水平。通常，旅游地完整的安全应急体系应包括预防预备、监测预警、处置救援与恢复重建等功能模块和综合应急集成模块。旅游地最基础的安全应急体系应至少包括安全引导系统、安全避难系统、安全救援系统三个核心模块，以实现最基础的旅游安全服务与管理功能。

## （四）设施规划

根据旅游地确立的安全应急体系的功能结构进行具体的设施要素规划。在安全应急功能导向下，选择合适的旅游安全应急设施类型，明确其功能效果，并根据旅游地的具体空间结构进行安全应急设施布局。同时应明确安全应急设施建设的具体标准，对安全应急设施的等级、数量、服务半径、响应速度等进行明确设定。

## （五）集成评估与优化

对旅游地安全规划的要素体系进行集成评估，同时结合安全应急目标和功能定位进行循环优化，并根据旅游安全规划的分类层次形成规划的文本内容。在实践中，应该根据安全应急体系的运行效果和反馈信息进行规划修正，实现旅游地安全规划的不断优化。

## 三、四川汶川地震后旅游恢复重建中的旅游安全规划实践

汶川地震给四川旅游业造成的直接经济损失总值为465.92亿元，地震对成都、绵阳、德阳、广元、雅安、阿坝6个重灾区的旅游业造成了沉重的打击，造成了5万余名旅游者在旅游地的滞留。经过地震后旅游救援的四川旅游业深刻地认识到旅游应急救援系统的重要作用，在恢复重建规划中对旅游应急救援系统规划进行了实践。

### （一）四川汶川地震后旅游安全规划的总体目标与项目建设内容

为吸取汶川大地震给予的经验教训，国家旅游局和四川省人民政府联合

编制的《四川省汶川地震灾后旅游业恢复重建规划》进行了旅游安全规划的实践。该规划首次提出要系统地建设灾区旅游地的旅游应急救援系统,其设定的建设目标是[①]:"经过三年的努力,初步建立起旅游应急救援系统。具体的项目建设内容包括:建立旅游安全预警系统,建立山地旅游救援系统,建设直升机停机坪、医疗网点、安全警示标牌,配备卫星电话、全球定位系统,建立一支省级旅游救援队伍,建设旅游远程监控系统、旅游应急通信项目、医疗急救站(点)体系、游客急救远程医疗协调项目。"

### (二)四川汶川地震灾后重灾区旅游安全规划的项目建设内容

为推动重灾区的旅游业恢复重建,成都、绵阳、德阳、广元、雅安、阿坝六个重灾旅游地编制了《四川汶川地震灾后分片区旅游业恢复重建实施规划》[②]。各片区的实施规划与恢复重建总规的旅游安全规划进行了对接,并设定了具体的项目建设内容。根据对各片区实施规划中旅游安全规划内容的总结,并结合本研究所提出的旅游地安全规划的要素体系结构,研究归纳出如表 16-2 所示的四川重灾区旅游安全规划的项目建设体系。

如表 16-2 所示,六大重灾区的安全项目建设内容基本上涵盖了预防预备体系、监测预警体系、处置救援体系和安全与应急集成体系等要素体系内容。六大重灾区都比较重视的安全应急项目建设内容主要包括远程监控系统、应急通信项目、直升机野外机降场项目、医疗急救点、游客急救远程医疗协同项目等。相比之下,其他安全应急设施项目的建设内容在分布上并不均匀。

表 16-2 四川汶川地震灾后重灾区旅游安全规划的项目建设体系

| 旅游地安全规划的面向功能结构 | 设施要素 | 建设内容 | 分布地市 |
|---|---|---|---|

---

[①] 国家旅游局、四川省人民政府.汶川地震灾后旅游业恢复重建规划[Z].北京:中国旅游出版社,2011:33.

[②] 四川省旅游局、各地市人民政府.四川汶川地震灾后分片区旅游业恢复重建实施规划[Z].四川省旅游局、各地市人民政府,2008.08.

续表

| 旅游地安全规划的面向功能结构 | 设施要素 | 建设内容 | 分布地市 |
|---|---|---|---|
| 旅游突发事件的预防预备体系 | 安全警示标识 | 安全警示标牌 | 德阳、绵阳 |
| | 游客自助呼叫站台 | 旅游景区游客自助呼叫站台 | 广元 |
| | 虚拟演练场所 | 演习防恐怖袭击、防传染病、防火、防洪、防滑坡、防泥石流、防地震等多种突发事件应急处理 | 广元 |
| 旅游突发事件的监测预警体系 | 旅游远程监控系统 | 利用公用通信网实现4A级以上景区的远程监控，建立能覆盖全省远程网络监控指挥平台，实现无线通信（无线电）覆盖，随时掌握全省重要景区的旅游客流、旅游交通等动态，抗灾时用于应急组织指挥。在成都（省旅游局）建立监控指挥中心 | 成都、德阳、绵阳、广元、阿坝、雅安等市（州） |
| | 旅游安全预警系统 | 人身安全预警：游客卫星账户管理中心；生态环境安全预警：生态观测网络和远程监控系统；社会环境安全：游客—居民互动平台、集散中心游客—居民交流界面 | 广元 |
| 旅游突发事件的处置救援体系 | 旅游应急通信项目 | 全省每个市（州）旅游局应急办公室和4A级景区，配备若干卫星移动电话，省旅游应急办公室2部，21市（州）和45个4A级景区各1部；实现无线通信（无线电）覆盖 | 成都、德阳、绵阳、广元、阿坝、雅安等市州 |
| | 监控指挥中心 | 成都（省旅游局）建立监控指挥中心 | 成都 |
| | 安全避难设施 | — | 避难场所（细节不详） | 成都、雅安、阿坝 |

续表

| 旅游地安全规划的面向功能结构 | 设施要素 | 建设内容 | 分布地市 |
|---|---|---|---|
| 旅游突发事件的处置救援体系 | 安全救援设施 | 直升机野外机降场项目 | 在阿坝州的九寨沟、黄龙，甘孜州的海螺沟、亚丁香格里拉，乐山市的峨眉山，成都青城山，凉山州的螺髻山，宜宾市的蜀南竹海等景区和茂县、平武县等重要游客中转地，修建10个直升机野外机降场，并在九寨沟、峨眉山、都江堰—青城山3个5A级景区的机降场增设雷达导航设备 | 成都、德阳、绵阳、广元、阿坝、雅安等市（州） |
| | | 山地救援系统 | 综合救援 | 德阳 |
| | | 救援交通工具 | 应急救援车辆9辆 | 雅安 |
| | | 汽车救助站 | 修建分布合理的汽车维修、保养站点 | 雅安 |
| | 安全救援机构 | — | — | — |
| | 医疗机构 | 医疗急救点（共26个） | 成都3个、德阳市4个、绵阳市3个、广元市4个、阿坝8个、雅安4个等市（州） | 成都、德阳、绵阳、广元、阿坝、雅安等市（州） |
| | | 游客急救远程医疗协同项目 | 以成都华西医院为中心，旅游重点市、县级医院为支撑和旅游重点集镇、景区医疗机构为网络的"游客急救远程医疗协同"系统 | 成都、德阳、绵阳、广元、阿坝、雅安等市（州） |
| 旅游突发事件的恢复重建体系 | — | — | — | — |
| 旅游安全与应急的集成体系 | 旅游综合应急平台 | 预防预备、监测预警、处置救援等综合应急指挥中心 | 成都、阿坝 |

# 参考文献

[1] Blackley, A. B. Emergency preparedness and crisis management [M]. AEA Technology, United Kingdom: The SRD Association, 1994.

[2] Clift S., Grabowski P. Tourism and health: Risks, Research and Responses [M]. London: Pinter, 1997.

[3] Drabek, T.E., Hoetmer, G.J. (Eds.), Emergency Management: Principles and Practice for Local Government. [M], Washing ton, DC: International City Management Association, 1991.

[4] Diego R. Toubes, Noelia Araújo-Vila. Risk, Crisis, and Disaster Management in Small and Medium-Sized Tourism Enterprises [M]. IGI Global, 2021.

[5] Hall, C.M. Tourism and Politics: Power, Policy and Place [M]. Chichester, NewYork: Wiley 1994.

[6] Heath, Robert L. Crisis Management for Managers and Executives [M]. Financial Times Pitman Publish, 1998.

[7] Holbraad, Carsten. Supper powers and International Conflict [M]. NewYork: St.Martins Press, 1979.

[8] PATA. Crisis: It won't Happen to Us! [M]. Pacific Asia Travel Association, Bangkok, 2003.

[9] UNWTO. International Tourism Highlights (2019 Edition) [R]. World Tourism Organization, 2019: August.

[10] WTO. Crisis Guidelines for the Tourism Industry [Z]. Madrid, Spanish: World Tourism Organization, 1998.

[11] [美] 迈克尔·K. 林德尔（Michael, K.Lindell 著, 王宏伟译 公共危机与应急管理概论 [M]. 北京: 中国人民大学出版社, 2016.

[12] 编写组. 旅游业危机管理: 汶川地震启示录 [M]. 北京: 中国旅游出版社, 2010.

[13] 陈安, 陈宁, 倪慧荟. 现代应急管理理论与方法 [M]. 北京: 科学出版社, 2009.

[14] 陈岩英, 张凌云. 旅游安全传播信号对旅游者安全行为的影响研究. 北京: 中国旅游出版社, 2021.

［15］戴斌.论北京旅游产业安全与成长要素［M］.北京：旅游教育出版社，2006.

［16］德克·格莱泽.旅游业危机管理［M］.北京：中国旅游出版社，2004.

［17］谷慧敏.旅游危机管理研究［M］.天津：南开大学出版社，2007.

［18］黄蔚艳，朱晓辉.海洋旅游安全管理［M］.北京：海洋出版社，2017.

［19］国家旅游局.旅游安全管理培训系列丛书［M］.北京：中国旅游出版社，2012.

［20］国家旅游局、四川省人民政府.汶川地震灾后旅游业恢复重建规划［Z］.北京：中国旅游出版社，2011：33.

［21］国家旅游局.旅游安全管理办法［Z］.2016年12月1日施行.

［22］国家突发公共事件总体应急预案［Z］.北京：中国法制出版社，2006.

［23］胡锦涛.在全国抗震救灾总结表彰大会上的讲话［Z］.2008年10月8日.

［24］全国人民代表大会常务委员会.中华人民共和国突发事件应对法［Z］.2007年11月1日起施行.

［25］全国人民代表大会常务委员会.中华人民共和国旅游法［Z］.2013年10月1日起施行.

［26］罗云等.风险分析与安全评价（第二版）［M］.北京：化学工业出版社，2009.

［27］诺曼·R·奥古斯丁（Augustine，N.R.）等.危机管理［M］.北京：中国人民大学出版社，2001.

［28］闪淳昌.应急管理：中国特色的运行模式与实践［M］.北京：北京师范大学出版社，2011.

［29］闪淳昌，薛澜.应急管理概论理论与实践（第二版）［M］.北京：高等教育出版社，2012.

［30］邵琪伟.中国旅游业应对重大自然灾害机制研究［M］.北京：中国旅游出版社，2012.

［31］邵琪伟.中国旅游大辞典［z］.北京：上海辞书出版社，2012.

［32］四川省旅游局、各地市人民政府.四川汶川地震灾后分片区旅游业恢复重建实施规划［Z］.2008.

［33］史培军.中国自然灾害风险地图集［M］.北京：科学出版社，2011.

［34］习近平.第19次集体学习（我国应急管理体系和能力建设）上的讲话［Z］.2019-12-12.

［35］谢朝武.海峡两岸暨港澳地区旅游应急合作研究［M］.北京：社科文献出版社，2017.

［36］许欢，魏娜.中国应急管理发展研究2020［M］.北京：应急管理出版社，2021.

［37］王宏伟.应急管理理论与实践［M］.北京：社会科学文献出版社，2010.

［38］王洛林，余永定.2001-2002年：世界经济形势分析与预测［M］.北京：社会科学文献出版社，2002.

［39］魏小安，沈彦蓉.中国旅游饭店业的竞争与发展［M］.广州：广东旅游出版社，1999.

［40］张捷雷.基于智慧城市建设的城市旅游安全管理［M］.北京：清华大学出版社，2018.

［41］张跃西.旅游危机管理［M］.北京：中国旅游出版社，2017.

［42］张永理，李程伟.公共危机管理［M］.武汉：武汉大学出版社，2010.

［43］郑向敏.会展安全与危机管理［M］.重庆：重庆大学出版社，2014.

［44］郑向敏.旅游安全学［M］.北京：中国旅游出版社，2003.

［45］郑向敏，谢朝武．中国旅游安全报告（2019）［M］．北京：社科文献出版社，2019.

［46］郑向敏，谢朝武．中国旅游安全报告（2020）［M］．北京：社科文献出版社，2020.

［47］周辉主编著．酒店安全管理与法律实务［M］．南京：南京大学出版社，2018.

［48］邹统钎．旅游危机管理［M］．北京：北京大学出版社，2005.

［49］邹统钎，高舜礼等．探险旅游发展与管理［M］．北京：旅游教育出版社，2010.

# 后记 1

旅游安全是一个"无趣"的话题,无论旅游业界还是学界,似乎都"羞于"谈及旅游安全。是故,在浩如烟海的旅游文献中,涉及旅游安全的文献仅占极少的比例。但是,旅游安全问题往往具有鲜明的新闻意义和社会影响力。特别是在当今全球化背景下,重大突发事件所带来的全球化影响,对全球各个角落的旅游活动都可能带来深度的冲击与改变。旅游产业正是在一次次安全与灾难事件的应对中逐渐走向成熟。而旅游安全对旅游者所具有的微观价值及其对旅游产业所具有的宏观意义,也在旅游突发事件的应对中得以彰显。历史经验表明,旅游业的健康成长必然以旅游安全作为最基础的保障。中国旅游研究院院长戴斌教授指出:"保障旅游者的生命安全是人类基本权利在旅游领域中的基本体现,也是当代旅游伦理的必然要求。旅游安全在当代旅游发展理论体系中应当,也必须具有重要的位置,并且需要配置更多的学术资源加以研讨。"

国内的旅游安全研究一直在负重前行。自 20 世纪 90 年代以来,我国旅游业相继遭受 1997 年亚洲金融危机、2001 年"9·11"恐怖袭击事件、2003 年"非典"事件、2008 年汶川大地震等一系列重大突发事件的冲击,这给我国旅游业的发展进程带来重大的影响与改变。以华侨大学郑向敏教授为首的一批学者自 20 世纪 90 年代开始进入旅游安全研究领域,并逐渐对旅游安全进行了体系深入、内容丰富的探索,由此逐渐形成了反映我国旅游业发展进程的旅游安全理论。郑向敏教授对旅游安全领域的开拓和努力,使旅游安全研究从一个"被遗忘的角落"进入了主流研究的视角。为推动旅游安全研究的成长,中国旅游研究院将外设研究机构"旅游安全研究基地"下设在华侨大学旅游学院。华侨大学旅游学院(暨中国旅游研究院旅游安全研究基地)

正逐渐成长为国内旅游安全研究领域的权威机构。

郑向敏教授是我的导师。正是在郑教授的带领下，我逐渐进入了旅游安全研究领域，其间经历了从陌生到熟悉、从彷徨到坚定、从随意安排到热情探索的心路转变。我在学术地前行中发现一片又一片天空，也逐渐深入地感受到旅游安全研究所具有的重要意义。粗粗一算，我在旅游安全领域已坚持了10余年。正式关注旅游应急管理这一话题则是始于2007年，最早的动机是回应国内应急管理研究的热潮，进入后才发现，旅游应急管理是承接于旅游安全管理，但又具有自身命题和特有学术使命的专有领域。在郑向敏教授的鼓励下，我在旅游应急领域进行了一系列探索，同时尝试着申报了国家社会科学基金、教育部人文社会科学基金和国家旅游局科研基金等一系列基金项目，并幸运地得到了积极而正面的回应。本书正是在教育部人文社会科学项目《旅游业安全突发事件的应急管理研究（09YJC790101）》、国家旅游局重点科研项目《旅游安全突发事件的触发机制及其应急管理研究（10TACK005）》、福建省人文社会科学项目《新时期我国旅游应急体系的建设研究（2011B150）》和中央高校基本科研业务经费项目《旅游业应急体系的建设与管理研究（JB-SK1136）》的支持下得以完成的。感谢国家所确立的基金体制，那些自由申请的基金项目让年轻的学人能自由地开展学术探索，而他们成就了国内学界的新兴与繁荣。

《旅游应急管理》一书的创作已历经五年，现在终于得以完稿了。回首其间，历历在目的是过往的辛酸与兴奋、辛苦与喜悦，以及众多师长、同事、朋友们无私帮助下带给我的深深感动。我的导师郑向敏教授为本书的创作提供了无私的精神鼓励和学术支持；中国旅游研究院的戴斌院长为本书热情作序；国家旅游局综合司的唐兵副司长、龙晓华调研员等为本书的创作提供了难得的研究资料；中国旅游研究院旅游政策与战略发展研究所的宋子千博士和国家旅游局政法司的郭志平主任为本书的创作提供了大量政策信息；中国旅游出版社的付蓉总编辑助理和郭海燕编辑也一直给予热情的鼓励和支持；我的硕士生张俊、邹巧柔、陈建军、张翠、杨松华等，在素材收集和文稿校对上做了大量的工作。正是他们的辛勤付出，才使本书得以顺利地完成。

感谢我的妻子陈岩英女士！她给予我的深深关爱，是我从事学术创作的重要动力。

同样作为一名高校老师的她，在工作之余几乎承担起家庭的全部繁杂事务。这份辛劳和坚持一直让我感动。

旅游应急研究是一个新兴的、需要得到急切关注的研究领域。本书对旅游突发事件所进行的研究，以及对旅游应急机制与体系建设所进行的理论归纳与总结，还只是一次初步的尝试。由于所学有限，此书必定存在疏漏错误之处，敬请各位专家、同人和读者批评指正！我的电子邮箱地址是：xiecwu@126.com 或者 xiecwu@hqu.edu.cn。

谢朝武<br>2012 年 12 月于华侨大学

# 后记 2

站在安全的视角下,过去的 10 年是中国旅游业惊心动魄的 10 年,旅游业经历了一系列足以改变历史进程的重大突发事件:2011 年日本"3·11"大地震、2012 年中日钓鱼岛争端发酵、2013 年中国中东部严重雾霾事件、2015 年欧洲系列恐怖袭击事件和中东呼吸综合征疫情、2016 年寨卡病毒疫情、2017 年萨德入韩事件和"8·8"九寨沟地震、2018 年泰国普吉岛沉船事件、2019 年新冠疫情暴发等。这一系列事件对中国的出境和区域旅游市场造成了巨大的冲击,持续至今的新冠疫情影响全球旅游业、并多次给中国旅游业按下了暂停键。这些事件表明,重大突发事件已成了中国和全球旅游业发展中的常态事件,有效的应对和处置旅游业发展中的重大突发事件,全面提升旅游应急管理能力,是时代赋予旅游行业的历史责任与挑战。

让我们欣慰的是,中国旅游业经受住了一次次重大灾难事件的考验。中国的国内旅游人次从 2011 年的 26.41 亿增长到 2019 年的 60.6 亿,旅游收入从 2011 年的 1.93 万亿增长到 2019 年的 5.7 万亿。旅游行业在突发事件的考验中实现了高速和高质量成长。即使在新冠疫情重创行业发展的时期,攻坚、克难、创新、转型、优化也成为旅游行业执着探索和热情努力的方向。我们欣喜地看到,中国旅游行业的应急体系在一次次旅游突发事件的历练中不断走向成熟,无论是文旅部还是地方省市,他们的应急管理体制、机制、法制和预案都在不断地迭代优化。推动应急治理体系和治理能力的现代化,也成为新时期的国家战略。我想,这是未来中国和中国旅游业战胜新冠疫情、实现行业涅槃重生的基石。

《旅游应急管理(第二版)》正是在这样的时代背景和特殊时期开始修订再版的。本次修订更新了 2012 年以来的理论文献、政策文件和案例数据,优化了旅游应急管理机制的内容体系，增加了疫情后旅游恢复振兴等相关内容。2012年以来，本人先后主持了国家社科基金项目《两岸四地旅游应急合作体系建设研究（12CGL060）》、国家自然科学基金项目《中国出境旅游安全事件集群的时空分异、驱动机制及对旅游流的扰动效应研究（41971182）》、教育部人文社科项目《旅游安全事件对出境游客多阶段安全行为的影响机制及调控研究（19YJAZH097）》等系列基金项目，相关成果为本书的修订提供了理论基础。同时，本人还参与了原国家旅游局配合《旅游法》起草研究工作，并受文旅部委托承担了《旅游安全管理办法》修订研究、《旅游安全管理导则》编制等一系列政策研究课题，这让我有机会深入了解文旅部相关部门的治理方针和导向，为本书的修订提供了重要的素材基础。

本书的修订过程得到了众多领导和朋友的指导与关心。其中，文化和旅游部市场管理司侯振刚一级巡视员、市场管理司安全与假日处陶从瑞处长、资源开发司资源利用处张夕宽处长、政策法规司法制建设处郭志平副处长等为本书的修订提供了指导和素材，江泰保险经纪股份有限公司张志安副总裁、唐兵副总裁为本书提供了宝贵的资料。中国旅游出版社的郭海燕编辑再次给予了热情的支持。此外，我的博士生黄倩在案例统计和资料更新上做了大量工作，博士生张江驰、黄锐、章坤等协助做了文稿校对工作。感谢他们的热情关心和辛勤付出！

长风破浪会有时，直挂云帆济沧海。立足于应急管理体系和应急能力的现代化，中国旅游业定将迎来灿烂的明天。

谢朝武<br>
2021年8月于华侨大学

责任编辑：郭海燕
责任印制：冯冬青
封面设计：中文天地

---

图书在版编目（CIP）数据

旅游应急管理 / 谢朝武著. -- 2版. -- 北京 : 中国旅游出版社, 2022.3
　　ISBN 978-7-5032-6663-8

Ⅰ. ①旅… Ⅱ. ①谢… Ⅲ. ①旅游业—突发事件—公共管理—中国 Ⅳ. ①F592

中国版本图书馆CIP数据核字(2022)第006277号

---

| | |
|---|---|
| 书　　　名： | 旅游应急管理 |
| 作　　　者： | 谢朝武著 |
| 出版发行： | 中国旅游出版社 |
| | （北京静安东里6号　邮编：100028） |
| | http://www.cttp.net.cn　E-mail:cttp@mct.gov.cn |
| | 营销中心电话：010-57377108，010-57377109 |
| | 读者服务部电话：010-57377151 |
| 排　　　版： | 北京旅教文化传播有限公司 |
| 经　　　销： | 全国各地新华书店 |
| 印　　　刷： | 北京工商事务印刷有限公司 |
| 版　　　次： | 2022年3月第1版　2022年3月第1次印刷 |
| 开　　　本： | 720毫米×970毫米　1/16 |
| 印　　　张： | 25.5 |
| 字　　　数： | 370千 |
| 定　　　价： | 58.00元 |
| ＩＳＢＮ | 978-7-5032-6663-8 |

版权所有　翻印必究
如发现质量问题，请直接与营销中心联系调换